Der Pressekodex im Spannungsfeld zwischen Medienrecht und Medienethik

Studien zum deutschen und europäischen Medienrecht

herausgegeben von Dieter Dörr und Udo Fink

mit Unterstützung der Dr. Feldbausch Stiftung

Bd. 37

PETER LANG

Frankfurt am Main · Berlin · Bern · Bruxelles · New York · Oxford · Wien

Felix Heimann

Der Pressekodex im Spannungsfeld zwischen Medienrecht und Medienethik

PETER LANG
Internationaler Verlag der Wissenschaften

Bibliografische Information der Deutschen Nationalbibliothek
Die Deutsche Nationalbibliothek verzeichnet diese Publikation in
der Deutschen Nationalbibliografie; detaillierte bibliografische
Daten sind im Internet über <http://www.d-nb.de> abrufbar.

Zugl.: Hagen, FernUniv., Diss., 2008

Gedruckt auf alterungsbeständigem,
säurefreiem Papier.

D 708
ISSN 1438-4981
ISBN 978-3-631-58521-4

© Peter Lang GmbH
Internationaler Verlag der Wissenschaften
Frankfurt am Main 2009
Alle Rechte vorbehalten.

Printed in Germany 1 2 3 4 5   7

www.peterlang.de

Meinem Vater (†)

Vorwort

Die vorliegende Arbeit wurde von der Rechtswissenschaftlichen Fakultät der FernUniversität in Hagen im Sommersemester 2008 als Dissertation angenommen.

Mein herzlicher Dank gilt Frau Prof. Dr. Barbara Völzmann-Stickelbrock für die hervorragende Betreuung der Arbeit. Frau Prof. Dr. Katharina Gräfin von Schlieffen danke ich für die zügige Erstellung des Zweitgutachtens.

Für das Korrekturlesen des Manuskripts möchte ich mich bei Dr. Christian Schnellecke und Mirko Jularic bedanken.

Bedanken möchte ich mich auch beim Deutschen Presserat, vor allem bei Ella Wassink und Lutz Tillmanns für die Unterstützung bei Fragen und Wünschen jeglicher Art.

Ein besonderer Dank gebührt meinem Chef, dem 1. Parlamentarischen Geschäftsführer der FDP-Fraktion im Deutschen Bundestag, Jörg van Essen, MdB, der mich stets unterstützt und mir den nötigen Freiraum für diese Arbeit gegeben hat.

Mein ganz persönlicher Dank gehört stellvertretend für meine Familie meiner Mutter Elisabeth Heimann und meiner Freundin Lena Maria Büttenbender, die mich in jeder erdenklichen Hinsicht unterstützt haben und immer für mich da sind.

Ich widme diese Arbeit meinem Vater Wolfgang Heimann, der während meines ersten Staatsexamens verstorben ist und mich daher leider nicht mehr persönlich begleiten kann, aber in vielerlei Hinsicht Vorbild bleibt.

Hamburg, im September 2008   *Felix Heimann*

Inhaltsverzeichnis

15

Abkürzungsverzeichnis

a. A.	anderer Ansicht
AEdS	Archives Européennes de Sociologie
a.f.	alte Fassung
AfP	Archiv für Presserecht
a.E.	am Ende
AK	Alternativkommentar
Anh	Anhang
Anm.	Anmerkung
AnwBl	Anwaltsblatt
AO	Abgabenordnung
AöR	Archiv des öffentlichen Rechts
APR	Allgemeines Persönlichkeitsrecht
ArbGG	Arbeitsgerichtsgesetz
ArbuR	Arbeit und Recht
Alt.	Alternative
BayPrG	Bayerisches Pressegesetz
BÄKS	Satzung der Bundesärztekammer
BÄO	Bundesärzteordnung
BB	Brandenburg
BbgPG	Brandenburgisches Pressegesetz
BDO	Bundesdisziplinarordnung
BDSG	Bundesdatenschutzgesetz
BE	Berlin
BerufsO	Berufsordnung
BeschwO	Beschwerdeordnung des Deutschen Presserates
BetrB	Der Betriebs-Berater
Bearb.	Bearbeitung
BDZV	Bundesverband deutscher Zeitungsverleger
BGB	Bürgerliches Gesetzbuch
BGH	Bundesgerichtshof
BGHSt	Entscheidungen des Bundesgerichtshof in Strafsachen
BGHZ	Entscheidungen des Bundesgerichtshofs in Zivilsachen
Bitb. Gepsr.	Bitburger Gespräche
BND	Bundesnachrichtendienst
BoKo	Bonner Kommentar
BRAO	Bundesrechtsanwaltsordnung
BRAK	Bundesrechtsanwaltskammer

BT-Drs.	Bundestagsdrucksache
BUAV	British Union for the Abolition of Vivisection
BVerfG	Bundesverfassungsgericht
BVerfGG	Bundesverfassungsgerichtsgesetz
BVerfGE	Entscheidungen des Bundesverfassungsgerichts
BVerwG	Bundesverwaltungsgericht
BVerwGE	Entscheidungen des Bundesverwaltungsgerichts
BW	Baden-Württemberg/ Baden-württembergisches
BY	Bayern
DAV	Deutscher Anwaltsverein
DBE	Deutsche Biographische Enzyklopädie
DJT	Deutscher Juristentag
dju	Deutsche Journalistenunion
DJV	Deutscher Journalistenverband
DÖV	Die öffentliche Verwaltung
DPR	Deutscher Presserat
DRiG	Deutsches Richtergesetz
Egl.	Ergänzungslieferung
EGMR	Europäischer Gerichtshof für Menschenrechte
Einf	Einführung
Einl.	Einleitung
EMRK	Europäische Menschenrechtskonvention
epd	Evangelischer Pressedienst
FGG	Gesetz über die freiwillige Gerichtsbarkeit
FGO	Finanzgerichtsordnung
FoR	Forum Recht
FR	Frankfurter Rundschau
FRV	Frankfurter Reichsverfassung
FS	Festschrift
FSK	Freiwillige Selbstkontrolle der deutschen Filmwirtschaft
FuR	Film und Recht
GG	Grundgesetz
GO	Gemeindeordnung
GODPR	Geschäftsordnung des Deutschen Presserates und seiner Beschwerdeausschüsse
GRUR	Gewerblicher Rechtsschutz und Urheberrecht
HChE	Herrenchiemseer Entwurf

HB	Bremen
HBKG BW	Heilberufe-Kammergesetz Baden Württemberg
HdbPR	Handbuch des Presserechts
HdbStR	Handbuch des Staatsrechts
HE	Hessen
HPresseG	Hessisches Pressegesetz
HH	Hamburg/ Hamburgisch
HK	Handkommentar
HKaG BY	Heilberufe-Kammergesetz Bayern
h.M.	herrschende Meinung
Hs.	Halbsatz
i. E.	im Ergebnis
IFG	Informationsfreiheitsgesetz
ifp	Institut zur Förderung publizistischen Nachwuchses e. V.
IG	Industriegewerkschaft
i. V. m.	in Verbindung mit
IVW	Informationsgemeinschaft zur Feststellung der Verbreitung von Werbeträgern e.V.
JuS	Juristische Schulung
JZ	Juristenzeitung
KG	Kammergericht
KGR	KG Report (Schnelldienst zur Zivilrechtsprechung des Kammergerichtes Berlin)
KGaA	Kommanditgesellschaft auf Aktien
KGR	Rechtsprechung des Kammergerichts
KK	Karlsruher Kommentar
KUG	Kunsturhebergesetz
LAG	Landesarbeitsgericht
LG	Landgericht
LMG	Landesmediengesetz
LPG	Landespressegesetz
LPrG M-V	Landespressegesetz für das Land Mecklenburg -Vorpommern
MD	Maunz-Dürig
MDStV	Mediendienstestaatsvertrag
MüK	von Münch/ Kunig
MüKo	Münchener Kommentar
MV	Mecklenburg-Vorpommern

m. w. Bsp.	Mit weiteren Beispielen
m. w. N.	Mit weiteren Nachweisen
ND	Niedersachsen/ Niedersächsisches
n.F.	neue Fassung
NJW	Neue Juristische Wochenschrift
NJW-RR	NJW-Rechtsprechungs-Report Zivilrecht
NVwZ	Neue Zeitschrift für Verwaltungsrecht
NW	Nordrhein-Westfalen
NZZ	Neue Zürcher Zeitung
OLG	Oberlandesgericht
OWiG	Gesetz über Ordnungswidrigkeiten
PBerO	Berufsordnung der Presse
PresseratG	Gesetz zur Gewährleistung der Unabhängigkeit des vom Deutschen Presserat eingerichteten Beschwerdeausschusses
PStV	Pressestaatsvertrag
RAG	Reichsarbeitsgemeinschaft der deutschen Presse
RAO	Rechtsanwaltsordnung
RGBl.	Reichsgesetzblatt
RGZ	Entscheidung des Reichsgerichts in Zivilsachen
RL	Richtlinie(n)
Rn	Randnummer
RP	Rheinland-Pfalz
RPG	Reichspressgesetz
Rspr.	Rechtsprechung
RStV	Rundfunkstaatsvertrag
RVDP	Reichsverband der Deutschen Presse
rw	rechtswidrig
SächsPresseG	Sächsisches Gesetz über die Presse
SGG	Sozialgerichtsgesetz
SH	Schleswig-Holstein
SHKG	Saarländisches Heilberufekammergesetz
SL	Saarland
SMG	Saarländisches Mediengesetz
SN	Sachsen
ST	Sachsen-Anhalt
STDPR	Satzung für den Trägerverein des Deutschen Presserates e. V.
st.	ständige

str.	strittig
StGB	Strafgesetzbuch
StPO	Strafprozessordnung
SZ	Süddeutsche Zeitung
TH	Thüringen
TMG	Telemediendienstegesetz
TPG	Thüringer Pressegesetz
TVG	Tarifvertragsgesetz
UrhG	Urhebergesetz
UrhR	Urheberrecht
Urt.	Urteil
UWG	Gesetz gegen den unlauteren Wettbewerb
VBKI	Verein Berliner Kauflaute und Industrieller
VDZ	Verband Deutscher Zeitschriftenverleger
ver.di	Vereinte Dienstleistungsgewerkschaft
VersR	Versicherungsrecht
VwGO	Verwaltungsgerichtsordnung
VG	Verwaltungsgericht
vMK	von Mangoldt/ Klein
vMKS	von Mangoldt/ Klein/ Starck
VVDStRL	Veröffentlichungen der Vereinigung der Deutschen Staatsrechtslehrer
WamS	Welt am Sonntag
WpHG	Wertpapierhandelsgesetz
WRP	Wettbewerb in Recht und Praxis
WRV	Weimarer Reichsverfassung
ZAW	Zentralausschuss der Werbewirtschaft
zit.	zitiert
ZPO	Zivilprozessordnung
ZRP	Zeitschrift für Rechtspolitik
ZUM	Zeitschrift für Urheber- und Medienrecht
zust.	zustimmend

1. Kapitel: Einleitung

In der modernen Gesellschaft erfüllen die Medien eine für das Bestehen und Funktionieren der Demokratie essentielle Aufgabe. Sie sind konstituierend für die freiheitlich demokratische Grundordnung[1] und so „Medium und Faktor" für die Herausbildung von Meinungen, insbesondere für die so genannte öffentliche Meinung.[2] Als „Medium" vermitteln sie Neuigkeiten, Informationen und Hintergrundwissen, da eine direkte Kommunikation mit Betroffenen in den meisten sozialen Sachverhalten ebenso wenig möglich ist wie eine direkte Beobachtung der relevanten Ereignisse durch alle interessierten Menschen. Dabei wird die Macht der Medien umso größer, je geringer die Möglichkeiten zu Primärerfahrung und persönlicher Kommunikation sind.[3] Die Menschen sind in einem immer größer werdenden Maße auf die Inhalte der Massenkommunikation angewiesen. Schon heute sind die Medien vermutlich die mächtigste Sozialisationsinstanz in der Gesellschaft. Von ihnen hängt maßgeblich ab, welche Bedeutung verschiedenen Personen oder Gruppen und ihren Themen, Meinungen oder Ideen zuerkannt wird.[4]

Auch wenn der gesamte deutsche Zeitschriften- und Zeitungsmarkt in den letzten Jahren durch sinkende Auflagen[5] und strukturell zurückgehende Werbeeinnahmen[6] sowie steigende Kosten und wachsende Konkurrenz besonders durch die elektronischen Medien stark belastet wurde, gelten die Printmedien immer noch als politische Leitmedien. Im Vergleich zur elektronischen Konkurrenz rechtfertigen sie ihre Existenz vor allem durch ihre Inhalte, ihre Qualität und ihren intellektuellen Mehrwert.[7] Immerhin 51% der erwachsenen Bevölkerung gaben im Jahre 2005 an, täglich zur Tageszeitung zu greifen. Im Durchschnitt las jeder Bürger 28 Minuten täglich in einer Tageszeitung und 12 Minuten täglich in einer Zeitschrift.[8] 75% der deutschen Bevölkerung gaben an, mehrmals in

---

1 St. Rspr., vgl. BVerfGE 7, 198, 208; 77, 65, 74; BVerfG, AfP 2007, 110, 113.
2 *Groß*, DÖV 1997, 133, 134; *Hoffmann-Riem/ Plander*, Pressereform, S. 33; vgl. auch BVerfGE 10, 118, 121.
3 Vgl. *Donsbach*, Legitimationsprobleme des Journalismus, S. 76f.
4 *Donsbach*, Legitimationsprobleme des Journalismus, S. 80.
5 Bei den von der IVW geprüften Tageszeitungen ging die Auflage von 2001 bis 2006 von 28,6 Mio. auf 25.2 Mio. (-11,9 %) zurück, bei den Fachzeitschriften sogar von 27,4 Mio. auf 22,7 Mio. (- 17,2 %); s. ZAW, Werbung in Deutschland 2007, S. 204.
6 Hier haben die Tageszeitungen nach zum Teil erheblichen Verlusten in den letzten Jahren 2006 allerdings wieder um 1,3 % auf 4,53 Mrd. Euro zulegen können; ZAW, Werbung in Deutschland 2007, S. 12f.
7 Vgl. *Neumann* in Deutscher Presserat, Jahrbuch 2006, S. 11f.
8 Zahlen für das Jahr 2005, vgl. *Ridder/ Engel* in Media Perspektiven 2005, S. 424.

der Woche Zeitung zu lesen, mindestens mehrmals im Monat griffen 84% zu einer Zeitung. Der wichtigste Grund war für praktisch alle Leser (98%) der Wunsch, sich zu informieren.[9] In Sachen Glaubwürdigkeit, Kompetenz, Sachlichkeit sowie kritischer und informativer Berichterstattung lagen die Printmedien auf Platz zwei hinter dem in allen Imagekategorien vorne liegenden Fernsehen.[10] Den Ruf der Printmedien als politische Leitmedien bestätigt die Tatsache, dass politisch hoch interessierte Menschen häufiger und länger Zeitung lesen als solche mit geringerem Politikinteresse.[11] Das Fernsehen dient demnach eher der Unterhaltung und kurzfristigen Information, während die Zeitungen und Zeitschriften zur nachhaltigeren Beschäftigung mit den behandelten Themen herangezogen werden.

Eine primär durch die Medien hergestellte Öffentlichkeit gehört also zur Grundausstattung moderner Demokratien. Ihre wesentliche politische Aufgabe besteht darin, die Selbstbeobachtung der Gesellschaft durch Erzeugung von Transparenz zu ermöglichen und auf diese Weise die Willensbildung der Bürger und die Entscheidungsfindung der politischen Akteure zu qualifizieren und einander zu vermitteln. Problematisch ist, dass durch die Vielzahl der Medien und ihre tägliche Informationsarbeit eine überkomplexe Dauerkommunikation entsteht, die niemand mehr vollständig wahrnehmen und systematisch prüfen kann. Mit einer Vielzahl von Nachrichten verbindet sich eine Vielzahl von Kommentaren. Nahezu jede Meinung und Bewertung findet ihren Widerspruch. Der Sinn von Öffentlichkeit kann sich aber nicht darin erschöpfen, Chaos zu erzeugen. Konkurrierende Relevanzansprüche für Themen, konträre Wahrheitsansprüche für Informationen und einander widersprechende Legitimationsansprüche für Meinungen würden sich selber widersprechen, blieben sie nur nebeneinander stehen. Öffentlichkeit leistet allerdings mehr als Komplexitätserzeugung. Durch wechselseitige Interessen und Meinungen finden Selektionen und Prioritätssetzungen statt. Die dadurch unter günstigen Umständen ablaufende Qualitätskontrolle ist vor allem eine Selbstkontrolle der Öffentlichkeit.

Um wirksam zu sein, muss Kontrolle allerdings folgenreiche Kritik sein und zwar in dem Maße, dass diese sanktionsfähig ist und Korrekturen veranlasst. Die Möglichkeiten des Publikums sind dadurch begrenzt, dass es nicht die Voraussetzungen besitzt, als „kollektiver" Akteur aufzutreten, sondern im Normalfall nur eine Menge schwach vernetzter Einzelner darstellt. Weiterhin fehlt der großen Mehrheit des Publikums die Expertise zum Verständnis der Bedingungen und Folgen dessen, was als Sachverhalt richtig, als Problem beunruhigend und als Lösung effektiv sein mag, weshalb es in wachsendem Maße darauf angewiesen ist, den Bewertungen in den Medien zu vertrauen.

---

9   Zahlen für das Jahr 2005, vgl. *Ridder/ Engel* in Media Perspektiven 2005, S. 429.
10 Zahlen für das Jahr 2005, vgl. *Ridder/ Engel* in Media Perspektiven 2005, S. 433.
11 Zahlen für das Jahr 2005, vgl. *Ridder/ Engel* in Media Perspektiven 2005, S. 439.

Vor diesem Hintergrund ist die Pressefreiheit zwar eine notwendige, keineswegs aber eine hinreichende Bedingung für eine qualitativ hochwertige Information der Öffentlichkeit. Von der tatsächlichen Nichtzugänglichkeit vieler Informationen abgesehen, beeinträchtigen die unvollkommene Ausschöpfung oder mangelhafte Selektion der erreichbaren Informationen, die Subjektivität deren Übermittlung und Rezeption sowie die Diskrepanz zwischen den Kommunikationsinhalten und den Voraussetzungen der Rezipienten diese aufzunehmen die Chancen zur aktiven Teilnahme an der öffentlichen Diskussion. Das Wissen der Journalisten, ihre Fähigkeiten und ihre Bereitschaft zur Recherche entscheiden wesentlich über die Ausschöpfung der erreichbaren Informationen mit. Ihre Kenntnisse, Weltanschauung und ihr berufliches Selbstverständnis beeinflussen die Selektion von Nachrichten sowie deren Darstellung und ihre Kenntnis des Publikums. Ihr Verhältnis zu den Rezipienten bestimmt, wieweit Medieninhalte den Bedürfnissen und Voraussetzungen der Empfänger angepasst sind und wie die gebotenen Informationen damit überhaupt verarbeitet werden können.[12]

Die im Prinzip der Meinungsvielfalt bzw. des Marktes enthaltene Vorstellung, dass sich die Interessen von Anbieter und Nachfrager einander kontrollierend in Schach halten, funktioniert also insbesondere bei den Massenmedien nicht uneingeschränkt. Erstens ist die Chance einer regulierenden Einflussnahme durch die Nachfrager – das Publikum – nur begrenzt gegeben und zweitens befindet sich jeder Versuch, durch externe Maßnahmen wie Gesetze oder wirtschaftliche Kontrolle die Pressefreiheit zu fördern oder Normverstöße zu Lasten Dritter zu verhindern, in dem Dilemma, eine der Voraussetzungen der Demokratie, nämlich die Freiheit der Kommunikation, einzuschränken. Solche Interventionen von außen können dauerhaft und legitim nur durch eine funktionierende Selbstkontrolle erfolgreich abgewehrt werden. Im Bereich der Presse kommt diese Aufgabe der vor allem ethischen freiwilligen Selbstkontrolle derzeit dem Deutschen Presserat zu. Staatlicher Regelungsverzicht ist allerdings politisch nur zu verteidigen, wenn die professionsinterne Kontrolle zumindest äquivalent funktioniert.[13]

Nimmt man den Begriff der Ethik ernst und meint damit die rationale Begründung und Systematisierung sittlicher Wertmaßstäbe, dann muss sich professionelle Ethik für Journalisten vor allem um die Inhalte des oft für selbstverständlich gehaltenen Berufsethos und dessen Durchsetzung kümmern. Dazu gehört auch, nach fälligen Veränderungen und damit Verbesserungen Ausschau zu halten und sich nicht damit zu begnügen, die seit Generationen überlieferten Vorstellungen von Anstand und Qualität zu rationalisieren und zu bekräftigen. Im Gegensatz zur Orthodoxie des Mittelalters kommt moderner Wissenschaft in einer dynamischen Gesellschaft die Aufgabe der Forschung und der dadurch

---

12 Vgl. *Köcher*, Spürhund und Missionar, S. 1f.
13 Vgl. *Eisermann*, Selbstkontrolle in den Medien, S. 1.

angestoßenen Innovation zu. Dies gilt vor allem für die primär berufsorientierten Wissenschaften wie Medizin, Pädagogik oder eben Journalistik, deren erkenntnisleitendes Interesse darauf gerichtet ist oder es zumindest sein sollte, eine professionelle Praxis zu optimieren. Wenn die Medizin sich in der frühen Neuzeit weiter darauf beschränkt hätte, die überlieferten ärztlichen Praktiken zu kanonisieren, läge die Lebenserwartung vermutlich heute noch immer unter dreißig Jahren. Der medizinische Fortschritt fordert die ärztliche Berufsethik jedoch ständig zu Differenzierungen und Neuerungen heraus. Methodisch gesehen ist es die logisch betrachtete, systematisch kontrollierte Erfahrung, die überlieferte Praktiken als unnütz oder gar kontraproduktiv erweisen und damit ihre Erneuerung auslösen kann. So muss auch eine funktionierende Berufsethik der Journalisten eine rationale, auf Erfahrung zurückgreifende ständige Überprüfung tradierter Anstands- und Qualitätsvorstellungen sein.[14] Wichtig ist ein kritisches Hinterfragen und Infragestellen und damit ein ständiges Prüfen und Weiterentwickeln der journalistischen Ethik. Dies gilt nicht nur für die neuen Medien, die neue Anforderungen und Herausforderungen mit sich bringen, sondern auch für die herkömmlichen Regeln der traditionellen Medien und die Art und Weise ihrer Durchsetzung und Überwachung.

Bei der Gründung des Deutschen Presserates war eine möglichst staatsferne Selbstkontrolle der Presse für das Vertrauen der Presse und der Bevölkerung in diese Einrichtung wichtig. Schließlich waren die Negativerfahrungen während der Zeit des Nationalsozialismus in Deutschland noch deutlich präsent. Nach der Gleichschaltung der Presse hatte diese nur noch die Funktion eines staatlichen Propagandainstruments ohne kritische Distanz und damit auch ohne Wächterfunktion. Eine freie Presse hätte dagegen unter Umständen die Hochstimmung und den immer weiter zunehmenden Hitlerkult im Volk kritisch hinterfragen und abmildern können. Dennoch gab es neben dem Misstrauen gegenüber dem Staat, ein solches Misstrauen auch gegenüber einem marktwirtschaftlich entfesseltem Pressewesen und einem nach 1945 ungewohnt emanzipiertem Journalismus.[15] Diese in der damaligen Zeit richtige Lösung der Frage der Selbstkontrolle muss jedoch vor dem Hintergrund wachsender Macht der Medien, immer größerer Probleme mit presserechtlichem Persönlichkeits- und Datenschutz sowie positiver Erfahrungen mit Rechtsanwalts- und Ärztekammern in der heutigen Zeit zumindest nicht mehr die optimale Lösung sein.[16] Da die Aufgaben des Presserates immer noch so notwendig sind wie am ersten Tag seines Bestehens, aber das Vertrauen in seine Kompetenzen zumindest in Teilen der Bevölkerung schwindet, muss sich auch die derzeitige Form der Presseselbstkontrolle einer kritischen Überprüfung unterziehen.

---

14   Vgl. *Pöttker* in Holderegger, Kommunikations- und Medienethik, S. 300.
15   Vgl. *Baum* in Baum, Handbuch Medienselbstkontrolle, S. 112.
16   Vgl. *Baum* in Baum, Handbuch Medienselbstkontrolle, S. 113.

Die vorliegende Arbeit will zu dieser Diskussion über Form und Inhalt der Selbstkontrolle und ihrer Interpretation und Überwachung der Einhaltung ethischer und presserechtlicher Regeln anregen und auf diesem Weg auch Lösungsmöglichkeiten bestehender Probleme sowie Weiterentwicklungsmöglichkeiten der Selbstkontrolle aufzeigen.

2. Kapitel: Entwicklung, Bedeutung und Ausgestaltung der Pressefreiheit

A. Historische Entwicklung der Informations- und Pressefreiheit

Die Kernsubstanz der Grundrechte hat sich im Wandel der gesellschaftlichen Verhältnisse dynamisch verändert. Prototyp eines solchen historisch gewachsenen Grundrechtes ist die Informations- und Pressefreiheit auf ihrem heutigen Stand des Art. 5 Abs. 1 GG. Der Weg zur Pressefreiheit moderner Prägung von der Antike bis zur Gegenwart ist gekennzeichnet durch einen langwierigen, aber trotz einiger Rückschläge doch stetigen Prozess, der immer eng an den technischen und kulturellen Fortschritt der Gesellschaft gekoppelt war.[17]

I. Die Situation in der Antike und im Mittelalter

Bereits in der Antike sind die ersten Vorläufer von Zeitungen bzw. Zeitschriften aufgetaucht. Um 325 v. Chr. hat Alexander der Große ein Amt eingerichtet, in dem er die neuesten Nachrichten auf Papyrusrollen niederschreiben und in seinem Reich verbreiten ließ. In der römischen Republik erschien um 170 v. Chr. regelmäßig der „römische Stadtanzeiger" (acta diurna), in dem amtliche Bekanntmachungen veröffentlicht und damit im ganzen Imperium verbreitet wurden.[18] Es gab zu dieser Zeit zwar noch keine garantierte Pressefreiheit, diese war aber auch überflüssig. Dem klassischen Altertum war es fremd, die freie Entfaltung des Geistes zu kontrollieren.[19]

In Rom machten sich allerdings Verfasser, Anstifter und Verbreiter von „Schmähschriften" (libelli famosi) strafbar. Dies war mit dem empfindlichen römischen Ehrgefühl nicht zu vereinbaren.

Die geistige Toleranz Roms endete um 250 n. Chr.[20], als die Cäsaren Decius und Diokletian im Kampf um die intellektuelle Führung des Reiches versuchten, den

---

17   Vgl. *Thum*, AfP 2006, 17f.
18   *Löffler/ Ricker*, HdbPR, 4. Kap., Rn 2.
19   *Löffler/ Ricker*, HdbPR, 4. Kap., Rn 4.
20   Sofern nicht anders bezeichnet, sind alle Jahreszahlen solche n. Chr.

Vormarsch des Christentums durch Verfolgung seiner Anhänger und Vernichtung seiner Schriften zu verhindern.[21]

Im Mittelalter stellte sich die 324 zur Staatsreligion gewordene christliche Kirche gegen den Gedanken der persönlichen Meinungsfreiheit und der geistigen Toleranz. Freiheit bedeutete nach kirchlicher Auffassung die Befreiung der Seele von der Sünde, Andersdenkende sollten mit Zwang zum rechten Glauben bekehrt werden.

Im Jahre 1184 wurde die Inquisition eingeführt, um abweichende Ansichten zu unterdrücken. Die Inquisitoren übten eine Nachzensur aus, indem sie in Razzien alle vom christlichen Dogma abweichenden Gedanken aufzuspüren versuchten und gegen deren Verbreiter den Inquisitionsprozess einleiteten. Dieser endete für hartnäckige oder rückfällige Ketzer normalerweise mit dem Feuertod. Bis zur Erfindung des Buchdrucks um 1450 erwies sich die Inquisition auf Grund der meist geringen Auflage der „ketzerischen" Schriften als sehr wirkungsvoll.[22]

II. Mit dem Buchdruck beginnt ein neues Zeitalter

Durch die von Johannes Gutenberg um 1450 in Mainz entwickelte neue Technik des Buchdrucks mit beweglichen aus Blei gegossenen Lettern wurde der Druck von Schriften erheblich vergünstigt und beschleunigt.[23]

Da die kirchliche Nachzensur der nun verstärkt auftretenden kritischen Schriften nicht mehr Herr werden konnte, ging sie zur Vorzensur über. Eine erste Verordnung zur Einrichtung einer Zensurkommission erließ der Fürstbischof von Mainz Berthold von Henneberg im Jahre 1486. Die päpstliche Bulle „Inter multiplices" von 1487 führte die von den Bischöfen auszuübende Vorzensur im gesamten Bereich der römischen Kirche ein. Ab diesem Zeitpunkt durfte ohne vorher eingeholte bischöfliche Erlaubnis keine Schrift mehr gedruckt werden.[24]

Auch der mit zahlreichen Zensurgesetzen die Kirche unterstützende Staat schaffte es jedoch nicht, die kritischen Stimmen zu unterbinden. Die für die Zensur zuständigen absoluten Landesfürsten waren eher an dem gewinnträchtigen Buchgewerbe als an der Erhaltung der reinen Lehre interessiert.[25]

---

21   *Löffler/ Ricker*, HdbPR, 4. Kap., Rn 5.
22   *Löffler/ Ricker*, HdbPR, 4. Kap., Rn 6f.
23   *Killy/ Vierhaus*, DBE 4, S. 268; ausführlich zur Erfindung Gutenbergs s. *Stöber*, Pressegeschichte, S. 20ff.
24   *Beyrer/ Dallmaier*, Pressegeschichte, S. 148ff.
25   *Löffler*, HdbPR I, 2. Aufl., 3. Kap., Rn 21ff.; *Fechner*, Medienrecht, Rn 691.

III. Die Durchsetzung der Pressefreiheit in der Aufklärung

Im Zeitalter der Aufklärung (17. und 18. Jh.) gelangten die Bürger zu der Überzeugung, dass die Glaubens-, Gewissens- und Meinungsfreiheit ein überstaatliches Menschenrecht sei. Außerdem strebte das zu wirtschaftlichem Wohlstand gelangte Bürgertum ein demokratisches Mitspracherecht bei der Regierung des Landes an. Für beide Ziele wurde die Pressefreiheit benötigt, unter deren Schutz sich ein kritisches Forum hätte bilden können.[26] Allerdings gehörte es bis ins letzte Drittel des 18. Jh. zum journalistischen Grundprinzip, den Leser lediglich neutral zu informieren und ihm seine Meinungsbildung selbst zu überlassen.[27]

Vorreiter bei der Einführung der Pressefreiheit war England, wo bereits 1695 das abgelaufene Zensurstatut nicht verlängert wurde.[28]

Auch die amerikanische Unabhängigkeitserklärung vom 04.07.1776 beruhte auf den „unveräußerlichen Menschenrechten". Die Verfassung gewährte der Religions-, Rede- und Pressefreiheit im Zusatzartikel Nr. 1 von 1791 vollen Verfassungsschutz.[29]

Als Geburtsstunde der französischen Pressefreiheit gilt der 14.07.1789. In der „Erklärung der Menschen- und Bürgerrechte" vom 24.08.1789 fand sie ihre ausdrückliche Anerkennung und wurde in Art. 2 der Verfassung von 1791 weiter konkretisiert.[30]

In Deutschland hoben nach dem siegreichen Befreiungskrieg gegen Napoleon (1813/1814) nur Großherzog Karl August von Sachsen-Weimar (1816) und König Wilhelm von Württemberg (1817) die Zensur auf, Bayern (1818) beschränkte sie auf politische Literatur. Tendenzen zur Pressefreiheit gab es auch in Nassau-Usingen und Nassau-Weilburg.[31]

Dagegen führte vor allem auf Drängen des Wiener Staatskanzlers Metternich der Deutsche Bund zum Schutz von „Thron und Altar" mit den Karlsbader Beschlüssen vom 20.09.1819 ein strenges Zensursystem ein.[32]

Trotz stetigen Kampfes für die Meinungs- und Pressefreiheit[33] führte erst die Pariser Februar-Revolution von 1848 zum allgemeinen Aufbegehren gegen die

---

26   *Löffler*, HdbPR I, 3. Aufl., § 3, Rn. 28ff.
27   *Noelle-Neumann/ Schulz/ Wilke*, Fischer Lexikon, S. 464f.
28   Ausführlich: *Wilke*, Pressefreiheit, S. 5ff.
29   *Löffler/ Ricker*, HdbPR, 4. Kap., Rn 14.
30   *Löffler/ Ricker*, HdbPR, 4. Kap., Rn 14; Schroeder-Angermund, Zensur, S. 169.
31   *Löffler/ Ricker*, HdbPR, 4. Kap., Rn 15.
32   *Blumenauer*, Pressefreiheit und Zensur, S. 19ff.; *Sawada*, JuS 1996, 384, 386ff.
33   Vor allem durch – wenn auch oft nur kurzlebige – Presseorgane, Flugschriften, politische Dichtung oder öffentliche Demonstrationen wie das Hambacher Fest (1832) und die sog. Zensur-Lücke, in der zensierte Stellen einfach weiß gelassen wurden.

obrigkeitliche Unterdrückung Andersdenkender.[34] Im März 1948 kam es in Mannheim, Berlin und Wien, am Rhein und an der Elbe zu Aufständen, infolge derer Metternich floh und die Regierungen die Hauptforderungen des aufgebrachten Volkes nach Volksvertretung und Pressefreiheit bewilligten. In der Frankfurter Paulskirche tagte die vom Deutschen Bund einberufene Nationalversammlung, die in § 143 II FRV ein umfassendes Grundrecht der Pressefreiheit statuierte. Damit wurden alle damals vorstellbaren Gefährdungen der Pressefreiheit ausgeschlossen. Dies waren Zensur oder Konzessionen, Staatsauflagen oder Beschränkungen der Druckereien und des Buchhandels wie auch Postverbote oder andere Hemmungen des freien Verkehrs.[35] Obwohl die revolutionäre Bewegung bereits ein Jahr später wieder zerschlagen wurde,[36] fand eine Rückkehr zur Zensur nicht statt und die Pressefreiheit blieb neben der konstitutionellen Verfassungsform die bleibende Errungenschaft des Jahres 1848.[37]

IV. Bismarcks Reichspreßgesetz von 1874

In der Zeit von der Gründung des deutschen Kaiserreichs am 01.01.1871 bis zur Annahme des Reichspreßgesetzes (RPG) am 25.04.1874 wurde um den Inhalt des RPG heftig gestritten. In dem schließlich verabschiedeten Kompromiss gab es zwar keine für die Presse befriedigende Regelung des Beschlagnahmerechts von Drucksachen und nur eine mangelhafte Sicherung des Redaktionsgeheimnisses, aber die Zensur und alle sonstigen gegen die Presse gerichteten Präventivmaßnahmen waren ebenso wie der Kautions- und Konzessionszwang aufgehoben. Die Ausübung der Pressetätigkeit war frei und konnte weder durch die Verwaltung noch durch die Gerichte entzogen werden. Ebenfalls war eine Sonderbesteuerung der Presse ausgeschlossen wie auch ein Zeitungsverbot oder Eingriffe der Verwaltung in die publizistische Tätigkeit der Presse.[38]

Allerdings war die Pressefreiheit durch das RPG lediglich einfachgesetzlich und nicht verfassungsrechtlich gesichert. Aus diesem Grunde war es Bismarck mög-

---

34 *Eisenhardt*, Rechtsgeschichte, Rn 436.
35 *Kraushaar*, ArbuR 1990, S. 301, 305.
36 Bereits im Nov. 1848 wurden die revolutionären Städte militärisch geschlagen, am 03.04.1949 lehnte der zum Erbkaiser gewählte Preußische König Friedrich Wilhelm IV. die Kaiserkrone und am 28.04.1949 auch die Reichsverfassung ab und die Versammlung löste sich auf, am 10.05.1849 trat das Kabinett v. Gagern zurück, am 30.05.1849 wurde das Rumpfparlament nach Stuttgart verlegt und bald darauf vom württembergischen Militär gesprengt (vgl. *Ebel/ Thielmann*, Rechtsgeschichte, Rn 515ff; *Frotscher/ Pieroth*, Verfassungsgeschichte, Rn 318ff.).
37 *Löffler/ Ricker*, HdbPR, 4. Kap., Rn 16.
38 *Löffler/ Ricker*, HdbPR, 4. Kap., Rn 21f.

lich, gestützt auf § 30 RPG[39] im Sozialistengesetz von 1878 (in Kraft bis 1890) alle Druckwerke zu verbieten, die sozialistischen Bestrebungen dienten, und damit das RPG weitgehend außer Kraft zu setzen.[40]

V. Die Pressefreiheit als Grundrecht in der Weimarer Republik

In der nach Ende des ersten Weltkrieges (1914 – 1918) am 11.08.1919 angenommenen Weimarer Verfassung wurde in Art. 118 die Meinungsäußerungsfreiheit „durch Wort, Schrift, Druck, Bild oder in sonstiger Weise [...] innerhalb der Schranken der allgemeinen Gesetze" verfassungsrechtlich garantiert. Damit stand zwar die materielle Pressefreiheit erstmals unter Verfassungsschutz, nicht aber die Informationsfreiheit und der Schutz der Presseverlage gegen Eingriffe von außen (formelle Pressefreiheit). Trotz verschiedener Bemühungen[41] gelang es in der Folgezeit nicht, das Presserecht weiter fortzuentwickeln.[42]

VI. Der Niedergang der Pressefreiheit in der Zeit des Nationalsozialismus

In der Zeit des Nationalsozialismus kam es zu einem erheblichen Rückschritt im Bereich der Pressefreiheit. Der große Schwachpunkt der Weimarer Verfassung war, dass die Gesetzgebung in Krisenzeiten über § 48 WRV die Verfassung zeitweise außer Kraft setzen und die dort gewährten Freiheitsrechte beschneiden konnte.[43] So nutze Hitler den Reichstagsbrand als erste sich bietende Gelegenheit, um u.a. die Meinungs- und Pressefreiheit am 28.02.1933 durch § 1 der Reichstagsbrandverordnung[44] aufzuheben.[45]

Darüber hinaus errichtete Hitler durch das Reichskulturkammergesetz vom 22.09.1933[46] die Reichspressekammer als staatlich gelenkte „Selbstverwaltung" der Presse. An die Zugehörigkeit zu ihr war jede journalistische oder verlegerische Tätigkeit in der Presse geknüpft. Wer nicht die vorgeschriebene „nationalsozialistische Zuverlässigkeit" besaß, wurde gar nicht erst aufgenommen oder

---

39 § 30 RPG sah die Möglichkeit besonderer gesetzlicher Bestimmungen für Zeiten von Kriegsgefahr und Aufruhr vor (vgl. *Pürer/ Raabe*, Medien Bd. 1, S. 54).
40 *Löffler/ Ricker*, HdbPR, 4. Kap., Rn 23.
41 Referentenentwurf eines Gesetzes über die Rechte und Pflichten der Zeitungs- und Zeitschriftenredakteure (1924); Versuch der Modernisierung des RPG (1931/ 1932).
42 *Löffler/ Ricker*, HdbPR, 4. Kap., Rn 25.
43 *Thum*, AfP 2006, 17, 19.
44 RGBl. I, S. 83.
45 *Frotscher/ Pieroth*, Verfassungsgeschichte, Rn 565ff.
46 RGBl. I, S. 661.

wieder ausgeschlossen und damit jeder Chance der Berufsausübung im Pressewesen beraubt. Durch das Schriftleitergesetz vom 04.10.1933[47] wurde festgesetzt, dass jeder Redakteur in eine Berufsliste eingetragen sein musste. Dies setzte eine einjährige Ausbildung, arische Abstammung seiner selbst und seiner Ehefrau und die Eigenschaften, „die die Aufgabe der geistigen Einwirkung auf die Öffentlichkeit erfordert"[48], voraus. Jederzeit und ohne Angaben von Gründen konnte der Reichsminister für Volksaufklärung und Propaganda, Josef Goebbels, allerdings die Löschung eines Schriftleiters aus der Berufsliste und damit seinen Ausschluss aus dem Presseberuf verfügen.[49] Durch diese absolute Staatskontrolle wurde die eigentliche Funktion der Presse als demokratisches Kontrollorgan in ihr Gegenteil verkehrt. Als bloßes Propagandainstrument verbreitete die Presse nur noch die nationalsozialistische Doktrin und festigte damit deren staatliche Herrschaft.[50]

VII. Die Verfassungsgarantie der Pressefreiheit im Grundgesetz

Nachdem die Besatzungsmächte nach Ende des 2. Weltkrieges den Wiederaufbau der deutschen Presse im Rahmen eines eng begrenzten Lizenzierungssystems vorgenommen hatten, wurde durch das Inkrafttreten des Grundgesetzes am 24.05.1949 die allgemeine Pressefreiheit wieder eingeführt.[51] Diskussionsgrundlage für den neuen Art. 5 GG war Art. 7 Herrenchiemseer Entwurf (HChE). Der endgültige, von diesem stark abweichende Art. 5 GG[52] stellt die Presse-, Rundfunk- und Filmfreiheit nunmehr ausdrücklich (statt nur als Meinungsfreiheit „in sonstiger Weise") unter Verfassungsschutz. Im Gegensatz zu Art. 118 WRV ist die Pressefreiheit nach dem Grundgesetz nun ein Grundrecht für jedermann und nicht mehr nur den Deutschen vorbehalten.[53] Aufgrund der noch stark präsenten Unterdrückungsversuche der Nationalsozialisten kommt erstmals auch das Recht auf Informationsfreiheit aus allgemein zugänglichen Quellen dazu.[54]

In der Folge führte die Mehrzahl der Länder eigene Pressegesetze ein. Wo dies nicht oder nur fragmentarisch geschah, galt bis 1966[55] nach einer Entscheidung

---

47   RGBl. I, S. 713.
48   *Noelle-Neumann/Schulz/ Wilke*, Fischer Lexikon, S. 483.
49   *Löffler/ Ricker*, HdbPR, 4. Kap., Rn 27f.
50   *Thum*, AfP 2006, 17, 20.
51   Löffler – *Bullinger*, Presserecht, Einl., Rn 79.
52   Zu der sehr wechselhaften Beratungsgeschichte s. Umbach/ Clemens – *Clemens/ Zöbeley*, GG, Art. 5, Rn 13ff.
53   *Kunig*, Jura 1995, 589, 592.
54   Dreier – *Schulze-Fielitz*, GG, Art. 5, Rn 6.
55   Am 01.07.1966 gab sich NRW als letztes Land eine presserechtliche Vollregelung.

des Bundesverfassungsgerichts[56] das alte RPG in seiner Gesamtheit oder als ergänzendes Landesrecht fort.[57] Seit der formellen Wiedervereinigung am 03.10.1990 gilt Art. 5 GG auch in den neuen Bundesländern. Diese haben sich in der Folge ebenfalls eigene Landespressegesetze gegeben, die denen in den alten Bundesländern im Wesentlichen entsprechen.[58]

B. Das Verhältnis der Informations- zur Pressefreiheit

I. Die Informationsfreiheit als Spiegelbild der Pressefreiheit

Für die Teilnahme am demokratischen Meinungsbildungsprozess ist nicht nur die Presse-, sondern auch die Informationsfreiheit von essentieller Bedeutung, da die Öffentlichkeit die bereitstehenden Informationen auch abrufen können muss.

1. Definition und Konkretisierung der Informations- und Pressefreiheit

Die Informationsfreiheit steht mit der Pressefreiheit also in einem engen Zusammenhang. Art. 5 Abs. 1 S. 1, 2. Hs. GG besagt, dass jeder das Recht hat, sich aus allgemein zugänglichen Quellen ungehindert zu unterrichten. Informationsquelle sind zunächst einmal alle denkbaren Träger von Informationen, aber auch der Informationsgegenstand an sich.[59] Allgemein zugänglich ist diese Informationsquelle, wenn sie „technisch geeignet und bestimmt ist, der Allgemeinheit, d.h. einem individuell nicht bestimmbaren Personenkreis, Informationen zu verschaffen."[60] Zeitungen und andere Massenkommunikationsmittel sind daher von Natur aus solche allgemein zugänglichen Informationsquellen.[61] Sie stehen unter dem Schutz der Pressefreiheit. Die Pressefreiheit bezieht sich allerdings nicht nur auf Zeitungen, Zeitschriften und Bücher, sondern auf alle zur Verbreitung geeigneten Druckerzeugnisse. Entscheidendes Abgrenzungskriteri-

---

56   BVerfGE 7, 29, 30ff.
57   Löffler – *Bullinger*, Presserecht, Einl., Rn 83f.
58   *Löffler/ Ricker*, HdbPR, 4. Kap., Rn 32.
59   MüK – *Wendt*, GG, Art. 5, Rn 22; MD – *Herzog*, GG, Art. 5, Rn 87.
60   BVerfGE 27, 71, 83; 33, 52, 65; 90, 27, 32; BVerfG, NJW 1986, 1243; BVerwGE 47, 247, 252.
61   BVerfGE 27, 71, 83.

um ist das gedruckte Wort im Unterschied zu den unter die Rundfunk- und Filmfreiheit fallenden technischen Modalitäten.[62] Strittig, aber für die vorliegende Arbeit zunächst nicht von Belang, ist die Frage, ob auch Schallplatten, Videobänder und ähnliches unter den Begriff der Presse fallen.[63] Durch die Pressefreiheit geschützt sind grundsätzlich alle Pressetätigkeiten von der Informationsbeschaffung bis zur Verbreitung der Nachricht oder Meinung, also dem Vertrieb der fertig gestellten Presseprodukte.[64] Weiterhin schützt die Pressefreiheit sowohl die seriösen Druckerzeugnisse als auch die Boulevardzeitungen mit ihren Skandal- und Unterhaltungsgeschichten. Eine Abwägung hinsichtlich der Kriterien einer wertvollen oder wertlosen Presse findet nicht statt.[65] So unterfallen nicht nur wahre Tatsachen und sachlich begründete Meinungen, sondern auch falsche, stillose und unsachliche Kritik der Pressefreiheit.[66] Die Grenze des Zulässigen ist erst bei der sog. Schmähkritik überschritten, wonach solche Äußerungen verboten sind, bei denen nicht mehr die Auseinandersetzung in der Sache, sondern die Diffamierung und Herabsetzung der angegriffenen Person im Vordergrund steht.[67] Allerdings geht mit dieser weiten Interpretation der Pressefreiheit nicht zwingend ein gleicher Schutz des Grundrechts für jedes Presseorgan in jedem rechtlichen Zusammenhang und für jeden Inhalt seiner Äußerungen einher. Bei der Abwägung zwischen der Pressefreiheit und anderen verfassungsrechtlich geschützten Rechtsgütern kann berücksichtigt werden, ob die Presse im konkreten Fall das Informationsinteresse der Bevölkerung mit seriöser Berichterstattung bedient oder lediglich das Sensationsinteresse mit oberflächlicher Unterhaltung.[68]

---

62 *Streinz*, AfP 1997, 857, 860.

63 Dafür MüK – *Wendt*, GG, Art. 5, Rn 30; dagegen BoKo – *Degenhardt*, Art. 5 Abs. 1 u. 2, Rn 368ff. (jeweils m. w. N.).

64 St. Rspr., vgl. BVerfGE 10, 118, 121; 12, 205, 260; 20, 162, 176; 77, 346, 354; BVerfG, AfP 2007, 110, 114.

65 Heute h.M., vgl. BVerfGE 66, 116, 134; 34, 269, 283; 50, 234, 240; *Scheuner*, VVDStRL 22, 1, 68f.; MD – *Herzog*, GG, Art. 5, Abs. I, II, Rn 128; vMKS – *Starck*, GG, 4. Aufl., GG, Art. 5, Rn 60; a. A. früher: vMK, GG, 2. Aufl., S. 245: „nur die Veröffentlichung politisch-kulturell-weltanschaulicher Nachrichten und Stellungnahmen sowie die sonstige sachliche Berichterstattung"; krit. auch *Ossenbühl*, JZ 1995, 633, 636.

66 *Limbach*, AfP 1999, 413, 414.

67 St. Rspr., vgl. BGH NJW 1974, 1761, 1763; bestätigt durch BVerfGE 82, 272, 283f.; BVerfG, Beschluss v. 28.02.2007, Az. 1 BvR 2530/05 (www.juris.de).

68 BVerfGE 34, 269, 283; *Limbach*, AfP 1999, 413, 414; *Streinz*, AfP 1997, 857, 860; MüK – *Wendt*, GG, Art. 5, Rn 84.

2. Das Verhältnis der Pressefreiheit zur Meinungsfreiheit

Allerdings unterstellt das Bundesverfassungsgericht in seiner neueren Rechtsprechung auch gedruckte Äußerungen dem Schutzbereich der Meinungs- und nicht dem der Pressefreiheit. Die in einem Presseerzeugnis enthaltene Meinungsäußerung sei durch Art. 5 Abs. 1 S. 1 GG geschützt, während die Pressefreiheit die die einzelne Meinungsäußerung übersteigende Bedeutung der Presse für die freie individuelle und öffentliche Meinungsbildung gewährleisten solle. So beziehe sich der Schutz von Art. 5 Abs. 1 S. 2 GG vor allem auf die Voraussetzungen, die gegeben sein müssten, damit die Presse ihre Aufgabe im Kommunikationsprozess erfüllen könne. Der Schutzbereich der Pressefreiheit sei daher berührt, wenn es um die im Pressewesen tätigen Personen in Ausübung ihrer Funktion, um ein Presseerzeugnis selbst, um seine institutionell-organisatorischen Voraussetzungen und Rahmenbedingungen sowie um die Institution einer freien Presse überhaupt gehe. Handele es sich dagegen um die Frage, ob eine bestimmte Äußerung erlaubt ist oder nicht, insbesondere ob ein Dritter eine für ihn nachteilige Äußerung hinzunehmen habe, sei ungeachtet des Verbreitungsmediums Art. 5 Abs. 1 S. 1 GG einschlägig.[69] Allerdings sei in dem Abwägungsprozess zur Zulässigkeit der Meinungsäußerung das von der Presse wahrgenommene Interesse der Information der Öffentlichkeit zu berücksichtigen.[70] So stellt das Bundesverfassungsgericht die Veröffentlichung einer Aussage in einem Presseprodukt zwar formal unter den Schutzbereich der Meinungs- und nicht der Pressefreiheit, sorgt aber gleichzeitig für eine Verstärkung des Schutzes der Meinungsfreiheit der Presse in der gebotenen Abwägung der kollidierenden Verfassungsgüter, so dass der Pressefreiheit auch bei der Beurteilung einer Meinungsäußerung weiterhin Bedeutung zukommt.

3. Zensurverbot und Hintergrund der Informationsfreiheit

Wichtig für die Arbeit der Presse ist außerdem das Zensurverbot aus Art. 5 Abs. 1 S. 3 GG, das zusammen mit der Pressefreiheit das Spiegelbild zur Informationsfreiheit des Bürgers aus Art. 5 Abs. 1 S. 1 GG ist. Während das Zensurverbot und die Pressefreiheit die Verbreitung der Presseerzeugnisse garantieren, sorgt die Informationsfreiheit dafür, dass der Bürger diese Presseerzeugnisse auch beziehen kann.

---

69   BVerfGE 85, 1, 12f; 86, 122, 128; 95, 28, 34; 97, 391, 400; BVerfG, AfP 2004, 49, 50;
      krit. *Heselhaus*, NVwZ 1992, 740, 741.
70   BVerfG, AfP 2004, 49, 51.

Die Informationsfreiheit wurde gerade als Reaktion auf die nationalsozialistischen Informationsverbote und -beschränkungen verfassungsrechtlich garantiert, um die ungehinderte Unterrichtung aus allen Quellen – sei es innerhalb oder außerhalb des Herrschaftsbereichs der BRD – zu gewährleisten.[71] Wenn die Informationsquelle an irgendeinem Ort allgemein zugänglich ist, kann auch ein rechtskräftiger Einziehungsbeschluss nicht dazu führen, dieser Informationsquelle die Eigenschaft der allgemeinen Zugänglichkeit zu nehmen. Dem Einzelnen soll ermöglicht werden, sich seine Meinung auf Grund eines größtmöglichen Informationsmaterials zu bilden. Er soll bei der Auswahl des hierfür benötigten Materials keiner Beeinflussung durch den Staat unterliegen. Da die Informationsfreiheit infolge ihrer Verbindung mit dem Demokratieprinzip gerade auch dazu bestimmt ist, sich ein Urteil über die Politik der eigenen Staatsorgane zu bilden, muss das Grundrecht vor Einschränkungen durch diese Staatsorgane weitgehend bewahrt werden.[72] Durch eben diese ausdrückliche Garantie, sich aus allgemein zugänglichen Quellen zu unterrichten, soll eine von äußeren Einflüssen und Manipulationen möglichst freie Betrachtung der Wirklichkeit gewährleistet werden. Durch die grundgesetzlichen Garantien der miteinander korrelierenden Informations- und Pressefreiheit erscheinen die Gefahr der Beschränkung der Information durch Zensur und der Missbrauch durch Propaganda – beides waren wesentliche Elemente der nationalsozialistischen Diktatur – beseitigt.[73]

II. Die Bedeutung der Informationsfreiheit für die journalistische Recherche

Die Recherche ist die Grundlage des journalistischen Arbeitens. Zunächst einmal kann sich der Journalist dabei – wie jeder andere Bürger auch – auf sein Grundrecht auf Informationsfreiheit aus Art. 5 Abs. 1 S. 1 GG berufen. Dies reicht allerdings nicht aus, um dem journalistischen Selbstverständnis gerecht zu werden, die Öffentlichkeit über alle relevanten Tatsachen und Vorgänge angemessen zu informieren. Die Informationsfreiheit gewährleistet ihrem Wortlaut nach nur die Unterrichtung aus allgemein zugänglichen Quellen, beinhaltet also nur die Informationen, die sowieso schon auf dem Markt sind. Der Ehrgeiz und die Aufgabe eines Journalisten ist es aber, gerade über die Vorgänge zu berichten, die nicht oder zumindest noch nicht an die Öffentlichkeit gelangen sollen. Auch wenn die Medien auf die Informationen aus den allgemein zugänglichen Quellen angewiesen sind, müssen sie daher ebenfalls berechtigt und in der Lage

---

71 BVerfGE 27, 71, 84.
72 BVerfGE 27, 71, 84.
73 *Löffler/ Ricker*, HdbPR, 18. Kap., Rn 1ff.

sein, selbst zu recherchieren, sich insbesondere Informationen innerhalb der Rechtsordnung zu beschaffen, die noch nicht allgemein zugänglich sind.[74] Die Landespressegesetze normieren in ihrem jeweiligen § 4[75] zwar einen grundsätzlichen Auskunftsanspruch, dieser ist als Landesrecht jedoch nicht mit Verfassungsrang ausgestattet und richtet sich lediglich gegen Behörden. Des weiteren gilt seit dem 01.01.2006 auch das Informationsfreiheitsgesetz (IFG), das zwar ein Bundesgesetz[76], aber dennoch ebenfalls ein einfaches Gesetz ohne Verfassungsrang ist.[77] Gem. § 1 Abs. 3 IFG geht zwar Fachrecht dem IFG vor, das bedeutet jedoch nicht, dass Journalisten sich ausschließlich auf den Auskunftsanspruch aus § 4 LPG[78] und nicht auch auf das IFG berufen können.[79]

Fraglich ist demnach, ob die Pressefreiheit aus Art. 5 Abs. 1 S. 2 GG einen über die allgemeine Informationsfreiheit aus Art. 5 Abs. 1 S. 1 GG hinausgehenden verfassungsrechtlich garantierten Auskunftsanspruch gegen Behörden und unter Umständen sogar gegen Private garantiert.

1. Verfassungsrechtlicher Auskunftsanspruch gegenüber staatlichen Organen

Das Bundesverfassungsgericht hat früh die objektiv-rechtliche Seite der Pressefreiheit und die sich daraus ergebende institutionelle Garantie der „freien Presse" herausgestellt.[80] Aus der in Art. 5 Abs. 1 S. 2 GG gesicherten Eigenständigkeit der Presse von der Beschaffung der Information bis zur Verbreitung von Nachrichten folgert es eine Auskunftspflicht der öffentlichen Behörden.[81]

Daher wird vertreten, dass sowohl die Einholung von Auskünften im Einzelfall als auch die Verwertung von offiziellen Pressemitteilungen und anderen Presseunterlagen als antizipierte Auskünfte verfassungsrechtlich gesichert ist.[82] Allerdings sind Pressemitteilungen nicht nur antizipierte Auskünfte. Es werden in ihnen nämlich auch Informationen preisgegeben, die mangels geeigneter Anhaltspunkte niemals Gegenstand eines konkreten Auskunftsverlangens hätten

---

74 *Soehring*, Presserecht, Rn 1.4ff.
75 Außer in Hessen, dort § 3 HPresseG und Brandenburg, dort § 5 BbgPG.
76 Daneben bestehen auch zahlreiche landesgesetzliche Regelungen, s. *Püschel*, AfP 2006, 401, 402.
77 Näher zum IFG: *Schmitz/ Jastrow*, NVwZ 2005, 984ff.
78 So in allen Bundesländern außer Hessen, dort § 3 HPresseG und Brandenburg, dort § 5 BbgPG.
79 *Püschel*, AfP 2006, 401, 407.
80 BVerfGE 10, 118, 121; 12, 205, 260.
81 BVerfGE 20, 162, 175f.
82 VG Stuttgart, AfP 1986, 89, 90f.

sein können.[83] Die Presse kann ihren Verfassungsauftrag, andere zu informieren, nur dann ordnungsgemäß erfüllen, wenn sie selbst informiert ist. Daher soll sich aus der objektiv-rechtlichen Seite des Grundrechts der Pressefreiheit das subjektive Teilhaberecht auf Auskunft ergeben.[84] Ohne die tatsächliche Möglichkeit, sie in Anspruch nehmen zu können, sind Freiheitsrechte wertlos.[85] Die allgemein zugänglichen Quellen im Sinne der Informationsfreiheit des Art. 5 Abs. 1 S. 1 GG sind im Wesentlichen die Medien, die ihrerseits auf die Unterrichtung durch die Behörden angewiesen sind. Der Bürger kann seine Informationsfreiheit nur realisieren, wenn überhaupt „allgemein zugängliche Quellen" vorhanden sind, wenn also insbesondere die Medien überhaupt Nachrichten liefern.[86] Er benötigt die Medien, um seine Aufgaben im Demokratieprinzip sinnvoll wahrzunehmen. Aus der Bedeutung des Auskunftsanspruchs der Presse als Voraussetzung für die Verwirklichung der Volkssouveränität soll sich dessen verfassungsrechtliche Garantie im Rahmen der Pressefreiheit ergeben.[87]

2. Kein über die Informationsfreiheit hinausgehender verfassungsrechtlicher Auskunftsanspruch

Gegen einen über die allgemeine Informationsfreiheit aus Art. 5 Abs. 1 S. 1 GG hinausgehenden verfassungsrechtlich garantierten Auskunftsanspruch der Presse werden die Unbestimmtheit eines solchen Verschaffungs- bzw. Leistungsanspruchs, der politische Charakter staatlicher Informationen sowie die Weite des Pressebegriffs eingewendet.[88] So hat auch das Bundesverwaltungsgericht klar gestellt, dass potentieller Herausgeber von Presseerzeugnissen jeder sein kann.[89] Ein solcher verfassungsrechtlicher Informationsanspruch gegenüber Behörden für jeden stünde aber in einem unüberbrückbaren Gegensatz zur Informationsfreiheit aus Art. 5 Abs. 1 S. 1 GG, die einen Informationsanspruch eben nur aus allgemein zugänglichen Quellen gewährt.[90] Eine staatliche Informationspolitik der absoluten Geheimhaltung des Verhaltens und der Absichten der Staatsorgane ist zwar mit dem Grundgesetz nicht vereinbar, dennoch muss man es beispielsweise dem politischen Ermessen des Regierungschefs überlassen, ob er für die Bekanntgabe einer wichtigen politischen Entscheidung den Weg über die Presse wählt oder aber Fragen von Pressevertretern ausweichend beantwortet,

83   *Löffler*, AfP 1986, 92, 93.
84   *Löffler*, AfP 1986, 92; BoKo – *Degenhart*, Art. 5 Abs. 1 u. 2, Rn 430.
85   Vgl. BVerfGE 33, 311, 331.
86   *Jarass*, AfP 1979, 228, 229.
87   *Groß*, DÖV 1997, 133, 135.
88   MüK – *Wendt*, GG, Art. 5, Rn 35.
89   BVerwGE 39, 159, 164.
90   vMKS – *Starck*, 4. Aufl., GG, Art. 5, Abs. 1, 2, Rn 77ff.

weil er diese Entscheidung zunächst auf einer Wahlveranstaltung oder einer anderen Versammlung der Öffentlichkeit mitteilen möchte. Das Gebot der Pressefreundlichkeit wird aus dem Demokratieprinzip des Art. 20 I GG auch nicht um der Presse willen, sondern in erster Linie zur Sicherung der freien Information der Öffentlichkeit hergeleitet.[91] Eine verfassungsrechtliche Begründung aus der notwendigen Information der Bürger birgt weiterhin die Schwierigkeit, dass auch im Vereins- und Verbandswesen sowie auf Versammlungen oder in Bürgerinitiativen politische Information stattfindet und man daher einen solchen Anspruch schwerlich auf die Presse und andere Massenmedien beschränken könnte.[92] Die Frage, ob es zur Verwirklichung der Pressefreiheit im Bereich der Beschaffung publizistischer Informationen einer rechtlichen Verpflichtung öffentlicher Stellen um Auskunft bedarf, kann weder mit einem – von der Verfassung vermeintlich vorgegebenen – einfachen Ja noch auf Grund einer nur am Einzelfall orientierten Betrachtung beantwortet werden. Das Grundgesetz hat es vielmehr den Gesetzgebern von Bund und Ländern überlassen, in Abwägung der betroffenen privaten und öffentlichen Interessen mit dem publizistischen Informationsinteresse zu regeln, ob und unter welchen – generell und abstrakt zu umschreibenden – Voraussetzungen ein Informationsrecht der Presse in der Form des Anspruchs auf Auskunft behördlicher Stellen besteht.[93] Die Länder haben in § 4 LPG[94] einen solchen einfachgesetzlichen Auskunftsanspruch festgesetzt.

3. Auskunftsanspruch gegenüber Privaten und Unternehmen

Auf Grund der Tatsache, dass insbesondere große Organisationen und Unternehmen erhebliche Bedeutung und Einfluss in der Gesellschaft gewonnen haben, könnte man daran denken, der Presse auch insoweit die Möglichkeit von Nachforschungen zu eröffnen.[95] Die Landespressegesetze und das Informationsfreiheitsgesetz gewähren einen Auskunftsanspruch ausdrücklich nur gegenüber Behörden.[96] Ein einfachgesetzlicher Auskunftsanspruch aus den Landespressegesetzen oder dem Informationsfreiheitsgesetz gegenüber Privaten besteht also nicht. Ein möglicher Weg, einen solchen Anspruch herzuleiten, ist der über das Grundrecht der Pressefreiheit aus Art. 5 Abs. 1 S. 2 GG. Grundrechte binden allerdings unmittelbar nur die staatliche Gewalt und sind in ihrem Ursprung Abwehrrechte gegen den Staat. Auch wenn über die Pressefreiheit das Institut

91   MD – *Herzog*, GG, Art. 5, Abs. I, II, Rn 137ff.
92   vMKS – *Starck*, 4. Aufl., GG, Art. 5, Abs. 1, 2, Rn 77ff.
93   BVerwG, NJW 1991, 118.
94   Außer in Hessen, da § 3 HPresseG und Brandenburg, da § 5 BbgPG.
95   Löffler – *Burkhardt*, Presserecht, § 4, Rn 70.
96   Vgl. bspw. § 4 Abs. 1 LPG NW: „Die Behörden sind verpflichtet, den Vertretern der Presse die der Erfüllung ihrer öffentlichen Aufgabe dienenden Auskünfte zu erteilen."

der freien Presse verfassungsrechtlich gesichert ist, kann ein Auskunftsanspruch gegenüber Privaten und nicht staatlichen Stellen nicht unmittelbar aus Art. 5 GG hergeleitet werden.[97] Auch der Umweg über die mittelbare Drittwirkung der Grundrechte führt nicht weiter. Selbst wenn man diese für Art. 5 GG anerkennt, kann sich daraus lediglich ein status negativus – also ein Abwehrrecht – ergeben und nicht ein status positivus, also ein gegen einen Dritten bestehender Anspruch.[98] Grundsätzlich steht es jedem außerhalb des hoheitlichen Bereichs frei, zu entscheiden, ob überhaupt und mit welchen Medienvertretern er spricht. Die Presseorgane erfüllen zwar bei ihrer Recherche und anschließenden Veröffentlichung gemäß der Definition der Landespressegesetze eine öffentliche Aufgabe, dies ändert aber nichts daran, dass sie Privatrechtssubjekte sind und daher auch in Erfüllung ihrer Aufgabe auf der Ebene des Privatrechts agieren. Die Presse tritt daher den privaten Personen oder Unternehmen ausschließlich auf privatrechtlicher Ebene als gleich geordnete Institution und nicht etwa mit einem irgendwie gearteten hoheitlichen Auftrag oder Anspruch gegenüber. Der Presse steht folglich nach verfassungs- und medienrechtlichen Grundsätzen gegenüber Privaten kein Auskunftsanspruch zu. Allerdings kann sich ein derartiger Anspruch im Ausnahmefall aus allgemeingültigen zivilrechtlichen Kriterien wie insbesondere dem Verbot sittenwidriger Schädigungen nach § 826 BGB oder dem Behinderungs- und Diskriminierungsverbot nach § 20 GWB ergeben. So kann etwa eine Behinderungsmaßnahme vorliegen, wenn Nachrichtenagenturen bestimmte Medien ohne sachlichen Grund von der Belieferung mit Nachrichten ausschließen.[99] Weiterhin darf ein Verein nach der Entscheidung, eine Veranstaltung für eine unbestimmte Öffentlichkeit zu öffnen, nicht ohne sachliche Rechtfertigung einzelne Bürger und damit auch nicht einzelne Pressevertreter, die wegen unliebsamer Kritik des Vereins negativ aufgefallen sind, ausschließen.[100]

4. Minimalstandard und Monopolinformationen

Zusätzlich zu den „radikalen Positionen" einer kompletten Ablehnung und einer uneingeschränkten Gewährung eines verfassungsrechtlich gesicherten Auskunftsanspruchs der Presse gegenüber staatlichen Behörden werden auch vermittelnde Meinungen vertreten.

---

97 Groß, AfP 1997, 133, 132; Stober. AfP 1981, 389, 390ff; OLG München, AfP 1985, 222, 223.
98 BVerfGE 20, 162, 176; Löffler – Burkhardt, Presserecht, § 4, Rn 71; MD – Herzog, GG, Art. 5, Rn 137.
99 *Soehring*, Presserecht, Rn 4.78ff.
100 *Wenzel*, Wort- und Bildberichterstattung, 10. Kap., Rn 10; *Fechner*, Medienrecht, Rn 747; *Stober*, AfP 1981, 389, 395; *Gädeke*, AfP 1978, 108.

So gibt es zum einen die Ansicht, der im Demokratieprinzip des Art. 20 GG enthaltene Öffentlichkeitsgrundsatz gewährleiste eine Mindestinformation und spreche bei einer unklaren Beschränkung des einfachgesetzlichen Auskunftsanspruchs für eine weite, den Informationsfluss erleichternde Interpretation.[101]

Darüber hinaus wird vertreten, in einer Parallele zu den staatlichen Ausbildungsstätten, der Presse dann einen verfassungsrechtlichen Auskunftsanspruch zu gewähren, wenn der Staat ein Monopol auf eine Information hat. Dies soll der Fall sein, wenn entweder die Verwaltung allein über diese Information verfügt oder deren Richtigkeit, sofern sie auch in anderen nichtstaatlichen Quellen vorhanden ist, nicht hinreichend gewährleistet ist.[102]

5. Stellungnahme

Hauptargument der Befürworter der verfassungsrechtlichen Garantie des Auskunftsanspruchs ist, dass die Presse wegen ihrer für die Demokratie existenziellen öffentlichen Aufgabe der Information der Bürger besser informiert sein müsse als eben diese.[103] Dem wird entgegengehalten, dass eine hinreichende Information über behördliche Entscheidungen oder Vorgänge auch ohne einen solchen Auskunftsanspruch etwa mit Hilfe eigener Recherchen, gezielten Hinweisen oder allgemein zugänglichen Informationen möglich sei.[104]

Beide Argumentationen sind durchaus logisch, doch führen sie meines Erachtens nicht zwingend zu dem daraus gefolgerten Schluss des Bestehens oder Nichtbestehens der verfassungsrechtlichen Garantie des Auskunftsanspruchs gegenüber staatlichen Behörden. Sinnvoll erscheint, dass die Presse besser informiert sein muss als der „normale" Bürger, um ihre öffentliche Aufgabe mit der gebotenen Sorgfalt wahrnehmen zu können. Dieser Informationsvorsprung ergibt sich aber schon daraus, dass die für ihr Ressort zuständigen Pressevertreter sich eben nur mit ihrem Ressort beschäftigen und auf Grund ihrer täglichen Recherchen schneller und besser an bestimmte Informationen kommen und zudem schneller Zusammenhänge erkennen und so wissen, bei welchem Thema sich eine gründlichere Recherche lohnt und wo eine solche anzusetzen ist. Der „normale Bürger" hat gar nicht die Zeit, sich in der Intensität der Informationsbeschaffung zu widmen, in der es die Presse tut. Er ist insofern auf die Presse und die sonstigen Medien angewiesen, die ihm die wichtigsten Informationen bereits auf ihren Wahrheitsgehalt geprüft liefern müssen. Die wirklichen Skan-

---

101 *Jarass*, AfP 1979, 228, 231; AK-GG – *Hoffmann-Riem*, Art. 5, Abs. 1, 2, Rn 98; offen gelassen in BVerwGE 70, 310, 313.
102 *Heintschel von Heinegg*, AfP 2003, 295, 299f.
103 *Heintschel von Heinegg*, AfP 2003, 295, 297; *Löffler*, NJW 1964, 2277, 2278.
104 *Bullinger* in HdbStR VI, § 142, Rn 70.

dalgeschichten werden zwar nicht durch eine behördliche Auskunft, sondern durch eigene Recherchen aufgedeckt, allerdings ist es auch nicht gesichert, dass die Presse vollkommen ohne einen behördlichen Auskunftsanspruch auskommt, zumal eine solche Auskunft zumindest den Anstoß für ein eigenes Weiterrecherchieren geben kann. Bestimmte Informationen kann auch nur die Verwaltung liefern und es ist nicht einzusehen, warum die Presse einen großen Aufwand betreiben oder sich auf unsichere Quellen stützen soll, wenn es der Verwaltung ohne größere Probleme möglich ist, eine entsprechende Auskunft zu geben. Zumindest einfachgesetzlich sind ein solcher Informationsanspruch und seine Ausnahmen durch die Landespressegesetze und Informationsfreiheitsgesetze geregelt. Eine eventuelle verfassungsrechtliche Garantie würde diesen Informationsanspruch der Disposition des Gesetzgebers entziehen und die einfachgesetzlichen Regelungen wären nicht konstitutiv, sondern lediglich deklaratorisch. Zu beachten ist allerdings, dass der Verfassung nicht allein in formeller, sondern auch in materieller Hinsicht die Aufgabe zukommt, Freiheit, Demokratie und Rechtsstaatlichkeit wirksam vor den in einer sich verändernden Gesellschaft immer wieder auftauchenden Gefahren zu schützen.[105] Zwar kann man aus der Pressefreiheit als klassisches Abwehrrecht nicht unmittelbar einen Anspruch auf Unterstützung der Pressetätigkeit ableiten,[106] doch gibt sie einen Anspruch darauf, solche Eingriffe zu unterlassen, die die Arbeit der Presse behindern oder sogar unterbinden.[107] Dass es nicht lediglich „Panikmache" ist, auch in heutiger Zeit noch vor Eingriffen der Regierung in die Pressefreiheit zu warnen, zeigt sich in der Cicero-Affäre des ehemaligen Bundesinnenministers Otto Schily.[108] Seit den Anschlägen auf das World Trade Center vom 11.09.2001[109] besteht darüber hinaus die berechtigte Befürchtung, dass im Rahmen von Abwägungen

---

105 *Heintschel von Heinegg*, AfP 2003, 295, 297.
106 BVerfGE 80, 124, 133.
107 *Löffler/ Ricker*, HdbPR, 18. Kap., Rn 6.
108 Im Sept. 2005 durchsuchte die Staatsanwaltschaft die Räume des Cicero Mitarbeiters Bruno Schirra und beschlagnahmte 15 Kisten mit Unterlagen, weil Schirra Textteile aus einem 125 Seiten starken Auswertungsbericht des BKA zum Fall des weltweit verfolgten jordanischen Qaida-Terroristen Abu Mussad al-Sarkawi veröffentlichte. Mit der Durchsuchung sollte die undichte Stelle innerhalb des BKA aufgespürt werden. Anschließend drohte Schily, „alle Journalisten wegen der Beihilfe zum Geheimnisverrat zu verfolgen, die sich geheime Papiere wie eine Trophäe ansteckten und damit die Arbeit des Staates behinderten.", vgl. DER SPIEGEL, 40/ 2005, S. 36ff.; die Durchsuchung und Beschlagnahme ist vom Bundesverfassungsgericht inzwischen als verfassungswidrig beanstandet worden, vgl. BVerfG, AfP 2007, 110ff.; äußerst kritisch zur rechtlichen Legitimation der Cicero-Affäre schon vorher u.a. *Weberling*, AfP 2006, 12, 14.
109 Zwei von al-Qaida Terroristen entführte Passagierflugzeuge lenkten diese in die beiden Türme des World Trade Centers in Ney York. Eine dritte Maschine flog in das Pentagon und ein viertes Flugzeug konnten die Passagiere zum Absturz bringen, bevor es sein (unbekanntes) Ziel erreichte, vgl. ausführlich DER SPIEGEL, 36/ 2006, S 74ff.

viele Behörden den Interessen von Sicherheit voreilig den Vorzug gegenüber der Wahrung von Grundrechten geben.[110]

Wenn der Staat nun als einziger eine bestimmte Information besitzt oder lediglich er sie verifizieren kann, lässt sich meiner Meinung nach das Vorenthalten dieser Information durchaus als Eingriff, der die Pressefreiheit behindert, charakterisieren. Soweit die Presse durch eigene Recherchen oder anderweitige Informanten ebenfalls an die relevanten Behördeninformationen kommen kann, ist ein verfassungsrechtlich gesicherter Auskunftsanspruch überflüssig, im vorgenannten Fall ergibt er allerdings zum Schutz des Instituts der freien Presse durchaus Sinn.

So ist der vermittelnden Meinung zu folgen, den in § 4 LPG[111] und dem in den Informationsfreiheitsgesetzen normierten Informationsanspruch grundsätzlich als eigenständigen gesetzlichen Anspruch und damit nur als mittelbaren Ausfluss der institutionellen Garantie der freien Presse zu qualifizieren. Nur bei solchen Informationen, bei denen der Staat eine Monopolstellung innehat, ist eine grundsätzliche verfassungsrechtliche Absicherung dieses Auskunftsanspruchs anzuerkennen.

C. Gesellschaftliche Bedeutung der Medien, insbesondere der Presse

Damit der Bürger seine staatsbürgerlichen Rechte und Pflichten wirksam ausüben kann, muss er über alle in der Gesellschaft relevanten Vorgänge ausreichend informiert sein. Da er auf Grund der Fülle der erreichbaren und verwertbaren „rohen" Informationen diese nicht selber sammeln und auswerten kann und darüber hinaus an bestimmte Informationen auch gar nicht herankommt, ist er auf Informationsvermittlung angewiesen.[112] Diese leisten die Medien. Fernsehen und Hörfunk können zwar schneller reagieren als die Printmedien und haben auf Grund der Suggestivkraft vor allem der bewegten Bilder aber auch des gesprochenen Wortes ein höheres Überzeugungspotential. Die Presse hat aber wegen der Dauerhaftigkeit der gedruckten Informationen und des traditionell großen Leserkreises von Zeitungen und Zeitschriften einen weiterhin hohen Stellenwert in der modernen Informationsgesellschaft. Wegen der damit verbundenen großen Macht und des Vertrauens der Öffentlichkeit in die Tätigkeit

---

110 *Kugelmann*, ZRP 2005, 260.
111 So in allen anderen Bundesländern, außer Hessen, dort § 3 HPresseG und Brandenburg, dort § 5 BbgPG.
112 *Groß*, AfP 2005, 142f.

der Presse ist es wichtig, dass der Staat grundsätzlich keine Möglichkeit hat, in die Arbeit der Presse einzugreifen. Grundlegend zur Bedeutung der freien Presse ist die Aussage des Bundesverfassungsgerichts im „Spiegel-Urteil" aus dem Jahre 1966:

> „Eine freie, nicht von der öffentlichen Gewalt gelenkte, keiner Zensur unterworfene Presse ist ein Wesenselement des freiheitlichen Staates; insbesondere ist eine freie, regelmäßig erscheinende politische Presse für die moderne Demokratie unentbehrlich. Soll der Bürger politische Entscheidungen treffen, muss er umfassend informiert sein, aber auch die Meinungen kennen und gegeneinander abwägen können, die andere sich gebildet haben. Die Presse hält diese ständige Diskussion in Gang; sie beschafft die Informationen, nimmt selbst dazu Stellung und wirkt damit als orientierende Kraft in der öffentlichen Auseinandersetzung. In ihr artikuliert sich die öffentliche Meinung; die Argumente klären sich in Rede und Gegenrede, gewinnen deutliche Konturen und erleichtern so dem Bürger Urteil und Entscheidung. In der repräsentativen Demokratie steht die Presse zugleich als ständiges Verbindungs- und Kontrollorgan zwischen dem Volk und seinen gewählten Vertretern in Parlament und Regierung. Sie fasst die in der Gesellschaft und ihren Gruppen unaufhörlich sich neu bildenden Meinungen und Forderungen kritisch zusammen, stellt sie zur Erörterung und trägt sie an die politisch handelnden Staatsorgane heran, die auf diese Weise ihre Entscheidungen auch in Einzelfragen der Tagepolitik ständig am Maßstab der im Volk tatsächlich vertretenen Auffassungen messen können."[113]

So wird der Presse sowohl durch das Bundesverfassungsgericht[114] als auch in den Landespressegesetzen[115] die Erfüllung einer öffentlichen Aufgabe zuerkannt. Diese ist allerdings nicht staatlich, sondern soziologisch zu verstehen.[116] Die Presse ist nicht staatsbezogen, sondern wird durch die Erfüllung ihrer Aufgabe gerade zu einem Korrektiv staatlicher Herrschaft.[117] Der Kernbereich dieser öffentlichen Aufgabe ist das Sammeln und Verbreiten von Nachrichten als ursprünglichste und älteste Aufgabe der Presse. Die Bedeutung der Information der Öffentlichkeit durch Nachrichtenbeschaffung und Nachrichtenverbreitung ist für die öffentliche Meinungsbildung in der freiheitlichen Demokratie essentiell. Zur herkömmlichen Funktion der Presse gehören auch die Kritik und die Stellungnahme zu Vorgängen des öffentlichen Lebens. Durch Information, Stellungnahme und Kritik trägt die Presse wesentlich zur öffentlichen Meinungsbildung bei und vermittelt darüber hinaus als bedeutendes Kommunikationsmittel einen ständigen Kontakt zwischen Volk, Parlament und Regierung.[118]

---

113 BVerfGE 20, 162, 174f.
114 BVerfGE 20, 162, 175.
115 Vgl. § 3 LPG BW, BayPrG, LPG BE, BbgPG, LPG HB, HH LPG, LPrG M-V, ND LPG, LPG NW, SächsPresseG, LPG ST, LPG SH, TPG; § 5 LPG RP; § 4 SMG; lediglich in Hessen fehlt eine entsprechende Bestimmung.
116 *Groß*, AfP 2005, 162, 163.
117 *Faller*, AfP 1981, 430, 432.
118 *Faller*, AfP 1981, 430, 434.

Die öffentliche Aufgabe der Presse entspricht sowohl den kommunikationswissenschaftlichen Erkenntnissen als auch den rechtlichen Anforderungen, wenn sie funktional[119] interpretiert wird. Die Herstellung eines allgemeinen Meinungsmarktes entspricht dem Streben der Presse nach einer breiten Öffentlichkeit. Gleichzeitig wird vermieden, die Pressefreiheit durch eine wertbezogene Interpretation der öffentlichen Aufgabe einzuschränken. Damit ist klar, dass die gesamte publizistische Tätigkeit der Presse einschließlich des Unterhaltungsteils von dem spezifischen Grundrechtsschutz und den übrigen Privilegien der Presse erfasst wird.[120] Soweit die Landespressegesetze also bestimmte Tätigkeiten unter dem Begriff der öffentlichen Aufgabe subsumieren,[121] haben diese nur beispielhaften Charakter.[122] Die gesamte publizistische Tätigkeit liegt im öffentlichen Interesse, nicht nur die politische Information,[123] zumal von Beiträgen mit unterhaltendem Charakter unter Umständen das politische und gesellschaftliche Bewusstsein stärker geprägt wird als von politischen Beiträgen. Gerade Beiträge mit sensationellem Gehalt sind geeignet, die Bereitschaft sozial schwacher oder weniger gebildeter Schichten zu wecken, eine Information zu Kenntnis zu nehmen.[124]

Trotz der herausragenden Bedeutung der Presse ist eine Charakterisierung als „Vierte Staatsgewalt"[125] neben Legislative, Exekutive und Judikative zumindest missverständlich. Auch wenn sich die Presse als unentbehrlich für eine funktionierende Demokratie erweist und wegen dieser bedeutenden politischen Funktion faktisch als eine „vierte Gewalt" im Staat erscheint, so folgt daraus keine rechtliche Stellung. Andernfalls bestünde die Gefahr, dass aus diesem Begriff verfassungsrechtliche Folgerungen gezogen werden und die Presse ebenso wie die politischen Parteien unter die institutionelle Garantie des Art 21 GG gestellt würde,[126] was verfassungsrechtliche Grundlagen für gesetzgeberische Eingriffe

---

119 Die funktionale Interpretation sieht als öffentliche Aufgabe der Presse die Erfüllung ihrer spezifischen Funktionen im Interesse der für das Funktionieren des demokratischen Staates notwendigen Publizitätsentfaltung. Dies sind im Wesentlichen die Herstellung eines allgemeinen Meinungsmarktes, die Bildung der Staatsbürger durch Informationen und Meinungen und die Konstituierung eines politischen Forums, vgl. *Donsbach*, Legitimationsprobleme des Journalismus, S. 22f.

120 BVerfGE 12, 205, 260; 101, 361, 392; BVerfG, AfP 2001, 215.

121 Alle Landespressegesetze außer in Hessen (keine Regelung der öffentlichen Aufgabe), Berlin und Bremen.

122 Ausdrücklich hervorgehoben in den Landespressegesetzen von Brandenburg, Hamburg, Mecklenburg-Vorpommern und Nordrhein-Westfalen.

123 Ausführlich zur öffentlichen Aufgabe der Presse und den verschiedenen Auffassungen *Löffler/ Ricker*, HdbPR, 3. Kap., Rn 4ff.

124 *Löffler/ Ricker*, HdbPR, 3. Kap., Rn 16.

125 Vgl. *Seitz*, NJW 1997, 3216; *Weller*, ZRP 1995, 130; *Farkas*, FoR 2004, 133, 135.

126 *Ridder* in Die Grundrechte, S. 257

und staatliche Kontrollen liefern würde,[127] die mit dem Institut der freien Presse unvereinbar wären.[128]

Da die Möglichkeit der Überprüfung durch eigene Wahrnehmung für den Leser nur in den seltensten Fällen besteht, kommt den Medien bei ihrer Informationsvermittlung allerdings eine besondere Verantwortung in der freiheitlichen Demokratie zu.[129] Daher resultieren aus der öffentlichen Aufgabe und der damit zusammenhängenden erhöhten Manipulationsgefahr wegen der anerkannten Glaubwürdigkeit der Presse gewisse Sorgfaltspflichten, die die Journalisten bei ihrer täglichen Arbeit zu beachten haben.[130]

---

127 Vgl. Art. 21 Abs. 1, S. 3 und 4 GG: „Ihre innere Ordnung muss demokratischen Grundsätzen entsprechen. Sie müssen über die Herkunft und Verwendung ihrer Mittel sowie über ihr Vermögen öffentlich Rechenschaft geben."

128 *Streinz*, AfP 1997, 857, 869.

129 *Müntinga*, Wahrheits- und Sorgfaltspflichten, S. 21.

130 BVerfGE 12, 113, 130; Löffler – *Steffen*, Presserecht, § 6, Rn 2ff.; *Groß*, AfP 2005, 142, 143ff.; *Streinz*, AfP 1997, 857, 867; *Faller*, AfP 1981, 430, 436.

3. Kapitel: Entwicklung und Inhalt des Pressekodex

Zumindest ethisch verbindlich sind diese Sorgfaltspflichten in den vom Deutschen Presserat als Selbstkontrolleinrichtung der Presse herausgegebenen Publizistischen Grundsätzen (Pressekodex) festgeschrieben. Der Pressekodex und seine Durchsetzbarkeit bedürfen allerdings einer kritischen Analyse.

A. Historische Entwicklung der Selbstkontrolle der Presse

I. Anfänge der Selbstkontrolle im Deutschen Reich

Erste Ansätze einer Selbstkontrolle der Presse finden sich im Reichspreßgesetz[131] des Deutschen Reiches vom 25.04.1874. In § 7 RPG wird die Position des verantwortlichen Redakteurs eingeführt, der einen Teil oder die Gesamtheit jeder Ausgabe einer periodischen Druckschrift auf strafbare Inhalte zu überprüfen und diese dann gegebenenfalls vor der Veröffentlichung herauszunehmen hatte. So vollzog sich ein erster Übergang vor der staatlichen Zensur zu einer von der Presse selbst verantworteten Kontrolle. Auch die Intention war eine andere. Während die staatliche Überwachung eine Unterdrückung der Pressefreiheit bezweckte, sollte der verantwortliche Redakteur als von Polizei und Politik unabhängige Einrichtung der Strafrechtspflege dienen.[132]

II. Entwicklung in der Weimarer Republik

Auf Grund der zahlreichen politischen, wirtschaftlichen und sozialen Probleme der Weimarer Zeit fand eine zunehmende Verwilderung und Radikalisierung der Presse statt.[133] Dies hatte zur Folge, dass es bis 1933 im Rahmen der Republikschutzgesetzgebung und des auf Art. 48 Abs. 2 WRV gestützten Notverordnungsrechts zu zahlreichen legislativen Maßnahmen kam, die die Pressefreiheit

---

131 RGBl., S. 65.
132 *Gerschel*, AfP 1993, 713f.
133 *Gerschel* in Mestmäcker, Selbstkontrolle und Persönlichkeitsschutz in den Medien, S. 42.

einschränkten.[134] Die Presse versuchte mehrmals, diesen Bestrebungen entgegenzuwirken.

Der Reichsverband der Deutschen Presse e.V. (RVDP)[135] legte der Reichsregierung im Jahr 1924 den Entwurf eines Journalistengesetzes vor, der auch Regelungen bezüglich der Presseselbstkontrolle enthielt.[136] Danach sollten bei jedem Oberlandesgericht Pressekammern eingerichtet werden, paritätisch besetzt mit Journalisten und Verlegern sowie zwei vom OLG-Präsidenten ernannten Richtern als Obmann und dessen Stellvertreter. Die Kammern sollten mit weitreichenden disziplinarischen Befugnissen ausgestattet werden und im äußersten Fall auch ein Berufsverbot gegen Redakteure aussprechen können.[137]

Die Regierung legte im gleichen Jahr einen vom Reichsinnenministerium überarbeiteten Entwurf mit wesentlichen Änderungen im Bereich der Presseselbstkontrolle vor. Dieser sah eine Reichspressekammer mit untergeordneten Landespressekammern sowie eine Reichsschriftleiterkammer mit entsprechenden Landesschriftleiterkammern vor, deren Rechtsform öffentlich-rechtlich sein sollte. Außerdem sollten sie der Rechtsaufsicht des Reichsinnenministers bzw. der Länderinnenminister unterstehen. Die Pressekammern sollten paritätisch mit acht Mitgliedern der Verleger- und Journalistenseite sowie mit einem Richter als Vorsitzenden besetzt werden, die Schriftleiterkammern mit dem Vorsitzenden der Pressekammer und den dort vertretenen Angehörigen der Journalistenabordnung. Die Schriftleiterkammern sollten verpflichtet sein, als Ehrengericht ein Verfahren gegen solche Journalisten einzuleiten, bei denen der Verdacht bestand, sie hätten gegen die im Gesetz festgesetzten beruflichen Pflichten verstoßen. An Sanktionen waren Verwarnungen, Verweise, Geldstrafen, eine zeitliche oder dauerhafte Entziehung des aktiven und passiven Wahlrechts zur Reichspressekammer sowie als ultima ratio ein zeitlich begrenztes oder dauerhaftes Berufsverbot[138] vorgesehen. Außerdem sollte auch Verlegern, die solche als unwürdig eingestuften Schriftleiter beschäftigen, das aktive und passive Wahlrecht zur Reichspressekammer entzogen werden können.[139]

Der Entwurf wurde jedoch nie Gesetz, er scheiterte am Widerstand vor allem der Verleger.[140] Nach mehrjährigen Verhandlungen einigte man sich stattdessen

---

134 *Heinrichsbauer*, Presseselbstkontrolle, S. 19ff.

135 Berufsorganisation der deutschen Journalisten, auf Verlegerseite standen dem der Arbeitgeberverband für das deutsche Zeitungsgewerbe e.V. und der Verein Deutscher Zeitungs-Verleger e.V. gegenüber, vgl. *Heinrichsbauer*, Presseselbstkontrolle, S. 34ff.; *Stöber*, Pressefreiheit und Verbandsinteresse, S. 21ff.

136 1918 hatte der RVDP bereits einen ersten Entwurf vorgelegt, der jedoch wegen der ausbrechenden Revolution nicht weiter behandelt wurde, vgl. *Dietrich*, Presserat, S. 7.

137 *Heinrichsbauer*, Presseselbstkontrolle, S. 47.

138 Unwürdigkeitserklärung zur Ausübung des Berufs als Schriftleiter.

139 *Gerschel*, AfP 1993, 713, 714; *Heinrichsbauer*, Presseselbstkontrolle, S. 50f.

140 *Stöber*, Pressefreiheit und Verbandsinteresse, S. 59.

im Jahre 1927 auf eine Ehrengerichtsordnung des RVDP, in der als Sanktionen Verwarnung, Verweis, strenger Verweis, Verbot der Bekleidung von Ehrenämtern im Verband und der Ausschluss aus dem Reichsverband vorgesehen waren. Eine effektive Selbstkontrolle durch dieses Instrument war allerdings von Anfang an zum Scheitern verurteilt, da die extremistische Presse traditionell nicht im Verband organisiert war und daher auch der Ehrengerichtsbarkeit nicht unterlag.[141]

Auch weitere Bemühungen, Pressekammern als Selbstkontrolleinrichtungen zu schaffen, waren Anfang der 30er Jahre nicht von Erfolg gekrönt.[142]

III. Staatlich gelenkte „Selbstverwaltung" in der Zeit des Nationalsozialismus

Im Herbst 1933 wurde eine als öffentlich-rechtliche Körperschaft aus der Reichsarbeitsgemeinschaft der deutschen Presse[143] hervorgehende Reichspressekammer geschaffen und mit anderen Kammern zur Reichskulturkammer vereinigt.[144] Durch das am 04.10.1933 erlassene Schriftleitergesetz[145] wurde der RVDP in den Stand einer Körperschaft des öffentlichen Rechts erhoben, der jeder Schriftleiter kraft Eintragung in die Berufsliste angehörte. Diese Eintragung war Voraussetzung für die Aufnahme einer journalistischen Tätigkeit.[146] Zum „Schutz"[147] des Schriftleiterberufs wurden Berufsgerichte gebildet, die ebenso wie der Reichsminister für Volksaufklärung und Propaganda, Josef Goebbels, die Löschung eines Schriftleiters aus der Berufsliste und damit seinen Ausschluss aus dem Presseberuf verfügen konnten.[148]

Durch diese staatlich gelenkte berufsständische „Selbstverwaltung" gelang es den Nationalsozialisten die Presse gleichzuschalten und jegliche regimekritische Berichterstattung zu unterbinden.[149] Allerdings hatte dies mit dem ursprünglich

---

141 *Gerschel*, AfP 1993, 713, 714; *Heinrichsbauer*, Presseselbstkontrolle, S. 40f.
142 *Heinrichsbauer*, Presseselbstkontrolle, S. 61ff.
143 Die RAG war die einzige Selbstverwaltungskörperschaft in der Weimarer Zeit, ein Zusammenschluss aus dem Arbeitgeberverband für das deutsche Zeitungsgewerbe e.V. und dem RVDP, s. *Heinrichsbauer*, Presseselbstkontrolle, S. 36f.; *Fischer/ Breuer/ Wolter*, Presseräte, S. 106, 108.
144 Reichskulturkammergesetz vom 22.09.1933, RGBl. I, S. 661.
145 RGBl. I., S. 797.
146 S. o.: 2. Kap., A, VI.
147 Damit war im Wesentlichen der Schutz vor „Veröffentlichungen gegen deutschen Interessen" gemeint, s. *Gerschel*, AfP 1993, 713, 714.
148 *Löffler/ Ricker*, HdbPR, 4. Kap., Rn 27f.
149 *Heinrichsbauer*, Presseselbstkontrolle, S. 83f.

aus den Reihen der Presse kommenden Vorschlag der Selbstkontrolle durch Pressekammern nicht mehr viel gemeinsam.[150]

IV. Die Weichenstellung für die Gründung des Presserates in der Nachkriegszeit

Nach Gründung der BRD im Jahre 1949 begannen einzelne Länder sich Pressegesetze zu geben, wobei einige nur Teilregelungen einführten, so dass dort das RPG von 1874 als partielles Landesrecht weitergalt.[151] Diese Rechtszersplitterung war ein Grund für die Forderung der Journalisten und Verleger, das Presserecht bundeseinheitlich zu regeln.[152] Weiterhin stellten sie Überlegungen an, wie die durch Art. 5 Abs. 1 S. 2 GG neu gewonnene Pressefreiheit gegen Angriffe von außen geschützt und Missstände im Pressewesen mit Hilfe einer freiwilligen Selbstkontrolle bekämpft werden können, um dem Gesetzgeber keinen Anlass für eine Reglementierung der Arbeit der Presse zu geben.[153]

Als der damalige Bundesinnenminister Robert Lehr auf der Hauptversammlung des „Vereins Deutscher Zeitungsverleger" am 14. und 15.04.1951 in Wiesbaden seine Überlegungen zu einem Bundespressegesetz vorstellte, erhob sich in der bundesdeutschen Presse ein Sturm der Entrüstung.[154] Lehr nahm dabei auf die zwei Jahre zuvor gegründete Freiwillige Selbstkontrolle der deutschen Filmwirtschaft (FSK) sowie auf die öffentlich-rechtlichen Kontrollmechanismen beim Rundfunk Bezug. Er betonte allerdings, dass das Gesetz die Freiheit in keiner Weise beeinträchtigen werde. Weiterhin mahnte er an, dass es nicht Aufgabe des Staates sei, für die „innere Sauberkeit der Presse" zu sorgen und drückte die Hoffnung aus, dass „Verleger und Journalisten aus echtem Berufsethos und politischem Verantwortungsgefühl heraus die Notwendigkeit einer Selbstkontrolle der deutschen Presse anerkennen werden".[155] Diese Ankündigung wurde vielfach als eine Drohung an die Presse verstanden, sich auf eine Art der Selbstkontrolle zu verständigen.[156]

Daraufhin wurde der Regierung vorgeworfen, Presse und Funk beherrschen zu wollen, indem sie das Vorbild der Film-Selbstkontrolle mit der Beteiligung von Vertretern des Staates und der Kirchen auf die Presse übertrage. Die bei der FSK gegebene Beteiligung von Regierung und Öffentlichkeit war kurz zuvor von den

---

150 So auch *von Mauchenheim* in FS für Löffler, S. 253.

151 S.o.: 2. Kap., A., VII.

152 *Heinrichsbauer*, Presseselbstkontrolle, S. 99.

153 *von Mauchenheim* in FS für Löffler, S. 254.

154 *Bermes*, Presserat, S. 85.

155 *Heinrichsbauer*, Presseselbstkontrolle, S. 107f.

156 *Münch*, Selbstkontrolle, S. 173; *Bermes*, Presserat, S. 85.

Presseverbänden übereinstimmend abgelehnt worden. Dies als Modell zu empfehlen, weckte bei ihnen Erinnerungen an die staatliche „Lösung" des Presse-Selbstkontrollproblems der Nationalsozialisten, auch wenn ein dem nationalsozialistischen Modell entsprechendes Pressegesetz von Lehr natürlich nie gewollt war.[157] Ende des Jahre 1951 erklärte Lehr zwar, dass Vertreter des Staates und des öffentlichen Lebens in den von der Presse selbst geschaffenen Ausschüssen nicht beteiligt sein sollten, durch seine bewusst unverbindlichen und mehrdeutigen Überlegungen zur Presseselbstkontrolle hatte er die „Horrorvisionen" der Presse aber vorher selbst provoziert.

So war dann der ausdrücklich nur als Vorentwurf titulierte Vorschlag des Bundesinnenministeriums zu einem „Gesetz über das Pressewesen (Bundespressegesetz)"[158] vom März 1952 der unmittelbare Anlass zur Gründung des Deutschen Presserates.[159]

Die Presse kritisierte den „illiberalen bis polizeistaatlichen Geist" des Entwurfs. Keinen Einzug hatte eine Regelung bezüglich des Zeugnisverweigerungsrechts gefunden und auch das Informationsrecht der Presse gegenüber Behörden war nur negativ als Verbot formuliert, in Anordnungen den Behörden die Auskunft gegenüber der Presse zu untersagen.[160] Es wurde zwar in § 5 des sog. Lüders-Entwurfs sachliche Kritik an Missständen, deren Beseitigung im öffentlichen Interesse liegt, zugelassen, jedoch durfte das Ansehen der Bundesrepublik und ihre freiheitlich-demokratische Grundordnung nicht beschädigt werden. Ein Verstoß dagegen sollte mit einem Veröffentlichungsverbot gem. § 42 des Lüders-Entwurfs sanktioniert werden können.[161] Das weckte Befürchtungen, der Presse könnte unter Bezugnahme auf diese Paragraphen von der Regierung unliebsame Kritik an ihr untersagt werden. In diesem Zusammenhang wurden auch die §§ 6 bis 10 des Lüders-Entwurfs kritisch gesehen. Danach sollte die Presse verpflichtet werden, auf die sittlichen oder religiösen Gefühle anderer Rücksicht zu nehmen. Aus dem Privatleben einer Person sollten keine Tatsachen veröffentlicht werden, die geeignet sind, ihren Ruf zu schädigen, es sei denn, diese Tatsachen berühren öffentliche Interessen. Die Presse hatte wahrheitsgemäß zu berichten und Falschmeldungen unverzüglich richtig zu stellen. Weiterhin war die Pflicht zur sorgfältigen Recherche und zu besonderer Vorsicht bei Gerichtsberichterstattung statuiert. Auch sollte sich die Zeitungspresse in der Gestaltung ihres Textteils nicht durch wirtschaftliche Vorteile bestimmen lassen, die sich ihr insbesondere durch Abschluss von Anzeigen- oder Vertriebsverträgen bie-

---

157 *Bermes*, Presserat, S. 85/ 86.
158 Sog. „Lüders-Entwurf", abgedruckt bei: *Lüders*, Presse- und Rundfunkrecht S. 266ff.
159 *Münch*, Selbstkontrolle, S. 173.
160 *Bermes*, Presserat, S. 86.
161 *Münch*, Selbstkontrolle, S. 173.

ten.[162] Die Grundgedanken der §§ 6 bis 10 des Lüders-Entwurfs sollten sich allerdings später in den Publizistischen Grundsätzen des Deutschen Presserates (Pressekodex)[163] wieder finden.

Die Bestimmungen über die Zusammensetzung der Presse-Selbstkontrolle und deren Befugnisse waren allerdings von dem Bemühen gekennzeichnet, die Vorstellungen der Journalisten- und Verlegerverbände hinsichtlich der Staatsferne einerseits und der Durchsetzungskraft eines solchen Gremiums andererseits zu berücksichtigen. In jedem Bundesland sollte ein „Landespresseausschuss" gebildet werden, der aus dem Vorsitzenden, seinem Stellvertreter und acht Mitgliedern bestand. Vorsitzender und Stellvertreter mussten im Amt befindliche Richter eines ordentlichen Gerichts sein und die Mitglieder paritätisch dem Journalisten- und Verlegerverband angehören. Alle Mitglieder sollten von der Landesregierung auf drei Jahre ernannt werden, die nichtrichterlichen auf bindenden Vorschlag ihrer Landesverbände (§ 36 des Lüders-Entwurfs).[164] Gem. § 37 des Lüders-Entwurfs sollten die Landespresseausschüsse alle Presseangelegenheiten beraten und über die Unabhängigkeit der Presse wachen. Der „Landes-Presseausschuss" oder ein von diesem aus seinen Mitgliedern eingesetzter „Ehrenausschuss" konnte gem. § 39 Abs. 1 des Lüders-Entwurfs bei schweren oder wiederholten Verstößen gegen dieses Gesetz eine Verwarnung aussprechen, die in besonders schweren Fällen auch öffentlich ausgesprochen werden sollte.[165] Gegen die Entscheidung des Ausschusses war die Berufung vor einem ordentlichen Gericht möglich. Ein Berufsverbot sollte der Presseausschuss nicht verhängen dürfen, auf Antrag des Landespresseausschusses konnte allerdings gem. § 40 des Lüders-Entwurfs ein durch Landesrecht zu bestimmendes Gericht einer Person, die sich trotz Verwarnung eines weiteren schweren Verstoßes schuldig gemacht hatte, die Ausübung ihres Berufes bis zur Dauer von fünf Jahren untersagen. Diese Gerichte sollten dann mit Verlegern und Journalisten als Schöffen besetzt werden.[166] Weiterhin sollte ein „Bundespresseausschuss" die Konzentration im deutschen Pressewesen beobachten, der Bundesregierung gegebenenfalls geeignete Gegenmaßnahmen vorschlagen, sowie sie in allen grundsätzlichen Presseangelegenheiten beraten und sogar Gesetzesentwürfe vorlegen (§ 41 des Lüders-Entwurfs).[167]

Obwohl sowohl das Innenministerium als auch der Deutsche Journalistenverband (DJV) übereinstimmend besorgniserregende Entwicklungen im Pressewe-

---

162 *Bermes*, Presserat, S. 87.
163 Ursprüngliche Fassung des Pressekodex in: Deutscher Presserat, Tätigkeitsbericht 1973, S. 90ff.
164 *Bermes*, Presserat, S. 87f.
165 *Münch*, Selbstkontrolle, S. 173f.
166 *Bermes*, Presserat, S. 88.
167 *Münch*, Selbstkontrolle, S. 174.

sen beobachtet und auch die Verbände nach einer Verankerung der Presse-Selbstkontrolle in einem Bundesgesetz gerufen hatten sowie der Entwurf außerdem ausdrücklich zur Diskussion gestellt wurde, musste er harsche Kritik einstecken und wurde bereits nach zwei Monaten wieder verworfen.[168] Vor allem das Recht des Staates zur Ernennung der Selbstverwaltungs-Mitglieder und des an einem ordentlichen Gericht tätigen Richters als Vorsitzenden sowie seines Stellvertreters wurde als zumindest indirekte Beteiligung an der Presse-Selbstkontrolle vom DJV abgelehnt. Grund hierfür waren die zu dieser Zeit bestehenden erheblichen Spannungen zwischen Staat und Presse und die Erfahrungen mit der „Selbstkontrolle" im Dritten Reich.[169] Allerdings bestand der Widerspruch, dass einerseits die Einrichtung einer Selbstkontrollinstanz als öffentlich-rechtliche Körperschaft gefordert, andererseits aber jegliche staatliche Aufsicht abgelehnt wurde.[170] Außerdem war der staatliche Einfluss auf die rein formale Ernennung der Ausschussmitglieder[171] beschränkt und der Staat konnte ohne ein Tätigwerden der Ausschüsse überhaupt keine berufsgerichtliche Funktion ausüben. So wurzelte die Kritik vor allem in der Orientierungslosigkeit der Verbände und ihrem Streben nach größtmöglicher Wahrung der eigenen Interessen.[172]

V. Die Gründung des Deutschen Presserates und die ersten Jahre seiner Tätigkeit

Der Gesetzesentwurf wurde zwar verworfen, doch sorgte er bei Journalisten und Verlegern für die übereinstimmende Auffassung, dass man allen Versuchen der Regierung zuvorkommen müsse, die Pressefreiheit in irgendeiner Form einzuschränken. Die besonderen Rechte, die das Grundgesetz mit Artikel 5 den publizistischen Medien zubilligte, dürften nicht gefährdet und die von der Regierung, aber auch den politischen Parteien geforderte Beachtung der Sorgfaltspflichten auf keinen Fall durch die Errichtung von staatlichen Aufsichtsinstanzen erreicht werden. Dies sollte stattdessen im Wege einer freiwilligen Selbstkontrolle der Presse geschehen.[173]

---

168 *Bermes*, Presserat, S. 89f.
169 *Bermes*, Presserat, S 91.
170 *Gerschel*, AfP 1993, 713, 714.
171 Auch bezüglich der Ernennung der Richter signalisierte Lüders die Bereitschaft, weitere die Unabhängigkeit dieser von der Landesregierung sicherstellende Bestimmungen in seinen Gesetzesentwurf aufzunehmen, vgl. *Bermes*, Presserat, S. 88.
172 *Heinrichsbauer*, Presseselbstkontrolle, S. 119, *Münch*, Selbstkontrolle, S. 174; a. A. wohl *Bermes*, Presserat, S. 91, der zumindest Verständnis für die Haltung des DJV äußert, der eine staatliche Beteiligung strikt verurteilte und sich nicht gegen die Verlegerverbände stellen wollte, die den Gesetzesentwurf ablehnten.
173 *von Mauchenheim* in FS für Löffler, S. 254; *Bermes*, Presserat, S. 100.

Die Anregung zur Bildung des Deutschen Presserates ging schließlich von der Berufsvereinigung der Hamburger Journalisten aus, die bereits 1953 einen entsprechenden Antrag an den Vorstand des DJV stellten.[174] Über die Aufgaben des Presserates wurde allerdings länger gestritten. Die Vorschläge reichten von einer „Bundesarbeitsgemeinschaft der Presse", die nur Grundsatzfragen diskutieren sollte, bis zu einem mit einer ausreichenden Eigengesetzlichkeit ausgestatteten Organ, dessen Tätigkeitsbereich alle Fragen der Presse umfassen sollte.[175] Schließlich wurde am 20.11.1956 nach dem Vorbild des englischen „General Council of the Press" von zehn Delegierten des DJV und des Bundesverbandes Deutscher Zeitschriftenverleger (BDZV) im Bergischen Hof in Bonn der Deutsche Presserat gegründet.[176] Ein über die Gründung des Rates veröffentlichtes Kommuniqué definierte die grundsätzlichen Aufgaben des Deutschen Presserates wie folgt:

„a) Schutz der Pressefreiheit, Sicherung des unbehinderten Zugangs zu den Nachrichtenquellen;

b) Feststellen und Beseitigen von Missständen im Pressewesen;

c) Beobachtung der strukturellen Entwicklung der deutschen Presse und Abwehr von freiheitsgefährdenden Konzern- und Monopolbildungen;

d) Vertretung der deutschen Presse gegenüber Regierung, Parlament und Öffentlichkeit und bei Gesetzesvorlagen, die Leben und Aufgaben der Presse angehen."[177]

Nachdem anfangs lediglich die Zeitungspresse im Presserat vertreten war, trat 1957 auch die Zeitschriftenpresse bei, so dass der Presserat fortan für die ganze Presse sprechen konnte. Mit Aufnahme des Verbandes Deutscher Zeitschriftenverleger (VDZ) wurde die Mitgliederzahl des Rates auf 20 erhöht, der BDZV und der VDZ entsandten je fünf, der DJV zehn Vertreter.[178]

Zu Beginn seiner Tätigkeit arbeitete der Presserat auf Grundlage verschiedener Satzungen, ehe am 01.01.1959 eine endgültige Geschäftsordnung in Kraft trat.[179] Als vierte Trägerorganisation schloss sich 1960 die Deutsche Journalisten Union

---

174 *Münch*, Selbstkontrolle, S. 174; *Bermes*, Presserat, S. 94f., *Fischer/ Breuer/ Wolter*, Presseräte, S. 110.
175 *Münch*, Selbstkontrolle, S. 175, *Bermes*, Presserat, S. 99.
176 *Schilling* in Deutscher Presserat, Jahrbuch 1996, S. 299; *Schwetzler*, Persönlichkeitsschutz, S. 162; man orientierte sich aber nicht nur am englischen Vorbild, sondern auch an den wesentlichen älteren Presseräten Schwedens (gegründet 1916) und Norwegens (gegründet 1928), vgl. *Münch*, Selbstkontrolle, S. 175.
177 Zitiert nach *von Mauchenheim* in FS für Löffler, S. 256.
178 *Schwetzler*, Persönlichkeitsschutz, S. 162.
179 *Bermes*, Presserat, S. 108; *Münch*, Selbstkontrolle, S. 175.

in der IG Druck und Papier[180] dem DPR an, was allerdings keine erneute Erhöhung der Mitgliederzahl zur Folge hatte.[181]

In den ersten 15 Jahren seiner Tätigkeit beschäftigte sich der Presserat vornehmlich mit der Gesetzgebung von Bund und Ländern, um bestehende oder drohende Beeinträchtigungen der Pressefreiheit abzuwehren.[182]

Seine erste Bewährungsprobe hatte der DPR dabei im Frühjahr 1957, als ein verstärkter strafrechtlicher Ehrenschutz für ausländische Staatsoberhäupter vor Angriffen in der Presse eingeführt werden sollte. Verschiedene Staatsoberhäupter wie der Schah von Persien oder der indonesische Diktator Sukarno hatten sich bei der Bundesregierung über Artikel in der deutschen Presse beschwert. Als Auslöser wird vor allem die Berichterstattung über die geschiedene Frau des Schahs von Persien Soraya angesehen, weshalb das Gesetz auch „lex Soraya" genannt wurde. In einer Unterredung mit Bundeskanzler Konrad Adenauer gelang es dem DPR aber, das Gesetz abzuwenden. Die gleichzeitig geäußerte Kritik an dem „Soraya"-Artikel brachte dem Presserat allerdings eine Klage des Stern-Chefredakteurs Henri Nannen ein, die das OLG Hamburg jedoch am 17.12.1959 zu Recht zurückwies. Das Gericht kam zu der Auffassung, dass eine öffentliche Kritik von Seiten des Presserates kein Zwangsmittel im Sinne einer staatlichen Zensur gem. Art. 5 Abs. 1 S. 3 GG darstellte. Organisation und Zielsetzung des Presserates stünden darüber hinaus im Einklang mit Art. 9 GG, wonach es das Recht aller Berufe sei, zur Wahrung und Förderung der Arbeits- und Wirtschaftsbedingungen Vereinigungen zu bilden.[183]

Weiterhin hatte der DPR maßgeblichen Anteil am Zustandekommen und den relativen geringen Abweichungen der einzelnen Landespressegesetze, befasste sich aber auch mit einer Fülle anderer Gesetze wie z.B. der Notstandsgesetze.[184] In den 60er Jahren war er vor allem im Kampf gegen Konzentrationswirkungen in der Presselandschaft aktiv.[185]

Die Feststellung und Beseitigung von Missständen im Pressewesen wurde erst Anfang der 70er Jahre mit der Einrichtung einer Beschwerdekommission und deren späteren Umwandlung in einen Beschwerdeausschuss mit eigener Verfahrensordnung in den Vordergrund gestellt.[186] Sollte die Beschwerdekommission anfangs die immer zahlreicheren Beschwerden lediglich vorberaten und damit

---

180 Später IG Medien, heute Vereinte Dienstleistungsgewerkschaft (ver.di)/ Fachbereich Medien (dju), vgl. *Schwetzler*, Persönlichkeitsschutz, S. 169.
181 *Schwetzler*, Persönlichkeitsschutz, S. 175; *Münch*, Selbstkontrolle, S. 175.
182 *Maruhn* in FS für Oppenberg, S. 179, *Münch*, Selbstkontrolle, S. 176; *Wiedemann*, Freiwillige Selbstkontrolle, S. 170f.
183 *Bermes*, Presserat, S. 116f.
184 *von Mauchenheim* in FS für Löffler, S. 258f.; *Bermes*, Presserat, S. 131ff.
185 Münch, Selbstkontrolle, S. 176; *Bermes*, Presserat, S. 151ff.
186 *Schwetzler*, Persönlichkeitsschutz, S. 163.

das Plenum entlasten,[187] so hatte der Beschwerdeausschuss eine eigene Verfahrens- und Beschwerdeordnung und verfügte über eigene Entscheidungsbefugnisse.[188] Grundlage für die Behandlung von Beschwerden und die Entscheidungen des Beschwerdeausschusses wurden die Publizistischen Grundsätze (Pressekodex)[189], die der DPR und Vertreter der Verbände BDZV, VDZ, DJV und IG Druck und Papier/ dju am 12.12.1973 Bundespräsident Gustav W. Heinemann überreichten.[190] Konkretisiert wird der Kodex durch die bereits 1971 erstmals herausgegebenen „Richtlinien für die publizistische Arbeit nach Empfehlungen des Deutschen Presserates".[191]

B. Die Geschichte des Pressekodex

I. Die erstmalige Entwicklung des Pressekodex

Der DPR entschloss sich bereits 1970 anhand der Fall-Sammlung, die bei ihm im Laufe der Jahre entstanden war, und unter Berücksichtigung ausländischer Vorbilder[192] „Publizistische Grundsätze" (den Pressekodex) zu entwickeln, die durch die „Richtlinien für die redaktionelle Arbeit nach den Empfehlungen des Deutschen Presserates" ergänzt und fortgeschrieben werden sollten.[193] Mit der Ausarbeitung wurde der Ehrenvorsitzende und Mitbegründer des Presserates Rupert Giessler betraut. Nach eingehender Beratung in einem Ausschuss nahm der Presserat den Entwurf Giesslers in seiner Sitzung am 27./28.11.1972 in West-Berlin an. Anschließend bekamen die Journalisten und Verlegerverbände Gelegenheit zur Prüfung und Stellungnahme. Die endgültige Fassung wurde in mehreren Sitzungen des Ausschusses unter Beteiligung bevollmächtigter Vertreter der Presseverbände erstellt, vom Plenum des Presserates auf seiner Sitzung am 19./20.09.1973 in Bonn abgesegnet und wie erwähnt am 12.12.1973 dem Bundespräsidenten übergeben. Gustav W. Heinemann lobte in seiner diesbezüglichen Rede die freiwillige Übereinkunft der Verbände, mahnte aber auch an,

---

187 *von Mauchenheim* in FS für Löffler, S. 259f.
188 *Schwetzler*, Persönlichkeitsschutz, S. 163.
189 Ursprüngliche Fassung des Pressekodex in Deutscher Presserat, Tätigkeitsbericht 1973, S. 90ff.
190 *Münch*, Selbstkontrolle, S. 176.
191 *Schwetzler*, Persönlichkeitsschutz, S. 164.
192 Insbesondere die Deklaration der Internationalen Journalisten-Föderation ihres II. Weltkongresses 1954 in Bordeaux, vgl. Deutscher Presserat, Tätigkeitsbericht 1973, S. 4.
193 *von Mauchenheim* in FS für Löffler, S. 262.

dass „die Einhaltung des Pressekodex selbstverständlich wird", denn „nur auf diese Weise werden wir vermeiden können, dass diese zarte Pflanze bürgerlicher Eigenverantwortung durch staatliches Eingreifen ersetzt werden muss."[194] Trotz des Lobes für den in breitem Konsens hergestellten Pressekodex drohte Heinemann also weiterhin ganz offen mit einer staatlichen Regelung.[195]

Während einige Presseratsmitglieder und Verbandsfunktionäre den Kodex als nicht vereinbar mit dem Anspruch des Selbstkontrollorgans ansahen, weder Zensor noch Behörde zu sein, bezweifelten andere dessen Sinn. So verglich der Vorsitzende des Beschwerdeausschusses Siegfried Maruhn den Kodex mit den „zehn Geboten". Ebenso wie diese sei der Kodex zwar richtig und schlüssig, er bezweifle aber, dass das geforderte Verhalten realisierbar sei.[196] Dies bezog sich vor allem auf die Abstraktheit der Regelungen, die allerdings notwendig war, um aus einer „Rechtsprechung" Leitsätze herauszukristallisieren. Ein weiteres Problem sah er im journalistischen Anstellungsverhältnis, das mit seinen divergierenden Interessenlagen und Anforderungen kontraproduktiv zur Einhaltung der Verhaltensregelungen sei.[197]

II. Die Weiterentwicklung und Konkretisierung des Pressekodex

In den Jahren 1976 bis 1978 wurde der Pressekodex um das grundsätzliche Verbot der Berichterstattung über Gerichtsurteile vor deren offizieller Bekanntgabe und eine Bestimmung über die Einhaltung der vereinbarten Vertraulichkeit von Informations- und Hintergrundgesprächen ergänzt. Auf Grund zahlreicher Beschwerden über ein Titelbild des „Stern" wurde außerdem das Diskriminierungsverbot der Ziffer 12 um den Zusatz „wegen seines Geschlechts" erweitert.[198]

Von Dezember 1981 bis Dezember 1985 stellte der Presserat seine Tätigkeit vorübergehend ein. Grund dafür war die weitgehende Weigerung der Verleger zum Rügenabdruck, weshalb die Journalisten im DPR ihre Mandate ruhen ließen. Das Bewusstsein sowohl der Verleger- als auch der Journalistenseite, dass auf Dauer staatliche Aktivitäten nicht zu verhindern seien, wenn sie sich nicht auf eine neue Regelung einigen würden, sorgte aber schließlich für eine gewisse

---

194 Zit. nach *Bermes*, Presserat, S. 207.
195 Heinemann besaß als Bundespräsident zwar keinerlei Gesetzgebungsbefugnisse, gab mit dieser Aussage aber wahrscheinlich die in der Politik vorherrschende Auffassung wieder.
196 *Bermes*, Presserat, S. 207.
197 *Bermes*, Presserat, S. 207.
198 S. ausführlich *Bermes*, Presserat, S. 210.

Kompromissbereitschaft beider Seiten. So kam es am 18.12.1985 zur Neukonstituierung des Deutschen Presserates.[199]

Die umstrittene Rolle einiger Journalisten beim sog. „Gladbecker Geiseldrama"[200] sorgte 1990 für eine Aktualisierung der „Richtlinien für die publizistische Arbeit",[201] nach der eigenmächtige Vermittlungsversuche und Interviews mit Tätern während des Tatgeschehens untersagt sind.[202]

Ausgelöst durch die wachsende Bereitschaft zu „Amigo-Verhalten" unter Journalisten überarbeitete der Presserat 1994 die Richtlinie 15.1 des Pressekodex, wonach Geschenke, Rabatte oder Einladungen die Recherche und Berichterstattung weder beeinflussen noch behindern dürfen.[203]

Im Jahre 1996 beschloss der Presserat eine Neufassung des Pressekodex. Mit der Überarbeitung der publizistischen Grundsätze verfolgte der DPR das Ziel, den Kodex für die Nutzer übersichtlicher und praktikabler zu machen,[204] weshalb keine inhaltlichen, sondern nur redaktionelle Änderungen stattfanden.

Eine auch inhaltliche Neufassung des Pressekodex und der Beschwerdeordnung verabschiedete der Presserat am 20. Juni 2001 im Zusammenhang mit der Über-

---

199 *Wiedemann*, Freiwillige Selbstkontrolle, S. 175.

200 Am 16.08. 1988 überfielen Hans-Jürgen Rösner (31) und Dieter Degowski (32) schwer bewaffnet die Filiale der Deutschen Bank in Gladbeck und nahmen die Insassen der Bank als Geiseln. Ihre Forderungen teilten Sie über ein Radiointerview in einem Privatsender (Radio FFN) mit, weitere Telefoninterviews folgten. Nach 14 Stunden verließen die Täter Gladbeck mit einem gestellten Fahrzeug in Richtung Bremen. Die Polizei hielt sich zurück, während Journalisten dem Fahrzeug folgten. Am 17.08.1988 brachten die Täter dann einen vollbesetzten Linienbus in Ihre Gewalt, Journalisten waren bereits am Tatort. Die Geiselnehmer gaben bereitwillig Interviews und erteilten die Erlaubnis zu Aufnahmen im Inneren des Busses. Die Komplizin Marion Löblich wurde auf einer Autobahnraststätte von der Polizei überwältigt. Daraufhin erschoss Degowski den 15-jährigen Emanuele di Giorgi. Durch Vermittlungen eines Journalisten gelang es, dass Marion Löblich wieder in den Bus zurückkehren konnte. Im Rahmen der weiteren Verfolgung verlor ein Polizist bei einem Unfall sein Leben. Am 18.08.1988 ließen die Täter nach Überquerung der niederländischen Grenze alle Geiseln bis auf Silke Bischof und Ines Voitle frei. Die Flucht wurde fortgesetzt bis in die Kölner Innenstadt, wo das Fahrzeug von Journalisten und Schaulustigen belagert wurde. Der Journalist Udo Röbel stieg zu und führte die nicht ortskundigen Geiselnehmer aus der Stadt bis zur Autobahn. Nach 54 Stunden stoppte die Polizei das Fluchtfahrzeug mit Waffengewalt. Silke Bischof kam beim Schusswechsel ums Leben, Ines Voitle wurde schwer verletzt (vgl. www.medienstudent.de/studi/gladbeck.htm#34; Röbel in ifp/ Deutscher Presserat, Ethik im Redaktionsalltag, S. 56).

201 Deutscher Presserat, Jahrbuch 2006, S. 60.

202 Vgl.RL 11.2 – Berichterstattung über Gewalttaten (Pressekodex und Richtlinien im Folgenden jeweils Stand 01.01.2007), Deutscher Presserat, Jahrbuch 2007, S. 213.

203 *Löffler/ Ricker*, HdbPR, 40. Kap., Rn 17.

204 Deutscher Presserat, Jahrbuch 2006, S. 61.

nahme der Aufgaben als Freiwillige Selbstkontrolle im Redaktionsdaten-schutz.[205] Neben einer Ergänzung in der Präambel wurden in Ziffer 8 des Kodex[206] die Persönlichkeitsrechte gesammelt zusammengefasst und es wurde die Bestimmung „Die Presse achtet das Recht auf informationelle Selbstbestimmung und gewährleistet den redaktionellen Datenschutz." eingefügt. In weiteren Ziffern gab es im Zuge dieser Zusammenfassung kleinere Änderungen und in einigen Richtlinien finden sich jetzt ebenfalls datenschutzrechtliche Regelungen. Der neue Pressekodex wurde am 28.11.2001 an Bundespräsident Johannes Rau überreicht. Seitdem übernimmt die DPR auch die Selbstkontrolle über den Redaktionsdatenschutz.[207]

Die Ziffer 12[208] des Pressekodex wurde 2005 auf Anregung von Behinderten-verbänden um einen Passus gegen die Diskriminierung von Behinderten er-gänzt.[209] Als Reaktion auf eine Novellierung des Wertpapierhandelsgesetzes er-weiterte der Deutsche Presserat seinen Pressekodex zu Beginn des Jahres 2006 um eine spezielle Richtlinie zur Wirtschafts- und Finanzmarktberichterstat-tung[210]. Für Journalisten werden damit die Regelungen dieses Gesetzes, soweit sie die Erstellung und Veröffentlichung von Finanzanalysen behandeln, durch die freiwillige Selbstkontrolle ersetzt.[211]

Im Rahmen der Feier zu seinem 50jährigen Bestehen hat der Presserat am 20.11.2006 Bundespräsident Horst Köhler einen überarbeiteten Pressekodex[212] übergeben, der seit dem 01.01.2007 in Kraft ist. Unter anderem wurde der in Ziffer 7 festgehaltene Trennungsgrundsatz erweitert und das in Ziffer 13 gere-gelte Vorverurteilungsverbot konkretisiert. Außerdem stellt die überarbeitete Richtlinie 2.4 nun klar, dass eine Autorisierung von Interviews aus presseethi-scher Sicht nicht zwingend notwendig ist. Schließlich haben die einzelnen Zif-fern offizielle Überschriften bekommen.[213]

205 Deutscher Presserat, Jahrbuch 2006, S. 65.
206 Deutscher Presserat, Jahrbuch 2006, S. 208.
207 Deutscher Presserat, Jahrbuch 2006, S. 65f.; vgl. ausführlich zur Zuständigkeit des DPR für den redaktionellen Datenschutz *Tillmanns* in Deutscher Presserat, Jahrbuch 2002, S. 18ff.
208 Deutscher Presserat, Jahrbuch 2007, S. 215.
209 Deutscher Presserat, Jahrbuch 2006, S. 68.
210 RL 7.4 – Wirtschafts- und Finanzmarktberichterstattung, Deutscher Presserat, Jahrbuch 2007, S. 207.
211 Deutscher Presserat, Jahrbuch 2006, S. 69.
212 Zu finden in Deutscher Presserat, Jahrbuch 2007, S. 196ff.
213 Deutscher Presserat, Jahrbuch 2007, S. 156.

C. Rechtsnatur und Anwendungsbereich des Pressekodex

I. Allgemeine rechtliche Einordnung des Pressekodex

In der Präambel des Pressekodex wird dieser als Konkretisierung der Berufsethik der Presse bezeichnet. Die Beachtung dieser Berufsethik verlange, im Rahmen der Verfassung und der verfassungskonformen Gesetze das Ansehen der Presse zu wahren und für die Freiheit der Presse einzustehen.[214] Der Presserat versteht die berufsethische Pflicht, die verfassungskonformen Gesetze zu wahren, allerdings nicht als Bindung an die Rechtsauslegung der Gerichte. Er bezieht diese zwar in seine Würdigung mit ein, entscheidet aber gem. § 11 Abs. 3 BeschwO[215] nach seiner freien Überzeugung.[216] Trotz des Wortlautes der Präambel muss sogar eine Gesetzesverletzung nicht unbedingt zu einer Sanktion des Presserates führen. Im Rahmen einer Entscheidung über den Bericht über eine Anklageschrift führt der Presserat am Beispiel des § 353d StGB aus, dass keine vergleichbare Regelung im Pressekodex existiere und § 353d StGB daher als gesetzliche und nicht presseethische Regel für die Entscheidung des Presserates nicht relevant sei.[217]

Der Pressekodex richtet sich an alle im Pressebereich tätigen, namentlich an Verleger, Herausgeber und Journalisten und fordert so eine allgemeine Einhaltung.[218]

Der Deutsche Presserat übt jedoch keine staatliche oder sonstige öffentliche Gewalt aus, weshalb er keine Gesetze erlassen kann. Während ein Gesetz im formellen Sinn vom demokratischen Gesetzgeber im verfassungsrechtlich dafür vorgesehenen Verfahren erlassen wird,[219] charakterisiert ein Gesetz im materiellen Sinne jede abstrakte und generelle Regelung mit Allgemeinverbindlichkeit, die allerdings ebenfalls auf hoheitlicher Anordnung beruht.[220] Daher kommt dem Pressekodex auch keine Gesetzesqualität zu, er ist lediglich eine rechtlich unverbindliche Empfehlung.[221] Als solche bewegt er sich im der Rechtsordnung vorgelagerten berufsethischen Raum.[222]

---

214 Vgl. Deutscher Presserat, Jahrbuch 2007, S. 197.
215 www.presserat.de/uploads/media/beschwerdeordnung.pdf.
216 *Schweitzer* in FS für Herrmann, S. 136.
217 B 108/02, Deutscher Presserat, CD-ROM zum Jahrbuch 2005.
218 Vgl. Deutscher Presserat, Jahrbuch 2007, S. 197.
219 *Stern*, Staatsrecht II, S. 568; *Maurer*, Staatsrecht I, § 17, Rn 10ff.
220 *Köbler*, Rechtswörterbuch, S. 177; *Maurer*, Staatsrecht I, § 17, Rn 10, 12.
221 Vgl. *Soehring*, Presserecht, Rn 34.2; MüK – *Wendt*, GG, Art. 5, Rn 36.
222 *Groß*, Presserecht, Rn 41.

So bewertet auch die Rechtsprechung den Pressekodex in der Weise, dass er, ohne Rechtsnorm zu sein, lediglich publizistische Grundsätze konkretisiert.[223]

II. Anwendungsbereich des Pressekodex

Der Anwendungsbereich des Pressekodex umfasst in erster Linie gedruckte Presseerzeugnisse. Er beschränkt sich dabei grundsätzlich auf periodische Publikationen außer Annoncen und Anzeigenblätter.[224] Seit 1994 findet bei Beschwerden über Anzeigenblätter, außer bei Verstößen gegen die Ziffer 7 des Pressekodex[225], zwar eine summarische Vorprüfung der Geschäftsstelle statt. Bei einem festgestellten gravierenden Verstoß leitet sie diese allerdings lediglich mit der Bitte um Abhilfe an das betroffene Anzeigenblatt weiter. Im Bereich des Redaktionsdatenschutzes haben sich die Anzeigenblätter dagegen in das System der freiwilligen Selbstkontrolle eingegliedert, weshalb der Beschwerdeausschuss Redaktionsdatenschutz auch Beschwerden gegen Anzeigenblätter behandelt.[226]

Neben allgemeinen Vorgängen in der Presse und Veröffentlichungen in Printmedien fallen auch bestimmte, online verbreitete Publikationen in elektronischen Medien in den Regelungsbereich des Pressekodex. Dies sind „journalistische Beiträge, die von Zeitungs-, Zeitschriftenverlagen oder Pressediensten in digitaler Form verbreitet wurden und zeitungs- oder zeitschriftenidentisch sind",[227] womit die verlagseigenen Online-Dienste gemeint sind.[228] Damit erweitert der DPR seinen Anwendungsbereich über den verfassungsrechtlich definierten Pressebegriff hinaus, der im Regelfall ein Druckerzeugnis als entscheidendes Abgrenzungskriterium voraussetzt.[229] Dabei ging es dem Presserat nicht darum, der Einbeziehung eines völlig neuen Mediums in den Anwendungsbereich des Pressekodex Vorschub zu leisten und so zu beginnen, den Pressekodex zu einem allgemeinen Medienkodex auszudehnen,[230] sondern darum, dass Druckerzeug-

---

223 Vgl. bspw. KG Berlin, KGR 2005, 106.

224 Ausführlich *Gottzmann*, Selbstkontrolle, S. 128f.; *Münch*, Selbstkontrolle, S. 209; vgl. auch *Soehring*, Vorverurteilung, S. 127; *Protze* in Deutscher Presserat, Jahrbuch 2000, S. 63f.

225 „Trennung von Werbung und Redaktion", vgl. Deutscher Presserat, Jahrbuch 2007, S. 206; s.u.: 3. Kap., D., V.

226 *Schwetzler*, Presseselbstkontrolle, S. 180f.; vgl. auch B2-11/04, B2-10/04, B2-9/03, alle von Deutscher Presserat, CD-ROM zum Jahrbuch 2005.

227 § 9 Nr. 2 S. 2 der Trägervereinssatzung, www.presserat.de/Statuten.221.0.html.

228 *Tilmanns* in Deutscher Presserat, Jahrbuch 1996, S. 38.

229 BVerfGE 95, 28, 35; allerdings wird zunehmend versucht, auch die „elektronische Presse" unter den grundrechtlichen Pressebegriff zu subsumieren, vgl. *Scholz* in FS für Kriele, S. 536.; *Bullinger*, JZ 1996, 385, 388.

230 So aber *Suhr*, Presseselbstkontrolle, S. 34.

nisse, die gegen den Pressekodex verstoßen, nicht als Online-Publikationen gleichen Inhalts ungerügt bleiben.[231] Inzwischen mehren sich jedoch die Stimmen, die dem Pressekodex medienübergreifende Geltung verschaffen wollen.[232] Auch der Geschäftsführer des Deutschen Presserates Lutz Tillmanns ist der Ansicht, dass wegen der identischen berufsethischen Grundsätze des journalistischen Produkts in der Presse, im Rundfunk und im Internet der Pressekodex dort ebenfalls als Leitbild für unabhängige journalistische Arbeit und Qualität fungieren solle.[233] Durch eine Änderung des Rundfunkstaatsvertrages ist die rechtliche Situation des Redaktionsdatenschutzes im Online-Bereich bereits derjenigen im Print-Bereich angeglichen, weshalb die Freiwillige Selbstkontrolle Redaktionsdatenschutz des Deutschen Presserates auch für die elektronische Presse zuständig ist.[234] Im Moment gibt es allerdings noch das Problem, dass diese legislative Situation vom Deutschen Presserat noch nicht operativ umgesetzt werden kann, da noch kein diesbezüglicher Trägervereinsbeschluss existiert.[235] Eine Ausdehnung des kompletten Pressekodex auch auf den Online-Bereich wird zwar intensiv diskutiert, bis jetzt konnten sich die im Deutschen Presserat vertretenen Verleger allerdings noch nicht zu einer diesbezüglichen Zustimmung durchringen,[236] eine Blockadehaltung nimmt vor allem der BDZV ein.[237] Es wird allerdings erwartet, dass der Rundfunkstaatsvertrag irgendwann in einen Medienstaatsvertrag transformiert wird, der dann das Recht aller Medien regelt. Dieser könnte so ausgestaltet sein, dass es einen allgemeinen Teil geben wird, der für alle Medien gilt und jeweils einen besonderen Teil für die Presse, den Rundfunk, die Mediendienste, etc. Spätestens dann sollte sich auch der Presserat soweit geöffnet haben, dass zumindest die theoretische Möglichkeit einer umfassenden Kontrolle aller redaktionell aus Pressehäusern oder vergleichbaren Redaktionen stammenden Produkte in allen Medien besteht.[238]

---

231 *Münch*, Selbstkontrolle, S. 210; vgl. auch *Tillmanns* in Deutscher Presserat, Jahrbuch 2006, S. 33.

232 Vgl. *Tillmanns*, ZRP 2004, 277, 278; ein Argument gegen einen Medienrat war früher auch die unterschiedliche Gesetzgebungskompetenz in Presse und Rundfunk, vgl. *Eberle* in Mestmäcker, Selbstkontrolle und Persönlichkeitsschutz in den Medien, S. 61. Dieses ist nach der Föderalismusreform obsolet geworden, die Gesetzgebungskompetenz liegt nun in beiden Bereichen uneingeschränkt bei den Ländern.

233 *Tillmanns*, ZRP 2004, 277, 278.

234 *Tillmanns* in Deutscher Presserat, Jahrbuch 2006, S. 34.

235 Gespräch des Verfassers mit dem Geschäftsführer des DPR *Lutz Tillmanns* am 20.12.2006 in Köln.

236 Presseratssprecher *Fried von Bismarck* auf der Jahrespressekonferenz des Deutschen Presserates am 18.10.2006 in Berlin.

237 Gespräch des Verfassers mit dem Geschäftsführer des DPR *Lutz Tillmanns* am 20.12.2006 in Köln.

238 Gespräch des Verfassers mit dem Geschäftsführer des DPR *Lutz Tillmanns* am 20.12.2006 in Köln.

D. Der Pressekodex und die Richtlinien für die publizistische Arbeit im Einzelnen

Im Folgenden werden einige vor allem im Hinblick auf die journalistischen Sorgfaltspflichten besonders interessante, kontrovers diskutierte und für die journalistische Arbeit wichtige Ziffern des Pressekodex und die dazugehörigen Richtlinien dahingehend untersucht, ob sich ähnliche Regelungen bereits in der Legislative finden, welche Probleme bei ihrer Auslegung und Anwendung sowohl in den Beschwerdeausschüssen als auch in ähnlichen Fragestellungen der Rechtsprechung auftauchen und wie diese gegebenenfalls zu lösen sind.

I. Ziffer 1: Wahrhaftigkeit und Achtung der Menschenwürde

In der ersten Ziffer des Pressekodex heißt es:

> „Die Achtung vor der Wahrheit, die Wahrung der Menschenwürde und die wahrhaftige Unterrichtung der Öffentlichkeit sind oberste Gebote der Presse.
>
> Jede in der Presse tätige Person wahrt auf dieser Grundlage das Ansehen und die Glaubwürdigkeit der Medien."[239]

Damit ist die Ziffer 1 so etwas wie eine Generalklausel des gesamten Pressekodex, dessen einzelne Ziffern Vorgaben zum Erreichen eben dieser Ziele – dem Erreichen der größtmöglichen Wahrhaftigkeit, der Achtung der Menschenwürde, sowie der Wahrung des Ansehens und der Glaubwürdigkeit der Presse – machen.

1. Ähnliche Regelungen der Legislative

Sowohl das Grundgesetz in Art. 1 Abs. 1 S. 1 GG als auch die Charta der Grundrechte der EU wird mit dem Satz eröffnet: „Die Würde des Menschen ist unantastbar." Der Pressekodex beginnt – im Gegensatz zu Grundgesetz und EU-Grundrechtscharta – zwar nicht mit der Menschenwürde, sondern mit der Achtung des Wahrheitsgebots. Die besondere Bedeutung der Menschenwürde kann aber bereits aus dem Abs. 2 der Präambel zum Pressekodex herausgelesen werden, der lautet: „Die publizistischen Grundsätze konkretisieren die Berufsethik der Presse. Sie umfasst die Pflicht *im Rahmen der Verfassung*[240] und der verfas-

---

239 Deutscher Presserat, Jahrbuch 2007, S. 198.
240 Hervorhebung durch den Verfasser.

sungskonformern Gesetze das Ansehen der Presse zu wahren und für die Freiheit der Presse einzustehen."[241] Dieses klare Bekenntnis zur Verfassung impliziert auch die Übernahme des Wertesystems des Grundgesetzes mit der Garantie der Menschenwürde als oberste Maxime.

Die formale Voranstellung des Wahrheitsgebotes in Ziffer 1 des Pressekodex erklärt sich aus der presserechtlichen Besonderheit, dass eine wahre Berichterstattung wegen der öffentlichen Aufgabe der Presse[242] eminent wichtig ist und die Pressefreiheit des Art. 5 Abs. 1 S. 2 GG der Presse nicht zum Schutz der Menschenwürde, sondern eben zur Erfüllung ihrer öffentlichen Aufgabe gewährt wird.

Die drei Gebote der Ziffer 1 stehen weiterhin dergestalt in einem engen Zusammenhang, dass das Allgemeine Persönlichkeitsrecht aus der Menschenwürde des Art. 1 Abs. 1 GG im Zusammenhang mit der allgemeinen Handlungsfreiheit aus Art. 2 Abs. 1 GG hergeleitet wird[243] und dieses verletzt ist, wenn Unwahrheiten über eine Person verbreitet werden.

Explizit wird eine Verletzung der Menschenwürde im Tatbestand der Volksverhetzung in § 130 Abs. 1 Nr. 2 StGB und bei der Gewaltdarstellung gem. § 131 Abs. 1 StGB genannt und damit sanktioniert. Da das ungeborene Leben dem geborenen gleichartig und daher im Grundgesetz auch gleichwertig ist, ist der Tatbestand des Schwangerschaftsabbruchs gem. § 218 StGB ebenfalls als Verletzung der Menschenwürde strafbar, es sei denn, es ergibt sich eine Straflosigkeit aus § 218a StGB.[244]

Auch der § 201a StGB, der die Verletzung des höchstpersönlichen Lebensbereichs durch Bildaufnahmen unter Strafe stellt, ist eine Ausprägung des aus der Menschenwürdegarantie entwickelten Allgemeinen Persönlichkeitsrechts.

2. Probleme bei der Auslegung der Ziffer 1

Konkretisierungen der Menschenwürdegarantie der Ziffer 1 finden sich im Pressekodex in Ziffer 4 und der dazugehörigen RL 4.2 sowie in Ziffer 8 mit ihrer RL 8.2 und in Ziffer 13 mit RL 13.1. Die Wahrheitspflicht ist im Pressekodex in den Ziffern 2 und 3 näher ausgeführt.

Daher werden auch in der vorliegenden Arbeit die Probleme, die mit Blick auf den Wahrheitsgehalt und die Menschenwürde auftreten, im Wesentlichen im

---

241 Deutscher Presserat, Jahrbuch 2007, S. 198.
242 S.o.: 2. Kap., C.
243 Schmidt-Bleibtreu/ Klein – *Hofmann*, GG, Art. 1, Rn 58.
244 BVerfGE 39, 1, 36ff.; 88, 203, 251ff.; krit. Tröndle/ Fischer, StGB, Vor §§ 218, Rn 2a.

Rahmen der Besprechung der Ziffern 2, 3, 4 und 8 behandelt. An dieser Stelle wird allerdings bereits ein allgemeiner Überblick über das aus der Menschenwürde hergeleitete Allgemeine Persönlichkeitsrecht gegeben und es werden die Fälle in der Spruchpraxis des DPR untersucht, die sich explizit auf die Ziffer 1 des Pressekodex beziehen.

a) Das Allgemeine Persönlichkeitsrecht als Ausfluss aus der Menschenwürde

Das Allgemeine Persönlichkeitsrecht aus Art. 2 Abs. 1 i. V. m. Art. 1 Abs. 1 GG sichert die Selbstbestimmung des Einzelnen darüber, ob und wie er sich in der Öffentlichkeit darstellt.[245] Es beschränkt sich allerdings auf die engere Persönlichkeitssphäre und umfasst die Privat- und Intimsphäre, die persönliche Ehre, das Verfügungsrecht über die Darstellung der eigenen Person, das Recht auf Vertraulichkeit, das Recht am eigenen Bild und das Recht am gesprochenen Wort.[246] Eine nicht hinnehmbare Verletzung der Privatsphäre liegt nach der Rechtsprechung bei der Veröffentlichung eines erfundenen Interviews jedenfalls dann vor, wenn in diesem auch das Privatleben des „Interviewten" behandelt wird.[247] Generell hat das Bundesverfassungsgericht mit der Formel „der Mensch dürfe nicht zum bloßen Objekt der Staatsgewalt herabgewürdigt werden"[248] die Richtung vorgegeben, allerdings auch klargestellt, dass es immer auf den Einzelfall ankommt und es keine allgemeingültige Aussage geben kann, unter welchen Umständen die Menschenwürde verletzt ist. Zur Herabwürdigung als Objekt müsse hinzutreten, dass die Behandlung entweder die Subjektqualität des Menschen prinzipiell in Frage stellt oder in der Behandlung im konkreten Fall eine willkürliche Missachtung der Würde des Menschen liegt. Damit die Menschenwürde berührt ist, müsse eine Verachtung des Wertes zum Ausdruck kommen, der dem Menschen kraft seiner Person zukommt.[249]

Dass der Presserat bei der Verwendung des Begriffs der Menschenwürde die Objektformel des Bundesverfassungsgerichts im Hinterkopf hat, zeigt die RL 11.1, in der es heißt: „Unangemessen sensationell ist eine Darstellung, wenn in

---

245 St. Rspr., vgl. bspw. BVerfG, AfP 2006, 448, 451 m. w. N.
246 Vgl. Schmidt-Bleibtreu/ Klein – *Hofmann*, GG, Art. 1, Rn 59, der dazu noch die Geheimsphäre nennt, die allerdings in dem hier bevorzugten dreistufigen Sphärenmodell keine eigene Persönlichkeitsrechtssphäre bildet, sondern teilweise der Intim- und teilweise der Privatsphäre zugeordnet wird; s.u. 3. Kap., C., VI., 2.
247 BGHZ 128, 1ff.
248 Vgl. bspw. BVerfGE 30, 1, 25f.; 45, 187, 228; BVerfG, NJW 2006, 1580f.
249 BVerfGE 30, 1, 25f.

der Berichterstattung der Mensch zum Objekt, zu einem bloßen Mittel, herabgewürdigt ist."[250]

b) Die Spruchpraxis des DPR zu Ziffer 1

Seit dem 01.01.2007 ist die Ziffer 1 des Pressekodex um einen zweiten Absatz ergänzt, der die Wahrung des Ansehens und der Glaubwürdigkeit der Presse fordert. Da sich diese Regel zuvor in Ziffer 6 des Pressekodex befand, sind die hierzu zitierten Entscheidungen des Presserates zur alten Ziffer 6 ergangen, müssen nun aber thematisch der Ziffer 1 zugeordnet werden.

Allgemein gilt für die Spruchpraxis des DPR, dass bei einem festgestellten Verstoß gegen den Pressekodex je nach Schwere der Verfehlung lediglich ein Hinweis, eine Missbilligung oder aber eine Rüge ausgesprochen werden kann. Eine Rüge muss das betreffende Pressorgan grundsätzlich veröffentlichen, es sei denn eine solche Veröffentlichung steht den Interessen des von der Berichterstattung Betroffenen entgegen. Dann kann der Presserat auf die Abdruckverpflichtung verzichten (öffentliche und nichtöffentliche Rüge).[251] Hinweise und Missbilligungen müssen dagegen nicht veröffentlicht werden und entfalten so zwar eine gewisse Innen-, aber kaum Außenwirkung. Der Presserat nennt inzwischen immerhin in seinem E-Mail Newsletter auch bei Hinweisen und Missbilligungen den Namen des betroffenen Presseproduktes. Dieser findet aber nicht die notwendige Aufmerksamkeit, um die missbilligte Verfehlung wirklich der Öffentlichkeit bekannt zu machen, da er sich lediglich an die interessierte Fachöffentlichkeit wendet.[252]

---

250 Deutscher Presserat, Jahrbuch 2007, S. 213.
251 Vgl. § 12 Abs. 5 u. § 16 BeschwO, www.presserat.de/uploads/media/beschwerdeordnung.pdf, ausführlich zum Beschwerdeverfahren beim DPR s. u.: 3. Kap., E., I.
252 In dem Verteiler sind zwar bereits über 600 Adressen (Stand Mitte 2006), an die nach jeder Sitzung des Presserates der Newsletter mit den lehrreichsten Fällen verschickt wird, (s. *Wassink* in Deutscher Presserat, Jahrbuch 2006, S. 49), darüber hinaus findet er allerdings kaum Beachtung.

aa) Verletzungen der Menschenwürde und wahrhaftige Unterrichtung der Öffentlichkeit

Eine Verletzung der Ziffer 1[253] des Pressekodex haben die Beschwerdeausschüsse des DPR im hier beispielhaft behandelten Jahr 2004 in 8 von 19 sich u.a. explizit auf Ziffer 1 beziehenden Beschwerden bejaht. Dabei ging es in 6 Fällen um eine Verletzung der Menschenwürde und in 2 Fällen um eine Verletzung des Gebotes der wahrhaftigen Unterrichtung der Öffentlichkeit.

Bei den Verletzungen der Menschenwürde wurde beispielsweise konkret gerügt, dass die Persönlichkeit einer Schauspielerin mit ihren früher in Pornofilmen gespielten Rollen identifiziert wurde.[254]

Auch ein Verkäufer von Straßenzeitungen dürfe nicht durch ein ihn deutlich erkennbar zeigendes Foto innerhalb einer „Satire" diskriminiert werden. In dem satirischen gemeinten Begleittext Text hieß es, seine Freundlichkeit beruhe auf Geldgeilheit und sei nur gespielt, er investiere sein Geld selten in Deo, sondern nur in Kippen und Schnaps.[255]

Mit der Aufgabe der Presse sei es ebenfalls nicht vereinbar, einen sterbenden Menschen zu zeigen. In dem entschiedenen Fall wurde ein Foto des Gesichts des während eines Spiels zusammengebrochenen Miklos Feher nach eben diesem den Tod nach sich gezogen habenden Zusammenbruch mit den Überschriften „Hier stirbt ein Fußballstar" und „Hier stirbt Herthas Hoffnung" abgebildet.[256]

Auch die Veröffentlichung dreier Fotos aus dem Mordvideo des im Irak entführten Amerikaners Nick Berg wurde kritisiert: „Videobilder sind kein journalistisches Produkt. Es handelt sich vielmehr um Aufnahmen der Mörder, die den Mord an dem Amerikaner gezielt begingen, um mit den Bildern Angst zu schüren und Propaganda für ihre Zwecke zu machen. Eine Veröffentlichung der Bilder vom Mordvideo kann daher die Absichten der Mörder fördern."[257] Aus den gleichen Gründen hat sich wohl auch die ARD dagegen entschieden, am 29.11.2005 ein ihr von den Entführern zugespieltes Video der ersten im Irak entführten Deutschen und ihres Fahrers zu zeigen. In diesem fordern die Entführer von der deutschen Regierung, jegliche Unterstützung der neuen Regierung im Irak einzustellen, ansonsten würden die Geiseln umgebracht. Es wurde zwar ein Standbild aus dem Video gezeigt, jedoch ein den Umständen entsprechend

---

253 Die hier zitierten Entscheidungen sind allesamt zur alten Ziffer 1 ergangen, in der es „nur" um die Achtung der Wahrhaftigkeit und der Menschenwürde ging, vgl. Deutscher Presserat, Jahrbuch 2006, S. 248.
254 BK2-117/04, Deutscher Presserat, CD-ROM zum Jahrbuch 2005.
255 BK1-84/04, Deutscher Presserat, CD-ROM zum Jahrbuch 2005.
256 BK1-8-14/0, Deutscher Presserat, CD-ROM zum Jahrbuch 2005.
257 BK1-70/04, Deutscher Presserat, CD-ROM zum Jahrbuch 2005.

harmloses „Gruppenbild" der bewaffneten und maskierten Entführer mit ihren Geiseln.[258] Die ARD steht als Rundfunkanstalt zwar nicht unter der Aufsicht des Deutschen Presserates, dennoch zeigt dieses Beispiel, dass zumindest in diesem Punkt in den verschiedenen Medien ein ähnliches ethisches Verständnis herrscht.

Weitere Veröffentlichungen hat der DPR zwar teilweise als geschmacklos bezeichnet, eine Beschwerde aber dennoch abgelehnt, da er über Geschmacksfragen nicht befinde.[259] In anderen Fällen hat er Beschwerden abgelehnt, weil das Foto eines zerfetzten Beines den Schrecken des Terrors verdeutliche[260] oder das Foto eines Opfers des Madrider Bombenanschlags[261] aufrüttele und einen Neuigkeitswert in dem Sinne habe, dass es erstmals Terror mit vermutlich islamistischem Hintergrund auch in Europa gäbe. Das Foto verdeutliche zudem die Schrecken des Anschlages auf von den Tätern zufällig ausgewählte Opfer. Eine Verletzung der Persönlichkeitsrechte der abgebildeten Frau könne schließlich nicht festgestellt werden, da sie zumindest im Verbreitungsgebiet der Zeitung nicht identifizierbar sei.[262]

bb) Verstoß gegen Ansehen und Glaubwürdigkeit der Presse

Im Jahre 2004 ist in einer von lediglich zwei Entscheidungen der Beschwerdeausschüsse ein Verstoß gegen das Ansehen und die Glaubwürdigkeit der Presse festgestellt worden. Frühere Entscheidungen zeugen aber von weiteren Verstößen.

So sei es dem Ansehen der Presse abträglich, wenn ein Journalist seine berufliche Position zu privaten Zwecken nutze. In dem entschiedenen Fall war ein Journalist mit einem Tankstellenpächter aneinander geraten und hatte erst einen kritischen Artikel bezüglich des Services dieser Tankstelle veröffentlicht und

---

258 ARD Morgenmagazin und Tagesschau am 29.11.2005.

259 BK2-7/04 – „Ironische Betrachtung über Gedenktag der Uno für Kinder", BK2-66/04 – „Presserat respektiert Tradition der Zurschaustellung Getöteter", BK2-24/04 – „Fernsehzeitschrift macht sich über Johannes Heesters lustig", BK 2-144/04 – „Fotos einer Piercing Szene" , alle Entscheidungen von Deutscher Presserat, CD-ROM zum Jahrbuch 2005.

260 BK2-21/22/04, CD-ROM zum Jahrbuch 2005.

261 Am 11.03.2004 verübte die islamistische Terrororganisation al Qaida Bombenanschläge auf vier Pendlerzüge in Madrid, s. BK1-60/04, Deutscher Presserat, CD-ROM zum Jahrbuch 2005.

262 BK1-60/04, Deutscher Presserat, CD-ROM zum Jahrbuch 2005.

nach einer Beschwerde des Tankstellenpächters diesem weitere Möglichkeiten der Geschäftsschädigung angedroht.[263]

Ebenso verhalte es sich, wenn die Medien Tipps und Tricks veröffentlichen, mit denen Medienleistungen erschlichen werden können, wie es beispielsweise bei der unberechtigten Nichtzahlung der GEZ-Gebühr der Fall sei.[264]

Für eine Beschädigung des Ansehens der Presse sorge weiterhin der Fall, dass ein minderjähriges Verbrechensopfer als Pin up Girl der Seite 1 instrumentalisiert werde. Durch eine Veröffentlichung eines Nacktfotos einer damals 14jährigen mit den Aussagen „Lolita-Mündchen" und „junge pralle Brüste" in der Bildunterzeile werde aus dem Missbrauch eines jungen Mädchens eine sexistische Story gemacht, die dem eigentlichen Thema nicht entspreche.[265]

Ansehen und Glaubwürdigkeit der Medien seien auch in Gefahr, wenn der Geschäftsführer eines Zeitungsverlages drohe, die Sparkasse fertig zu machen. Dadurch könne der Eindruck entstehen, dass die Redaktion nicht unabhängig berichte, sondern von geschäftlichen Interessen gesteuert werde.[266]

Ebenfalls schädigend sei ein Aufruf zur Lynchjustiz. Gerade die Presse habe das rechtsstaatliche System zu schützen und es nicht mit Aussagen wie „Mit beiden Verbrechern[267] muss man kurzen Prozess machen und zwar ohne mit irgendwelchen Menschenrechtlern herumzudiskutieren" zu negieren.[268]

Nicht vom Presserat beanstandet wurde dagegen der Aufruf zu „militantem Protest" anlässlich des 1. Mai in Berlin. Dieser bedeute keine eindeutige Aufforderung zur Gewalt. Der Begriff „militant" sei vielmehr mehrdeutig interpretierbar und auch in Richtung „kämpferisch", im Sinne von gewaltlosem Protest, zu deuten.[269]

c) Vergleich mit der Rechtsprechung

Mit den angesprochenen Entscheidungen liegt der DPR auf einer Linie mit der deutschen Rechtsprechung. So hat das Landgericht Berlin entschieden, dass die Tätigkeit als Pornodarsteller in der Vergangenheit zu einer heutigen Tätigkeit in keiner Beziehung stehe und auf Grund des Zeitablaufs auch keine Rückschlüsse

---

263 BK2-135/04, Deutscher Presserat, CD-ROM zum Jahrbuch 2005.
264 B 209/00, Deutscher Presserat, CD-ROM zum Jahrbuch 2005.
265 B 107, 184/00, Deutscher Presserat, CD-ROM zum Jahrbuch 2005.
266 B 231/00, Deutscher Presserat, CD-ROM zum Jahrbuch 2005.
267 Anm. des Verfassers, gemeint sind Osama Bin Laden und Saddam Hussein.
268 B 174-176/01, Deutscher Presserat, CD-ROM zum Jahrbuch 2005.
269 B 123/02, Deutscher Presserat, CD-ROM zum Jahrbuch 2005.

auf die heutige Persönlichkeit dieser Person zulasse.[270] Weiterhin ist entschieden worden, dass das Recht eines jeden Menschen, darüber zu entscheiden, ob er sich nackt zeige oder nicht, zum Kernbereich der Menschenwürde gehöre.[271]

Ein postmortaler Persönlichkeitsschutz ist ebenfalls anerkannt, auch nach dem Tod darf eine Person nicht in ihrer Menschenwürde verletzt werden.[272] Zweifelhaft ist zwar, ob ein Gericht auch die Veröffentlichung des Fotos des sterbenden Miklos Feher[273] verbieten würde, da dieses zumindest rechtlich noch von dem anerkannten Informationsinteresse der Öffentlichkeit gedeckt sein könnte. Dieses Informationsinteresse würde meines Erachtens allerdings nur bei einem neutraleren Foto überwiegen, wie bpsw. dem des aus einiger Entfernung aufgenommen auf der Bahre liegenden Fußballers Feher und nicht bei einem solch intimen Bild wie dem des Gesichts eines Sterbenden mit ins Leere starrenden Augen. Dazu kommen die genannten Überschriften, welche durchaus als Reduzierung des sterbenden Menschen zum bloßen Objekt „Herthas Hoffnung" gedeutet werden können.

Bei einer Satire, wie es der bebilderte Artikel über den Verkäufer von Straßenzeitungen[274] sein soll, kommt es entscheidend darauf an, ob bei der Darstellung die Grenze zur Schmähkritik überschritten wurde. Dies ist der Fall, wenn nicht mehr die Auseinandersetzung in der Sache, sondern die Diffamierung und Herabsetzung der angegriffenen Person im Vordergrund steht.[275] Auch wenn das nicht die Absicht des Artikels war, sondern der Autor die Medienbranche kritisieren wollte, steht bei objektiver Betrachtung die Diffamierung der Straßenverkäufer im Vordergrund.[276] Auch eine Nutzung von Archivfotos ist ohne Einwilligung des Abgebildeten vom Kammergericht Berlin verboten worden.[277]

Ebenso wie der DPR stellt das Bundesverfassungsgericht bei der Frage nach einer Persönlichkeitsrechtsverletzung auf die Identifizierbarkeit der abgebildeten Person zumindest von einem Teil der Leserschaft ab.[278]

---

270 LG Berlin, NJW 1997, 1155f.

271 KG Berlin, Urt. v. 01.02.2002, Az.: 9 U 299/01 (www.juris.de), im Anschluss an: LG Berlin, AfP 2002, 249f.

272 St. Rspr., vgl. BVerfGE 30, 173, 194; BVerfG, AfP 2001, 295ff; AfP 2006, 452, 453; BGH, AfP 2007, 42, 43.

273 S.o.: 3. Kap., D., I., 2., b), aa).

274 S.o.: 3. Kap., D., I., 2., b), aa).

275 St. Rspr., vgl. BGH, NJW 1974, 1761, 1763; BVerfGE 82, 272, 283f.; BVerfG, Beschluss v. 28.02.2007, Az.: 1 BvR 2520/05 (www.juris.de).

276 Umstritten ist, ob es auf das Verständnis des unbefangenen Adressaten (Durchschnittsleser) ankommt (hM) oder auf das des konkreten Adressaten (vgl.: Seitz/ Schmidt/ Schoener, Gegendarstellungsanspruch, Rn 327f.), was in diesem Fall aber keinen Unterschied macht.

277 KG Berlin, Urt. v. 28.08.1998, Az.: 25 U 7198/97 (www.juris.de).

278 BVerfG, NJW 2004, 3619f.

Unterschiedlich bewertet wurde allerdings eine den Tatsachen entsprechende Bezeichnung als „Terroristen-Sohn". Der DPR sah diese als Verletzung der Menschenwürde im erheblichen Maße an und sprach eine Missbilligung aus,[279] nach der Rechtssprechung kann eine solche im konkreten Kontext eines Presseartikels dagegen zulässig sein[280].

d) Fazit

Aus einer Gesamtbetrachtung ist zu entnehmen, dass der Deutsche Presserat in der Frage der Verletzung der Menschenwürde zwar im Wesentlichen mit der Rechtsprechung konform geht, diese allerdings teilweise auch eher bejaht.

Dies ist vor dem Hintergrund gerechtfertigt, dass der Presserat im Gegensatz zu den ordentlichen Gerichten vor allem für die ethische Kontrolle der Printmedien zuständig ist und seine Entscheidungen keine Rechtsfolgen auslösen. So ziehen diese auch keine unmittelbaren finanziellen oder anderweitigen Nachteile nach sich und haben zumindest im Falle einer Missbilligung oder eines Hinweises kaum Außenwirkung. Damit werden die teilweise geringen Anforderungen an eine Verletzung der Menschenwürde relativiert. Auch im eigentlich auf einer Linie mit der Rechtsprechung liegenden Fall des diskriminierten Verkäufers von Straßenzeitungen[281] sprach der Presserat beispielsweise lediglich eine Missbilligung aus und urteilte daher im Ergebnis sogar milder als es von der Rechtsprechung bei einem derartigen Sachverhalt erwartet werden kann.

Mit Fragen der Wahrung des Ansehens und der Glaubwürdigkeit der Presse beschäftigt sich die Rechtsprechung nicht. Dies ist ein presseinternes ethisches Problem.

Ein Unterschied zwischen Verfahren vor dem Presserat und den ordentlichen Gerichten, der sich ebenfalls mit der ethischen Kontrolle erklären lässt, liegt darin, dass sich gem. § 1 der Beschwerdeordnung des DPR[282] jeder beim Presserat beschweren kann, während gegen rechtsverletzende Eingriffe in das Persönlichkeitsrecht ein gerichtlich durchsetzbares Abwehrrecht nur dem unmittelbar Verletzten zusteht[283].

---

279 B 44/98, Deutscher Presserat, CD-ROM zum Jahrbuch 2005.
280 OLG München, AfP 2007, 46ff.
281 BK1-84/04, CD-ROM zum Jahrbuch 2005.
282 www.presserat.de/uploads/media/beschwerdeordnung.pdf; ausführlich zum Beschwerdeverfahren vor dem DPR s.u.: 4. Kap., A.
283 OLG Köln, Urt. v. 27.01.1988, Az.: 15 U 126/ 97 (www.juris.de).

3. Richtlinien zu Ziffer 1

Konkretisiert wird der Pressekodex durch die „Richtlinien für die redaktionelle Arbeit nach den Empfehlungen des Deutschen Presserates". Zur Ziffer 1 des Pressekodex sind die im Folgenden behandelten Richtlinien erlassen worden.

a) RL 1.1: Exklusivverträge

Die RL 1.1 behandelt die Frage der Zulässigkeit von Exklusivverträgen. Sie besagt:

> „Die Unterrichtung der Öffentlichkeit über Vorgänge oder Ereignisse, die für die Meinungs- und Willensbildung wesentlich sind, darf nicht durch Exklusivverträge mit den Informanten oder durch deren Abschirmung eingeschränkt oder verhindert werden. Wer ein Informationsmonopol anstrebt, schließt die übrige Presse von der Beschaffung von Nachrichten dieser Bedeutung aus und behindert damit die Informationsfreiheit."[284]

Dieses Verbot von Exklusivverträgen ist nach dem Wortlaut der Richtlinie auf Vorgänge und Ereignisse beschränkt, die nach Bedeutung, Gewicht und Tragweite für die Meinungs- und Willensbildung wesentlich sind. Vorgänge aus dem persönlichen bzw. privaten Bereich, durchaus auch von Persönlichkeiten des öffentlichen Lebens wie z.B. Prominentenhochzeiten o.ä., fallen also nicht darunter. Insoweit können diese für eine exklusive Berichterstattung vermarktet werden, ohne gegen den Pressekodex zu verstoßen.[285]

Der Presserat hatte im Jahre 1988 im bisher einzigen Fall zu RL 1.1[286] über den Exklusivvertrag einer Illustrierten mit dem 19jährigen deutschen Hobbypiloten zu entscheiden, der auf dem Roten Platz in Moskau gelandet und erst nach 14 Monaten Haft wieder nach Deutschland zurückgekehrt war. Dabei gab er den Informationen des Fliegers nicht die erforderliche wesentliche Bedeutung für die Öffentlichkeit und wies die Beschwerde zurück. Außerdem stellte er klar, dass der „Scheckbuch-Journalismus"[287] ein Problem des Wettbewerbs zwischen den Medien sei, das er nicht zu entscheiden habe.

---

284   www.presserat.de/uploads/media/Pressekodex_07.pdf.
285   *Eberle* in FS für Herrmann, S. 106.
286   Damals noch RL 8, diese entspricht aber RL 1.1 vor der Neufassung vom 14.02.1990.
287   Zur ethischen Frage des „Scheckbuch -Journalismus" vgl. *Eberle* in FS für Herrmann, S. 99ff.

aa) Verfassungsrechtliche Probleme bei Exklusivverträgen

Auch die Rechtsordnung erkennt die Berechtigung, Exklusivverträge über Informationen zu schließen, grundsätzlich an.[288] Wegen der im Zivilrecht herrschenden Privatautonomie steht es grundsätzlich jedem frei, mit jedem anderen beliebige Verträge zu schließen.[289] Die rechtsgeschäftliche Privatautonomie und damit die Vertragsfreiheit gelten jedoch nicht uneingeschränkt. Sie finden zwar einerseits ihre verfassungsrechtliche Garantie in Art. 2 Abs. 1 GG,[290] werden jedoch andererseits in der gleichen Verfassungsbestimmung durch die Schrankentrias „Rechte anderer, verfassungsmäßige Ordnung, Sittengesetz" eingeschränkt. Die grundsätzliche Freiheit zur Vereinbarung von Exklusivverträgen besteht daher nur insoweit, als nicht eines der in Art. 2 Abs. 1 GG genannten Rechtsgüter eine Einschränkung rechtfertigt oder gar gebietet. Über die Grundrechtsschranke „verfassungsmäßige Ordnung", die alle formell und materiell mit der Verfassung übereinstimmenden Rechtsnormen und vor allem die Verfassung selbst bzw. die elementaren Verfassungsgrundsätze umfasst,[291] wirkt daher auch die in Art. 5 Abs. 1 S. 2 GG verankerte Berichterstattungsfreiheit der Presse auf die vertragliche Abschluss-, Partnerwahl- und Inhaltsfreiheit bei Exklusivverträgen ein. Die wichtigste Aufgabe der Presse besteht in der Berichterstattung in Form der Vermittlung von umfassenden, wahrheitsgetreuen und sachlichen Informationen.[292]

Dieser Aufgabe kann die Presse jedoch zwangsläufig nur dann nachkommen, wenn sie zuvor informiert wurde oder zumindest die Möglichkeit hat sich zu informieren, ihr also die Quellen der Informationen nicht von vornherein durch bestehende Exklusivverträge verschlossen sind.[293]

bb) Exklusivverträge und der § 138 BGB

Die Wirksamkeit von Exklusivverträgen wird zivilrechtlich im Rahmen des § 138 BGB unter dem Gesichtspunkt der Sittenwidrigkeit diskutiert.[294] Aufgabe des § 138 BGB ist es, die autonome Rechtsgestaltung der Vertragspartner dort zu begrenzen, wo sie sich im Widerspruch zu den in der Gesellschaft vorherr-

---

288 *Soehring*, AfP 1995, 449.
289 Köhler, BGB AT, § 5, Rn 1.
290 Vgl. MüK – Kunig, GG, Art. 2, Rn 16.
291 Vgl. MD – Di Fabio, GG, Art. 2, Rn 39.
292 S.o.: 2. Kap., C.
293 *Krone*, AfP 1982, 196, 200.
294 Vgl. *Moosmann*, Exklusivstories, S. 135ff.

schenden und sie prägenden, grundlegenden Wertvorstellungen befindet.[295] Dem Unsittlichen wird der Erfüllungszwang verweigert.[296] Bei den „guten Sitten" handelt es sich um einen unbestimmten, der inhaltlichen Präzisierung bedürftigen und fähigen Rechtsbegriff.[297] Nach der klassischen, auch heute noch von der Rechtsprechung verwandten Definition steht ein Rechtsgeschäft im Widerspruch zu den guten Sitten, wenn es gegen das „Anstandsgefühl aller billig und gerecht Denkenden" verstößt.[298] Anerkannt ist, dass sich die nähere Bestimmung an der herrschenden Rechts- und Sozialmoral zu orientieren hat.[299] Als ersten Ansatzpunkt sind dazu die – empirisch zu erhebenden – vorherrschenden Sozialstandards, also die von der Mehrheit[300] der Bevölkerung als verbindlich für einen gedeihlichen wirtschaftlichen und gesellschaftlichen Verkehr als unentbehrlich empfundenen Wertvorstellungen, heranzuziehen.[301] Über die Verweisung des § 138 BGB finden daher sowohl außerrechtliche Wertmaßstäbe in der Rechtsordnung Beachtung[302] als auch die rechtsethischen Wertmaßstäbe des Grundgesetzes Eingang in das Privatrecht[303]. Im Verhältnis zu den sozialethischen kommt den rechtsethischen Prinzipien dabei der Vorrang zu, denn die Gerichte sind laut Art. 20 Abs. 3 GG in erster Linie an Gesetz und Recht gebunden. Die Gerichte haben also die Maßstäbe der herrschenden Moral nur insoweit anzuwenden, wie sie sich im Einklang mit der Rechtsordnung befinden.[304]

cc) Gedanken des BGH zur Rechtsgültigkeit von Exklusivverträgen

Der Bundesgerichtshof hat in seiner Lengede-Entscheidung[305] in einem obiter dictum die Rechtsgültigkeit von Exklusivverträgen angezweifelt und ausgeführt, dass durchaus Fälle denkbar seien, in denen im allgemeinen Interesse eine Ex-

---

295 *Larenz/ Wolf*, BGB AT, § 41, Rn 1.
296 *Medicus*, BGB AT, Rn 680.
297 MüKo – *Mayer-Maly/ Armbrüster*, BGB, § 138, Rn 11.
298 St. Rspr., vgl. RGZ 80, 219, 221; RGZ 120, 142, 148; BGHZ 10, 228, 232; BGH NJW 1989, 26, 27; 1999, 2266, 2267; 2000, 2810, 2811; BVerfGE 103, 111, 125.
299 Staudinger – *Sack*, BGB, § 138, Rn 18.
300 Kritisch zur Verbindlichkeit von Mehrheitsmeinungen, Staudinger – *Sack*, BGB, § 138, Rn 47.
301 *Moosmann*, Exklusivstories, S. 135f.
302 *Moosmann*, Exklusivstories, S. 136.
303 *Larenz/ Wolf*, BGB AT, § 41, Rn 13.
304 *Larenz/ Wolf*, BGB AT, § 41, Rn 15.
305 Am 01.11.1963 wurden nach einem Grubenunglück in der niedersächsischen Eisenerzgrube „Mathilde" bei Lengede-Broistedt elf Bergleute gerettet, die über 190 Stunden in einer 79 Meter tiefen Luftblase überlebt hatten. Die Rettungsaktion löste eine bisher unbekannte Medienhysterie aus, insgesamt waren etwa 450 Journalisten aus vielen verschiedenen Ländern vor Ort, vgl. *Krone*, AfP 1982, 196.

klusivvereinbarung nicht hingenommen werden könne. Beispielsweise dann, wenn durch eine solche Vereinbarung die einzige Quelle der Information über ein Geschehen verstopft werde, obwohl die Öffentlichkeit ein erhebliches und berechtigtes Interesse habe, darüber zuverlässig unterrichtet zu werden. Besonders bedenklich erscheine es, wenn die Exklusivvereinbarung den Zweck habe, das Schweigen der Betroffenen zu erkaufen und die in Betracht kommenden Nachrichten der Öffentlichkeit gänzlich vorzuenthalten. So könne es bei einem vergleichbaren Sachverhalt etwa liegen, wenn mit dem durch eine Exklusivvereinbarung erkauften Schweigen der Geretteten verhindert werden solle, dass Vorwürfe gegen die für die Sicherheit verantwortlichen Personen in die Öffentlichkeit gelangen. Dem Meistbietenden dürfe generell nicht die Möglichkeit eröffnet werden, Informationsquellen zu verschließen.[306]

Bei der Untersuchung von Exklusivverträgen sollte, wie es auch der BGH in seinem obiter dictum[307] anklingen lässt, zwischen Veröffentlichungsexklusivvereinbarungen und Informationsunterdrückungsverträgen unterschieden werden.

(a) Veröffentlichungsexklusivvereinbarungen

Typisches Merkmal des Veröffentlichungsexklusivvertrages ist, dass ein Publikumsorgan versucht, eine bestimmte Information für sich zu monopolisieren.[308] Wie festgestellt, bestehen gegen die Wirksamkeit von Exklusivverträgen über Informationen und sonstige Erlebnisberichte grundsätzlich keine Bedenken.[309] Privatleuten steht die Entscheidung darüber, ob und welchen Medien sie Informationen erteilen wollen, grundsätzlich frei. Daher kann es ihnen rechtlich nicht verwehrt sein, ihre Informationen selektiv nur einzelnen Medien oder einem Journalisten zur Verfügung zu stellen und sich dazu auch rechtlich zu verpflichten.

Allerdings ist die reine Information als solche rechtlich nicht geschützt. Ist sie einmal von ihrem Primärinhaber oder demjenigen, der an ihr ein Exklusivrecht erworben hat, verbreitet worden, so wird sie gemeinfrei. Ein Schutz gegen die weitere Verbreitung durch Dritte steht in der Rechtsordnung nicht zur Verfügung.[310] Dies gilt auch, wenn es sich bei der erteilten Information um eine solche aus der durch das Allgemeine Persönlichkeitsrecht geschützten Intim- oder Privatsphäre handelt, da das Allgemeine Persönlichkeitsrecht nicht primär der

---

306 BGH, GRUR 1968, 209f.
307 BGH, GRUR 1968, 209f.
308 *Moosmann*, Exklusivstories, S. 146.
309 S.o.: 3. Kap., D.,I., 3., a), aa).
310 Soehring, AfP 1995, 449, a. A. Prantl, AfP 1984, 17, 21.

Kommerzialisierung dient[311] und Exklusivverträge auch in diesem Bereich andere Medien nicht daran hindern, sich mit der einmal preisgegebenen Intim- oder Privatsphäre des Betroffenen zu befassen.[312]

Bei der Frage nach der Sittenwidrigkeit eines Exklusivvertrages kann es demnach nur auf die exklusive Erstinformation ankommen. Dabei ist im Rahmen des § 138 BGB eine Abwägung zwischen dem Grundrecht auf Vertragsfreiheit aus Art. 2 Abs. 1 GG und dem der Pressefreiheit aus Art. 5 Abs. 1 S. 2 GG vorzunehmen, um die Frage zu klären, ob neben dem ethischen Verbot des Abschlusses eines Exklusivvertrages über eine für die Meinungs- und Willensbildung wesentliche Information der RL 1.1 des Pressekodex auch ein rechtliches Verbot verhältnismäßig ist.[313]

Fraglich ist bereits, ob ein solches Verbot überhaupt geeignet ist, zu einer umfassenden Unterrichtung der Öffentlichkeit beizutragen. Denn nach einer festgestellten Nichtigkeit des Exklusivvertrages ist der Informant niemandem mehr zur Auskunft verpflichtet. Ob die ihm bekannte Information in den Prozess der öffentlichen Meinungsbildung eingebracht wird oder nicht, unterliegt wieder seiner freien Entscheidung. Den Medien steht kein einklagbarer Informationsanspruch über § 826 BGB zu. Auch wenn die Verpflichtung zur Exklusivinformation sittenwidrig sein sollte, sorgt die negative Meinungsfreiheit doch dafür, dass eine Weigerung zur Information aller oder bestimmter Medienunternehmen nicht generell als sittenwidrig zu beurteilen ist.[314]

Auch die Erforderlichkeit im Hinblick auf eine umfassende nachrichtliche Information der Bevölkerung ist zweifelhaft. Bei einer Veröffentlichungsexklusivvereinbarung geht es nicht darum, der Öffentlichkeit bedeutende Informationen vorzuenthalten. Es kommt dem Medium, welches die Exklusivrechte erwirbt, im Gegenteil gerade darauf an, den Leser umfassend und aus allen Blickwinkeln heraus zu informieren, allein schon um die Kosten des Rechteerwerbs zu amortisieren. Außerdem steht es den Konkurrenzmedien frei, die reinen Informationen aus den Artikeln zu verwerten oder sich aus anderen Quellen zu bedienen, so

---

311 Die vermögenswerten Bestandteile des Persönlichkeitsrechts sind lediglich zivilrechtlich, nicht aber verfassungsrechtlich geschützt, BGH, AfP 2006, 559, 561, vgl. auch BVerfG, WRP 2006, 1361, 1363; für eine umfassende Kommerzialisierung des Allgemeinen Persönlichkeitsrechts durch einen Persönlichkeitsschutz als Vermögenswert *Ladeur*, ZUM 2000, 879ff. Zur Frage der Kommerzialisierung der Persönlichkeit vgl. auch *Schubert*, AfP 2007, 20ff.

312 BVerfG, AfP 2000, 76, 79.

313 S.o.: 3. Kap., D.,1., c).

314 *Moosmann*, Exklusivstories, S. 150f., *Krone*, AfP 1982, 196, 203f.

dass auch eine einseitige, die Wirklichkeit verzerrende Darstellung vermieden wird.[315]

Aus den genannten Gründen lässt sich ein Exklusivvertrag selbst über Informationen mit besonders hohem Öffentlichkeitsinteresse nicht als sittenwidrig im Sinne des § 138 BGB klassifizieren. Wie aufgezeigt, bleibt eine umfassende Information der Öffentlichkeit auch in einem solchen Fall gewährleistet, so lange es nur darum geht, den Nachrichtenfluss zu kanalisieren, nicht aber ihn zu blockieren.[316] Die Sicherstellung der Pluralität der Informationsvermittlung verlangt zwar, dass verschiedene Organe aus unterschiedlichen Blickwinkeln berichten, aber nicht zwingend, dass sie es alle gleichzeitig tun. Verschiedene Blickwinkel sind darüber hinaus vor allem dann geboten, wenn mehrere Personen beteiligt sind, die die Ereignisse unterschiedlich bewerten. In einem solchen Fall ist aber gerade die Information aus dieser alternativen Quelle geboten und nicht aus der die Situation divergierend darstellenden „Originalquelle". Wenn sich alle Beteiligten und Betroffenen einig sind, wird auch das Bedürfnis nach unterschiedlichen Sichtweisen und Bewertungen eines Ereignisses geringer bzw. ein solches besteht überhaupt nicht. Sollte sich ein Publikumsorgan die Exklusivrechte aller – auch das Ereignis konträr – bewertender Personen mit dem Bestreben gesichert haben, bestimmte Sichtweisen nicht an die Öffentlichkeit gelangen zu lassen, so schließt es gerade keinen Exklusivveröffentlichungsvertrages mehr ab, sondern einen Informationsunterdrückungsvertrag.[317]

(b) Informationsunterdrückungsvereinbarungen

Unter Informationsunterdrückungsvereinbarungen versteht man solche Verträge, mit denen das Schweigen eines Informanten erkauft werden soll. Solchen Vereinbarungen hat der BGH unter der Voraussetzung eines hohen Öffentlichkeitsinteresses schon in der Lengede-Entscheidung eine Absage erteilt.[318] Normalerweise haben die Medien kein Interesse an einem Informationsunterdrückungsvertrag, sondern lediglich Dritte, die durch die Informationen belastet würden.

---

315 *Moosmann*, Exklusivstories, S. 151f.; a. A. *Brandl*, AfP 1981, 349ff., der die Vorschriften der §§ 22ff. KUG auch auf das „Lebensbild" einer Person anwenden und so die Lebensgeschichte umfassend schützen möchte.

316 So auch *Moosmann*, Exklusivstories, S. 154; a. A. *Löffler/ Ricker*, HdbPR, 7. Kap., Rn 5; *Wenzel*, Wort- und Bildberichterstattung, 5. Kap., Rn 376, der allerdings auf „üblicherweise allgemein zugängliche Informationsquellen" Bezug nimmt, diese Klassifizierung ist m.E. bei einem Informationsträger mit dem Recht zu schweigen zumindest zweifelhaft; differenzierend *Soehring*, Presserecht, Rn 7.55.

317 S.u.: 3. Kap., D., I., 3., a), cc), (b).

318 BGH, GRUR 1968, 209f.

Zwar besteht für den potentiellen Informanten immer das Recht zu schweigen, aber durch einen solchen Vertrag wird ihm die Möglichkeit genommen, sich in Zukunft anders zu entscheiden und die Informationen dann zu veröffentlichen. Sofern also ein hohes Öffentlichkeitsinteresse besteht und die entsprechende Person zudem die einzige Informationsquelle ist, erscheint es sachgerecht, den Vertrag über § 138 BGB als sittenwidrig und damit nichtig zu qualifizieren. Wenn, wie in der BGH-Entscheidung angedacht, zudem durch den Vertrag die Aufdeckung von Rechtsbrüchen verhindert werden soll, sollte dies im Interesse des Rechtsstaates auch bei geringem Öffentlichkeitsinteresse gelten.[319]

b) RL 1.2: Wahlkampfveranstaltungen

Die RL 1.2 besagt:

> „Zur wahrhaftigen Unterrichtung der Öffentlichkeit gehört, dass die Presse in der Wahlkampfberichterstattung auch über Auffassungen berichtet, die sie selbst nicht teilt."[320]

Diese Richtlinie ist eine Konkretisierung der öffentlichen Aufgabe der Presse, den Bürger umfassend zu informieren, damit er seine staatsbürgerlichen Rechte und Pflichten in der freiheitlichen Demokratie ausüben kann.[321] Der Bürger soll sich ein genaues Bild möglichst aller zur Wahl stehenden demokratischen Parteien machen können, um dann weitgehend unbeeinflusst und in autonomer Entscheidung seine Wahl treffen zu können. Die Presse soll gerade in Wahlkampfzeiten grundsätzlich eine unabhängige Informationsplattform sein. Wenn man auch gewisse Tendenzen in den einzelnen Zeitungen und Zeitschriften gerade im Hinblick auf die vielfältige Beteiligung der Parteien nicht verhindern kann, so soll doch zumindest ein annähernd vollständiges Bild des laufenden Wahlkampfes vermittelt werden.

aa) Entscheidungen des Presserates

Der Presserat hat in seiner Entscheidung über die Beschwerde eines DSU Kandidaten, der sich in der Berichterstattung über eine Wahlkampfveranstaltung zu negativ dargestellt sah, die Bedeutung dieser Richtlinie selbst herabgesetzt.

---

319 So auch *Moosmann*, Exklusivstories, S. 154f., der allerdings eine Ausnahme machen will, wenn es um Informationen geht, die wegen des Allgemeinen Persönlichkeitsrechtes ohnehin nur mit Einwilligung des Erlebnisträgers veröffentlicht werden dürfen.
320 www.presserat.de/uploads/media/Pressekodex_07.pdf.
321 S.o.: 2. Kap., C.

Nach seinem damaligen Verständnis ist die RL 1.2 nur eine Kann-Bestimmung, mit welcher er lediglich eine Empfehlung ausspricht. Letztendlich bleibe es jedoch jeder Zeitung selbst überlassen, ob, und wenn ja, in welchem Rahmen sie über eine Partei bzw. deren Kandidaten berichtet. Es bestehe seitens der Zeitung hier keine Pflicht, allen Kandidaten und Parteien gleichen Raum in der Berichterstattung einzuräumen.[322] Diese Entscheidung erging allerdings zur alten RL 1.2, die mit der Formulierung „Es entspricht journalistischer Fairness [...]"[323] keine verpflichtende Norm darstellte, während die neue Regelung mit dem Verweis auf die „wahrhaftige Unterrichtung der Öffentlichkeit [...]"[324] verbindlicher ist.

Der Presserat hat es ebenfalls für zulässig erachtet, dass Zeitungen bei der Auswahl von Kandidaten und Parteien für die ausführliche Vorstellung im redaktionellen Teil einen wertneutralen Maßstab wie die Fünf-Prozent-Klausel anlegen. Vor allem da die Zeitung in dem entschiedenen Fall über alle Landeslisten- und Direktkandidaten berichtet hatte.[325]

Zu einem von der Zeitung selbst organisierten Wahlforum hat der DPR entschieden, dass es sich dabei um keine Berichterstattung über eine Wahlkampfveranstaltung handele und der Redaktion daher ein freies Ermessen bei der Entscheidung zustehe, wen sie im Einzelnen zu Wort kommen lassen möchte. Eine Verpflichtung, sämtliche zu einer bestimmten Wahl kandidierenden Parteien zu berücksichtigen, existiere nicht.[326]

Weiterhin hat der DPR klargestellt, dass es der Presse überlassen bleibt, in welchem Umfang sie über Ereignisse des lokalpolitischen Geschehens berichtet. Im Pressekodex finde sich keine Regelung, nach der über jeden Bewerber um ein politisches Amt in einem bestimmten Maß berichtet werden müsse.[327] In einer aktuelleren Entscheidung betonte er zudem, dass eine Zeitung selbstverständlich eine politische Grundrichtung haben könne und diese nach außen demonstrieren dürfe, presseethische Grundsätze stünden dem nicht entgegen. Vor allem im Rahmen eines Kommentars bzw. eines Porträts aus Sicht des Autors seien kritische Wertungen vertretbar.[328]

---

322 B 145/98, CD-ROM zum Jahrbuch 2005.
323 Deutscher Presserat, Jahrbuch 2006, S. 248.
324 Deutscher Presserat, Jahrbuch 2007, S. 198.
325 B 5/87, CD-ROM zum Jahrbuch 2005.
326 B 59/97, Deutscher Presserat, CD-ROM zum Jahrbuch 2005.
327 B 238/01, Deutscher Presserat, CD-ROM zum Jahrbuch 2005.
328 BK2 195/05, Deutscher Presserat, CD-ROM zum Jahrbuch 2006.

bb) Vergleich mit der Rechtsprechung

Die Rechtssprechung hatte sich bisher – soweit ersichtlich – noch nicht mit der Wahlkampfberichterstattung in den Printmedien, sondern lediglich mit solcher im Rundfunk zu beschäftigen. Dabei hat das Bundesverfassungsgericht schon früh klargestellt, dass aus Art. 3 Abs. 1 i. V. m. Art. 21 Abs. 3 GG zwar der Grundsatz der Chancengleichheit der politischen Parteien folgt, die einzelnen Parteien aber nicht in gleichem Umfang zu Wort kommen müssen, sondern eine Bewertung nach ihrer Bedeutung vorgenommen werden darf.[329] Das Prinzip der abgestuften Chancengleichheit erfordert also keine formale Gleichbehandlung aller Parteien, die sich zur Wahl stellen, sondern es verbleibt Raum, der unterschiedlichen politischen Bedeutung der Parteien in angemessener Weise Rechnung zu tragen.[330]

So wurde es auch Guido Westerwelle vor der Bundestagswahl 2002 versagt, an dem von ARD und ZDF redaktionell gestalteten „TV-Duell" zwischen Gerhard Schröder und Edmund Stoiber teilzunehmen, weil die FDP im Gesamtprogramm der öffentlich-rechtlichen Rundfunkanstalten entsprechend ihrer Bedeutung insgesamt angemessen berücksichtigt wurde und ihr im Zeitraum bis zur Wahl noch hinreichend Gelegenheit blieb, sich mit den Äußerungen der Sendung auseinanderzusetzen und sich selbst darzustellen. Außerdem wurde es als zulässiges Differenzierungskriterium erachtet, dass nur die beiden Kandidaten eingeladen wurden, die reelle Chancen hatten, Bundeskanzler zu werden.[331]

cc) Fazit

Im Großen und Ganzen liegen Presserat und Rechtsprechung bei der Frage der Wahlkampfberichterstattung auf einer Line. Wenn allerdings selbst der Presserat die RL 1.2 früher nur als Empfehlung betrachtete und die verbindliche Entscheidung letztendlich den Redaktionen überließ, zeigt sich, dass die Chancengleichheit durch die Rechtsprechung auf dem Rundfunksektor, wo zumindest das Prinzip der abgestuften Chancengleichheit gilt, stärker gewahrt wird als durch den Presserat in den Printmedien. Dies ist erstens wegen der größeren Massenwirksamkeit und Suggestivkraft vor allem des Fernsehens und zweitens wegen des durch die Allgemeinfinanzierung begründeten Programmauftrags zumindest des öffentlich-rechtlichen Rundfunkanstalten auch geboten. Allerdings sollte der Presserat darauf achten, dass vor allem in regionalen Zeitungen mit Monopol-

---

329 BVerfGE 7, 99, 100.
330 OVG Münster, NJW 2002, 3417, 3419.
331 BVerfG, ZUM 2002, 739f.; OVG Münster, NJW 2002, 3417ff.

stellung eine ausgewogene Wahlkampfberichterstattung stattfindet und die RL 1.2 in solchen Fällen als ethischer zwingender Grundsatz verstanden wird. Durch die verbindlichere Neufassung der RL 1.2 hat der Pressrat einen großen Schritt in diese richtige Richtung gemacht.

c) RL 1.3: Pressemitteilungen

RL 1.3 besagt:

> „Pressemitteilungen müssen als solche gekennzeichnet werden, wenn sie ohne Bearbeitung durch die Redaktion veröffentlicht werden."[332]

Durch diese Kennzeichnung soll für den Leser klar gestellt werden, dass er gerade kein selbstrecherchiertes Material, sondern eine vorgefertigte Pressemitteilung vor sich hat. Bei Mitteilungen von Behörden, insbesondere von Polizei und Staatsanwaltschaft, besteht keine Pflicht zur journalistischen Gegenrecherche.[333] Ähnlich sieht es bei zuverlässigen Informationsquellen aus. Zu einer solchen die Gegenrecherchepflicht ausschließenden Quelle kann auch ein Parteisprecher gehören.[334] Bei Pressemitteilungen von Wirtschaftsunternehmen besteht diese Pflicht zwar, d.h. der Journalist muss die Mitteilung vor Veröffentlichung überprüfen, um seiner journalistischen Sorgfaltspflicht nachzukommen,[335] eine Kennzeichnung ist aber dennoch geboten, damit der Leser weiß, dass der Wortlaut des Textes vom Verfasser der Pressemitteilung stammt und auch die Initiative zur Veröffentlichung von diesem ausging. Pressemitteilungen von Wirtschaftsunternehmen, Sportvereinen, Parteien oder anderen Interessenvertretungen sind stets darauf aus, den Herausgeber ins beste Licht zu rücken. Bei einer unbearbeitenden und daher unkritischen Übernahme soll der Leser dies zumindest erkennen können.

II. Ziffer 2: Sorgfalt

Die 2. Ziffer des Pressekodex lautet:

> „Recherche ist unverzichtbares Instrument journalistischer Sorgfalt. Zur Veröffentlichung bestimmte Informationen in Wort, Bild und Grafik sind mit der nach den Umständen ge-

---

332 Deutscher Presserat, Jahrbuch 2007, S. 198.
333 *Peters*, NJW 1997, 1334, 1336, KG Berlin, AfP 1992, 302, 303f.
334 KG Berlin, AfP 2001, 65, 66.
335 *Peters*, NJW 1997, 1334, 1336, LG Hamburg, AfP 1990, 332.

botenen Sorgfalt auf ihren Wahrheitsgehalt zu prüfen und wahrheitsgetreu wiederzugeben. Ihr Sinn darf durch Bearbeitung, Überschrift oder Bildbeschriftung weder entstellt noch verfälscht werden. Dokumente müssen sinngetreu wiedergegeben werden. Unbestätigte Meldungen, Gerüchte und Vermutungen sind als solche erkennbar zu machen.

Symbolfotos müssen als solche kenntlich sein oder erkennbar gemacht werden."[336]

Zentrales Thema der Ziffer 2 sind demnach die journalistischen Sorgfaltspflichten. Diese sind unerlässliche für eine wahrhaftige Berichterstattung.

1. Ähnliche Regelungen der Legislative

Journalistische Sorgfaltspflichten werden auch in nahezu allen Landespresse- und Mediengesetzen[337] normiert. Hier heißt es, dass die Presse „alle Nachrichten vor ihrer Verbreitung mit der nach den Umständen gebotenen Sorgfalt auf Wahrheit, Inhalt und Herkunft zu prüfen" hat.

Zivilrechtlich kann die Beachtung der journalistischen Sorgfaltspflichten in presserechtlichen Streitigkeiten bei der Frage der Rechtswidrigkeit einer Persönlichkeitsrechtsverletzung im Rahmen des § 823 BGB und allgemein beim Verschulden gem. § 276 Abs. 1 BGB relevant sein. Wenn an der konkreten Mitteilung ein ernsthaftes öffentliches Interesse besteht und die journalistischen Sorgfaltspflichten beachtet worden sind, kann sich die Presse auf den Rechtfertigungsgrund der „Wahrnehmung berechtigter Interessen" berufen. Dieser ist positiv zwar nur im Strafrecht in § 193 StGB normiert, wird aber als besondere Ausprägung des Grundrechts der Meinungsfreiheit auf die gesamte Rechtsordnung ausgedehnt.[338] Berücksichtigung findet er als allgemeiner Rechtfertigungsgrund vor allem im Rahmen der Güterabwägung bei der Frage der Zulässigkeit einer öffentlichen Äußerung.[339]

Symbolfotos müssen rechtlich unter dem Blickwinkel der §§ 22f. KUG beurteilt werden. Von diesen Vorschriften werden sowohl Bilder als auch Bildnisse geschützt. Während die Abbildung eines Gegenstandes ein Bild darstellt[340], versteht man unter einem Bildnis die Darstellung einer Person in ihrer wirklichen, dem Leben entsprechenden Erscheinung. Es muss sich um einen Menschen han-

---

336 Deutscher Presserat, Jahrbuch 2007, S. 199.
337 Vgl. § 6 LPG BW; Art. 3 BayPrG; § 3 LPG BE; § 6 BbgPG, LPG HB, HH LPG; § 3 HPresseG, SMG; § 5 LPrG M-V; § 6 ND LPG, LPG NW, LMG RP; § 5 SächsPresseG, TPG, LPG ST; eine vergleichbare Regelung fehlt lediglich in HE.
338 *Löffler/ Ricker*, HdbPR, 42. Kap., Rn 65ff.
339 BVerfGE 42, 143, 152; BGH, NJW 1996, 1131, 1133; vgl. auch *Tröndle/ Fischer*, StGB, § 193, Rn 17ff.
340 *Wenzel*, Wort- und Bildberichterstattung, 7. Kap., Rn 87.

deln, der erkennbar wiedergegeben wird.[341] Das Merkmal der Erkennbarkeit ist weit auszulegen, es sind stets sämtliche Informationen heranzuziehen, die zu einem Erkennen der Person führen können.[342] So fallen auch Symbolfotos in den Schutzbereich der §§ 22f. KUG.[343]

2. Probleme bei der Auslegung der Ziffer 2

Das größte Problem bei der Auslegung der Ziffer 2 ist die Bestimmung der „nach den Umständen gebotenen Sorgfalt", mit der die zur Veröffentlichung bestimmten Nachrichten und Informationen auf ihren Wahrheitsgehalt hin überprüft werden müssen.

Dabei muss beachtet werden, dass der Presse die Pflicht zum Bemühen um eine wahrheitsgemäße Berichterstattung ebenso wie alle anderen Pflichten zur Sorge um den Inhalt der Presseprodukte nicht zur Bewährung eines gehobenen Niveaus oder zur Erfüllung der ihr vom Grundgesetz zugeordneten Demokratiefunktion aufgegeben wurden, sondern in erster Linie wegen der Gefahren, die von Presseveröffentlichungen für den betroffenen Einzelnen und für die Gemeinschaft ausgehen können. Der Einfluss insbesondere der Massenmedien auf die Meinungsbildung durch ihre Möglichkeit, im selben Zeitraum eine Vielzahl von Menschen zu erreichen, kann für den, der Gegenstand einer Presseberichterstattung wird, gravierende Beeinträchtigungen in seiner privaten, beruflichen und wirtschaftlichen Lebensführung, sowie für seine soziale Geltung und für die Definition seines eigenen Lebensbildes bedeuten. Unter Umständen kann für den Betroffenen das Weiterleben in seinem vorherigen Lebensbereich geradezu unmöglich gemacht werden.[344] Öffentlich gemachte Indiskretionen können zudem auch für Wirtschaftsunternehmen existenzvernichtend sein.[345] Ebenso können nicht nur von der Veröffentlichung von Staatsgeheimnissen, sondern auch von einer verantwortungslosen, ihren Einfluss etwa durch einseitige Informationen oder zur Stimmungsmache als Steuerungsinstrument missbrauchenden Presse massive Gefahren für Staat und Gesellschaft ausgehen. Aufgabe der gesetzli-

---

341 Wenzel, Wort- und Bildberichterstattung, 7. Kap, Rn 8.

342 Engels/ Schulz, AfP 1998, 574, 575.

343 Schwetzler, Persönlichkeitsschutz, S. 280.

344 Kriele, NJW 1994, 1897, 1903.

345 Am 03.02.2002 hatte der damalige Vorstandsprecher der Deutschen Bank und Präsident des Bundesverbandes der Deutschen Banken Rolf Breuer in einem Interview für Bloomberg TV unter Verletzung des Bankgeheimnisses Zweifel an der Kreditwürdigkeit von Leo Kirch geäußert, am 08.04.2002 meldete mit KirchMedia GmbH & Co. KGaA die erste Kirch-Gesellschaft Insolvenz an, vgl. Der Tagesspiegel, 07.12.2005, S. 17; BGH, NJW 2006, 830ff.; krit. zur rechtlichen Einordnung Paschke/ Busch, AfP 2005, 13, 14f.

chen Sorgfaltspflichten ist es, diesen Gefahren vorzubeugen oder sie zumindest in hinnehmbaren Grenzen zu halten.[346] So hat sich auch der Deutsche Presserat zwar einerseits zur Sicherung der Pressefreiheit verpflichtet, sich aber andererseits auch die Feststellung und Beseitigung von Missständen im Pressewesen auf die Fahnen geschrieben. Dazu hat er den Pressekodex im Allgemeinen und die Sorgfaltspflichten der Ziffer 2 im Besonderen aufgestellt.

Mit Rücksicht auf die Effizienz von Presseveröffentlichungen, den regelmäßig die gesamte Lebensführung belastenden nachteiligen Wirkungen einer unzulässigen Berichterstattung über den Betroffenen und seinen geringen Möglichkeiten zur anschließenden Rehabilitierung ist an die journalistische Sorgfalt ein strenger Maßstab anzulegen. Je schwerer die Belastungen für den Betroffenen sind, desto höher müssen die Sorgfaltsanforderungen sein. Andererseits dürfen die Anforderungen aber auch nicht überspannt werden, da sonst in die Gewährleistungen des Art. 5 GG eingegriffen würde und die Presse ihre öffentliche Aufgabe nicht mehr im erforderlichen Maße wahrnehmen könnte.[347]

a) Bestimmung des Sorgfaltsmaßstabes

Zunächst ist zu fragen, ob nur Tatsachen oder auch Meinungsäußerungen der Wahrheitspflicht unterstehen. Streng genommen können zwar nur Tatsachen wahr oder falsch sein,[348] allerdings untersteht die Presse auch bei der Meinungsäußerung einer erhöhten Verantwortung. Durch Bezugnahme auf eine Tatsache in der Meinungsäußerung wird diese als wahr unterstellt, zumindest geht der Leser davon aus, dass der sich äußernde Journalist seine Meinung auf der Grundlage von zutreffenden Tatsachen gebildet hat. So ist in gewisser Weise auch bei der Meinungsäußerung die Sorgfaltspflicht zur Wahrheit bzw. Wahrhaftigkeit zu beachten.[349]

Das Bundesverfassungsgericht hat bereits in der grundlegenden Schmid-Entscheidung ausgeführt, dass die Presse schon um des Ehrenschutzes des Betroffenen willen zur wahrheitsgemäßen Berichterstattung verpflichtet ist. Diese sei weiterhin in der Bedeutung der öffentlichen Meinungsbildung für eine freiheitliche Demokratie begründet. Nur wenn der Leser möglichst zutreffend unterrichtet werde, könne sich die öffentliche Meinung richtig bilden.[350]

---

346 Löffler – *Steffen*, Presserecht, § 6 LPG, Rn 21.
347 Löffler – *Steffen*, Presserecht, § 6 LPG, Rn 258.
348 Vgl. *Rohde*, Publizistische Sorgfalt, S. 37f. m. w. N.
349 *Thieme*, DÖV 1980, 149, 151.
350 BVerfGE 12, 113, 130.

Im Idealfall würde in jedem Medium nur die tatsächliche, objektive Wahrheit verbreitet. Eine Verpflichtung der Presse auf die objektive Wahrheit würde allerdings bedeuten, dass jede unbewusste Verletzung der Wahrheit, jede trotz der Beachtung größter Sorgfalt publizierte Falschmeldung eine Verletzung der Wahrheitspflicht darstellen würde und damit für den Verfasser negative Rechtsfolgen auslösen könnte.

Angesichts der besonderen Umstände der Pressearbeit wie Zeitdruck, Fülle der Informationen und Angewiesenheit auf fremde Quellen würde eine derartige Verpflichtung zu einer Einschränkung oder gar völligen Lähmung der Pressetätigkeit führen und damit die Erfüllung der öffentlichen Aufgabe unmöglich machen oder zumindest erheblich erschweren.[351] So verpflichtet Ziffer 2 des Pressekodex die Presse ebenso wie die LPG lediglich, Nachrichten und Informationen „mit der nach den Umständen gebotenen Sorgfalt auf ihren Wahrheitsgehalt zu prüfen".

Nach dem generellen Sorgfaltsmaßstab des Zivilrechts kommt es gem. § 276 Abs. 2 BGB ebenfalls auf die im Verkehr erforderliche Sorgfalt an. Auch wenn es auf die erforderliche und nicht auf die übliche Sorgfalt ankommt,[352] sind doch die typischen Besonderheiten, unter denen ein Berufsstand zu arbeiten pflegt, zu beachten.[353] Demnach sind die berufsmäßigen Eigenheiten des Pressewesens bei der Bestimmung des Sorgfaltsmaßstabes zu berücksichtigen. Die Presse kann sich allerdings nicht auf berufsübliche Gleichgültigkeit oder eine allgemein praktizierte Nachlässigkeit berufen.[354] Somit genügt die Presse ihrer Sorgfaltspflicht zur Wahrheitsermittlung, wenn sie ihre publizistische Tätigkeit im Hinblick auf Inhalt, Wahrheit und Herkunft der Nachrichten mit den ihr zu Gebote stehenden Mitteln im Rahmen des Zumutbaren überprüft.[355] Berücksichtigt werden muss dabei, dass die Presse nicht über die weitreichenden Möglichkeiten der Wahrheitsfindung verfügt wie beispielsweise die Gerichte. Sie muss eine Meldung also nicht solange zurückhalten, bis Beweismaterial vorliegt, das auch die Gerichte anerkennen müssten.[356] Daher muss das objektive und ernstliche Bemühen um wahrheitsgemäße Darstellung ausreichen.[357] Die Presse ist demnach nur zur Wahrhaftigkeit verpflichtet, sie hat keine Rechtspflicht zur objektiven

---

351 BVerfG, NJW 1980, 2072, 2073; BGH, NJW 1977, 1288, 1289.
352 BGH, NJW 1965, 1075; BGHZ 8, 138, 141.
353 *Schippan*, ZUM 1996, 398, 401.
354 BGHZ 30, 7.
355 *Wenzel*, Wort- und Bildberichterstattung, Kap. 6, Rn 122; *Rehm*, AfP 1999, 416, 422.
356 BGH, NJW 1987, 2225, 2226; OLG Köln, NJW 1963, 1634, 1635; OLG Nürnberg, ZUM 1998, 849f.
357 BGH NJW 1981, 2117, 2120; AfP 1987, 597, 598f.

Wahrheit. Daraus könnte der Staat nämlich nur allzu leicht Repressionsbefugnisse gegen unliebsame Presseprodukte herleiten.[358]

Weiterhin gilt kein starrer, sondern ein gleitender Sorgfaltsmaßstab, es kommt stets auf die Umstände des Einzelfalls an.[359]

aa) Zielrichtung eines eventuellen Vorwurfs

Von Bedeutung für den Grad der anzuwendenden Sorgfalt ist beispielsweise, ob sich ein in der Presseveröffentlichung eventuell auftauchender Vorwurf gegen einzelne natürliche Personen oder gegen öffentliche Institutionen, einflussreiche Gruppen o. ä. richtet. Auf Grund der Tatsache, dass es für den Einzelnen stets schwerer ist, sich zur Wehr zu setzen, genießt er einen höheren Schutz als Gruppierungen.[360] Daher sind in einem solchen Fall höhere Anforderungen an eine Prüfungspflicht zu stellen.

bb) Intensität eines Vorwurfs

Je schwerer die bevorstehende Presseveröffentlichung in fremde Rechte eingreift, desto höhere Anforderungen sind an die publizistische Sorgfaltspflicht zu stellen.[361] Für alle Presseveröffentlichungen besteht eine verschärfte Haftung, wenn brisante Themen behandelt werden bzw. ein sog. „heißes Eisen", also ein Thema mit großer politischer, sozialer oder wirtschaftlicher Tragweite für die Betroffenen, angefasst wird.[362] Grundsätzlich muss eine Veröffentlichung unterbleiben, so lange nicht ein Mindestmaß an Beweistatsachen zusammengetragen ist oder wenn bereits Zweifel an der Richtigkeit vorhanden sind.[363]

Die strengsten Anforderungen an die Prüfungspflicht sind vor diesem Hintergrund beim Aufstellen eines Mordvorwurfs zu beachten.[364] Die Sorgfaltspflicht verletzt aber beispielsweise auch, wer ohne eine sorgfältige (Gegen-) Recherche

---

358 *Löffler/ Ricker*, HdbPR, 39. Kap., Rn 8.
359 *Wenzel*, Wort- und Bildberichterstattung, Kap. 6, Rn 120, *Peters*, NJW 1997, 1335f.
360 BGH, NJW 1966, 1617, 1619; *Schippan*, ZUM 1996, 398, 402.
361 BGH, AfP 1988, 34, 35; NJW 1997, 1148f, 1150; *Rohde*, Publizistische Sorgfalt, 44ff. m w. N.
362 BVerfGE 54, 208ff., 220; BGHZ 24, 200.
363 BGH, NJW 1997, 1148, 1149; *Wenzel*, Wort- und Bildberichterstattung, 6. Kap, Rn 122.
364 *Wenzel*, Wort- und Bildberichterstattung, 6. Kap., Rn 122.

behauptet, ein ehemaliger Polizeichef habe für einen Bordellbesitzer „gearbeitet", obwohl die einzige Quelle eine im Rotlichtmilieu tätige Person ist.[365]

cc) Eilbedürftigkeit der Meldung

Bei der Bestimmung des geforderten Sorgfaltsmaßstabes zur Wahrheitsermittlung ist auch die Eilbedürftigkeit der Meldung zu beachten. Generell gilt, dass ausnahmsweise geringere Nachprüfungspflichten anzunehmen sind, wenn aus Gründen des aktuellen Informationsinteresses ein Bedürfnis nach sofortigem Abdruck der Nachricht besteht.[366] Dieses wird bei Angelegenheiten von grundlegender politischer, wirtschaftlicher oder gesellschaftlicher Bedeutung höher einzustufen sein als bei Klatschgeschichten ohne wirkliche Relevanz für das berechtigte Informationsinteresse der Öffentlichkeit.[367] Trotz des Grundsatzes erhöhter Prüfungspflicht bei Angelegenheiten mit erheblichen persönlichen Auswirkungen für den Betroffenen kann dies im Einzelfall dazu führen, dass der pressemäßigen Sorgfaltspflicht schon bei einem geringen Verifizierungsgrad genüge getan ist. Insbesondere gilt dies im politischen Bereich, da die Presse für das Funktionieren der parlamentarischen Demokratie unverzichtbar ist.[368] Zudem sind die wirtschaftlichen oder persönlichkeitsrechtlichen Folgen unrichtiger, aber funktionsbezogener Medienberichterstattung für Personen des politischen Lebens weit weniger gravierend als für Angehörige anderer gesellschaftlicher Bereiche. Das Interesse der Öffentlichkeit an umfassender aktueller Information ist nirgends so legitim wie gegenüber den Trägern hoheitlicher Gewalt.[369] Außerdem wird durch die Veröffentlichung eines von der Presse nicht näher zu verifizierenden Verdachts oft auch erst die öffentliche Diskussion und eine anschließende weitere Untersuchung des Themas angestoßen, an deren Ende dann unter Umständen die Bestätigung genau dieses Verdachts oder sogar die Aufdeckung weiterer damit zusammenhängender Skandale steht. Dennoch muss auch hier sorgsam abgewogen werden, da selbstverständlich auch Politikern Ehrenschutz zusteht. Die Sorgfaltspflichten sind in einem solchen Fall zwar geringer, aber dennoch existent.

Weiterhin kann einer auf eine genaue Ausleuchtung und Darstellung der Sachverhalte spezialisierten Wochen- oder Monatszeitschrift eine besonders sorgfältige Prüfung eher zugemutet werden als einer auf Aktualität bedachten Tageszei-

---

365 BGH, NJW 1996, 1131, 1133f.
366 *Peters*, NJW 1997, 1334, 1337; *Groß*, JR 1995, 485, 486.
367 Vgl. BGH, AfP 1977, 340, 341f.
368 S.o.: 2. Kap., C.
369 *Soehring*, Presserecht, Rn 2.18.

tung.[370] Der Begriff der Aktualität ist allerdings nicht mit selbst erzeugtem Zeitdruck und erst Recht nicht mit dem Wunsch der Redaktion zu verwechseln, eine Nachricht als erste zu publizieren.[371]

b) Einzelne Sorgfaltspflichten bei der Wahrheitsermittlung

Auch wenn der Maßstab der anzuwenden Sorgfalt von Fall zu Fall variiert, gibt es doch einige Pflichten, denen der recherchierende Journalist grundsätzlich Beachtung schenken muss. Damit wird die Subjektivität im Erkenntnisprozess durch bestimmte Anforderungen an Recherche und Darstellung relativiert.[372]

aa) Prüfung auf Wahrheit und Richtigkeit

Zentraler Gegenstand der Prüfung ist die schon behandelte objektive Richtigkeit der Nachricht.[373] Der Journalist muss sich nach bestem Können um die Feststellung des wahren Sachverhalts und dessen zutreffende Wiedergabe bemühen. Für die Beurteilung der Richtigkeit der Darstellung kommt es nicht auf die subjektive Meinung des Publizisten, sondern auf den objektiven Eindruck des unbefangenen Durchschnittslesers der Veröffentlichung an.[374] Ist trotz aller Bemühungen keine Gewissheit zu erlangen, so ist der dann lediglich vorhandene Verdacht auch als solcher zu kennzeichnen und nicht als feststehende Tatsache hinzustellen.[375] Es sollten allerdings dennoch hinreichende Anhaltspunkte für die Richtigkeit des Verdachts vorhanden sein.[376] Eine Verdachtsberichterstattung ist darüber hinaus nur zulässig, wenn es sich um einen Gegenstand berechtigten öffentlichen Interesses handelt, was eine Güterabwägung voraussetzt.[377] Bei der Verbreitung von Gerüchten, die sich vom Verdacht dadurch unterscheiden, dass

---

370 *Löffler/ Ricker*, HdbPR, 39. Kap. Rn 9; vgl. auch Löffler – *Steffen*, Presserecht, § 6, Rn 164.

371 *Peters*, NJW 1997, 1334, 1337.

372 *Müntinga*, Wahrheits- und Sorgfaltspflichten, S. 33.

373 S.o.: 3. Kap., D., II., 2., a).

374 *Schippan*, ZUM 1996, 398, 403.

375 *Wenzel*, Wort- und Bildberichterstattung, 6. Kap., Rn 130; BGH, AfP 1977, 340, 341; OLG München, AfP 1993, 767, 768; vgl. auch *Grimm*, AfP 2008, 1, 6.

376 BGH, AfP 1977, 340, 342; BGHZ 143, 199, 203.

377 BGH, AfP 1977, 340, 341; LG Hamburg, AfP 1993, 678; Löffler – *Steffen*, Presserecht, § 6, Rn 175; *Soehring*, Presserecht, Rn 16.24a.

es ihnen an tatsächlichen Anhaltspunkten vollständig mangelt, werden noch strenger Maßstäbe angelegt.[378]

bb) audiatur et altera pars

Zu einer sorgfältigen Recherche gehört grundsätzlich auch, dem Betroffenen Gelegenheit zur Stellungnahme zu geben.[379] Vor allem muss dies bei Berichten über ehrenrührige Vorgänge geschehen. Es besteht eine gesteigerte Recherchepflicht je schwerer und nachhaltiger das Ansehen des Betroffenen durch die Veröffentlichung beeinträchtigt wird.[380]

Teilweise wird allerdings eine Einschränkung für den Fall vertreten, dass von einer solchen Rückfrage keine Aufklärung zu erwarten ist. Erfahrungsgemäß sei beispielsweise bei der Aufdeckung von Skandalen im politischen Bereich bei vernünftiger Prognose von vornherein mit einem Dementi zu rechnen. Dann könne von der Presse auch keine Rückfrage verlangt werden.[381] Das gleiche soll für den Fall gelten, dass sich der Betroffene bereits anderweitig zu den Vorwürfen öffentlich geäußert hat[382] oder beispielsweise ein einer Wirtschaftsstraftat verdächtiger Unternehmer die damit einhergehende Warnung als Anlass zur Flucht nehmen könnte.[383]

Als weiterer Gesichtspunkt gegen eine Rückfrage beim Betroffenen wird die Gefahr angeführt, dass der Betroffene versuchen könnte, die Veröffentlichung des Artikels im Weg des vorbeugenden Rechtschutzes durch eine einstweilige Verfügung zu unterbinden. Allerdings kann die hierfür erforderliche Erstbegehungsgefahr nicht lediglich mit den Recherchemaßnahmen begründet werden.[384] Ansonsten bestünde die Gefahr, dass die Redaktionen kaum noch Rückfragen bei Betroffenen vornehmen würden, um beabsichtigte Veröffentlichungen nicht zu gefährden. So würde bei dem Versuch, den Betroffenen zu schützen, das Gegenteil erreicht werden, da er dann keine Chance mehr hätte, die Vorwürfe vor Veröffentlichung des Artikels zu entkräften. Die Gefahr der Verhinderung der

---

378 *Soehring*, Presserecht, Rn 16,26ff; BGH, AfP 1988, 34, 45; 1996, 144, 145.
379 OLG Köln, AfP 1973, 479, 480; OLG Brandenburg, AfP 1995, 520, 522; OLG Hamburg, AfP 1997, 477, 478.
380 BGH, NJW-RR 1988, 733, 734; s.o.: 3. Kap., D., II., 2., a), bb).
381 Löffler – *Steffen*, Presserecht, § 6; Rn 170; *Fricke*, Recht für Journalisten, Kap.2.3.1.
382 OLG Hamburg, NJW-RR, 597; *Müntinga*, Wahrheits- und Sorgfaltspflichten, S. 37.
383 *Soehring*, Presserecht, Rn 2.24; *Löffler/ Ricker*, HdbPR, 39. Kap, 12.
384 OLG Frankfurt, NJW-RR 2003, 37ff.; selbst eine behauptete Rechtswidrigkeit der Informationsbeschaffung kann ohne Darlegung des konkreten Inhalts der daraus entstehenden Veröffentlichung die Erstbegehungsgefahr nicht begründen; vgl. BGH, AfP 1998, 399, 400f.

Veröffentlichung besteht bei einer Rückfrage beim Betroffenen also nicht, daher ist sie auch kein schlagkräftiges Argument gegen eine solche.

Eine eventuelle Fluchtgefahr ist meines Erachtens ebenfalls nicht geeignet, die Rückfragepflicht auszuschließen. Die Beachtung der Sorgfaltspflichten ist wegen des Anspruchs der Öffentlichkeit auf wahrhaftige Informationen sowie zum Schutz des Betroffenen geboten. Der Schutz des Staates und seiner Einrichtungen kann erhöhte Sorgfaltspflichten nach sich ziehen, aber grundsätzlich keine verminderten. Die Medien sollen bei ihrer Arbeit die Strafverfolgung zwar nicht behindern, geeigneter als der Verzicht auf das Rückfragegebot erscheint mir aber eine Zusammenarbeit mit der Polizei. Vor allem, da der recherchierende Journalist grundsätzlich alle Quellen ausschöpfen muss. Daher sollte er beim Verdacht der Begehung einer Straftat ohnehin bei der Polizei um Informationen bitten und sich im Zuge dessen bezüglich seines weiteren Vorgehens mit ihr abstimmen.

Auch wenn sich der Betroffene bereits anderweitig geäußert hat, besteht die Möglichkeit, dass er bei weiteren Vorwürfen oder einem drohenden erneuten Bericht an seinen früheren Aussagen nicht festhalten oder sie ergänzen möchte, was eine Rückfrage geboten erscheinen lässt.

Es wird argumentiert, der Grundsatz der Verhältnismäßigkeit verlange eine Rückfrage nur da, wo sie weitere Aufklärung verspräche. Es gehe nicht um Gewährung rechtlichen Gehörs, die Rückfrage sei lediglich ein Gebot der Fairness, das mit der presserechtlichen Prüfungspflicht oder der zivilrechtlichen Sorgfaltspflicht unmittelbar nicht zu tun habe.[385]

Woher soll der recherchierende Journalist aber wissen, wie der Betroffene auf seine Fragen reagiert?[386] Sicher ist die Wahrscheinlichkeit von Dementis vor allem im Bereich von politischen Skandalen groß, dennoch sollte man dem Beschuldigten zumindest die Gelegenheit geben, die Vorwürfe aus seiner Sicht zu kommentieren. Zu der presserechtlichen Prüfungs- und zivilrechtlichen Sorgfaltspflicht gehört es, sich grundsätzlich aus allen verfügbaren Quellen zu informieren. Dazu gehört auch der Betroffene selbst, er ist sozusagen die „Primärquelle". Daher ist meiner Meinung nach dem Betroffenen stets die Möglichkeit zur Stellungnahme zu geben.[387] Wenn er die Vorwürfe dementiert oder überhaupt nicht aussagen will, so ist dies dementsprechend zu veröffentlichen. Nicht uneingeschränkt gefolgt werden kann somit der Aussage, die Journalisten hätten „dann das gute Recht, aus diesem Schweigen die Rückschlüsse zu ziehen, wie es auch der Richter im Prozess hat"[388], wenn damit eine Bewertung des Schwei-

---

385 Löffler – *Steffen*, Presserecht, § 6, Rn 170.
386 Vgl. BGH, NJW 1996, 1131, 1134.
387 So auch *Peters*, NJW 1997, 1334, 1338; *Kriele*, ZRP 1990, 109, 117.
388 *Gerhardt/ Steffen*, Knigge, S. 25.

gens als Schuldeingeständnis gemeint ist. Der Richter darf wegen des „nemo-tenetur-Prinzips"[389] aus dem Schweigen des Beschuldigten eben keine für ihn nachteiligen Schlüsse ziehen,[390] es sei denn es handelt sich lediglich um „teilweises Schweigen"[391]. Der Journalist darf das Schweigen des Beschuldigten zwar bewerten, dieses für seinen Artikel aber ebenfalls nicht als Schuldeingeständnis einstufen. Dies ist im Normalfall auch nicht notwendig, da die Mehrzahl der Leser die Tatsache, dass sich ein Beschuldigter zu den erhobenen Vorwürfen nicht äußern möchte, ohnehin als Beweis für die Richtigkeit dieser Vorwürfe wertet, denn „sonst hätte er ja etwas gesagt". Somit besteht für den Journalisten im Regelfall auch gar nicht der Bedarf einer eigenen Wertung, wenn er seine für den Beschuldigten negativen Rechercheergebnisse präsentiert und dazu schreibt, dass der Beschuldigte sich auch auf Nachfrage zu den Vorwürfen nicht äußern wollte.

cc) Vollständigkeit der Recherche und Darstellung

Bei der Zusammentragung des Materials darf grundsätzlich weder eine einseitig negative noch eine einseitig positive Recherche durchgeführt werden. Der Journalist ist prinzipiell verpflichtet, zu Gunsten und zu Lasten des Betroffenen zu recherchieren. Alle vorhandenen Quellen müssen ausgeschöpft werden, um eine möglichst wahrheitsgetreue Berichterstattung zu gewährleisten.[392] Bei einer einseitig negativen Recherche besteht eine erhöhte Gefahr der Verletzung des allgemeinen Persönlichkeitsrechts, bei der einseitig positiven vor allem das Problem des Schleichwerbevorwurfs.[393]

Die bei der Recherche und der Rückfrage beim Betroffenen aufgetauchten Fakten und Ergebnisse muss der Journalist auch veröffentlichen, er darf sich nicht auf das Negative beschränken.[394] Die Unrichtigkeit einer Veröffentlichung kann

---

389 „Nemo tenetur se ipsum accusare" – niemand ist verpflichtet, sich selbst zu belasten; gem. § 136 Abs.1 S. 2 StPO steht es dem Beschuldigten frei, ob er sich zur Sache äußert.

390 BGHSt 20 281, 282f; 32, 140, 144; 34, 324, 326.

391 Der Angeklagte verweigert die Aussage nicht komplett, sondern lässt sich grundsätzlich zur Sache ein, bringt aber einzelne Tat- oder Begleitumstände nicht vor oder gibt auf einzelne Fragen keine oder nur unvollständige Antworten. Durch seine grundsätzliche Einlassung macht sich der Angeklagte freiwillig zum Beweismittel und setzt sich damit der freien richterlichen Beweiswürdigung aus, vgl. *Beulke*, StPO, Rn 495; aber str., s. *Meyer-Goßner*, StPO, § 261, Rn 17.

392 *Schippan*, ZUM 1996, 398, 403.

393 So auch *Rohde*, Publizistische Sorgfalt, S. 73ff.

394 *Schippan*, ZUM 1996, 398, 403; s. a. BGHZ 31, 308.

sich auch aus ihrer Unvollständigkeit ergeben, indem Wesentliches ausgelassen wird, wodurch sich ein falsches oder zumindest verzerrtes Bild ergibt.[395]

Andererseits muss beachtet werden, dass die Presse nicht verpflichtet ist, umfassend zu berichten. Es gehört zur Pressefreiheit, nicht nur über den Gegenstand, sondern auch über die Art und Weise der Berichterstattung frei zu entscheiden. So darf die Presse auch tendenziös berichten und Randdetails übertreiben oder auslassen, um den Beitrag interessanter zu machen, solange sie nicht den Kern der Mitteilung ausmachen.[396] Außerdem ist eine jedes Detail wiedergebende Berichterstattung praktisch unmöglich, es bedarf fast immer einer Auswahl der Fakten unter dem Gesichtspunkt ihres Wertes für die Berichterstattung.[397]

Zu beachten ist, ob die Darstellung einen Vollständigkeitsanspruch erhebt, dann ist sie auch an diesem zu messen oder ob sie nur einzelne Daten oder Ausschnitte aus dem Leben des Portraitierten oder einem Lebenssachverhalt wiedergeben will.[398] Die Auswahl von Fakten und die Zusammenfassung eines Sachverhalts können sowohl auf der Tatsachen- als auch auf der Meinungsebene liegen. Eine falsche Tatsachenbehauptung oder unzulässige Meinungsäußerung liegt allerdings erst dann vor, wenn die Zusammenfassung oder Faktenauswahl außerhalb eines möglichen Beurteilungsspielraums liegt.[399] Größtmögliche Vollständigkeit und damit Objektivität ist bei einer Berichterstattung über den persönlichen Lebensbereich eines Menschen oder über wirtschaftliche Vorgänge geboten. Bei einer Berichterstattung aus dem öffentlichen, vor allem politischen und ideologischen Bereich ist dagegen eine gewisse Unvollständigkeit eher zu tolerieren, zumal die Sachverhalte dort komplexer sind und es daher extrem schwierig ist, alle relevanten Tatsachen aus allen in Frage kommenden Sichtweisen darzustellen und zu erörtern.[400]

Zusammenfassend lässt sich festhalten, dass wenigstens der Kern der Berichterstattung vollständig dargestellt werden muss und sich ein Beitrag nicht auf das Negative beschränken darf, wenn es auch Positives oder Entlastendes zu berichten gibt.

---

395 BVerfGE 12, 113, 130f.; BGHZ 31, 308.
396 Löffler – *Steffen*, Presserecht, § 6, Rn 174.
397 *Soehring*, Presserecht, Rn 6.140.
398 BGH, NJW 1966, 245f.
399 BVerfG, NJW 1994, 1781, 1782; BGH, NJW 1966, 245f.; OLG Karlsruhe, ZUM 2001, 888.
400 *Wenzel*, Wort- und Bildberichterstattung, 6. Kap., Rn 144f.

dd) Zitattreue

Zitate, wie auch indirekte Äußerungen Dritter, müssen stimmen. Ein unrichtiges, verfälschtes oder entstelltes Zitat verletzt das Persönlichkeitsrecht des Betroffenen.[401] Als Tatsachenbehauptung kommt dem Zitat eine besondere Rolle im Meinungskampf zu, denn der Betroffene wird im Rahmen einer auf die zitierte Aussage bezogenen Kritik quasi als Zeuge gegen sich selbst ins Feld geführt.[402] Daher gilt, dass der Zitierende sich an Wortwahl und Gedankenführung des Zitierten halten muss. Kann das Zitat nicht rechtzeitig vor der Veröffentlichung überprüft und damit verifiziert werden, darf es nicht publiziert werden.[403] Der Journalist steht regelmäßig vor der schwierigen Aufgabe, einen umfangreichen Sachverhalt auf seinen Kern zu reduzieren. Zitiert er aus einem Text, darf er sich daher auf die Kernsätze beschränken, nicht aber einzelne Sätze aus dem Zusammenhang reißen und damit ihren Sinn verändern.[404]

Zu beachten ist außerdem, dass Anführungszeichen nicht nur verwendet werden, um Zitate zu kennzeichnen, sondern auch, um zu verdeutlichen, dass ein Begriff nicht im streng wörtlichen Sinne zu verstehen ist.[405] Worum es sich jeweils handelt, ist durch Auslegung der gesamten Aussagen zu bestimmen, weshalb es durch den Kontext hinreichend deutlich gemacht werden muss.[406]

ee) Pflicht zur Güterabwägung

Dem Grundrecht auf Pressefreiheit steht gleichwertig das Grundrecht des von der Veröffentlichung Betroffenen auf Schutz der Persönlichkeit und der Ehre gegenüber.[407] Unter der Maxime der Beachtung der journalistischen Sorgfaltspflichten ist daher eine Güterabwägung zwischen öffentlichem Informationsinteresse und schutzwürdigen Belangen des Betroffenen vorzunehmen. Dies gilt vor allem für die Berichte, die unabhängig vom Wahrheitsgehalt unzulässig sein können, vornehmlich also bei Schilderungen aus dem Privat-, Intimbereich.[408]

Auch die Form der Darstellung muss anhand der Güterabwägung untersucht werden. Der Journalist muss prüfen, welche Beeinträchtigung die Offenbarung

---

401 BVerfGE 54, 208, 217; BGH, NJW 1982, 635f.; OLG München, AfP 1993, 769.
402 BVerfGE 54, 208, 217f.; BVerfG, AfP 1993, 563, 564.
403 BGH, NJW 1982, 635, 637.
404 BGHZ 31, 308, 318.
405 BVerfG, AfP 1993, 563.
406 BVerfG, AfP 1993, 563, 564; *Peters*, NJW 1997, 1334, 1337f.
407 BVerfGE 35, 202f.
408 Vgl. BGH, NJW-RR 1988, 733, 734; OLG Köln, AfP 1973, 479, 480f.

des betreffenden Vorgangs, die Nennung des Namens, die Veröffentlichung des Bildes oder auch die Stärke des Ausdrucks und die Art der Publikation im Allgemeinen hat. Anschließend ist zu fragen, in welchem Maße berechtigte Informationsinteressen der Öffentlichkeit vorhanden und wer die potentiellen Informationsinteressenten sind. Anhand dieser Gegenüberstellung ist zu ermitteln, ob das Informationsinteresse überwiegt, wovon wiederum abhängt, ob der Journalist sich zur Verbreitung der Darstellung in der Öffentlichkeit entschließen darf.[409] Fehlt die für die Güterabwägung vorausgesetzte echte Gewissensanspannung, ist den an die journalistische Sorgfaltspflicht zu stellenden Anforderungen nicht genüge getan und die folgende rechtsverletzende Publikation als zumindest fahrlässig zu bezeichnen.[410] Ergibt die Güterabwägung kein Überwiegen des Informationsinteresses, so muss das Einverständnis des Betroffenen eingeholt oder auf die Veröffentlichung verzichtet werden.[411] Behauptet ein Dritter, das Einverständnis des Betroffenen liege vor, so bezieht sich die Überprüfungspflicht hierauf.[412] Den Vorwurf der Fahrlässigkeit kann es begründen, wenn auf die mündliche Aussage eines Dritten vertraut und dementsprechend auf eine schriftliche Zustimmung des Betroffenen verzichtet wird.[413]

Dies gilt im Besonderen, wenn Namen oder Abbildungen ausschließlich zu Werbezwecken verwendet werden. Dies setzt stets eine Einwilligung voraus.[414] Wenn die Werbeanzeige allerdings neben dem Werbezweck auch einen Informationsgehalt für die Allgemeinheit aufweist, muss eine betroffene prominente Person der Zeitgeschichte die Verwendung ihres Bildnisses unter Umständen dulden.[415]

c) Die Spruchpraxis des DPR zu Ziffer 2 im Vergleich mit der Rechtsprechung

Ebenso wie die Presserechtsstreitigkeiten behandelnden ordentlichen Gerichte beschäftigt sich auch der Deutsche Presserat schwerpunktmäßig mit den journalistischen Sorgfaltspflichten, also mit Beschwerden über die Verletzung der Ziffer 2 des Pressekodex. Von der Einführung der neuen Beschwerdeordnung am

---

409 *Schippan*, ZUM 1996, 398, 404; *Wenzel*, Wort- und Bildberichterstattung, 6. Kap., Rn 152.
410 *Wenzel*, Wort- und Bildberichterstattung, 6. Kap., Rn 153.
411 *Fricke*, Recht für Journalisten, Kap. 2.3.3.
412 BGH, GRUR 1962, 211, 213f.; OLG Nürnberg, GRUR 1973, 40, 41.
413 LG Düsseldorf, BetrB 1971, 238, 239.
414 St. Rspr., vgl. BGHZ 20, 345, 350f.; 143, 214, 229; BGH, NJW 2007, 689, 690; s.a. BVerfG, NJW 2001, 594, 595.
415 BGH, NJW 2007, 689ff.; vgl. auch *Ehmann*, AfP 2007, 81ff.

25.02.1985 bis zum Jahr 2005 gingen 1096 der 2710 behandelten Beschwerden auf das Konto dieser Ziffer. Im Jahre 2004 waren es beispielsweise 73 von insgesamt 164, wovon 35 als unbegründet zurückgewiesen wurden und 38 mit einer öffentlichen oder nichtöffentlichen Rüge, einer Missbilligung oder einem Hinweis geahndet wurden, bzw. zwar als begründet angesehen wurden, aber keine Maßnahme nach sich zogen.[416] Viele bezogen sich darauf, dass Fakten oder Tatsachen veröffentlicht wurden, die erwiesenermaßen falsch waren, was auf einen Fehler des Reporters zurückzuführen war. Allerdings wurde in jeder dieser Entscheidungen lediglich ein Hinweis ausgesprochen oder trotz Begründetheit keine Maßnahme verhängt.[417]

Mit einer öffentlichen Rüge wurde dagegen kritisiert, dass Vorwürfe nicht gegenrecherchiert wurden, sondern ohne weitere Nachprüfung beispielsweise die Aussage eines ehemaligen Viehhändlers veröffentlicht wurde, fünf Agrarunternehmen hätten Subventionsbetrug begangen.[418]

Der Satanistenvorwurf, der einer Band gemachte wurde, war zwar Anlass, der Redaktion zu empfehlen, künftig von dritter Seite erhobene Vorwürfe bei den Betroffenen nachzurecherchieren und deren Sichtweise in den entsprechenden Beitrag direkt einfließen zu lassen. Da dieser Vorwurf in Leserbriefen allerdings entkräftet wurde, verzichtete der DPR auf eine Maßnahme.[419]

In einem Beitrag über das chronische Müdigkeitssyndrom CFS wurde mittels einer Missbilligung getadelt, dass die Darstellung zu einseitig sei und die wissenschaftliche (Gegen-)Seite nicht zu Wort käme.[420] Beanstandet wurde ebenfalls, dass eine Redaktion beim Betroffenen nicht rückgefragt hat, obwohl dessen Aussage zu dem behandelten Fall schon geraume Zeit zurücklag.[421] Hier hat der DPR zwar zumindest formal höhere Anforderungen an die Sorgfaltspflicht „audiatur et altera pars" gestellt als die Gerichte[422], allerdings ebenfalls lediglich eine kaum Außenwirkung habende Missbilligung ausgesprochen.

Spekulationen, die nicht auf Tatsachen beruhen und präjudizierend wirken, wurden mittels eines Hinweises eine Absage erteilt.[423] Weiterhin wurde an das Gebot der Zitattreue erinnert. Aussagen dürften nicht aus dem Umfeld einer Agen-

---

416 Deutscher Presserat, CD-ROM zum Jahrbuch 2005.
417 BK2-99/04; BK2-95/04; BK2-94/04; BK2-92/04; BK2-91/04; BK2-134/04; BK2-133/04; BK2-131/04; B2-10/04; BK1-162/04; BK1-106/04, alle Entscheidungen von Deutscher Presserat, CD-ROM zum Jahrbuch 2005.
418 BK2-33/34/35/36/38/04, Deutscher Presserat, CD-ROM zum Jahrbuch 2005.
419 BK2-153/04, Deutscher Presserat, CD-ROM zum Jahrbuch 2005.
420 BK2-138/04, Deutscher Presserat, CD-ROM zum Jahrbuch 2005.
421 „Menschen und Meinungen können sich ändern", vgl. BK1-160/04, Deutscher Presserat, CD-ROM zum Jahrbuch 2005.
422 S.o.: 3. Kap., D., II., 2., b), bb).
423 BK2-116/04, Deutscher Presserat, CD-ROM zum Jahrbuch 2005.

turmeldung herausgerissen werden, wenn dadurch ihr Sinn verändert wird[424] und auch nicht durch Kürzungen ins Gegenteil verkehrt werden[425].

Es wurde als nicht vertretbar angesehen und mit einer Missbilligung geahndet, ohne objektivierende Elemente die Behauptung einer anonymen Quelle zu veröffentlichen, Angestellte einer Sicherheitsfirma hätten organisierte Diebstähle begangen und eine hinreichende Ausbildung erfolge in dieser Firma so gut wie nicht.[426] Ebenso wurde entschieden, dass schwerwiegende, moralisch disqualifizierende Vorwürfe nicht ohne Nennung des Urhebers transportiert werden sollen.[427] Nur auf subjektiven Schilderungen beruhende Vorwürfe dürften nicht als Tatsachen dargestellt[428] und eine nicht durch Fakten gedeckte Behauptung in der Überschrift nicht ohne ausreichenden Beleg zur Tatsache erhoben werden[429].

Dadurch, dass ein Ratsherr in der Stadt ein öffentliches Amt bekleide, müsse dagegen sein Interesse an einer Anonymisierung bei einem Bericht über Ermittlungen zum Besitz und zur Beihilfe zur Verbreitung pornographischer Schriften hinter dem berechtigten Informationsinteresse der Öffentlichkeit zurücktreten.[430] Auch bei einem Ermittlungsverfahren gegen den leitenden Direktor eines Polizeipräsidiums rechtfertige das öffentliche Interesse die Namensnennung und Erörterung des Vorgangs.[431]

Darüber hinaus sei bei einer schriftlichen Anfrage an den Betroffenen eine Frist zur Äußerung legitim[432] und auch Spekulationen um einen wegen einer vorher angekündigten Weihnachtsfeier von einem Rechtsanwalt verpassten Gerichtstermin seien in Ordnung. Dies gelte zumindest, wenn ein großes öffentliches Interesse am Prozess bestehe, auf eine Namensnennung verzichtet werde und Spekulationen als solche gekennzeichnet würden.[433]

---

424 BK2-32/04, Deutscher Presserat, CD-ROM zum Jahrbuch 2005.
425 BK2-30/04, Deutscher Presserat, CD-ROM zum Jahrbuch 2005.
426 BK1-41/04, Deutscher Presserat, CD-ROM zum Jahrbuch 2005.
427 BK1-163/04, Deutscher Presserat, CD-ROM zum Jahrbuch 2005.
428 Wegen massiver persönlicher Vorwürfe wurde in diesen Fällen eine nicht öffentliche Rüge verhängt, vgl. BK2-17/18/19/04, Deutscher Presserat, CD-ROM zum Jahrbuch 2005.
429 BK1-157/04, Deutscher Presserat, CD-ROM zum Jahrbuch 2005.
430 BK1-86/04, Deutscher Presserat, CD-ROM zum Jahrbuch 2005.
431 BK1-59/04, Deutscher Presserat, CD-ROM zum Jahrbuch 2005.
432 BK2-90/04, Deutscher Presserat, CD-ROM zum Jahrbuch 2005.
433 BK2-31/04, Deutscher Presserat, CD-ROM zum Jahrbuch 2005.

d) Fazit

Es wird deutlich, dass der Presserat seine ethische Aufsichts- und Rügefunktion formal ernst nimmt, die von Rechtsprechung und presserechtlicher Literatur herausgearbeiteten Sorgfaltspflichten bei der journalistischen Recherche anmahnt, in seinen Entscheidungen das Öffentlichkeitsinteresse mit dem Persönlichkeitsinteresse des Betroffenen abwägt und in Einzelfällen sogar strengere Anforderungen als die Rechtsprechung an die journalistischen Sorgfaltspflichten stellt. Oft spricht er allerdings lediglich Missbilligungen und Hinweise aus, die kaum Außenwirkung haben. Bei Verletzungen der Sorgfaltspflichten müsste er in seiner Spruchpraxis auch bei der Wahl der Sanktion strenger durchgreifen, um seine Daseinsberechtigung auf dem Gebiet der ethischen Kontrolle zu untermauern.

Bei der Zulässigkeit einer Verdachtsberichterstattung stellt er zudem geringere Anforderungen als die Gerichte. Er empfiehlt zwar, den Betroffenen zu hören, weist eine Beschwerde aber schon als unbegründet zurück, wenn hinreichend deutlich gemacht wurde, dass es sich um ein Gerücht handele.[434] Hieran erkennt man die Nähe des Presserates zur Presse, da für den Journalisten eine Verdachtsberichterstattung aus dem Grunde sehr interessant ist, dass bei dieser die Möglichkeit der Exklusivität und der damit verbundenen erhöhten Aufmerksamkeit der Öffentlichkeit erheblich größer ist als bei einer erwiesen wahren Meldung.

3. Richtlinien zu Ziffer 2

a) RL 2.1: Umfrageergebnisse

Die RL 2.1 beschäftigt sich mit der Darstellung von Umfrageergebnissen und lautet:

> „Bei der Veröffentlichung von Umfrageergebnissen teilt die Presse die Zahl der Befragten, den Zeitpunkt der Befragung, den Auftraggeber sowie die Fragestellung mit. Zugleich muss mitgeteilt werden, ob die Ergebnisse repräsentativ sind.
>
> Sofern es keinen Auftraggeber gibt, soll vermerkt werden, dass die Umfragedaten auf die eigene Initiative des Meinungsbefragungsinstituts zurückgehen."[435]

---

434 B 40/ 87, Deutscher Presserat, CD-ROM zum Jahrbuch 2005.
435 Deutscher Presserat, Jahrbuch 2007, S. 199.

Der Sinn der RL 2.1 besteht darin, dass der Leser die Möglichkeit haben soll einzuschätzen, wie zuverlässig die Umfrage die derzeitige Stimmung wiedergibt. Dafür spielt die Zahl der Befragten eine Rolle, die möglichst hoch sein sollte. Der Zeitpunkt der Befragung ist ebenfalls wichtig, einmal aus Aktualitätsgründen, aber auch auf Grund der Tatsache, dass gerade erst geschehene Ereignisse die Befragten eventuell veranlassen könnten unter ihrem Eindruck anders zu antworten als im Normalfall.[436] Ein bestimmter Auftraggeber könnte darauf hindeuten, dass das Meinungsforschungsinstitut eventuell versucht, ein diesem genehmes Ergebnis zu bekommen. Um dies bewerten zu können, ist es auch wichtig, die genaue Fragestellung zu kennen, da sich die Umfrageergebnisse durch Suggestivfragen relativ einfach in die gewünschte Richtung lenken lassen.[437]

b) RL 2.2: Symbolfoto

Die RL 2.2 greift Abs. 2 der Ziffer 2 des Pressekodex auf, der besagt, dass Symbolfotos als solche kenntlich gemacht oder erkennbar sein müssen. Sie lautet:

> „Kann eine Illustration, insbesondere eine Fotografie beim flüchtigen Lesen als dokumentarische Abbildung aufgefasst werden, obwohl es sich um ein Symbolphoto handelt, so ist eine entsprechende Klarstellung geboten.
>
> So sind
>
> - Ersatz oder Behelfsillustrationen (gleiches Motiv bei anderer Gelegenheit, anderes Motiv bei gleicher Gelegenheit etc.)
> - Symbolische Illustrationen (nachgestellte Szene, künstlich visualisierter Vorgang zum Text etc.)
> - Fotomontagen oder sonstige Veränderungen
>
> deutlich wahrnehmbar in Bildlegende bzw. Bezugstext als solche erkennbar zu machen."[438]

RL 2.2 will anders als §§ 22, 23 KUG[439] nicht nur das Persönlichkeitsrecht des Abgebildeten, sondern auch das Interesse des Lesers an wahrhaftiger Information schützen. Selbst wenn der Leser nur flüchtig über das Presseerzeugnis liest,

---

436 Dies ist vor allem nach besonders Aufsehen erregenden Verbrechen der Fall, wo unter dem frischen Eindruck einer schrecklichen Tat drastische Strafen für die Täter gefordert werden.

437 Vgl. auch B 108/97 und zur anzugebenden Quelle einer Umfrage B 164/02, beides von Deutscher Presserat, CD-ROM zum Jahrbuch 2005.

438 Deutscher Presserat, Jahrbuch 2007, S. 199.

439 S.u.: 3. Kap., D., II., 3., b), aa).

soll ihm klar werden, ob er eine dokumentarische Abbildung oder ein Symbolfoto vor sich hat, damit er Foto und Text – bzw. bei flüchtigem Lesen Foto und Überschrift – sofort in den richtigen Zusammenhang bringen kann.

aa) Rechtsprechung

Die Rechtsprechung beschäftigt sich in diesem Zusammenhang dagegen nicht mit dem „Schutz des Lesers", sondern im Rahmen von Entscheidungen zu §§ 22, 23 KUG allein mit dem Persönlichkeitsschutz des Abgebildeten. Es geht in ihnen auch nicht explizit um Symbolfotos, sondern um das Allgemeine Persönlichkeitsrecht in seiner Ausprägung als Recht am eigenen Bild, egal ob es sich um ein Symbol- oder dokumentarisches Foto handelt.

Die Vorschrift des § 22 Abs. 1 KUG stellt den Grundsatz auf, dass Bildnisse nur mit Einwilligung des Abgebildeten verbreitet oder öffentlich zur Schau gestellt werden dürfen. Bildnisse i. S. d. KUG sind Darstellungen von Personen, die deren äußere Erscheinung erkennbar wiedergeben,[440] dazu zählen auch Symbolfotos.[441] Eine erteilte Einwilligung ist dabei grundsätzlich eng auszulegen und gilt nur für den in ihr bestimmten Zweck.[442] Sie kann jederzeit mit Wirkung für die Zukunft widerrufen werden.[443] Wenn der Widerrufende allerdings einen besonderen Vertrauenstatbestand geschaffen hat, macht er sich unter Umständen gem. § 122 BGB direkt oder analog schadensersatzpflichtig.[444]

Ohne eine solche Einwilligung dürfen allerdings gem. § 23 Abs. 1 Nr. 1 KUG Bildnisse aus dem Bereich der Zeitgeschichte verbreitet oder öffentlich zur Schau gestellt werden, wenn dem nicht gem. Abs. 2 ein berechtigtes Interesse des Abgebildeten entgegensteht. Der Bereich der Zeitgeschichte ist zwischen Tagesaktualität und Geschichte anzusiedeln. Vorgänge der Zeitgeschichte müssen von der Öffentlichkeit beachtet werden und ihre Aufmerksamkeit finden.[445] Voraussetzung für die Anwendung des § 23 Abs. 1 Nr. 1 KUG ist, dass nicht nur die Umstände von zeitgeschichtlicher Bedeutung sind, sondern auch eine Person

---

440 BGHZ 26, 349, 351; BGH, AfP 2000, 354, 355.
441 Löffler – *Steffen*, Presserecht, § 6, Rn 121; OLG Hamburg, AfP 1983, 282, 283; LG Stuttgart, AfP 1983, 292, 293; LG Stuttgart, AfP 1983, 294, 295.
442 OLG Hamburg, NJW 1996, 1151; OLG Zweibrücken, AfP 1999, 363, 363.
443 Vgl. Löffler – *Steffen*, Presserecht, § 6, Rn 127; a. A. allerdings u.a. *Wenzel*, Wort- und Bildberichterstattung, 7. Kap., Rn 85 (m. w. N.), der verlangt, dass die Weiterverwendung des Photos infolge einer grundlegenden Änderung der inneren Einstellung des Betroffenen persönlichkeitsverletzend wäre.
444 Löffler – *Steffen*, Presserecht, § 6, Rn 127.
445 LG Hamburg, AfP 1999, 523, 524; *Löffler/ Ricker*, HdbPR, 43. Kap., Rn 10.

der Zeitgeschichte Abbildungsgegenstand ist.[446] Unterschieden wird zwischen absoluten und relativen Personen der Zeitgeschichte.[447] Absolute Personen der Zeitgeschichte stehen unabhängig von Einzelereignissen in der Regel auf Grund von Wahlen oder besondern persönlichen Leistungen im öffentlichen Leben,[448] relative nur vorübergehend im Zusammenhang mit einem besonderen Ereignis oder Vorfall[449]. Bei relativen Personen der Zeitgeschichte ist daher der sachliche Bezug des Bildes zu diesem bestimmten zeitgeschichtlichen Ereignis erforderlich.[450]

Bei absoluten Personen der Zeitgeschichte ist die Veröffentlichung regelmäßig zulässig, wenn ein öffentliches Informationsinteresse besteht.[451] Der EGMR hat allerdings entschieden, dass zum Schutz des durch Art. 8 EMRK erfassten Privatlebens darauf abzustellen ist, ob Fotoaufnahmen und Presseartikel zu einer öffentlichen Diskussion über eine Frage allgemeinen Interesses beitragen und insbesondere Personen des *politischen*[452] Lebens betroffen sind.[453] Deutsche Instanzgerichte sind verpflichtet, die Entscheidung des EGMR zu berücksichtigen, sofern dessen Auslegung – auf den konkreten Fall angewendet – nicht gegen Verfassungsrecht verstößt.[454]

Grundsätzlich unzulässig ist jedenfalls die Veröffentlichung von Aufnahmen aus dem Privatbereich, wenn sich die Person der Zeitgeschichte etwa im häuslichen Bereich bewegt oder sich bewusst an einen an sich nichtöffentlichen Ort zurückzieht, um sich den Blicken der Öffentlichkeit zu entziehen.[455]

Allgemein wird beispielsweise bei Archivfotos darauf abgestellt, ob die Veröffentlichung eines Fotos, das bei einem früheren Ereignis aufgenommen wurde, eine stärkere Beeinträchtigung des Persönlichkeitsrecht zur Folge hat als ein solches, welches bei der Veranstaltung, über die berichtet wird, hätte aufgenommen

---

446 *Löffler/ Ricker*, HdbPR, 43. Kap., Rn 12.
447 *Löffler/ Ricker*, HdbPR, 43. Kap., Rn 13ff.; ausführlich s.u.: 3. Kap., D., VI., 3., a), aa), (3).
448 BGH, NJW 1951, 558; 1979, 2203; OLG Frankfurt, AfP 1990, 228, 229; *Soehring*, Presserecht, Rn 21.3ff.
449 OLG Hamburg, AfP 1994, 232, 233; OLG Hamburg, AfP 1995, 665, 666; LG Hamburg; AfP 1994, 321; *Soehring*, Presserecht, Rn 21. 5ff.
450 LG Hamburg, AfP 1994, 665, 666; näher zu den zu unterscheidenden Fallgruppen und den Voraussetzungen der Bildveröffentlichung *Löffler/ Ricker*, HdbPR, 43. Kap., Rn 15ff.
451 BVerfG, NJW 2000, 1021, 1025; NJW 2000, 2194; 2195.
452 Hervorhebung durch den Verfasser.
453 EGMR, NJW 2004, 2647ff.; ausführlich zu dieser Entscheidung und ihren Auswirkungen auf die Rechtssprechung s.u.: 3. Kap., D., VI., 3., a), bb).
454 BVerfG, NJW 2004, 3407ff.
455 BVerfG, NJW 2000, 1021, 1022f.; BGH, AfP 1996, 140ff.

werden können.[456] Eine Kennzeichnung als Symbolfoto wird von der Rechtsprechung nicht verlangt, es kommt lediglich auf die Intensität der Verletzung des Allgemeinen Persönlichkeitsrechts an.

bb) Entscheidungen des Presserats

Im Einklang mit der RL 2.2 entschied der Presserat, dass eine Kennzeichnung als Symbolfoto nicht notwendig ist, wenn der Leser sofort erkennt, dass es sich um eine Fotomontage und nicht um ein authentisches Foto handelt.[457] Aber auch wenn beim flüchtigen Durchblättern ein falscher Eindruck entsteht, dieser beim kurzen Innehalten und Lesen der Bildunterschrift aber nicht bestätigt wird, hält der Presserat eine Beschwerde für unbegründet. Dies gilt sogar dann, wenn das Foto auf den Kontext zu passen scheint, in Wirklichkeit aber eine andere Situation darstellt.[458]

Eine Kennzeichnung als Symbolfoto sei allerdings geboten, wenn beispielsweise ein Bericht über eine Video-Partnervermittlung mit dem Archivfoto eines Paares in einem Straßencafe illustriert wird, die mit dieser Vermittlung nichts zu tun haben,[459] ein Mädchens auf einem Foto, das sechs Jugendliche zeigt und zu dem Artikel „Aids - es kann jeden treffen" gehört, farblich markiert ist[460] oder ein Foto Gefängniszellen zeigt, die sich überhaupt nicht in dem Gefängnis befinden, über das berichtet wird[461].

cc) Fazit

Bei der Behandlung von Symbolfotos stellen Rechtsprechung und Presserat unterschiedliche Anforderungen an deren Zulässigkeit. Der Rechtsprechung kommt es „nur" auf den Persönlichkeitsschutz des Abgebildeten an, weshalb sie die Zulässigkeit eines Symbolfotos unter dem Aspekt beurteilt, ob durch dieses stärker in das Allgemeine Persönlichkeitsrecht des Abgebildeten eingegriffen wird als durch ein „authentisches" Foto, welches tatsächlich bei dem Ereignis aufgenommen wurde, über das berichtet wird.

---

456 BVerfG, NJW 2001, 1921, 1924ff.
457 B 103/97, Deutscher Presserat, CD-ROM zum Jahrbuch 2005.
458 B 30/ 98, Deutscher Presserat, CD-ROM zum Jahrbuch 2005.
459 B 98/ 98, Deutscher Presserat, CD-ROM zum Jahrbuch 2005.
460 B 20/ 01, Deutscher Presserat, CD-ROM zum Jahrbuch 2005.
461 B 27/ 01, Deutscher Presserat, CD-ROM zum Jahrbuch 2005.

Der Presserat hat dagegen auch den Leser im Blick und verlangt aus Klarstellungsgründen immer die Kennzeichnung als Symbolfoto, wenn der flüchtige Leser es auch für ein „authentisches" Bild halten könnte.

Insofern kann man im Rahmen der Untersuchung der Ziffer 2 meines Erachtens nicht sagen, dass der Pressekodex strenger ist als die von der Rechtsprechung entwickelten Regeln oder umgekehrt. Es sind Fälle denkbar, in denen ein Symbolfoto sofort als solches erkennbar ist, aber dennoch einen stärkeren Eingriff in das Allgemeine Persönlichkeitsrecht bedeutet als ein „authentisches" Foto, weshalb die Rechtsprechung es für unzulässig erachten würde. Für den Presserat wäre die Veröffentlichung unter diesem Gesichtspunkt nicht zu beanstanden, vorbehaltlich eines eventuellen Verstoßes gegen Ziffer 8 des Pressekodex[462]. Ebenso kann ein nicht als Symbolfoto erkennbares Bild einen weniger starken Eingriff bedeuten als ein „authentisches", auf Grund der fehlenden Kennzeichnung aber trotzdem vom Presserat gerügt werden. Es werden also nicht strengere, sondern andere Anforderungen an die Veröffentlichung von Symbolfotos gestellt.

c) RL 2.3: Vorausberichte

Die RL 2.3 befasst sich mit der Verantwortung und Zulässigkeit von Vorausberichten. Sie lautet:

> „Die Presse trägt für von ihr herausgegebene Vorausberichte, die in gedrängter Fassung den Inhalt einer angekündigten Veröffentlichung wiedergeben, die publizistische Verantwortung. Wer Vorausberichte von Presseorganen unter Angabe der Quelle weiter verbreitet, darf sich grundsätzlich auf ihren Wahrheitsgehalt verlassen. Kürzungen oder Zusätze dürfen nicht dazu führen, dass wesentliche Teile der Veröffentlichung eine andere Tendenz erhalten oder Rückschlüsse zulassen, durch die berechtigte Interessen Dritter verletzt werden."[463]

Die RL 2.3 regelt im Wesentlichen die Haftung für Vorausberichte. Sie setzt den sonstigen Grundsatz, dass eine Meldung vor der Übernahme aus einem anderen Presseprodukt grundsätzlich eigenständig überprüft werden muss, um der journalistischen Sorgfaltspflicht zu genügen, und jedes Presseorgan für die Verbreitung einer Meldung die eigene Verantwortung trägt[464], für Vorausberichte außer Kraft. So soll die Presse zu besonderer Vorsicht und Bedachtheit bewogen werden, um die Gefahr eines Missverständnis oder einer fahrlässigen Falschinfor-

---

462 S. Deutscher Presserat, Jahrbuch 2007, S. 208.
463 Deutscher Presserat, Jahrbuch 2007, S. 200.
464 BGH, NJW 1963, 904; *Prinz/ Peters*, Medienrecht, Rn 280; *Löffler/ Ricker*, HdbPR, 39. Kap., Rn 15.

mation vor der eigentlichen Veröffentlichung zu minimieren. Dies verdeutlicht auch Satz 3 der RL 2.3.

d) RL 2.4: Interview

RL 2.4 stellt Regeln für die Veröffentlichung von Interviews auf:

> „Ein Wortlautinterview ist auf jeden Fall journalistisch korrekt, wenn es das Gesagte richtig wiedergibt.
> Wird ein Interview ganz oder in wesentlichen Teilen im Wortlaut zitiert, so muss die Quelle angegeben werden. Wird der wesentliche Inhalt der geäußerten Gedanken mit eigenen Worten wiedergegeben, entspricht eine Quellenangabe journalistischem Anstand."[465]

Die alte Fassung der RL 2.4[466], in der noch die grundsätzliche Autorisierung eines Interviews gefordert wurde, sollte bezwecken, dass nur Aussagen des Interviewten veröffentlicht werden, hinter denen er auch wirklich steht und nicht solche, die lediglich in einem unbedachten Augenblick während eines Gespräches getätigt worden sind, bei dem sich der Interviewte nicht bewusst war, dass seine Aussagen veröffentlicht werden sollen. Allerdings ist dieser Autorisierungsvorbehalt vielfach dazu benutzt worden, ganze Passagen eines vorher vereinbarten Interviews wieder zu streichen. So hatte der Interviewte die Möglichkeit, die durch geschickte Fragestellungen des Journalisten bei ihm zum Vorschein gebrachte tatsächlich Überzeugungen und Meinungen nach seinem Gutdünken zu redigieren und so wieder zu verschleiern, womit die journalistische Leistung des Fragenstellers konterkariert werden konnte.

aa) Urheberrecht an Interviews

Die Behandlung von Interviews ist nicht hinsichtlich der Frage einer eventuellen Autorisierung[467], sondern auch unter urheberrechtlichen Gesichtspunkten interessant. In der Literatur ist umstritten, ob auch Interviews unter den § 49 UrhG fallen und damit gegen die Zahlung einer angemessenen Vergütung – oder sofern sie Nachrichten tatsächlichen Inhalts oder Tagesneuigkeiten sind, auch ohne

---

465 Deutscher Presserat, Jahrbuch 2007, S. 200.
466 S. Deutscher Presserat, Jahrbuch 2006, S. 250.
467 S.u.: 3. Kap., D., II., 3., d), bb)ff.

Zahlung einer solchen Vergütung – ohne Einwilligung des Urhebers nachgedruckt werden dürfen.[468]

Sobald ein Interview nach Form und Inhalt über die Wiedergabe tatsächlicher Ereignisse hinausgeht und damit ein urheberrechtlich geschütztes Werk i. S. d. § 2 Abs. 1 Nr. 1 UrhG darstellt, kommen sowohl Allein- als auch Miturheberschaft in Betracht.[469] Ist der Interviewer nur Stichwortgeber, so wird der Interviewte Alleinurheber und der Interviewer nur Gehilfe sein, wenn nicht gerade mit der Auswahl und Anordnung der Fragen eine bestimmte Struktur des Interviews vorgegeben wird.[470] In fast allen anderen Fällen ist die Frage ohne Antwort ebenso wenig verwertbar wie die Antwort ohne die Frage, so dass Miturheberschaft gem. § 8 UrhG gegeben ist. Generell ist Urheber der die Formulierung des Interviews Gestaltende.[471] Eine Ausnahme gilt dann, wenn der Interviewer nach einem einheitlichen Fragenkatalog arbeitet, den er einer Mehrzahl von Interviewpartnern vorlegt. In diesem Falle handelt es sich um (ggf. mehrere) verbundene Werke gem. § 9 UrhG.[472]

Die RL 2.4 Abs. 2 stellt allerdings nicht auf die Einwilligung oder Vergütung des Urhebers bei einem Nachdruck des Interviews ab, sondern lediglich auf die Angabe der Quelle, was gesetzlich, wenn man Interviews nicht unter § 49 UrhG subsumiert, gem. § 13 UrhG oder, wenn man Interviews unter § 49 UrhG subsumiert, gem. § 63 Abs. 3 UrhG geregelt ist.

bb) Rechtsprechung zur Autorisierung von Interviews

Eine sinnentstellende Veränderung von Zitaten, also auch von Interviews, ist verboten,[473] genauso die komplette Erfindung eines Interviews.[474]

Bei der Vereinbarung einer Autorisierung durch den Interviewpartner vor der Veröffentlichung des Interviews ist die Veröffentlichung ohne Zustimmung selbst dann unzulässig, wenn das Interview vollständig und richtig wiedergegeben ist.[475] Erfolgt eine Autorisierung – und sei es auch nur durch die Pressestelle

---

468 Dafür: Schricker – *Melichar*, UrhR, § 49, Rn 3f; dagegen: *Fromm/ Nordemann*, UrhR, § 49, Rn 3; *Dreyer/ Kotthoff/ Meckel*, UrhR, § 49, Rn 6; *Löffler/ Ricker*, HdbPR, 63. Kap., Rn 9.
469 *Vinck*, AfP 1973, S. 460f.
470 *Fromm/ Nordemann*, UrhR, § 8, Rn 10.
471 *Löffler/ Ricker*, HdbPR, 62. Kap., Rn 10.
472 *Fromm/ Nordemann*, UrhR, § 8, Rn 10.
473 BVerfGE 54, 208, 217, 219; BGHZ 31, 308, 311f, 319; OLG Celle, AfP 2002, 506, 507.
474 BVerfGE 34, 269, 282f; BGH, NJW 1965, 685, 686; 1995, 861, 862f.
475 KG Berlin, KGR 2005, 106; *Soehring*, Presserecht, Rn 7.71.

des Betroffenen – so kann eine Veröffentlichung zulässig sein, selbst dann, wenn das Interview in der Form gar nicht stattgefunden hat.[476] Nach der Autorisierung darf der Interviewte dann aber nicht mehr behaupten, es seien Äußerungen veröffentlicht worden, die er so gar nicht getätigt hätte.[477]

Die Redaktion ist grundsätzlich an den gebilligten Wortlaut gebunden. Lediglich kleinere Änderungen, die den Sinn der Aussagen des Interviewten nicht berühren, sind gegebenenfalls zulässig, beispielsweise wenn sie sich im Rahmen der Schlussredaktion aus technischen Gründen als notwendig erweisen. Solange der Interviewte das Interview noch nicht autorisiert hat, kann er die Veröffentlichung ohne Angabe von Gründen verbieten.[478]

Ohne eine entsprechende Vereinbarung ist jedoch die Einholung der Zustimmung des Interviewpartners zu der Veröffentlichung der Endfassung im Falle vollständiger und richtiger Wiedergabe des Interviews rechtlich nicht geboten.[479]

cc) Entscheidungen des Presserates

Obwohl laut der alten Fassung der RL 2.4 auf die Autorisierung eines Interviews nur aus Gründen des Zeitdrucks verzichtet werden durfte, hat der Presserat eine solche nicht immer angemahnt.[480] Eine Autorisierung wurde nur bei Besonderheiten gefordert, beispielsweise wenn eine Zeitspanne von einem Jahr zwischen Interview und Veröffentlichung lag,[481] das Interview in einem anderen Magazin erneut veröffentlicht wurde,[482] an das Interview eine Passage angehängt worden ist, die aus einer kurze Zeit später erscheinenden Pressemitteilung des Interviewten entnommen, aber wie noch zu dem Interview gehörend dargestellt wurde[483] oder ein Interview veröffentlicht wurde, das nicht direkt geführt, sondern aus verschiedenen Aussagen zusammengeschrieben worden war[484].

Auch nach der Neufassung der RL wird bei einer inhaltlichen Änderung der Aussagen des Interviewten auch unter Zeitdruck nicht auf eine Autorisierung verzichtet werden dürfen.[485] Nach einer vorgenommen Autorisierung ist der Interviewer an diese Fassung gebunden, er darf keine gestrichenen Passagen ver-

---

476 LG Berlin, AfP 2004, 152, 153.
477 *Wente*, Recherche, S. 88.
478 *Soehring*, Presserecht, Rn 7.71.
479 KG Berlin, KGR 2005, 106; *Soehring*, Presserecht, Rn 7.72; *Wente*, Recherche, S. 88.
480 B 54/03; B 7/92, beide von Deutscher Presserat, CD-ROM zum Jahrbuch 2005.
481 B 35/03, Deutscher Presserat, CD-ROM zum Jahrbuch 2005.
482 B 116/ 01, Deutscher Presserat, CD-ROM zum Jahrbuch 2005.
483 B 62/93, Deutscher Presserat, CD-ROM zum Jahrbuch 2005.
484 B 1/93, Deutscher Presserat, CD-ROM zum Jahrbuch 2005.
485 Vgl. zur alten Fassung B 85/ 95, Deutscher Presserat, CD-ROM zum Jahrbuch 2005.

öffentlichen.[486] Diese seien als nicht gesagt zu beurteilen, ansonsten ergäbe eine Autorisierung keinen Sinn.[487] Ebenfalls sei es nicht gestattet, nach der Autorisierung noch Textteile zu streichen.[488] Wenn der Interviewte darum gebeten hat, das Interview vor Veröffentlichung gegenzulesen und dieser Bitte stattgegeben wurde, so dürfe es auch nicht ohne diese Autorisierung veröffentlicht werden.[489] Ein erst nach einer Woche geäußerter Änderungswunsch komme allerdings zu spät.[490] Früher durfte der Interviewte die Veröffentlichung laut Presserat grundsätzlich auch ganz verbieten.[491] Dies wird nach der Neufassung allerdings nicht mehr der Fall sein, es sei denn, das Gesagte wird nicht richtig wiedergegeben oder es ist ein Autorisierungsvorbehalt vereinbart worden.

Bei dem Nachdruck eines Interviews sei auf jeden Fall die Quelle anzugeben. Es reiche nicht aus, nur die Namen der Interviewer und nicht den des erstveröffentlichenden Blattes anzugeben.[492]

dd) Fazit

Die Entscheidungen des Presserates und die Formulierung der RL 2.4 Abs. 2 sprechen dafür, dass der Presserat Interviews als wiedergabefreie Nachrichten i. S. d. § 49 UrhG einordnet, denn nur in diesem Fall ist gem. § 63 Abs. 3 UrhG der Urheber und als Quelle auch die Zeitung, in der der Artikel erschienen ist, anzugeben und eine Einwilligung des Urhebers nicht erforderlich. Der Presserat verlangt zwar bei einem Nachdruck auch die Nachfrage beim Interviewten und stellt klar, dass er über mögliche Urheberrechtsverletzungen nicht entscheidet. Allerdings ahndet er die fehlende Nachfrage nicht als Verstoß gegen RL 2.4, sondern als unlautere Recherche gem. Ziffer 4 des Pressekodex.[493]

Bei den Anforderungen an eine Autorisierung und den sich daraus ergebenen Folgen gehen die zur alten Fassung der RL 2.4 ergangenen Entscheidungen des Presserates und die der Rechtsprechung zu Fällen mit vereinbartem Autorisierungsvorbehalt konform. Nachdem in der Neufassung der RL 2.4 die Autorisierung von Interviews nun nicht mehr vorgeschrieben ist, hat sich der Presserat in der allgemeinen Frage der Autorisierung ebenfalls der Rechtsprechung angenä-

---

486 B 43/01, Deutscher Presserat, CD-ROM zum Jahrbuch 2005.
487 B 109/00, Deutscher Presserat, CD-ROM zum Jahrbuch 2005.
488 B 37/86, Deutscher Presserat, CD-ROM zum Jahrbuch 2005.
489 Vgl. B 93/ 99, Deutscher Presserat, CD-ROM zum Jahrbuch 2005.
490 B 49/00, Deutscher Presserat, CD-ROM zum Jahrbuch 2005.
491 B 258/02, Deutscher Presserat, CD-ROM zum Jahrbuch 2005.
492 B 116/01; B 40/99, beide von Deutscher Presserat, CD-ROM zum Jahrbuch 2005.
493 B 116/01, Deutscher Presserat, CD-ROM zum Jahrbuch 2005.

hert, die eine Autorisierung seit jeher nur bei einem vereinbarten Autorisierungsvorbehalt fordert.[494]

e) RL 2.5: Grafische Darstellung

Die RL 2.5 besagt:

„Die Sorgfaltspflicht verlangt, bei grafischen Darstellungen irreführende Verzerrungen auszuschließen."[495]

Diese seit dem 01.01.2007 neu eingeführte Richtlinie tritt an die Stelle der inhaltlich ersatzlos weggefallenen Richtlinie zum grundsätzlichen Gebot der Einhaltung von Sperrfristen[496].

Der Sinn der neuen RL 2.5 besteht darin, dass der Betrachter einer Grafik sofort deren inhaltliche Aussage richtig aufnehmen soll. Dies kann er nicht, wenn die Grafik auf Grund von Verzerrungen isoliert etwas anderes aussagen würde als das verwendete Zahlenmaterial.

f) RL 2.6: Leserbriefe

In der RL 2.6 geht es um die Behandlung von Leserbriefen. Sie lautet:

„(1) Bei der Veröffentlichung von Leserbriefen sind die publizistischen Grundsätze zu beachten. Es dient der wahrhaftigen Unterrichtung der Öffentlichkeit, im Leserbriefteil auch Meinungen zu Wort kommen zu lassen, die die Redaktion nicht teilt.

(2) Zuschriften an Verlage oder Redaktionen können als Leserbriefe veröffentlicht werden, wenn aus Form und Inhalt erkennbar auf einen solchen Willen des Einsenders geschlossen werden kann. Eine Einwilligung kann unterstellt werden, wenn sich die Zuschrift zu Veröffentlichungen des Blattes oder zu allgemein interessierenden Themen äußert. Der Verfasser hat keinen Rechtsanspruch auf Abdruck seiner Zuschrift.

(3) Es entspricht einer allgemeinen Übung, dass der Abdruck mit dem Namen des Verfassers erfolgt. Nur in Ausnahmefällen kann auf Wunsch des Verfassers eine andere Zeich-

---

494 S.o.: 3. Kap., D., II., 3., d), cc).
495 Deutscher Presserat, Jahrbuch 2007, S. 200.
496 Dieser ersatzlose Wegfall erklärt sich damit, dass nach Ansicht des Presserates die Redaktionen nach freiem Ermessen entscheiden sollen, ob sie eine Sperrfrist einhalten oder nicht. Einzige Konsequenz bei Nichteinhaltung einer einseitig festgesetzten Sperrfrist ist damit, dass das Presseunternehmen in Folge dessen u.U. nicht mehr vor Ablauf einer solchen Sperrfrist mit Informationen versorgt wird, was diesem einen erheblichen zeitlichen Recherchenachteil bescheren würde.

nung erfolgen. Die Presse verzichtet beim Abdruck auf die Veröffentlichung von Adressangaben, es sei denn, die Veröffentlichung der Adresse dient der Wahrung berechtigter Interessen. Die Presse sollte beim Abdruck auf die Veröffentlichung von Adressangaben verzichten. Bestehen Zweifel an der Identität des Absenders, soll auf den Abdruck verzichtet werden. Die Veröffentlichung fingierter Leserbriefe ist mit der Aufgabe der Presse unvereinbar.

(4) Änderungen oder Kürzungen von Zuschriften ohne deren Einverständnis sind grundsätzlich unzulässig. Kürzungen sind jedoch möglich, wenn die Rubrik Leserzuschriften einen regelmäßigen Hinweis enthält, dass sich die Redaktionen bei Zuschriften, die für diese Rubrik bestimmt sind, das Recht der sinnwahrenden Kürzung vorbehält. Verbietet der Einsender ausdrücklich Änderungen oder Kürzungen, so hat sich die Redaktion, auch wenn sie sich das Recht der Kürzung vorbehalten hat, daran zu halten oder auf den Abdruck zu verzichten.

(5) Alle einer Redaktion zugehenden Leserbriefe unterliegen dem Redaktionsgeheimnis. Sie dürfen in keinem Fall an Dritte weitergegeben werden."[497]

Auch bei der Veröffentlichung von Leserbriefen sind die publizistischen Grundsätze zu beachten. Die Redaktion soll nicht persönlichkeitsrechtsverletzende Kritik unter dem Deckmantel eines Leserbriefs publizieren. Die namentliche Veröffentlichung dient ebenfalls einer gewissen Kontrolle des Schreibenden, der für seine dargestellte Meinung die (Mit-)Verantwortung tragen soll. Daher sind auch sinnentstellende Änderungen und Kürzungen verboten. Wenn der Leserbriefschreiber unter Namensnennung seine Meinung veröffentlicht, hat er auch einen Anspruch darauf, dass sie korrekt wiedergegeben wird.

aa) Rechtsprechung

Nach der Rechtsprechung haftet die veröffentlichende Zeitung grundsätzlich auch für den Inhalt von Leserbriefen. Die Haftung entfällt nur, wenn ein Informationsinteresse gegeben ist und die Presse sich von den Aussagen hinreichend distanziert.[498] Der Hinweis, dass Leserbriefe nicht die Meinung der Redaktion oder des Verlags wiedergeben, ist rechtlich unbeachtlich und stellt keine besondere Distanzierung dar, die eine Verbreiterhaftung ausschließt. Allerdings ist der Haftungsmaßstab beim Abdruck von Leserbriefen geringer als bei sonstigen Veröffentlichung von Aussagen Dritter. Es besteht keine prinzipielle Pflicht zur Prüfung des Inhalts eines Leserbriefes, eine solche wird nur bei einer im Einzelfall enthaltenen schweren Beeinträchtigung von Rechten Dritter verlangt.[499]

---

497 Deutscher Presserat, Jahrbuch 2007, S. 200f.
498 OLG Celle, Urt. v. 01.11.2001, Az.: 13 U 169/01 (www.juris.de).
499 BGH, NJW 1986, 2503, 2505.

Zuschriften an die Redaktion dürfen weiterhin nur als Leserbriefe veröffentlicht werden, wenn sie auch als solche bestimmt waren. Wenn der Leser nur dem Verlag oder einem Redakteur etwas mitteilen wollte, werde ansonsten der falsche Eindruck suggeriert, der Einsender wolle sich auch an die Leserschaft wenden.[500] Eine Gegendarstellung darf gem. der meisten Landespressegesetze[501] ebenfalls grundsätzlich nicht in der Form eines Leserbriefs erscheinen.[502] Eine Ausnahme gelte nur dann, wenn sich die Gegendarstellung ihrerseits auf einen Leserbrief beziehe.[503] Leserbriefen werde nämlich prinzipiell geringere Beachtung und Glaubwürdigkeit beigemessen als Mitteilungen des Medium selbst.[504]

Die sinnentstellende Kürzung oder Änderung eines Leserbriefs stelle zudem eine Verletzung des Allgemeinen Persönlichkeitsrechts des Einsendenden dar.[505]

bb) Entscheidungen des Presserates

Auch der Presserat beanstandet sinnentstellende Kürzungen oder Änderungen.[506] Sinnwahrende Kürzungen seien aber durchaus möglich,[507] wie dies auch RL 2.6 Abs. 4 erlaube, wenn die Leserbriefrubrik der Zeitung einen regelmäßigen Hinweis enthalte, dass sich die Redaktion das Recht der sinnwahrenden Kürzung vorbehalte. Dies gelte nicht, wenn der Leserbriefschreiber einer Kürzung oder Änderung ausdrücklich widersprochen habe.[508] Auch der redaktionell eingefügte Zusatz „Juso-Mitglied" hinter dem Namen des Verfassers sei nicht in Ordnung, eine diesbezügliche Anmerkung der Redaktion allerdings schon.[509] Ebenfalls

---

500 KG Berlin, NJW 1995, 3392; *Soehring*, Presserecht, Rn 16.53.
501 Vgl. § 11 Abs. 3 S. 1 LPG BW, LPG ND, LPG NW, TPG; § 11 Abs. 3 S. 2 LPG HB, HH LPG, LMG RP; § 11 Abs. 3 S. 4 LPG SH; § 10 Abs. 3 S. 1 LPG BE, LPG ST; § 10 Abs. 3 S. 3 LPrG M-V; § 10 Abs. 2 S. 1 SMG; § 10 Abs. 4 S. 2 SächsPresseG, § 12 Abs. 3 S. 1 BbgPG; eine entsprechende Regelung fehlt lediglich im BayPrG und HPresseG.
502 So auch schon BGHZ 31, 308, 319.
503 OLG Düsseldorf, NJW 1986, 1270.
504 OLG Hamburg, Urteil vom 18.02.1997 – 7 U 136/96 (unveröffentlicht), zit. nach *Prinz/ Peters*, Medienrecht, Rn 684.
505 BGH, NJW 1954, 1404, 1405; BGHZ 31, 308, 310f.; zur urherrechtlichen Problematik vgl. *Bock*, GRUR 2001, 397ff.
506 B 86/03; B 32/ 03; B 233/02; alle von Deutscher Presserat, CD-ROM zum Jahrbuch 2005.
507 B 34/02, Deutscher Presserat, CD-ROM zum Jahrbuch 2005.
508 BK2-122/04; B 85/02, beide von Deutscher Presserat, CD-ROM zum Jahrbuch 2005.
509 B 317/02, Deutscher Presserat, CD-ROM zum Jahrbuch 2005.

unzulässig sei es, wenn bestimmte Passagen ohne Einverständnis des Leserbrief-schreibers in einem redaktionellen Beitrag verwendet würden.[510]

Die Haftungsfrage regelt RL 2.6 Abs. 1 S. 1 dergestalt, dass auch bei der Veröf-fentlichung von Leserbriefen die publizistischen Grundsätze zu beachten sind. Der DPR stellt vor diesem Hintergrund klar, dass es selbstverständlich nicht möglich ist, alle Leserbriefe auf ihren Wahrheitsgehalt zu überprüfen, bei einem derart schweren Vorwurf, dass beispielsweise der Leiter des Kreisbauamtes Da-tumsänderungen zu Gunsten von Steuerhinterziehern durchgeführt habe, müsse eine Redaktion vor einer entsprechenden Veröffentlichung allerdings seinen Wahrheitsgehalt überprüfen und dürfe die Verantwortung nicht auf den Leser-briefschreiber abwälzen.[511] Das Persönlichkeitsrecht der im Leserbrief ange-sprochenen Personen müsse gewahrt werden.[512]

Aus diesem Grund sollen grundsätzlich auch keine anonymen und fingierten Leserbriefe veröffentlicht werden, die Identität des Schreibers sollte nachprüfbar sein.[513] Es liege allerdings im Ermessen der Redaktion, einen Leserbrief auch anonym zu veröffentlichen, wenn ihr der Autor bekannt sei und dieser bei Nen-nung seines Namens persönliche Nachteile befürchte.[514]

Ein Leserbrief dürfe weiterhin nur als solcher veröffentlicht werden, wenn die-ses erkennbar gewollt sei.[515] Die Weiterleitung eines Leserbriefes sei unzulässig, dieser unterliege auch dann noch dem Redaktionsgeheimnis, wenn er bereits in einem Leserforum veröffentlicht, dabei aber die Postanschrift des Schreibers nicht mitgeteilt worden sei.[516]

Der Presserat erlaubt den Zeitungen allerdings, Gegendarstellungen als Leser-briefe zu veröffentlichen. Es wurde sogar gelobt, dass die Redaktion einem Be-schwerdeführer durch den veröffentlichten Leserbrief die Möglichkeit gegeben habe, sich ausführlich zu den seiner Ansicht nach falschen Aussagen zu äußern und seine Sichtweise darzustellen.[517] Daher wurde auch eine stellvertretend für die Redaktion in einem Leserbrief getätigte Klarstellung, dass die Redaktion sich geirrt habe, als ausreichend angesehen.[518]

---

510 BK2-111/06, Deutscher Presserat, CD-ROM zum Jahrbuch 2007.
511 B 59/02, Deutscher Presserat, CD-ROM zum Jahrbuch 2005.
512 B 32/03; B 257/02; B 152/02, alle von Deutscher Presserat, CD-ROM zum Jahrbuch 2005.
513 B2-4/03; B 139/02, beide von Deutscher Presserat, CD-ROM zum Jahrbuch 2005.
514 B 238-239/02, Deutscher Presserat, CD-ROM zum Jahrbuch 2005.
515 B 110/02, Deutscher Presserat, CD-ROM zum Jahrbuch 2005.
516 BK2-48/04, Deutscher Presserat, CD-ROM zum Jahrbuch 2005.
517 BK2-95/04, Deutscher Presserat, CD-ROM zum Jahrbuch 2005.
518 BK2-153/04, Deutscher Presserat, CD-ROM zum Jahrbuch 2005.

Nicht vom Presserat behandelt werden dagegen die Fälle, in denen es um die Nichtveröffentlichung von Leserbriefen geht. Hierzu nimmt er nur allgemein Stellung und verweist ansonsten auf die RL 2.6.[519]

cc) Fazit

Die bei der Rechtsprechung und den Entscheidungen des Presserates zur Behandlung von Leserbriefen zu Grunde gelegten Ansichten stimmen weitestgehend überein. Lediglich bei der Frage, ob die Veröffentlichung einer Gegendarstellung als Leserbrief ausreicht, kommen sie zu unterschiedlichen Ergebnissen. Für den Presserat ist eine solche durch den Leser stellvertretend für die Redaktion getätigte Klarstellung der Falschmeldung ausreichend, die Rechtsprechung lehnt dies ab. Meiner Ansicht nach ist das Argument der Rechtsprechung, dass der Leser Leserbriefen im Allgemeinen geringere Aufmerksamkeit und Beachtung schenkt als Mitteilungen des Mediums selbst, nicht zu widerlegen. Wenn der Redaktion in einem Artikel ein Fehler unterlaufen ist, dann muss dieser auch an ähnlicher Stelle eingestanden werden. Es gibt viele Leser, die Leserbriefe überhaupt nicht oder nur sehr eingeschränkt wahrnehmen und daher von einer durch einen Leser stellvertretend für die Redaktion getätigten Klarstellung nichts erfahren. Auch der oft abgedruckte Hinweis, dass Leserbriefe nicht die Meinung der Redaktion oder des Verlags wiedergeben, spricht dafür, dass eine Klarstellung in einem Leserbrief nicht ausreicht. Die Redaktion betont damit, dass sie die Meinungen der Leser nicht als eigene übernimmt. Auch wenn dies rechtlich nicht für einen Ausschluss der Verbreiterhaftung bei eventuellen Persönlichkeitsrechtsverletzungen ausreicht und auch bei der Veröffentlichung von Leserbriefen die publizistischen Grundsätze beachtet und damit diese zumindest bei schweren Persönlichkeitsrechtsverletzungen auf ihren Wahrheitsgehalt hin überprüft werden müssen, entsteht beim Leser der Eindruck, dass sich die Redaktion von den Aussagen kritischer Leserbriefe distanziert und daher auch eventuell angesprochene Fehler nicht eingesteht, sondern den Brief nur veröffentlicht, um zu zeigen, dass durchaus auch andere Meinungen und Sichtweisen in der Leserschaft vorhanden sind und nicht, um eigene Fehler einzuräumen.

III. Ziffer 4: Verbot unlauterer Recherchemethoden

Die Ziffer 4 des Pressekodex beschäftigt sich mit dem Grundgerüst journalistischer Arbeit, der Recherche. Sie lautet:

---

519 *Wassink* in Deutscher Presserat, Jahrbuch 2006, S. 299.

„Bei der Beschaffung von personenbezogenen Daten, Nachrichten und Informationen dürfen keine unlauteren Methoden angewandt werden."[520]

Im Gegensatz zur positiven Normierung der Sorgfaltspflichten für die journalistische Recherche in Ziffer 2, stellt Ziffer 4 negativ klar, wie eine Recherche nicht durchgeführt werden soll. Es dürfen keine unlauteren, d.h. bei objektiver Betrachtung zu missbilligenden, Methoden benutzt werden.

1. Ähnliche Regelungen der Legislative

Trotz der öffentlichen Aufgabe, die die Medien erfüllen, handeln Journalisten bei der Recherche nicht mit hoheitlichem Anspruch, sondern sie bewegen sich auf der Ebene der Gleichordnung. Im Verhältnis zwischen Medien und anderen privaten Rechtssubjekten gibt es kein Sonderrecht der Medien.

Art. 5 Abs. 2 S. 1 GG beschränkt die Pressefreiheit durch die allgemeinen Gesetze. Ungeachtet der Schwierigkeiten der Definition des Begriffs der „allgemeinen Gesetze"[521] sind die die Pressefreiheit einschränkenden Vorschriften des StGB und des BGB als solche zu klassifizieren, da sie sich nicht sich gegen die Medien als solche oder gegen bestimmte Meinungen oder publizistische Ausrichtungen richten. Während ihrer Recherche sind die Journalisten also wie jeder andere an diese Gesetze gebunden.[522]

a) Strafrechtliche Grenzen der Recherche

Der journalistischen Recherche sind zunächst folgende strafrechtliche Grenzen gesetzt.

aa) Hausfriedensbruch, § 123 StGB

Die Vorschrift des § 123 StGB schützt die Wohnung, die Geschäftsräume und das befriedete Besitztum, sowie abgeschlossene Räume, welche zum öffentlichen Dienst oder Verkehr bestimmt sind, gegen widerrechtliches Eindringen anderer, also auch gegen solches von Journalisten. Nicht widerrechtlich ist ins-

---

520 Deutscher Presserat, Jahrbuch 2007, S. 203.
521 S. hierzu ausführlich Löffler – *Bullinger*, Presserecht, § 1, Rn 253ff.
522 *Soehring*, Presserecht, Rn 10.2.

besondere das Betreten allgemein zugänglicher Räume, es sei denn, das Fehlen des Einverständnisses des Hausrechtsinhabers ist äußerlich für den objektiven Dritten offensichtlich erkennbar.[523] Allgemein zugängliche Räume dürfen also von Journalisten zu Informationszwecken betreten werden, ohne sachlichen Grund darf Journalisten auch der Zutritt zu öffentlichen Veranstaltungen nicht verwehrt werden.[524] Ein Einverständnis des Hausrechtsinhabers schließt die Widerrechtlichkeit ebenso aus.[525]

Von § 123 StGB ebenfalls erfasst ist das unbefugte Verweilen in den genannten Räumlichkeiten. Ein solches ist gegeben, wenn der Hausrechtsinhaber den Gast zum Verlassen der Räumlichkeiten auffordert und dieser dem nicht nachkommt.[526]

Bevor der Journalist zu Recherchezwecken also Privat- oder Geschäftsräume betritt, bedarf er der ausdrücklichen oder stillschweigenden Zustimmung des Hausrechtinhabers. Es gibt keinen übergesetzlichen Rechtfertigungsgrund für die Verletzung der räumlichen Privatsphäre durch den recherchierenden Journalisten.[527]

bb) Verletzung der Vertraulichkeit des Wortes, § 201 StGB

Die Vorschrift des § 201 Abs. 1 StGB verbietet es, das nicht öffentlich gesprochene Wort eines anderen auf einem Tonträger aufzunehmen oder eine so hergestellte Aufnahme zu gebrauchen oder einem Dritten zugänglich zu machen. Nichtöffentlich sind Äußerungen, wenn sie nicht an die Allgemeinheit gerichtet und nicht über einen durch persönliche oder sachliche Beziehungen abgegrenzten Personenkreis hinaus ohne weiteres wahrnehmbar sind.[528] Schutzrichtung des § 201 StGB ist die Selbstbestimmung des Einzelnen über die Reichweite seiner Äußerung sowie das Vertrauen auf die Flüchtigkeit des Wortes. Die Befugnis zur Aufnahme kann sich aus einer ausdrücklichen oder stillschweigenden Einwilligung des Sprechers ergeben.[529] Daher ist § 201 StGB grundsätzlich nicht verletzt, wenn die Aufnahme in Kenntnis des Sprechenden erfolgt, da er dann seine Wortwahl darauf einstellen kann.[530] Allerdings kann aus der Kenntnis des

---

523 *Tröndle/ Fischer*, StGB, § 123, Rn 34.
524 S.o.: 2. Kap., B., II., 3.
525 *Tröndle/ Fischer*, StGB, § 123, Rn 35f.
526 *Tröndle/ Fischer*, StGB, § 123, Rn 37ff.
527 *Soehring*, Presserecht, Rn 10.5.
528 *Tröndle/ Fischer*, StGB, § 201, Rn 3.
529 *Löffler/ Ricker*, HdbPR, 54. Kap., Rn 15; *Kramer*, NJW 1990, 1760, 1761f.
530 Sch/ Sch – *Lenckner*, StGB, § 201, Rn 13; AG Hamburg, NJW 1984, 2111.

Sprechenden von der Aufnahme eine Einwilligung nicht hergeleitet werden, wenn sie ersichtlich gegen seinen Willen erfolgt.[531]

Für die Arbeit von Journalisten ist vor allem das implizierte Verbot des Mitschneidens von Telefongesprächen von Bedeutung. Ebenso verboten ist es, solche verbotswidrig hergestellten Aufnahmen zu gebrauchen oder einem Dritten zugänglich zu machen. Die Intention des Journalisten, durch Mitscheiden des Telefongesprächs größtmögliche Authentizität der Gesprächswiedergabe zu erreichen oder Beweise zu sichern, stellt keinen Rechtfertigungsgrund dar.[532]

Das Abhören des nicht zur Kenntnis des Täters bestimmten nicht öffentlich gesprochenen Wortes eines anderen mit Hilfe eines Abhörgerätes stellt § 201 Abs. 2 S. 1 Nr. 1 StGB unter Strafe. Hiernach ist die Benutzung jeder Art von Abhörvorrichtung, also eines technischen Gerätes, verboten, nicht jedoch das Lauschen an der Wand.[533] Strafbar ist bereits das Abhören als solches, nicht erst die Aufnahme des Gesprächs. Strittig ist, ob die Benutzung einer Mithöreinrichtung bei einem Telefongespräch wie beispielsweise eines Zweithörers oder eine Lautsprechereinrichtung unter § 201 Abs. 2 S. 1 Nr. 1 StGB fällt.[534] Meines Erachtens kommt es bei der Interpretation des Begriffes des Abhörgerätes allerdings nicht auf eine äußerlich erkennbare Gattung von Geräten, sondern auf deren konkrete Nutzung an, so dass jedes Gerät, dass zur Übertragung des gesprochenen Wortes genutzt werden kann, ein Abhörgerät i. S. d. § 201 Abs. 2 S. 1 Nr. 1 StGB sein kann.[535]

Die öffentliche Mitteilung des nach Abs. 1 Nr. 1 aufgenommen oder nach Abs. 2 Nr. 1 mitgehörten nichtöffentlichen Wortes verbietet schließlich § 201 Abs. 2 S. 1 Nr. 2 StGB. Damit ist die Verwertung des illegal Aufgenommenen oder Abgehörten erfasst, insbesondere die Verbreitung der Erkenntnisse von Tätern des Lauschangriffs in den Medien.[536] Einschränkend wirkt die Bagatellklausel des § 201 Abs. 2 S. 2 StGB, die das öffentliche Mitteilen gem. S. 1 nur unter Strafe stellt, wenn es geeignet ist, berechtigte Interessen eines anderen zu beeinträchtigen, wobei es unerheblich ist, ob es sich um private, öffentliche oder ideelle Interessen handelt. Sie müssen lediglich schutzwürdig sein und dürfen nicht gegen geltendes Recht verstoßen.[537]

Die Rechtswidrigkeit ausschließen kann neben den allgemeinen Rechtfertigungsgründen auch § 201 Abs. 2 S. 3 StGB. Danach ist die Veröffentlichung

531 *Tröndle/ Fischer*, StGB, § 201, Rn 10; a. A. Schönke/ Schröder – *Lenckner*, StGB, § 201, Rn 13f., jeweils m. w. N.
532 *Soehring*, Presserecht, Rn 10.7.
533 *Soehring*, Presserecht, Rn 10.8; Einzelheiten bei *Tröndle/ Fischer*, StGB, § 201, Rn 7.
534 Zum Streitstand s. *Tröndle/ Fischer*, StGB, § 201, Rn 7.
535 Im Ergebnis so auch *Tröndle/ Fischer*, StGB, § 201, Rn 7.
536 *Tröndle/ Fischer*, StGB, § 201, Rn 8.
537 *Löffler/ Ricker*, HdbPR, 54. Kap., Rn 13.

rechtswidrig erlangter Informationen ausnahmsweise dann zulässig, wenn sie zur Wahrnehmung überragender öffentlicher Interessen gemacht wurde. Die vorzunehmende Abwägung fällt zu Gunsten der Öffentlichkeit aus, wenn es sich um Missstände von erheblichem Gewicht handelt, an deren Aufdeckung ein überragendes öffentliches Interesse besteht.[538] In der Regel ist dies der Fall, wenn es um die Verfolgung von Katalogstraftaten nach § 129a Abs. 1 oder § 138 Abs. 1 StGB geht.[539]

cc) Verletzung des höchstpersönlichen Lebensbereichs durch Bildaufnahmen, § 201a StGB

Der im Jahre 2004 eingeführte § 201a Abs. 1 StGB verbietet sowohl die unbefugte Herstellung als auch die Übertragung von Bildaufnahmen von Personen, die sich in Wohnungen oder einem gegen Einblick besonders geschützten Raum befinden. Durch die Handlung muss allerdings der höchstpersönliche Lebensbereich der betroffenen Person verletzt sein. Der Abs. 2 stellt wie auch § 201 Abs. 2 StGB das Gebrauchen derartiger Bildaufnahmen oder Zugänglichmachen an Dritte unter Strafe.

Die Tatbestandsalternative des „gegen Einblick besonders geschützten Raumes" meint keinen „umschlossenen Raum" wie § 243 Abs. 1 S. 1 Nr. 1 StGB, sondern es kommt auf einen so genannten Sichtschutz an, wie er beispielsweise bei Toiletten oder Umkleidekabinen besteht. Ebenfalls wird nicht verlangt, dass der Einblick von jeder Stelle unmöglich ist, so dass auch Luftaufnahmen von Personen auf Privatgrundstücken oder Photographien von der unter Umständen weniger geschützten Seeseite eines Grundstücks erfasst sind. Der Begriff der „höchstpersönlichen Lebenssphäre" orientiert sich an dem von der Rechtsprechung ausgeformten Begriff der Intimsphäre.[540]

Eine zunächst befugt hergestellte solche Aufnahme unbefugt einem Dritten zugänglich zu machen, sanktioniert § 201a Abs. 3 StGB. Damit sind insbesondere die Fälle gemeint, in denen private Photos an die Medien weitergegeben werden. Oft sind dies alte Aufnahmen von früheren Freunden berühmt gewordener Personen.[541]

Im Gegensatz zu § 201 Abs. 2 S. 3 StGB fehlt in § 201a StGB der Rechtfertigungsgrund des besonderen öffentlichen Interesses. Allerdings ist der Tatbestand des § 201a StGB durch den Verzicht auf das Verbot unbefugt in der Öf-

---

538   BVerfGE 66, 116, 139.
539   *Löffler/ Ricker*, HdbPR, 54. Kap., Rn 13.
540   *Schertz*, AfP 2005, 421, 425, 427.
541   *Schertz*, AfP 2005, 421, 426.

fentlichkeit aufgenommener Bilder erheblich enger als der des § 201 StGB. Sofern durch die Bilder Straftaten verhindert oder aufgedeckt werden, greifen darüber hinaus die allgemeinen Rechtfertigungsgründe.[542] In allen anderen Fällen dürfte eine sachliche Recherche auch keinen Eingriff in den höchstpersönlichen Lebensbereich erfordern.[543]

Die Verbreitung von Fotographien ohne Einwilligung des Betroffenen stellte § 33 KUG zwar auch schon vor Einführung des § 201a StGB unter Strafe, jedoch fand dieser nahezu keine Beachtung. Außerdem ist es vor allem die Aufnahme des Bildnisses an sich, die den Mehrwert an effektivem Rechtsschutz für die Betroffenen ausmacht. Vor Einführung des § 201a StGB standen rechtliche Ansprüche erst nach der Veröffentlichung der Aufnahme zur Verfügung, diese musste also erst einmal geduldet werden. Daher konnten die Medien die nachträglich entstehenden Kosten im Vorfeld bereits kalkulieren und so entscheiden, ob sie bestimmte Fotos veröffentlichen oder nicht, weshalb die Abschreckungswirkung von Urteilen, die die Fotoveröffentlichungen sanktionierten, gering waren.[544]

dd) Verletzung des Briefgeheimnisses, § 202 StGB

Das Öffnen eines verschlossenen Schriftstückes, das nicht zur Kenntnis des Öffnenden bestimmt ist, stellt § 202 Abs. 1 Nr. 1 StGB unter Strafe. Die Nr. 2 stellt dem das Kenntnis verschaffen vom Inhalt eines solchen Schriftstückes unter Anwendung technischer Mittel gleich.

Der § 202 Abs. 2 StGB erfasst den Fall, dass ein solches Schriftstück zwar selbst nicht verschlossen ist, aber zwecks Geheimhaltung in einem verschlossenen Behältnis aufbewahrt wird und der Täter sich von seinem Inhalt Kenntnis verschafft, nachdem er dazu das Behältnis geöffnet hat.

Tatobjekt ist jedes Schriftstück, also ein Träger von Schriftzeichen, die einen gedanklichen Inhalt ergeben. Der Brief ist als eine an einen anderen gerichtete Mitteilung nur eine Unterart des Schriftstückes, genauso geschützt sind beispielsweise Tagebücher, Notizen oder Abrechnungen.[545] Abbildungen stehen gem. § 202 Abs. 3 StGB den Schriftstücken gleich und sind daher ebenfalls geschützt.

Als tauglicher Täter des § 202 StGB kommt derjenige nicht in Betracht, für den der Inhalt des Schriftstückes bestimmt ist. Es kommt nicht auf die Eigentums-

---

542 *Schertz*, AfP 2005, 421, 428.
543 *Kühl*, AfP 2004, 190, 197.
544 *Schertz*, AfP 2005, 421, 426.
545 *Schlottfeldt*, Verwertung rw beschaffter Informationen, S. 146.

verhältnisse an, sondern nur auf das Recht am Inhalt.[546] Allein derjenige, der ein Schriftstück oder eine Abbildung durch Verschließen oder Einschließen gegen die Kenntnisnahme durch Dritte sichert, kann darüber disponieren, ob und durch wen diese Sicherung aufgehoben werden soll.[547]

Anders als im Bereich der §§ 201, 201a StGB ist zwar die Überwindung der Sicherung strafbar, nicht aber die Verwertung des Inhalts des gesicherten Schriftstücks. Die Medien können also ihnen als Folge der Verletzung des Tatbestandes des § 202 StGB zugespieltes Material ohne strafrechtliche Sanktionierung veröffentlichen. Beachtet werden muss allerdings ein eventuelles Veröffentlichungsverbot aus dem Urheberrecht des Verfassers des Schriftstücks oder seinem allgemeinen Persönlichkeitsrecht.[548]

ee) Ausspähen von Daten, § 202a StGB

Die Vorschrift des § 202a StGB pönalisiert das Ausspähen von Daten. Voraussetzung ist, dass der Täter sich oder einem Dritten Daten verschafft, die nicht für ihn bestimmt und gegen unberechtigten Zugang besonders gesichert sind. Eine Legaldefinition des Datenbegriffs i. S. d. § 202a StGB findet sich in Abs. 2, wo auf die elektronische, magnetische oder sonst nicht unmittelbar wahrnehmbare Speicherung abgestellt wird. § 202a StGB ist als Ergänzung zu § 202 StGB eingeführt worden, um die Strafbarkeitslücken zu schließen, die mit dem Aufkommen computergestützter Informations- und Kommunikationssysteme entstanden waren. Entsprechend des § 202 StGB ist daher auch in § 202a StGB die formelle Verfügungsbefugnis über die Daten geschützt. Rechtsgutinhaber ist der „Herr der Daten", also der, der kraft seines Rechts an ihrem gedanklichen Inhalt und damit unabhängig von den Eigentumsverhältnissen am Datenträger darüber bestimmen kann, wem diese zugänglich sein sollen. Voraussetzung ist allerdings ebenfalls, dass die Daten besonders gesichert sind.[549] Der Täter muss diese Zugangssicherung überwinden und sich selbst oder einem Dritten durch optische oder akustische Wahrnehmung Kenntnis verschaffen.[550] Im Gegensatz zu § 202 StGB kann § 202a StGB aber auch ohne (vorherige) Kenntnisnahme erfüllt sein und zwar dann, wenn der Täter den körperlichen Datenträger in seine oder des Dritten Verfügungsgewalt bringt oder wenn er die Daten auf einem solchen Datenträger fixiert.[551] Auch hier sind die Medien unmittelbar gebunden, kein In-

---

546 *Löffler/ Ricker*, HdbPR, 54. Kap., Rn 23.
547 *Soehring*, Presserecht, Rn 10.9.
548 *Soehring*, Presserecht, Rn 10.10.
549 Schönke/ Schröder – *Lenckner*, StGB, § 202a, Rn 1 m. w. N.
550 *Löffler/ Ricker*, HdbPR, 54. Kap., Rn 24e.
551 Schönke/ Schröder – *Lenckner*, StGB, § 202a StGB, Rn 10. m. w. N.

formationsinteresse ihrerseits rechtfertigt das Ausspähen von Daten. Wie bei der Verletzung des Briefgeheimnisses ist allerdings die Nutzung der Daten, die ein Dritter unter Verstoß gegen § 202a StGB erlangt und den Medien zur Verfügung gestellt hat, für diese nicht strafbar.[552]

ff) Verletzung von Privatgeheimnissen, §§ 203, 204 StGB

Die Offenbarung von persönlichen, Betriebs- oder Geschäftsgeheimnissen, die dem Täter als Angehörigem eines zu besonderer Verschwiegenheit verpflichteten Berufes anvertraut worden sind, sanktioniert § 203 StGB. Er schützt das Individualinteresse an der Geheimhaltung bestimmter Tatsachen und das allgemeine Vertrauen in die Verschwiegenheit dieser Berufe.[553] Taugliche Täter des § 203 StGB sind die Angehörigen dieser bestimmten Berufszweige, wie beispielsweise der Heilberufe, der rechts- und steuerberatenden Berufe oder des öffentlichen Dienstes. Im Gegensatz zu den §§ 201 – 202a StGB kommen Redakteure als Täter nicht in Betracht, sofern sie nicht ausnahmsweise zugleich Angehörige einer der infragestehenden Berufsgruppen sind und Geheimnisse publizieren, die ihnen selbst in dieser Eigenschaft anvertraut oder bekannt geworden sind. Die Vorschrift hat für die Medien daher geringere Bedeutung. Allerdings können sich Journalisten unter Umständen als Anstifter strafbar machen, wenn sie den zur Geheimhaltung Verpflichteten dazu veranlassen, seine Verschwiegenheitspflicht zu brechen.[554]

Die mediale Verwertung und Veröffentlichung derart offenbarter Geheimnisse ist wie bei den §§ 202, 202a StGB nicht strafbar, zu prüfen ist aber auch hier eine zivilrechtliche Unzulässigkeit.

gg) Verletzung des Dienstgeheimnisses und einer besonderen Geheimhaltungspflicht, § 353b StGB

Der § 353b StGB schützt wichtige öffentliche Interessen vor Gefährdungen durch die Verletzung der Pflicht zur Amtsverschwiegenheit bzw. einer nach Abs. 2 auferlegten Geheimhaltungspflicht.[555] Die Tat ist zwar ein echtes Son-

---

552 *Soehring*, Presserecht, Rn 10.12.
553 *Löffler/ Ricker*, HdbPR, 54. Kap., Rn 26.
554 *Soehring*, Presserecht, Rn 10.13f.
555 Schönke/ Schröder – *Lenckner/ Perron*, StGB, § 353b, Rn 1 m. w. N.; str., a.A. *Tröndle/ Fischer*, StGB, § 353b, Rn 1 m. w. N., die auch das Vertrauen der Allgemeinheit in die Verschwiegenheit amtlicher und anderer Stellen als geschütztes Rechtsgut ansehen.

derdelikt, wegen des in Abs. 1 Nr. 3 und Abs. 2 erweiterten Täterkreises allerdings kein eigentliches Amtsdelikt.[556] Journalisten scheiden im Regelfall mangels Amtsträgereigenschaft, besonderer Verpflichtung für den öffentlichen Dienst, Aufgaben- oder Befugniswahrnehmung nach dem Personalvertretungsrecht oder förmlicher Verpflichtung gem. § 353b Abs. 2 StGB als taugliche Täter aus, können aber als Teilnehmer strafbar sein, eventuell sogar bereits durch die Veröffentlichung des fraglichen Geheimnisses.[557]

Das Bundesverfassungsgericht hat allerdings entschieden, dass die bloße Veröffentlichung eines Dienstgeheimnisses i. S. d. § 353b StGB durch einen Journalisten im Hinblick auf Art. 5 Abs. 1 S. 2 GG nicht ausreicht, um einen den strafprozessualen Ermächtigungen zur Durchsuchung und Beschlagnahme genügenden Verdacht der Beihilfe des Journalisten zum Geheimnisverdacht zu begründen. Solche Durchsuchungen und Beschlagnahmen in einem Ermittlungsverfahren gegen Presseangehörige seien weiterhin verfassungsrechtlich unzulässig, wenn sie ausschließlich oder vorwiegend dem Zweck dienten, die Person des Informanten zu ermitteln.[558]

b) Zivilrechtliche Grenzen der Recherche

Aber nicht nur das Straf-, sondern auch das Zivilrecht setzt der journalistischen Recherche Grenzen. Zu nennen ist insbesondere das Allgemeine Persönlichkeitsrecht, welches von rechtswidriger Recherche Betroffenen zivilrechtliche Abwehransprüche eröffnet wie beispielsweise eine auf Unterlassung weiteren rechtswidrigen Verhaltens gerichtete einstweilige Verfügung.[559]

aa) Aufnahme des gesprochenen Wortes

Vor allem bei öffentlichen Veranstaltungen, bei denen auf Grund der Größe der Teilnehmerzahl kein unmittelbarer persönlicher Kontakt zwischen dem Redner und den anwesenden Journalisten besteht, stellt sich die Frage, inwieweit es zulässig ist, das gesprochene Wort mitzuschneiden. Dies ist einerseits für den Hörfunkreporter, der für seinen Sender O-Töne aufnehmen möchte, andererseits a-

---

556 Schönke/ Schröder – *Lenckner/ Perron*, StGB, § 353b, Rn 1.
557 Str., dafür *Tröndle/ Fischer*, StGB, § 353b, Rn 14a m. w. N.; dagegen Schönke/ Schröder – *Lenckner/ Perron*, StGB, § 353b, Rn 23 m. w. N.; offen gelassen in BVerfG, AfP 2007, 110, 114f.
558 BVerfG, AfP 2007, 110ff.; vgl. auch schon BVerfGE 20, 162, 191f., 217.
559 *Soehring*, Presserecht, Rn 10.15.

ber auch für den Reporter der Printmedien, der möglichst genau oder sogar wörtlich zitieren möchte, von Bedeutung.

Ein einfacher Umkehrschluss aus dem § 201 StGB, der nur die Aufnahme des nichtöffentlichen Wortes unter Strafe stellt, wird dem hohen Stellenwert des Allgemeinen Persönlichkeitsrechts und dem daraus resultierenden auch zivilrechtlichen Schutz als „sonstiges Recht" aus § 823 Abs. 1 BGB nicht gerecht.[560] Vielmehr muss davon ausgegangen werden, dass grundsätzlich das Verbot der Aufnahme des gesprochenen Wortes gegen den Willen oder ohne Kenntnis des Sprechenden besteht. Jeder soll prinzipiell selbst und allein bestimmen können, wer sein Wort aufnehmen und ob und vor wem die Aufnahme wieder abgespielt werden darf.[561] Demnach bedarf die Tonbandaufzeichnung auch bei einer öffentlichen Veranstaltung mit Medienpräsenz der Einwilligung des Betroffenen, die aber auch konkludent erteilt werden kann. Dies ist regelmäßig der Fall, wenn der Redner in vorgehaltene Mikrofone spricht oder es ihm sonst aus den Umständen ersichtlich ist, dass seine Rede aufgezeichnet wird und er sich nicht gegenteilig äußert.[562]

Im Gegensatz zu öffentlichen Sitzungen im Bundestag oder in Landesparlamenten gilt eine Einwilligung bei Sitzungen von Gemeinderäten nicht als konkludent erteilt. Zum Schutz der barrierefreien Kommunikation unter den tagenden Nichtberufspolitikern kann anwesenden Journalisten ein Mitschnitt dort durchaus verboten werden.[563]

bb) Schutz des geschriebenen Wortes

Nicht nur das gesprochene, sondern auch das geschriebene Wort ist Teil der Persönlichkeit des sich Äußernden. Daher steht auch hier der zivilrechtliche Schutz durch das allgemeine Persönlichkeitsrecht als Auffangtatbestand neben den straf- und urheberrechtlichen Schutzrechten.[564] So greift dieser beispielsweise ein, wenn die Aufzeichnungen nicht die individuelle Formprägung aufweisen, die für einen Urheberrechtsschutz erforderlich ist. Grundsätzlich soll auch hier alleine dem Verfasser das Recht zustehen, zu entscheiden, ob und in welcher Form seine Aufzeichnungen veröffentlicht werden. Die Allgemeinheit wird in jeder veröffentlichten Aufzeichnung den Willen des Autors zur Publizierung seiner Gedanken sehen und sie dementsprechend bewerten.[565] Wer eine die Öf-

---

560   *Soehring*, Presserecht, Rn 10.16.
561   BVerfGE 34, 238, 246;BGH, NJW 1958, 1344f., OLG Köln, NJW 1979, 661.
562   *Soehring*, Presserecht, Rn 10.17.
563   OLG Köln, AfP 1990, 349ff.
564   *Soehring*, Presserecht, Rn 10.18.
565   BGH, NJW 1954, 1404, 1405.

fentlichkeit bewegende Frage schriftlich mit einer Redaktion diskutiert, dabei aber ausdrücklich klarstellt, dass eine Veröffentlichung der Briefe nicht gestattet ist, muss eine dennoch erfolgte Publikation nicht hinnehmen.[566] Die Kenntnisnahme eines Dritten, der nicht Adressat des Schreibens war, vor der Veröffentlichung verletzt das Allgemeine Persönlichkeitsrechts des Verfassers allerdings noch nicht, etwas anderes kann sich lediglich bei Details aus der Intimsphäre ergeben.[567]

Ein etwaiges Veröffentlichungsverbot im Hinblick auf das Allgemeine Persönlichkeitsrecht des Verfassers oder eines Dritten gilt allerdings nicht absolut, vielmehr hat stets eine Güterabwägung mit dem Informationsinteresse der Öffentlichkeit stattzufinden.[568]

cc) Telefonanrufe

Es ist seit langem anerkannt und inzwischen auch in § 7 Abs. 2 Nr. 2 UWG gesetzlich normiert, dass unerbetene Telefonanrufe zu Werbezwecken wettbewerbswidrig sind, wenn zusätzlich die Voraussetzungen des § 3 UWG gegeben sind.[569] Derartige Anrufe können darüber hinaus auch das Allgemeine Persönlichkeitsrecht des Angerufenen verletzten und damit Unterlassungs- und Schadensersatzansprüche gem. §§ 823 I, 1004 I BGB auslösen.[570]

Allerdings kann dieser Rechtsgedanken nicht auf unerbetene Anrufe von Journalisten im Rahmen ihrer Recherche übertragen werden. Zum einen gehört die Recherchetätigkeit zum verfassungsrechtlich geschützten Bereich der Pressefreiheit[571], zum anderen ist dem Betroffenen stets die Möglichkeit zur Stellungnahme zu geben[572], was am einfachsten, schnellsten und zuverlässigsten durch einen Telefonanruf geschieht. Eine erstmalige telefonische Kontaktaufnahme des Journalisten zur üblichen Tageszeit, um zu klären, ob hinsichtlich einer bestimmten Story Informationen erteilt werden oder eine Stellungnahme abgegeben wird, kann bei Abwägung der widerstreitenden Interessen daher nicht als ein rechtswidriges Eindringen in die Privatsphäre des Angerufenen und damit auch nicht als Verletzung seines Allgemeinen Persönlichkeitsrechts angesehen werden.

566 KG Berlin, NJW 1995, 3392ff.; a. A.: LG Berlin (Vorinstanz), NJW 1995, 881ff., insb. 882f.

567 *Soehring*, Presserecht, Rn 10.18.

568 BVerfG, NJW 1991, 2339f.; OLG Hamburg, NJW 1999, 3343, 3344.

569 Noch zu § 1 UWG a.F.: BGH, GRUR 1970, 523ff.; 1989, 753f.; 2000, 818, 819; 2002, 637, 638; OLG Frankfurt, GRUR 1983, 674, 675.

570 *Hefermehl/ Köhler/ Bornkamm*, Wettbewerbsrecht, § 7, Rn 33.

571 BVerfGE 10, 118, 121; 12, 205, 260; 20, 162, 176; *Streinz*, AfP 1997, 857, 860.

572 S.o.: 3. Kap., D., II., 2., b), bb).

Wenn allerdings die Nachfrage negativ beschieden wird, der Angerufene also nicht auskunftsbereit ist, verletzten weitere telefonische Nachfragen sein Allgemeines Persönlichkeitsrecht, „Telefonterror" steht nicht unter dem Schutz der Pressefreiheit.[573]

dd) Belagerung und Observation

Wenn Journalisten zwar das Hausrecht einer Person achten, sich aber über längere Zeit vor ihrem Haus aufhalten, um sie auf Grund aktueller Ereignisse zu befragen oder zu filmen, so machen sie sich nicht strafbar. Wenn die Person sich den Journalisten allerdings nicht stellen will, so wirkt diese Belagerung für sie faktisch wie eine Freiheitsberaubung. Obwohl das Informationsinteresse der Medien grundsätzlich anzuerkennen ist, kann eine länger andauernde Belagerung von Journalisten eine schwerwiegende Beeinträchtigung des Allgemeinen Persönlichkeitsrechts des Betroffenen darstellen.[574] Gleiches gilt generell auch für die planmäßige Überwachung oder Beobachtung eines Grundstücks, beispielsweise mit Hilfe einer Videokamera.[575]

ee) Systematische Analyse einer Persönlichkeit

Zum Selbstbestimmungsrecht jedes Menschen gehört ebenfalls, selbst frei darüber entscheiden zu können, ob und inwieweit er ein Ausleuchten seiner Persönlichkeit mit Hilfe von Mitteln, die über normale, jedermann zur Verfügung stehende Erkenntnismöglichkeiten hinausgehen, gestatten will. So verletzt z. B. die Anfertigung eines graphologischen Gutachtens ohne Einwilligung des Betroffenen sein Allgemeines Persönlichkeitsrecht.[576] Auch sonstige Versuche der Charakterisierung einer Person mit psychologischen Mitteln stellen ohne dessen Einwilligung eine Beeinträchtigung des Persönlichkeitsrechts dar.[577] Noch keine Persönlichkeitsverletzung liegt dagegen vor, wenn Journalisten im Vorfeld einer Berichterstattung Material über eine Person zusammentragen, um sich ein möglichst umfassendes Bild von ihr zu machen.[578] Die Grenze zulässiger Recherche und Materialsammlung ist erst dann überschritten, wenn durch Maßnahmen wie

---

573 So auch *Soehring*, Presserecht, Rn 10.21 f.
574 *Soehring*, Presserecht, Rn 10.23.
575 BGH, AfP 1995, 597, 598; OLG Köln, NJW 1989, 720, 721; *Jarass*, NJW 1989, 857, 859.
576 LAG Baden-Württemberg, NJW 1976, 310, 311.
577 *Wente*, Recherche, S. 95.
578 *Wente*, Recherche, S. 98.

beispielsweise die Einholung von Gutachten eine Informationsdichte vorliegt, die nach objektiven Maßstäben als Eindringen in den Kernbereich der Persönlichkeit anzusehen ist.[579]

ff) Verdeckte Recherche

Ein Problem stellt auch die sog. verdeckte Recherche dar, bei der sich der Reporter unter Täuschung über seine wahren Absichten in die gesellschaftliche Sphäre desjenigen einschleicht, über den er Informationen sammeln möchte. Wer sich von einem Unternehmen als normaler Arbeitnehmer einstellen lässt, obwohl er nicht zum Unternehmenserfolg beitragen, sondern primär Informationen zusammentragen möchte, an die er anderweitig nicht herankommt, täuscht dieses. Daher kann der Arbeitgeber in einem solchen Fall den Arbeitsvertrag gem. § 123 BGB wegen arglistiger Täuschung anfechten und dem Journalisten das Betreten seines Betriebes verbieten. Das durch diese Täuschung bewirkte Überwinden des erklärten oder mutmaßlichen Willens des Betroffenen, seine geschäftlichen oder privaten Angelegenheiten nicht vor Medienangehörigen preis zu geben, um eine Erörterung in der Öffentlichkeit zu verhindern, stellt darüber hinaus in der Regel auch eine Verletzung des Allgemeinen Persönlichkeitsrechts oder sogar eine sittenwidrige Schädigung i. S. d. § 826 dar.[580] Weder die grundrechtlich gesicherte Presse- noch die Meinungsfreiheit schützen die rechtswidrige Beschaffung von Informationen. Ebenso wenig rechtfertigt das Grundrecht der Informationsfreiheit eine solche Beschaffung, dieses gewährleistet nur das Recht, sich aus allgemein zugänglichen Quellen ungehindert zu unterrichten.[581] Die Zulässigkeit einer Veröffentlichung solcher rechtswidrig erlangen Informationen ist allerdings stets gesondert zu beurteilen.[582]

2. Probleme bei der Auslegung der Ziffer 4

a) Konkretisierung der Ziffer 4 durch die RL

Die sehr allgemein gehaltene Ziffer 4 des Pressekodex, in der unlautere Recherchemethoden verboten werden, wird durch die RL 4.1 und 4.2 konkretisiert. Die

---

579 *Soehring*, Presserecht, Rn 10.25.
580 *Soehring*, Presserecht, Rn 10.27; vgl. auch BVerfG, NJW 1984, 1741, 1743, 1745; BGH, NJW 1981, 1089, 1093; 1366ff.
581 BVerfG, NJW 1984, 1741, 1743.
582 S.u.: 3. Kap., D., III., 2., c).

RL 4.3[583] stellt dagegen keine Konkretisierung, sondern eine Folgeregelung dar. Sie bestimmt, dass unter Verstoß gegen den Pressekodex erhobene personenbezogene Daten zu sperren oder zu löschen sind. Kriterien, wann eine Sperrung ausreicht und wann eine Löschung erforderlich ist, finden sich in der RL allerdings nicht. Das betroffene Presseorgan kann demnach grundsätzlich selbst entscheiden, ob es solche personenbezogenen Daten löscht und damit endgültig vernichtet oder lediglich sperrt. Eine Löschung sollte man bei besonders schweren Eingriffen in das allgemeine Persönlichkeitsrecht fordern, ansonsten reicht eine die Pressearchive weniger stark beeinträchtigende Sperrung aus.[584] So stellt auch der Datenschutz-Beschwerdeausschuss des Deutschen Presserates klar, dass die Löschung von Daten nur in Ausnahmefällen in Betracht kommt, da hierdurch das „Gedächtnis der Redaktion" verfälscht werden könne. Sofern die Persönlichkeitsrechte des Betroffenen durch die Sperrung personenbezogener Daten gewahrt würden, sei diese ausreichend und einer Löschung vorzuziehen.[585] Anders als in verlagsinternen stellt sich die Situation dagegen in öffentlich zugänglichen Archiven dar, wie sie inzwischen viele Printmedien im Internet betreiben. Dort müssen die inkriminierten Textstellen komplett entfernt werden, was in den betroffenen Archiven in der Regel auch getan wird.[586]

aa) RL 4.1 – Grundsätze der Recherche

Die RL 4.1 gibt vor, wann eine Recherche mit der Medienethik vereinbar ist, sie lautet:

> „Journalisten geben sich grundsätzlich zu erkennen. Unwahre Angaben des recherchierenden Journalisten über seine Identität und darüber, welches Organ er vertritt, sind grundsätzlich mit dem Ansehen und der Funktion der Presse nicht vereinbar.
>
> Verdeckte Recherche ist im Einzelfall gerechtfertigt, wenn damit Informationen von besonderem öffentlichen Interesse beschafft werden, die auf andere Weise nicht zugänglich sind.
>
> Bei Unglücksmaßnahmen und Katastrophen beachtet die Presse, dass Rettungsmaßnahmen für Opfer und Gefährdete Vorrang vor dem Informationsanspruch der Öffentlichkeit haben."[587]

Die Forderung, dass sich Journalisten grundsätzlich zu erkennen geben, zielt auf ein ungestörtes Vertrauensverhältnis zwischen Journalist und Informant ab. Der

---

583 S. Deutscher Presserat, Jahrbuch 2007, S. 203.
584 So auch *Schwetzler*, Persönlichkeitsschutz, S. 291.
585 *Wassink* in Deutscher Presserat, Bericht zum Redaktionsdatenschutz 2006, S. 40.
586 *Steinbach* in Deutscher Presserat, Bericht zum Redaktionsdatenschutz 2006, S. 42f.
587 Deutscher Presserat, Jahrbuch 2007, S. 203.

Informant soll wissen, wann er es mit einem Medienvertreter zu tun hat und für wen dieser tätig ist, um seine Worte sorgfältig abwägen zu können. Dies stellt die Aufnahme des Rechts auf informationelle Selbstbestimmung in den Pressekodex dar. Jeder soll selbst entscheiden können, ob und was er welchen Medien anvertraut. Diese Autonomie im persönlichen Lebensbereich gehört zum Kerngehalt der Menschenwürdegarantie des Grundgesetzes.[588] Wer durch die Auskunft gegenüber dem Journalisten eine Einwilligung in die Veröffentlichung seiner Angaben erteilt, muss auch den Verwendungszusammenhang überblicken können, wobei die Anforderungen der Rechtsordnung üblicherweise umso höher liegen, je stärker die geplante Veröffentlichung die Privatsphäre des Betroffenen betrifft und je unerfahrener der Betroffene im Umgang mit den Medien ist.[589]

Die Zulassung der verdeckten Recherche in Ausnahmefällen trägt der öffentlichen Kontrollfunktion der Medien Rechnung. Damit sie diese ausüben können, müssen sie nicht nur über öffentliche Vorgänge berichten, sondern auch im Verborgenen recherchieren und dabei entdeckte Skandale veröffentlichen. Während die Rechtsprechung die Zulässigkeit einer solchen verdeckten Recherche im Allgemeinen verneint, allerdings die Veröffentlichung des rechtswidrig erlangten Materials gesondert beurteilt,[590] wird die Abwägung zwischen öffentlichem Interesse an der Information und dem Allgemeinen Persönlichkeitsrecht des Betroffenen medienethisch bereits bei der Frage der Zulässigkeit der Recherche durchgeführt.

Auch wenn die Öffentlichkeit ein erhöhtes Interesse an der Berichterstattung über Unglücksfälle und Katastrophen hat, so muss doch immer die Versorgung aktueller oder potentieller Opfer im Vordergrund stehen. Journalisten dürfen bei ihrer Recherche die Rettungskräfte und Polizisten nicht behindern. Das menschliche Leben und die körperliche Unversehrtheit stehen immer und überall vor dem Informationsinteresse der Öffentlichkeit.

bb) RL 4.2 – Recherche bei schutzbedürftigen Personen

Die RL 4.2 trägt der besonderen Schutzbedürftigkeit bestimmter Personen Rechnung:

> „Bei der Recherche gegenüber schutzbedürftigen Personen ist besondere Zurückhaltung geboten. Dies betrifft vor allem Menschen, die sich nicht im Vollbesitz ihrer geistigen oder der körperlichen Kräfte befinden oder einer seelischen Extremsituation ausgesetzt sind,

---

588 *Klass*, AfP 2005, 507, 509.
589 Zu ähnlichen Fällen im Fernsehen s. *Klass*, AfP 2005, 507, 512; OLG Hamburg, AfP 2005, 73ff.
590 S.u.: 3. Kap., D., III., 2., c).

aber auch Kinder und Jugendliche. Die eingeschränkte Willenskraft oder die besondere Lage solcher Personen darf nicht gezielt zur Informationsbeschaffung ausgenutzt werden."[591]

Derartige schutzbedürftige Personen können das Ausmaß ihrer Aussagen oft nicht einschätzen, insbesondere für Kinder und Jugendliche sind die möglichen Folgen in ihrem sozialen Umfeld meist nicht absehbar.[592] Außerdem sind sie auf Grund ihrer Unerfahrenheit oder ihres aktuell schlechten Körper- oder Geisteszustand den erfahrenen Journalisten nicht gewachsen, die durch gezielte Fragen in der Lage sind, ihrem Gegenüber Informationen zu entlocken, die dieser eigentlich nicht preisgeben wollte. Allerdings kann man auch solchen schutzbedürftigen Personen ihr Selbstbestimmungsrecht, ob und was sie an Informationen preisgeben, nicht vollständig absprechen. Daher ist es medienethisch nicht generell untersagt sie zu befragen, sondern deren Lage darf lediglich nicht gezielt zur Informationsbeschaffung ausgenutzt werden.

b) Entscheidungen des Presserates zu Ziffer 4

Der deutsche Presserat hat ein weites Spektrum an Entscheidungen zu verschiedenen fraglichen Recherchemethoden getroffen.

aa) Entscheidungen über die Zulässigkeit verdeckter Recherche

Im Hinblick auf das notwendige Vertrauensverhältnis zwischen Gesprächspartner und Journalist sei im Normalfall unbedingt vor Aufnahme des Gespräches für Klarheit bezüglich der Recherchetätigkeit zu sorgen.[593] Dabei müsse auch hinreichend deutlich gemacht werden, für welche Zeitung der Journalist tätig ist.[594]

Der Presserat bekräftigt in seinen Entscheidungen zur Ziffer 4 des Pressekodex jedoch ebenfalls, dass verdeckte Recherche gerechtfertigt sein kann, wenn damit Informationen von öffentlichem Interesse erlangt werden, die auf andere Weise nicht zu bekommen sind. Genauso wichtig wie das oft gegebene öffentliche Interesse an den Informationen sei dabei die Tatsache, dass die Information auf anderem Wege nicht zu bekommen war. So müsse beispielsweise bei Informationen aus einem Ministerium zunächst der offizielle Weg über die Pressestelle

---

591 Deutscher Presserat, Jahrbuch 2007, S. 203.
592 *Klass*, AfP 2005, 507, 515.
593 B 50/96, Deutscher Presserat, CD-ROM zum Jahrbuch 2005.
594 B 70/00, Deutscher Presserat, CD-ROM zum Jahrbuch 2005.

dieses Ministeriums versucht werden[595] und Journalisten, die an einem Akademiewochenende teilnehmen und darüber berichten, dürften sich nicht als Studenten „tarnen"[596]. Ebenso dürfe sich ein Reporter nicht unter falschem Namen in die Praxis einer Ärztin und Schauspielerin einschleichen.[597]

Bereits kein die verdeckte Recherche rechtfertigendes öffentliches Interesse liege vor, wenn Journalisten als Mitarbeiter einer Investmentgesellschaft getarnt, Bürgermeistern Pläne zur Errichtung eines geschlossenen Aids-Lagers anbieten, die denen des Konzentrationslagers Sachsenhausen entsprechen.[598]

Unter Umständen könne sich auch erst nachträglich ergeben, dass eine verdeckte Recherche nicht gerechtfertigt gewesen ist, beispielsweise dann, wenn kein Sportler ein angebotenes Dopingmittel annehme, sich also ein anfangs vielleicht sogar bestehender Dopingverdacht nicht bestätige.[599] Auch in einem solchen Fall unterscheidet der Presserat nicht zwischen der Rechtswidrigkeit von Recherche und Veröffentlichung, sondern lässt rückwirkend die bei einem anderen Ergebnis gerechtfertigt gewesene verdeckte Recherche rechtswidrig werden, weshalb in diesem Fall auch die Veröffentlichung der Gespräche gerügt wurde.

Uneinheitlich hat der Presserat den Fall entschieden, dass Journalisten über fingierte Beichtstuhlgespräche berichtet haben. In älteren Entscheidungen wurde der Fokus darauf gerichtet, dass die Geistlichen über die wahren Absichten der Beichtenden getäuscht wurden und es als besonders schwerwiegend angesehen, dass die Betroffenen wegen des Beichtgeheimnisses nicht Stellung nehmen konnten.[600] In einer aktuelleren Entscheidung zu dieser Thematik entschied der Presserat dagegen, dass der Journalist auf diese Form der Recherche zurückgreifen durfte, um einen authentischen Eindruck der pastoralen Bewertung selbst eingeräumter Sünden zu erhalten.[601]

bb) Entscheidungen über Recherche bei schutzbedürftigen Personen

Zu den schutzbedürftigen Personen, bei dessen Befragung besonders hohe Anforderungen an eine presseethisch korrekte Recherche zu stellen sind, gehören auch Kranke. So dürfe es in einem Krankenhaus keine Recherche bei einem Patienten ohne Einwilligung des Arztes geben.[602] Auch das Fotografieren eines

---

595 B 85/03, Deutscher Presserat, CD-ROM zum Jahrbuch 2005.
596 B 125/01, Deutscher Presserat, CD-ROM zum Jahrbuch 2005.
597 B 10/88, Deutscher Presserat, CD-ROM zum Jahrbuch 2005.
598 B 51/87, Deutscher Presserat, CD-ROM zum Jahrbuch 2005.
599 B 41/ 87, Deutscher Presserat, CD-ROM zum Jahrbuch 2005.
600 B 38/86 und B 49/92, Deutscher Presserat, CD-ROM zum Jahrbuch 2005.
601 B 56/03, Deutscher Presserat, CD-ROM zum Jahrbuch 2005.
602 B 57/01, Deutscher Presserat, CD-ROM zum Jahrbuch 2005.

sich in einer Extremsituation befindenden Patienten sei unzulässig, so entschieden bei einem Busfahrer, der bei der Fahrt einen Schlaganfall erlitten hatte und daher in eine Klinik eingeliefert wurde.[603] Allgemein wird jedes Einschleichen in ein Krankenzimmer unter Verdeckung der wahren Absichten als nicht korrekt angesehen,[604] es findet keine Abwägung wie bei einer „normalen" verdeckten Recherche statt.

Auch dürfe bei Schülern nicht der Eindruck entstehen, dass sie für gestellte Fotos belohnt werden, ihre Entscheidung dürfe nicht von dem Verlangen nach einer Aufbesserung des Taschengeldes getrübt werden.[605]

cc) Recherche bei Polizeieinsätzen und Unglücksfällen

In dem Fall, in dem die Unglückstelle überfliegende Hubschrauber die Bergungsarbeiten von Opfern eines Verkehrsunfalls behindert hatten, wies der Presserat die Beschwerde zwar zurück, weil sich nicht aufklären ließ, wer in dem störenden Hubschrauber saß, betonte aber gleichzeitig unter Hinweis auf die RL 4.1, dass Rettungsmaßnahmen für Opfer und Gefährdete in jedem Fall Vorrang vor dem Informationsinteresse der Öffentlichkeit haben.[606]

Es könne in Einzelfällen zwar unter Umständen gerechtfertigt sein, entgegen polizeilichen Bittens zu handeln, auf Grund der besonderen Verantwortung der Journalisten sei dafür allerdings eine gewissenhafte Abwägung erforderlich. In der Regel sollten polizeilichen Anweisungen bei der Recherche beachtet werden, nur unter dieser Maxime könne eine reibungslose Zusammenarbeit zwischen Polizei und Journalisten erfolgen und so gewährleistet werden, dass die Leser in ausführlicher Form über polizeiliche Vorgänge informiert würden.[607] Wichtiger noch sei die Überlegung, dass durch das Handeln der Journalisten die Arbeit der Polizei nicht behindert und dadurch niemand gefährdet werde. Bei Geiselnahmen müsse dies besonders beachtet werden. Durch das Gespräch mit einem Journalisten erfahre der Verbrecher immer mehr als durch ein solches mit einem für diese Fälle geschulten Polizisten. So sei ein Interview mit den Geiselnehmern während der noch laufenden Geiselnahme[608], eigene Vermittlungsversuche zwischen Geiselnehmern und Polizei[609] oder – wie im Gladbecker Geisel-

---

603   B 232/01, Deutscher Presserat, CD-ROM zum Jahrbuch 2005.
604   B 65/96, Deutscher Presserat, CD-ROM zum Jahrbuch 2005.
605   B 15/00, Deutscher Presserat, CD-ROM zum Jahrbuch 2005.
606   B 64-69/00, Deutscher Presserat, CD-ROM zum Jahrbuch 2005.
607   B 155d/97, Deutscher Presserat, CD-ROM zum Jahrbuch 2005.
608   B 86a/b/94, Deutscher Presserat, CD-ROM zum Jahrbuch 2005.
609   B 8/90, Deutscher Presserat, CD-ROM zum Jahrbuch 2005.

drama[610] zusätzlich geschehen – ein Einsteigen in das Fluchtauto der Geiselnehmer, um sie als Ortskundiger aus der Stadt zu lotsen,[611] nicht akzeptabel. Allerdings zog das Verhalten des Journalisten beim Gladbecker Geiseldrama unverständlicherweise lediglich einen Hinweis nach sich. Anschließend zeigte sich der Presserat aber sensibilisiert und sprach in den beiden weiteren Fällen öffentliche Rügen aus.

dd) Entscheidungen über weitere fragwürdige Recherchemethoden

Ebenfalls eine unlautere Art der Informationsbeschaffung stelle das Eindringen in ein Hotelzimmer und Fotografieren der sich darin befindlichen Leiche, so geschehen im Zuge des Todes des ehemaligen Ministerpräsidenten von Schleswig-Holstein Uwe Barschel[612], dar.[613]

Keine angemessene Recherchemethode sei es weiterhin, Menschen aus einer „Stasi-Liste" wahllos herauszugreifen, sie unangemeldet zu Hause aufzusuchen und abzulichten. Durch das damit verbundene Zerren dieser Personen an die Öffentlichkeit komme es zusätzlich zu einer unzulässigen Prangerwirkung.[614]

Journalisten sollten darüber hinaus in der Funktion des Berichterstatters bleiben und nicht selbst zu Handelnden werden. Es sei nicht korrekt, wenn ein Thema nicht aufgespürt, sondern aktiv mitgestaltet werde beispielsweise wenn Jugendliche vom Journalisten mit rechten Symbolen ausgestattet würden, damit anschließend über sie berichtet werden könne.[615]

Dagegen gäbe es zwar keine generelle Rechtfertigung für die Beschaffung und redaktionelle Verwertung von Telefonmitschnitten, unter Umständen könne das öffentliche Informationsinteresse allerdings den Schutz der Persönlichkeitsrechte der Betroffenen überwiegen, vor allem dann, wenn ein herausgehobenes Inte-

---

610 Zum Hergang des Geiseldramas s.o. Fn 200.
611 B 44/88, Deutscher Presserat, CD-ROM zum Jahrbuch 2005.
612 Nachdem das Nachrichtenmagazin DER SPIEGEL Barschel als Urheber einer Rufmordkampagne gegen seinen SPD-Gegenkandidaten Björn Engholm enthüllte, trat dieser als Ministerpräsident von Schleswig-Holstein zurück. Am 11.10.1987 wurde er in dem Genfer Hotel Beau Rivage von Reportern der Zeitschrift „Stern" tot in seiner Badewanne aufgefunden, ob er Selbstmord beging, bleibt ungeklärt (vgl. *Heinen* in Deutscher Presserat, 50 Jahre Deutscher Presserat, S. 18; *Killy*, DBE 1, S. 298; *Puttfarcken*, ZUM 1988, 133).
613 B 56-60/87, Deutscher Presserat, CD-ROM zum Jahrbuch 2005.
614 B 25/93, Deutscher Presserat, CD-ROM zum Jahrbuch 2005.
615 B 91-92/98, Deutscher Presserat, CD-ROM zum Jahrbuch 2005.

resse an den handelnden Personen bestehe und die Vorgänge noch nicht abgeschlossen untersucht seien.[616]

c) Die Verwertbarkeit rechtswidrig erlangter Informationen

Während der Presserat Recherche und Veröffentlichung als Einheit betrachte und die Entscheidung über die Zulässigkeit der Veröffentlichung bereits bei der Bewertung der Recherchetätigkeit vornimmt, bewerten Rechtsprechung[617] und Literatur beide Bereiche grundsätzlich getrennt voneinander.

aa) Rechtsprechung

Bei der Bewertung der Rechtsprechung zur Verwertbarkeit rechtswidrig erlangter Informationen sind vor allem drei Entscheidungen näher zu beleuchten; der Fall „Wallraff" als Grundlagenentscheidung und aus der aktuelleren Rechtsprechung die Entscheidungen über die Informationserlangung im Rahmen der „Covance Affäre" und die Aufdeckung des Schleichwerbeskandals der ARD.

(1) Der Fall „Wallraff"

Vor allem der Fall „Wallraff"[618] sorgte diesbezüglich für anhaltende Diskussionen, wurde er doch vom LG und OLG Hamburg, vom BGH und abschließend vom Bundesverfassungsgericht unterschiedlich bewertet.

Der Schriftsteller Günter Wallraff war von März bis Juli 1977 bei der Bild-Zeitung Hannover angestellt. Diese Anstellung hatte er unter Verschweigen seiner wahren Absichten und unter dem Decknamen „Hans Esser" erlangt. Anschließend veröffentlichte er die Erlebnisse seiner Mitarbeit in dem Taschenbuch „Der Aufmacher. Der Mann, der bei „Bild" Hans Esser war."

Die Axel Springer Verlag AG klagte als Herausgeberin der Bild-Zeitung in Form von mehreren Verbotsanträgen gegen die Veröffentlichung der illegal er-

---

616 B 5/95, Deutscher Presserat, CD-ROM zum Jahrbuch 2005.
617 Anders das Reichsgericht in der „Bismarck Entscheidung" im Jahre 1899, das aus der Rechtswidrigkeit der Photografien des toten Bismarcks unter Verletzung des Hausrechts aus natürlichem Rechtsgefühl ein (allerdings bereicherungsrechtlich zu sanktionierendes) Verwertungsverbot folgerte, vgl. RGZ 45, 170ff.
618 BGHZ 80, 25.

langten Informationen, u. a. wollte sie ein Verbot der Schilderung einer bestimmten Redaktionskonferenz erwirken.

(a) Die Entscheidung des OLG Hamburg

Das OLG Hamburg[619] bestätigte als Berufungsgericht[620], dass die Schilderung der Redaktionskonferenz unzulässig sei und verfügte demzufolge einen Unterlassungsanspruch gem. §§ 823 Abs. 1, 1004 BGB. Es stützte sich dabei auf eine Verletzung der Klägerin am eingerichteten und ausgeübten Gewerbebetrieb, da unter Durchbrechung der Schranken der Vertraulichkeitsbereiche betriebsinterne Vorgänge zum Gegenstand öffentlicher Erörterungen gemacht worden seien. Die Geheimhaltung der Redaktionskonferenz vor Wettbewerbern und der Öffentlichkeit entspreche dem Willen der Verlegerin und gehöre zum Kernbereich des Unternehmens. Ohne die Sicherung des Redaktionsgeheimnisses würden sich Informanten zurückziehen oder abgeschreckt werden, womit die Funktionsfähigkeit des Verlages gefährdet wäre. Bei der Frage der Rechtswidrigkeit des Eingriffs müsse grundsätzlich zwischen der Beschaffung der Information und der Veröffentlichung dieser Information differenziert werden. Hier folge aus Rechtswidrigkeit der Informationsbeschaffung aber eine Rechtswidrigkeit der Veröffentlichung, da kein höherrangiges Interesse der Schilderung der Redaktionskonferenz ersichtlich sei.

(b) Die Entscheidung des BGH

Im Gegensatz zum OLG Hamburg sah der BGH[621] die Schilderung der Konferenz als zulässig an, weil sie die Kritik am Einfluss der Bild-Zeitung auf ihre Leser konkretisiere. Im Gegensatz zu natürlichen Personen könnten weder Wirtschaftsunternehmen noch öffentliche Medien für sich eine rechtliche absolut geschützte Intimsphäre beanspruchen und auch das Grundrecht der Pressefreiheit schütze nicht gegen jede Aufdeckung und Erörterung von Entscheidungsvorgängen innerhalb der Redaktion.

Der BGH wertete bei der Frage der Rechtswidrigkeit des Eingriffs zwar ebenfalls das Einschleichen Wallraffs wegen der Täuschung über seine wahren Absichten bei der Anstellung und den Verstoß gegen einen Mindestbestand von Vertraulichkeitsschutz, der zu den Grundlagen jedes Anstellungsverhältnisses

---

619 OLG Hamburg, GRUR 1979, 735ff.
620 vorgehend LG Hamburg, AfP 1978, 38ff.
621 BGHZ 80, 25ff.

gehöre, als illegales Vorgehen und stellte klar, dass das Grundrecht der Pressefreiheit aus Art. 5 Abs. 1 GG nicht dazu eingesetzt werden dürfe, vom Recht oder von der Sittenordnung missbilligte Handlungen zu legalisieren. Er zog daraus aber nicht die Konsequenz eines Veröffentlichungsverbotes des daraus gewonnen Materials. Die Missbilligung der Art und Weise der Informationsbeschaffung könne zwar einer Veröffentlichung entgegenstehen, wenn durch sie ein unzulässiger Vertrauensbruch verwirklicht werde oder sich dadurch das unrechtmäßige Einschleichen in die Vertraulichkeitssphäre derart manifestiere, dass selbst mit Rücksicht auf die Schutzwürdigkeit des mit der Veröffentlichung verfolgten Anliegens dieser Gang in die Öffentlichkeit nicht mehr adäquat sei. Hier werde allerdings das illegale Vorgehen dazu eingesetzt, Missstände in der Öffentlichkeitsarbeit der Bild-Zeitung aufzudecken, deren Offenlegung für die Allgemeinheit von besonderem Interesse sei.[622]

(c) Die Entscheidung des Bundesverfassungsgerichts

Die Herausgeberin der Bild-Zeitung erhob daraufhin Verfassungsbeschwerde wegen einer Verletzung ihres Grundrechts aus Art. 5 Abs. 1 S. 2 GG mit der Begründung, dass durch das Urteil des BGH die Vertraulichkeit ihres redaktionellen Bereichs verletzt worden sei.

Das Bundesverfassungsgericht[623] legte in seiner Entscheidung großes Gewicht auf die Art und Weise der Informationsbeschaffung. Eine rechtswidrige Informationsbeschaffung sei weder durch das Grundrecht der Meinungsfreiheit noch durch das der Pressefreiheit gedeckt. Die Veröffentlichung von rechtswidrig erlangten Informationen falle dagegen in den Schutzbereich des Art. 5 Abs. 1 S. 2 GG. Es wäre nicht folgerichtig, ein Aussageverweigerungsrecht aus der Pressefreiheit abzuleiten, wenn diese nicht auch die Veröffentlichung dessen umfasse, was ein Informant auf rechtswidrige Weise erlangt und der Presse zugetragen habe. Außerdem könne die Kontrollaufgabe der Presse leiden, zu der es gehöre, auf öffentliche Missstände hinzuweisen. Eine Entscheidung müsse daher durch die Lösung der Schrankenproblematik herbeigeführt werden.

Zum einen müsse auf den Zweck der strittigen Äußerung abgestellt werden. Dem Grundrecht der Meinungsfreiheit komme ein umso größeres Gewicht zu, je mehr es sich um einen Beitrag im öffentlichen Meinungskampf handele. Auf der anderen Seite müsse aber auch das Mittel berücksichtigt werden, mit dem der Zweck verfolgt werde, hier also die Veröffentlichung einer durch Täuschung widerrechtlich beschafften und zu einem Angriff gegen den Getäuschten ver-

---

622 Vgl. auch *Dohnold*, ZUM 1991, 28, 29.
623 BVerfGE 66, 116ff.

wendeten Information. Dies stelle in der Regel einen nicht unerheblichen Eingriff in den Bereich des dadurch Betroffenen sowie einen Widerspruch mit der Unverbrüchlichkeit des Rechts dar. Daher habe in einem solchen Fall die Veröffentlichung zu unterbleiben, es sei denn, die Bedeutung der Information überwiege für die Unterrichtung der Öffentlichkeit und die öffentliche Meinungsbildung eindeutig die Nachteile, die der Rechtsbruch für den Betroffenen und die Geltung der Rechtsordnung nach sich ziehen müsse. Dies sei in der Regel nicht der Fall, wenn lediglich Zustände oder Verhaltensweise aufgedeckt würden, die ihrerseits nicht rechtswidrig seien. Dann spräche vieles dafür, dass es sich nicht um Missstände von erheblichem Gewicht handele, an deren Aufdeckung ein überragendes öffentliches Interesse bestehe.

Die Schilderung der Redaktionskonferenz decke keine gravierenden Missstände oder rechtswidrige Handlungen auf, es würden nur Themen angesprochen, wie sie täglich in der Bild Zeitung zu finden seien. Dementsprechend sei es nicht korrekt, wenn der BGH davon ausgehe, dass ein Verbot der Veröffentlichung der rechtswidrig beschafften Informationen lediglich formal zu begründen sei. Es werde die Bedeutung und der Eigenwert der Verbindlichkeit des Rechts verkannt und in einem unvertretbaren Maße die Schwelle heruntergesetzt, jenseits derer erhebliche Rechtsverletzungen folgenlos blieben, wenn der BGH die Nachteile als gering bewerte, welche der Beschwerdeführerin und zugleich der Rechtsordnung durch eine Hinnahme der Illegalität der Beschaffung erwachsen.

Auf Grund dieser Abwägungsfehler hob das Bundesverfassungsgericht das Urteil des BGH, soweit es um die Schilderung der Redaktionskonferenz ging, auf und wies die Sache zur erneuten Entscheidung zurück.[624]

(d) Die Bewertung durch die Literatur

Auch die Literatur erkennt grundsätzlich an, dass eine Veröffentlichung von rechtswidrig erlangten Informationen zulässig sein kann, wenn sie zur Aufdeckung von für das Gemeinwesen bedeutsamen Sachverhalten führt, nicht aber um allgemein über die Situation hinter den Kulissen zu berichten.[625] Generell indiziere die Rechtswidrigkeit der Beschaffung die Rechtswidrigkeit der Veröffentlichung, es sei denn, die Bedeutung der Information für die geistige Auseinadersetzung in wichtigen Fragen überwiege eindeutig die Nachteile der Veröffentlichung.[626] Wenn – wie hier – Gegenstand der unzulässig beschafften Infor-

---

624 Vgl. auch *Dohnold*, ZUM 1991, 28, 30f.
625 *Prinz/ Peters*, Medienrecht, Rn 181; Löffler – *Steffen*, Presserecht, § 6, Rn 53, 243; *Groß*, Presserecht, Rn 46.
626 *Löffler/ Ricker*, HdbPR, 42. Kap., Rn 20.

mation die Tätigkeit der Redaktion eines Presseunternehmens sei, müsse dies besonders beachtet werden, da die Pressefreiheit aus Art. 5 Abs. 1 S. 2 GG besonderen Schutz gewährleiste.[627]

(aa) Kritik – vor allem am Urteil des BGH

Es gibt allerdings auch kritischere Stimmen, die das Argument des öffentlichen Interesses an der Veröffentlichung der illegal gewonnenen Informationen nicht in dem vorstehenden Maße gelten lassen wollen. Dies liefe darauf hinaus, dass der Zweck die Mittel heilige, was das Grundgesetz, speziell Art. 5 GG, nicht legitimiere. Die Pressefreiheit stelle weder einen Schutzbrief für die illegale Beschaffung von Informationen noch für die Verbreitung solcher illegal erlangten Informationen aus.[628] Die Gerichte sollten nicht die Inhalte von Meinungen und damit auch von Publikationen bewerten, sondern nur die Mittel der Auseinandersetzung, um so für Fairness im Meinungskampf zu sorgen. Unfair sei es beispielsweise, sich bei der geistigen Auseinandersetzung nicht an die Regeln des zivilisierten bürgerlichen Rechtsverkehrs zu halten.[629] Es müsse ein größeres Gewicht auf die Art und Weise der Informationserlangung gelegt werden, das Sittengesetz und damit die guten Sitten seien eine Schranke aller Grundrechte.[630] Vor allem aber müsse die Pressefreiheit zu Gunsten der Bild-Zeitung beachtet werden. Unter dem weitgesteckten Schutz der Institution Presse müsse der Schutz des Vertrauensverhältnisses zwischen Presse und privatem Informanten besonders geachtet werden. Das für die Presse lebenswichtige Redaktionsgeheimnis sei nicht mehr gewährleistet, wenn Redaktionskonferenzen unmittelbar oder aus dem Gedächtnis protokolliert und diese Protokolle dann veröffentlicht werden dürften. Dabei sei es für die Informanten nicht entscheidend, ob auch deren Namen veröffentlicht würden, sondern es sei ausschlaggebend, dass die Redaktionskonferenz der zentrale Ort für die Aufbereitung und Verwertung von Informationen sei und es daher nicht ausgeschlossen werden könne, dass durch die Veröffentlichung eines Protokolls darüber zumindest indirekt Informationsquellen offen gelegt würden. Daher bedürfe es eines besonders gewichtigen Grundes, um die Veröffentlichung des Redaktionsprotokolls zu rechtfertigen,[631] wie auch das Bundesverfassungsgericht ausgeführt hat. Unseriöse Praktiken könnten für sich alleine den Schutz der Pressefreiheit der Bild-Zeitung nicht schmälern oder gar beseitigen, dies liefe auf eine eben nicht zulässige Trennung

627 *Wenzel*, Wort- und Bildberichterstattung, 5. Kap., Rn 152.
628 *Bettermann*, NJW 1981, 1065,1068.
629 *Roellecke*, JZ 1981, 688, 694f.
630 *Bettermann*, NJW 1981, 1065f.
631 *Schmitt Glaesser*, AfP 1981, 314, 316f.

von seriöser und unseriöser Presse hinaus, die durch die Gerichte – also durch staatliche Stellen – vorgenommen würde, was dem Grundrecht der Pressefreiheit zuwider liefe.[632]

Weiterhin wird die Güterabwägung – zumindest wie sie der BGH vorgenommen hat – kritisiert. Bei der Bewertung des Öffentlichkeitswertes der Informationen müsse berücksichtigt werden, dass die Boulevardpresse schon von ihrem Selbstverständnis her nicht mit der „seriösen" Presse gleichzusetzen sei. Außerdem wisse der Leser der Bild-Zeitung, dass der Großteil des Inhalts nicht wörtlich zu nehmen sei, Wahrheit und Erfindung oft nebeneinander stünden und immer vereinfachte Aufmacher verwendet würden.[633]

(bb) Die Beantwortung dieser Kritik

Dem wird berechtigt entgegengehalten, dass gravierende Missstände nur dadurch aufgeklärt werden könnten, dass im näheren oder weiteren Umfeld „undichte Quellen" existieren oder sich jemand selbst den für die Informationserlangung notwendigen Zugang verschafft. Der Zweck dürfe zwar tatsächlich im Grundsatz nicht die Mittel heiligen, es müsse aber ebenso beachtet werden, dass durch diese Art der Informationsbeschaffung immer verdeckt gehaltene Missstände aufgedeckt würden. Würde man die Veröffentlichung dessen verbieten, hätte das die Konsequenz, denjenigen Rechtsschutz zu gewähren, die selbst gegen das Recht verstoßen hätten, und zwar unter Umständen in einem weitaus größeren Maße als der sich die Information illegal Beschaffende. Daher seien in diesen Fällen die gegenüberstehenden Interessen gegeneinander abzuwägen, so dass im Falle eines überwiegenden Interesses der Öffentlichkeit die Publikation erfolgen dürfe und das rechtswidrige Handeln bei der Informationsbeschaffung gerechtfertigt wäre.[634]

Gegen das Argument, der Leser der Bild-Zeitung wisse, dass er nicht alles glauben dürfe, was in der Bild-Zeitung stehe, wird eingewendet, dass auch die Bild-Zeitung eine Zeitung sei, die für sich beanspruche, ihre Meldungen entsprächen den Tatsachen. Im Gegenteil betone die Bild-Zeitung ihren Wahrheitsanspruch vielmehr, indem sie sich häufig als Hintergründe aufdeckende und an der Quelle sitzende Zeitung darstelle.[635] Es erscheine auch nicht glaubhaft, dass die Nachrichten und Meldungen von Deutschlands größter Tageszeitung von ihren Lesern als reine Märchen und Phantastereien aufgefasst würden. Dies beweise

---

632 *Schmitt Glaesser*, AfP 1981, 314, 318.
633 *Bettermann*, NJW 1981, 1065,1068f.; *Roellecke*, JZ 1981, 688, 690.
634 *Dohnold*, ZUM 1991, 28, 30.
635 *Maier*, JZ 1982, 242.

auch die Tatsache, dass die von den Meldungen Betroffenen immer wieder versuchen würden, einen Widerruf oder eine Richtigstellung zu erreichen. Wenn diesen Meldungen keiner glauben würde, bestünde auch keine Notwendigkeit für ein solches Bemühen. Gerade weil die Bild-Zeitung ihre Meldungen anders als andere Zeitungen präsentiere, müsse sie sich diesbezüglich dem Interesse der Öffentlichkeit stellen, um nicht dem Verdacht zu unterliegen, sie hätte etwas zu verbergen.[636]

Die Bild-Leserschaft hätte zudem einen Anspruch darauf, durch Aufklärung über Korruptionsmethoden der Bild-Zeitung geschützt zu werden.[637] Es dürfe zwar nicht die illegale Informationsbeschaffung gepriesen werden, wohl aber das legitime öffentliche Interesse an Publikationsfreiheit.[638] So wird auch generell eine Freiheit für journalistische Grenzüberschreitungen gefordert, die für jegliche Publizistik gegen Verdrängungskünste täglich erstritten werden müsse. Nur so könne durch Meinungsvielfalt ein öffentliches Meinungsforum gebildet werden, in dem die bestehende Vielfalt der Meinungsrichtungen unverkürzt zum Ausdruck komme.[639]

Wenn die Gerichte nicht mehr den Inhalt der Meinungen, sondern nur noch die Mittel der Auseinandersetzung bewerten würden, stünde den Bildjournalisten das Grundrecht des Art. 5 GG ebenfalls nicht zur Seite, da sie mit den gleichen Methoden wie Wallraff arbeiten würden.[640]

(2) Die „Covance Affäre"

Ein weiterer Aufsehen erregender Fall des sog. Einschleichjournalismus war die „Covance Affäre" aus dem Jahre 2004.

Die Covance GmbH aus Münster nimmt als Forschungsinstitut Tierversuche überwiegend an Affen vor, schwerpunktmäßig im Bereich der Reproduktionstechnologie im Auftrag pharmazeutischer Unternehmen. Der Journalist Friedrich Mülln schloss in der Absicht, verdeckt im Unternehmen zu recherchieren, mit dieser am 11.03.2003 einen Arbeitsvertrag als Tierpfleger ab. Bei seiner Arbeit im Labor fertigte er mit versteckter Kamera heimlich rund 40 Stunden Filmmaterial an, das die Haltung der Affen und den Umgang mit ihnen bei und nach der Durchführung von Versuchen zeigt. Mit Schreiben vom 15.03.2003 kündigte er das Arbeitsverhältnis und stellte anschließend in Zusammenarbeit mit der briti-

636 *Dohnold*, ZUM 1991, 28, 30.
637 *Sieger*, FuR 1981, 565, 577.
638 *Sieger*, FuR 1981, 565, 580.
639 *Sieger*, AfP 1982, 11, 16.
640 *Maier*, JZ 1982, 242, 243.

schen Tierschutzorganisation BUAV (British Union for the Abolition of Vivisection) etwa 20 Minuten Rohfilmmaterial zusammen, das er der ZDF-Redaktion von „Frontal 21" anbot. Diese zeigte am 09.12.2003 einen ca. neunminütigen kritischen Filmbeitrag mit dem Titel „Tierversuche für den Profit". Zuvor hatte die „Frontal 21" Redaktion Covance per Fax um eine Stellungnahme zu fünf Fragen betreffend der Durchführung von Tierversuchen an Primaten gebeten, ohne auf das vorhandene Filmmaterial hinzuweisen. Im Folgenden kam es zu weiteren Ausstrahlungen von Ausschnitten aus diesem Filmmaterial auf Pro7 und Sat 1, das ZDF sendete wiederum in „Frontal 21" einen Folgebeitrag, der sich mit den öffentlichen Reaktionen bzgl. des Ursprungsbeitrages befasste. Die Tierschutzorganisation BUAV stellte darüber hinaus aus den heimlich gefilmten Szenen den Film „Poisoning for Profit" zusammen, der als Videokassette und CD-ROM vertrieben, sowie im Internet zum Download bereitgestellt wurde.[641]

Daraufhin beantragte die Covance GmbH zunächst im Wege einer einstweiligen Verfügung und anschließend im Hauptsacheverfahren u.a. ein Veröffentlichungsverbot sämtlichen Filmmaterials einschließlich hiervon gefertigter Standbilder, ein Verbot der Weitergabe an Dritte mit Ausnahme der Strafverfolgungs- und staatlichen Aufsichtsbehörden, sowie die Herausgabe des Filmmaterials an einen Gerichtsvollzieher als Sequester zum Zwecke der Vernichtung und/ oder Unbrauchbarmachung.

(a) Die Entscheidung des LG Münster im Hauptsacheverfahren

Das LG Münster hat der Klage im Hauptsacheverfahren stattgegeben, soweit sie die Veröffentlichung und Weitergabe des Films der BUAV, sowie der auf SAT 1 und Pro 7 gezeigten Filme betraf, im übrigen hat es die Klage als unbegründet abgewiesen.

Der verschuldensunabhängige Anspruch der Klägerin folge aus § 1004 Abs. 1 S. 2 BGB analog i. V. m. § 823 Abs. 1 BGB, Art. 2 Abs. 1 GG auf Grund einer Verletzung des in eingeschränktem Maße auch juristischen Personen zustehenden Allgemeinen Persönlichkeitsrechts und aus § 1004 Abs. 1 S. 2 BGB analog i. V. m. § 823 Abs. 2 BGB, § 186 StGB. Ein Anspruch wegen eines Eingriffs in den eingerichteten und ausgeübten Gewerbebetrieb sei subsidiär, würde aber ebenfalls zum selben Ergebnis führen. Die Klägerin genieße zwar kein mit der Redaktionskonferenz eines Presseunternehmens vergleichbares, gesteigertes Geheimhaltungsinteresse, es werde aber das Mindestmaß des gebotenen Vertrauensschutzes verletzt, wenn ein Journalist als vermeintlich loyaler Mitarbeiter

---

641 Vgl. LG Münster, Urt. v. 03.11.2004, Az.: 12 O 85/04 (www.juris.de); www.tierversuchsgegner.org/Covance-Muenster/.

in Wahrheit das Unternehmen ausspioniere, um die erlangten Informationen zu publizieren oder an Dritte weiterzugeben.

Der Verfügungsbeklagte könne sich dagegen auf die Grundrechte aus Art. 5 Abs. 1 GG berufen, verstärkt durch die verfassungsrechtliche Gewährleistung des Tierschutzes in Art. 20a GG. Im Gegensatz zur rechtswidrigen Beschaffung des Materials stehe die Verbreitung unter dem Schutz der Pressefreiheit, weil es zur Kontrollaufgabe der Presse gehöre, auf Missstände von öffentlicher Bedeutung hinzuweisen. Den Grundrechten aus Art. 5 Abs. 1 GG komme ein umso größeres Gewicht zu, je mehr es sich um einen Beitrag zum geistigen Meinungskampf in einer die Öffentlichkeit wesentlich berührende Frage handele. Tierschutz sei ein solcher die Öffentlichkeit wesentlich berührender Bereich, der als Gemeinwohl anerkannt sei.

Wie das Bundesverfassungsgericht in der Wallraff-Entscheidung[642] allerdings klar stelle, sei entscheidend auf die Zweck-Mittel-Relation abzustellen. Eine Veröffentlichung rechtswidrig erlangten Materials könne in der Regel nur zulässig sein, wenn diese rechtswidrige Zustände oder Verhaltensweisen offenbare. Eine Rechtmäßigkeit deute nämlich darauf hin, dass es sich nicht um Missstände von erheblichem Gewicht handele, an deren Aufdeckung ein überragendes öffentliches Interesse bestehe. Allerdings sei eine Veröffentlichung des Filmmaterials nicht schon deshalb nicht im öffentlichen Interesse erforderlich, weil die Strafverfolgungs- und Verwaltungsbehörden keinen Handlungsbedarf begründet sahen, die Pressefreiheit sei nicht nachrangig gegenüber der Arbeit staatlicher Behörden. Weiterhin könne es in Ausnahmefällen auch Fehlentwicklungen und Missstände geben, die nicht ausdrücklich verboten sein mögen, wie beispielsweise im vorliegenden Fall, wo sich das öffentliche Interesse mit verfassungsrechtlichen Wertenscheidungen decke. Tatsächlich weise auch das scheinbar präzise Kriterium der Aufdeckung rechtswidriger Verhaltensweisen Randunschärfen auf. Es könne sein, dass ein bestimmtes Verhalten zwar nicht rechtswidrig, das geltende Recht aber seinerseits reformbedürftig sei. Die derzeit geltende EU-Richtlinie[643] werde den Bedürfnissen der Versuchstiere in keiner Weise gerecht, weshalb die EU mittlerweile eine neue Richtlinie erarbeitet habe. Allerdings sei eine EU-Richtlinie kein unmittelbar geltendes Recht, weshalb ein alleiniger Verstoß gegen eine solche keinen Rechtsverstoß begründen könne.

Die Freiheit der Meinungsäußerung und der Presse seien schließlich auch gerade deshalb gewährleistet, um für die Allgemeinheit unsichtbare, auf andere Weise nicht zugängliche Vorgänge in das Bewusstsein der Öffentlichkeit zu bringen. Obwohl die Tierhaltung der Klägerin grundsätzlich erlaubt, ihre Versuche

---

642 BVerfGE 66, 116ff.; s.o.: 3. Kap., D., III., 2., c), aa), (1).

643 Richtlinie des Rates 86/609/EWG vom 24.11.1986 zur Annäherung der Rechts- und Verwaltungsvorschriften der Mitgliedstaaten zum Schutz der für Versuche und andere wissenschaftliche Zwecke verwendeten Tiere.

durchweg behördlich genehmigt und der Vorwurf der strafbaren Tierquälerei unberechtigt seien, enthalte das Filmmaterial dennoch bedeutsame Informationen für die öffentliche Debatte, was bereits die divergierenden Stellungnahmen mehrer Wissenschaftler zeigen würden. Außerdem bewege sich die Klägerin auf einem von der Öffentlichkeit besonders beachteten und seit langem kontrovers diskutierten Geschäftsfeld, weshalb sie von vornherein mit größerer Beobachtung und auch Kritik durch Andersdenkende rechnen müsse, ebenso wie beispielsweise die Betreiber von Atomanlagen, die Tabakindustrie oder die Hersteller von Pelzmänteln.

Wer allerdings illegal erlangte Informationen zum Angriff auf sein Opfer verbreiten wolle, müsse sich insoweit an einen durchaus strengen Bewertungsmaßstab messen lassen. Die Verbreitung verfälschter Informationen sei nicht zulässig. So erzeuge der Film „Poisoning for Profit" den verfälschten Gesamteindruck, die Klägerin verletze fortwährend das Recht. Auch die Filmbeiträge auf Pro 7 und Sat 1 seien effekthascherisch auf Sensation aus und grob verfälscht, weshalb sie ebenfalls unzulässig seien.

Es müsse aber beachtet werden, dass die Verurteilung zur Unterlassung einer Äußerung im Interesse der Grundrechte aus Art. 5 Abs. 1 GG auf das zum Rechtsgüterschutz unbedingt erforderliche beschränkt werden müsse. Daher sei der Beklagte im Grundsatz nicht daran gehindert, das vorhandene Filmmaterial zu einem neuen Film zusammenzustellen, solange dieser keine irreführende Botschaft verbreite, sei es durch verfälschenden Begleittext oder durch suggestive Schnittführung. Auch die beiden ZDF-Sendungen hält das Landgericht für zulässig, der Gesamteindruck spreche gegen ein verfälschendes Leitmotiv dieser Beiträge.[644]

(b) Das Verfahren vor dem Bundesverfassungsgericht

Nach der Entscheidung im Hauptsacheverfahren des LG Münster vom 03.11.2004[645] hatte sich das Bundesverfassungsgericht am 18.11.2004 noch mit der Verfassungsbeschwerde bezogen auf die ebenfalls beantragte einstweilige Verfügung der Klägerin zu befassen.

Das LG Münster hatte die einstweilige Verfügung insoweit erlassen, als dem Beklagten aufgegeben wurde, das gesamte Filmmaterial – einschließlich hiervon gefertigter Standbilder – weder zu veröffentlichen noch zu verbreiten. Die beantragte vollständige Herausgabe des Filmmaterials an einen Gerichtsvollzieher

---

644 LG Münster, Urt. v. 03.11.2004, Az.: 12 O 85/04 (www.juris.de).
645 S.o.: 3. Kap., D., III., 2., c), bb), (2), (a).

hatte es dagegen abgelehnt und dies auch auf den Widerspruch des Beklagten hin durch Urteil bestätigt.[646]

Der Berufung des Beklagten hatte das OLG Hamm durch Urteil vom 21.07.2004 – unter Zurückweisung des Rechtsmittels im Übrigen – insoweit stattgegeben, als dem Beklagten die Weitergabe des gesamten Film- und Bildmaterials, namentlich der beiden ZDF-Berichte untersagt worden ist.[647]

Mit der anschließenden Verfassungsbeschwerde rügte die Covance GmbH die Verletzung ihrer Grundrechte aus Art. 2 Abs. 1 und Art. 5 Abs. 3 GG durch die vorstehenden Urteile.

Das Bundesverfassungsgericht nahm die Beschwerde jedoch nicht zur Entscheidung an, da die Annahmevoraussetzungen des § 93a II BVerfGG nicht vorlägen. Der Verfassungsbeschwerde käme weder grundsätzliche verfassungsrechtliche Bedeutung zu (§ 93 Abs. 2 lit. a BVerfGG), noch sei ihre Annahme zur Durchsetzung von Grundrechten der Beschwerdeführerin angezeigt (§ 93a Abs. 2 lit. b BVerfGG). Dabei könne dahinstehen, ob sie bereits wegen Nichterschöpfung des Rechtswegs unzulässig sei, denn jedenfalls blieben die Rügen der Verletzung des in Art. 2 Abs. 1 GG geschützten Rechts am eigenen Bild und der Verletzung der Wissenschaftsfreiheit (Art. 5 Abs. 3 GG) erfolglos.

Das Recht einer juristischen Person am eigenen Bild könne auf keinen Fall weiter reichen, sondern sei im Gegenteil eher geringer als das entsprechende Recht einer natürlichen Person. Der grundrechtliche Schutz einer natürlichen Person setze grundsätzlich eine Abbildung der Person selbst voraus. Das Filmmaterial enthalte lediglich Bilder von der Betriebsstätte der Beschwerdeführerin sowie von Arbeitsvorgängen bei der Durchführung von Tierversuchen. Derartige Aufnahmen würden selbst dann nicht vom Bildnisschutz erfasst, wenn das betroffene Unternehmen im Eigentum einer natürlichen Person stehe. Auch ein Recht am eigenen Bild der auf den Aufnahmen mitabgebildeten Arbeitnehmer könne die Beschwerdeführerin nicht als eigenes Recht geltend machen, im Übrigen habe das OLG eine mögliche Beeinträchtigung von Persönlichkeitsrechten durch die Anordnung der Anonymisierung der Mitarbeiter in den Filmbeiträgen ausgeschlossen .

Die Verneinung des im Persönlichkeitsrecht wurzelnden Schutzes einer bildlichen Aufnahme von Betriebsstätten bewirke auch keine Lücke im Grundrechtsschutz, die durch eine Ausweitung des Schutzbereichs des Allgemeinen Persönlichkeitsrechts geschlossen werden müsste. Schutz im betrieblichen Bereich würden nämlich Art. 13 und Art. 12 Abs. 1 GG begründen. Während eine Ver-

646 LG Münster, Urteil vom 10.02.2004 – 12 O 7/04 (unveröffentlicht).
647 OLG Hamm, NJW 2005, 883f., dieses Urteil wurde durch das LG Münster im Hauptsacheverfahren mit Übernahme der Entscheidungsgründe in allen Punkten bestätigt, s.o.: 3. Kap., D., III., 2., c), bb), (2), (a).

letzung des Art. 13 GG im vorliegenden Verfahren nicht gerügt werde, schütze Art. 12 Abs. 1 GG zwar auch gegenüber der Verbreitung von unzutreffenden visuellen Aussagen über das Geschehen im Betrieb, das OLG habe eine Verbreitung der Filmbeiträge mit irreführenden Inhalten allerdings dementsprechend bereits versagt. Auch die Tatsache, dass der Schutz durch das Allgemeine Persönlichkeitsrecht höher sei als durch Artt. 13 und 12 Abs. 1 GG sei akzeptabel, da dieser besondere Grundrechtsschutz lediglich um der individuellen Persönlichkeit willen gewährleistet würde, der einer natürlichen Person, nicht aber einem Unternehmen zustehe.

Eine Verletzung der Wissenschaftsfreiheit aus Art. 5 Abs. 3 GG sei ebenfalls nicht gegeben, der Beschwerdegegner habe sich nicht Zugang zu Vorgängen, Dokumenten oder Forschungsergebnissen verschafft, die vor ihm geheim gehalten wurden.[648]

(3) Der ARD-Schleichwerbeskandal

Im Schleichwerbeskandal der ARD ging es ebenso wie bei der „Covance Affäre" nicht um Verstöße der Printmedien, sondern um solche des Rundfunks, weshalb der Anwendungsbereich des Pressekodex eigentlich nicht betroffen war. Die in diesen öffentlichkeitswirksamen Fällen aufgezeigten Grundsätze sind allerdings für den investigativen Journalismus insgesamt von Bedeutung.

Der „epd-medien" Ressortleiter Volker Lilienthal fand nach jahrelanger Recherche heraus, dass in der ARD Seifenoper „Marienhof" mindestens zehn Jahre lang systematisch rechtswidrige Schleichwerbung betrieben wurde. Die „Marienhof" im Auftrag der ARD herstellende Produktionsfirma Bavaria Film hatte von Mitte der Neunziger Jahre an der kommerziellen Vermittlungsagentur H+S erlaubt, verdeckte Werbung von Industrie und Interessenverbänden zu akquirieren. Von den im Laufe der Jahre zusammenkommenden Millionen (mit einzelnen „Placements" wurden bis zu 175.000 Euro eingenommen) profitierten sowohl H+S als auch Bavaria Film. So wurde beispielsweise ein Reisebüro nach „L´tur" Vorbild eingerichtet und Werbung für Last Minute Reisen gemacht oder der „Zentralverband Sanitär-Heizung-Klima" ließ von Klempnermeister Töppers ebenso die Vorteile eine Erdgasherzeigung anpreisen wie die „Arbeitsgemeinschaft textiler Bodenbelag" die von Teppichböden.[649]

Im Rahmen der verdeckten Recherche arbeitete Lilienthal mit einem befreundeten Unternehmensberater zusammen. Dieser betreibt ein Unternehmen für Personalschulungen, wo er insbesondere Verkaufstrainings durchführt. Gegenüber

---

648 BVerfG, NJW 2005, 883f.
649 FAZ v. 02.06.2005, S. 40.

H+S trat er als Berater eines fiktiven namentlich nicht genannten Kunden auf und stellte Lilienthal unter falschem Namen als seinen freien Mitarbeiter und Unternehmensberater vor. Im Namen dieses Kunden gab er an, „Sneakers", Sportmodeschuhe für junge Leute, im Programm unterbringen zu wollen. Mit Schreiben vom 21.08.2002 übersandte H+S im Anschluss an ein Telefonat vom 20.08.2002 einige Informationen über bestehende Möglichkeiten, Produkte und Themen über die emotionalen Medien „Film und Fernsehen" zu kommunizieren und auf diese Weise das Image entsprechender Kunden/ Produkte zu fördern. Nach einem Gespräch am 22.04.2003 unterbreitete H+S mit Schreiben vom 23.04.2003 dann ein schriftliches Angebot im Zehnerpaket für 175.000 Euro.[650]

Im Mai 2003 konfrontierte Lilienthal Bavaria Film mit seinen Rechercheergebnissen, worauf er und sein Recherchepartner von H+S vor dem Landgericht München verklagt wurden.[651]

(a) Die Entscheidungen des LG München I

(aa) Das Verfahren gegen Lilienthal vor dem LG

Das LG München I untersagte Lilienthal, zwei Schreiben der Agentur H+S, alle weiteren von der Klägerin im geschäftlichen Verkehr als vertraulich gekennzeichneten Informationen sowie alle Informationen, die er im Zusammenhang mit der Anbahnung der Geschäftsbeziehungen zur Klägerin erhalten hatte, Dritten mitzuteilen, weiterzugeben, zu verwerten oder in sonstiger Weise zweckwidrig zu gebrauchen. Das in Geschäftsbesprechungen vertraulich gesprochene, visuell und/ oder akustisch aufgezeichnete Wort Dritten zugänglich zu machen, zur Verfügung zu stellen oder in sonstiger Weise zu verwenden, wurde ihm ebenfalls verboten. Weiterhin wurde er zur Auskunftserteilung verurteilt, wem diese Betriebs- und Geschäftsgeheimnisse der Klägerin zur Kenntnis gebracht und gegenüber wem diese Informationen verwertet wurden. Schließlich wurde festgestellt, dass er H+S gegenüber zum Ersatz eines jeden Schadens verpflichtet sei, der durch die bezeichneten Handlungen entstanden war oder künftig noch entstehen werde.

Begründet wurde dies im wesentlichen damit, dass auf Grund des Vorspielens eines Videobandes mit der Aufnahme einer Mitarbeiterin der Klägerin gegen § 201 Abs. 1 Nr. 2 StGB verstoßen wurde und dieses Verhalten auch nicht über Art. 5 Abs. 1 GG gerechtfertigt sei. Bei der Abwägung der widerstreitenden In-

---

650   OLG München, AfP 2004, 371ff.
651   FAZ, 03.06.2005, S. 38.

teressen der Vertraulichkeit des Wortes auf der einen und des Informationsinteresses der Öffentlichkeit auf der anderen Seite müsse diese zu Gunsten der Vertraulichkeit des Wortes ausfallen, da die aufgedeckten Umstände der Bevölkerung und den für die Einhaltung der zulässigen Werbung verantwortlichen Personen ohnehin bekannt wären. Die Rechtfertigungsgründe der §§ 34 und 201 Abs. 2 StGB seien vom Wortlaut her schon nicht einschlägig. Als juristische Person des Privatrechts könne die Klägerin daher einen Anspruch aus §§ 1004, 823 Abs. 2 BGB i. V. m. § 201 StGB geltend machen, da ihre Interessen von einer Mitarbeiterin vertreten worden seien. Der Auskunftsanspruch gründe sich auf § 242 BGB.[652]

(bb) Das Verfahren gegen den Recherchepartner vor dem LG

Die gegen den Recherchepartner von Lilienthal am 23.05.2003 erlassene einstweilige Verfügung mit dem Verbot, alle im Zusammenhang mit der Anbahnung von Geschäftsbeziehungen mit der Antragstellerin in Erfahrung gebrachten Geschäfts- oder Betriebsgeheimnisse weiterzugeben, zu verwerten oder in sonstiger Weise zweckwidrig zu gebrauchen sowie das vertraulich gesprochene Wort aufzuzeichnen oder diese Aufzeichnungen zu verwerten, hat das Landgericht dagegen mit Urteil vom 28.08.2003 aufgehoben und den Antrag auf Erlass einer einstweiligen Verfügung zurückgewiesen.[653]

(b) Die Entscheidungen des OLG München

(aa) Das Verfahren gegen Lilienthal vor dem OLG

Das OLG München hat der anschließenden Berufung Lilienthals stattgegeben und entschieden, dass im Falle eines begründeten Verdachts des Anerbietens von Schleichwerbung im öffentlich-rechtlichen Fernsehen die Handlung zur Aufklärung dieses Verdachts im Rahmen einer verdeckten Recherche keine Unterlassungsansprüche bzw. Folgeansprüche des Anbieters begründen könne. Die von der Klägerin geltend gemachten und vom Landgericht zugesprochenen Unterlassungs-, Auskunfts- und Schadensersatzansprüche ständen ihr unter keinem rechtlichen Gesichtspunkt zu.

---

652 LG München I, ZUM 2004, 681ff.
653 LG München I, 28.08.2003 – 4 HKO 9748/03 (unveröffentlicht).

Unterlassungsansprüche ergäben sich zunächst nicht aus §§ 3, 4, 5 UWG n.F., es fehle an einer Wettbewerbsabsicht des Beklagten. Der Beklagte habe sich gegenüber der Klägerin zwar als Unternehmensberater ausgegeben, weshalb auf Grund objektiver Tatsachen ein Handeln zum Zwecke des Wettbewerbs vermutet würde, nach den Gesamtumständen sei auf Grund des Verhaltens des Beklagten ein anderer Sinn als eine journalistische Recherche allerdings nicht ersichtlich. Eine Klärung des Verdachts der Unterstützung der Platzierung von Schleichwerbung durch die Klägerin konnte Lilienthal nur mit Hilfe einer sog. verdeckten Recherche herbeiführen. Auch die Tatsache, dass der Beklagte Fälle recherchieren müsse, um seine journalistische Tätigkeit zu fördern, begründe keine Wettbewerbsabsicht. Andernfalls würde jede journalistische Tätigkeit den wettbewerbsrechtlichen Regelungen unterliegen.

Auch eine vertragliche Vertraulichkeitsvereinbarung begründe keinen Unterlassungsanspruch. Sofern eine solche überhaupt zu Stande gekommen sei, sei sie sowohl gem. § 138 BGB nichtig als auch die Klägerin bzgl. dieser Vereinbarung nicht schutzwürdig. Diese Nichtigkeit ergäbe sich schon aus der Tatsache, dass Schleichwerbung gegen § 7 Abs. 6 S. 1 RStV und Art. 10 Abs. 4 der Fernsehverwaltungsrichtlinie[654] verstoße. Außerdem stelle Schleichwerbung einen Verstoß gegen § 1 UWG a.F. dar, weshalb auch Angebote, die ihrer Verwirklichung dienen oder sie ermöglichen sollen, mit dem Makel der Sittenwidrigkeit behaftet seien. Die auf eine Täuschung angelegte Tarnung einer Werbemaßnahme werde regelmäßig weder dem das Wettbewerbsrecht beherrschenden Wahrheitsgrundsatz noch dem Gebot der Achtung der Persönlichkeit der Zuschauer gerecht. Es handele sich bei den maßgeblichen Schreiben entgegen der Auffassung der Klägerin auch nicht lediglich um beratende Tätigkeit eines Unternehmens, sondern eindeutig um das Angebot, die „Sneakers" zielgerichtet und bewusst in eine Handlung zu integrieren, wobei sie selbst zu einem aktiven Bestandteil dieser Handlung gemacht werden könnten und sollten. Es werde darauf hingewiesen, dass die kommunikativen Themen für die dramaturgische Einbindung der „Sneakers" in die tägliche Serie so weit wie möglich zeitlich mit den laufenden Kampagnen abgestimmt werden könnten. Auch in dem ersten Informationsschreiben werde von einer aktiven Einbindung von Produkten gesprochen und eine Zahlungsverpflichtung erst für den Fall angekündigt, dass eine entsprechende Produktintegration stattgefunden habe.

Eine Geheimhaltungsvereinbarung, die sich auf ein sittenwidriges Angebot beziehe, könne aus Rechtsgründen keinen Bestand haben, denn sie verlange, dass

---

654 Richtlinie des Rates vom 03.10.1989 zur Koordinierung bestimmter Rechts- und Verwaltungsvorschriften der Mitgliedsstaaten über die Ausübung der Fernsehtätigkeit, geändert durch die Richtlinie 97/36/EG des Europäischen Parlaments und des Rates vom 30.06.1997.

ein Verhalten geschützt werde, dass nach den rechtlichen Bestimmungen keinen Schutz für sich beanspruchen könne.

Auch aus §§ 4 Nr. 11, 17 UWG n.F. ergäben sich keine Ansprüche, da wegen der Sittenwidrigkeit des Angebots inhaltlich gesehen keine schützenswerten Betriebsgeheimnisse betroffen seien.

Ein Anspruch aus §§ 823 und 826 i. V. m. 1004 BGB scheitere daran, dass diese als allgemeine Gesetz i. S. d. Art. 5 Abs. 2 GG im Lichte des Art. 5 Abs. 1 GG ausgelegt und angewandt werden müssten, damit dessen Bedeutung auch auf der Rechtsanwendungsebene Rechnung getragen werde.

Die Täuschung, mit deren Hilfe Lilienthal die Informationen erlangt habe, führe nicht zu einer Verkürzung dieses Schutzes. Auch die Publikation rechtswidrig erlangter Informationen unterfalle dem Schutzbereich des Art. 5 Abs. 1 GG. Hinzu komme, dass die genannten Geschäftspraktiken anders als durch eine, im Einzelfall auch presseethisch gerechtfertigte, verdeckte Recherche nicht zu verifizieren seien. Schon auf Grund der Finanzierungsweise des öffentlich-rechtlichen Fernsehens bestehe ein Interesse der Allgemeinheit daran, dass nicht mittels Schleichwerbung diesem Werbeeinnahmen entgingen und auf Kosten der Allgemeinheit Geschäfte getätigt würden, deren Gewinne an ihr vorbeigeführt würden.

Ein Anspruch aus § 823 Abs. 2 BGB i. V. m. § 263 StGB scheitere jedenfalls an der nicht vorliegenden Irrtumserregung in Bereicherungsabsicht, auch eine Vermögensverfügung der Klägerin sei nicht ersichtlich.

Auch sei die Klägerin nicht befugt, Ansprüche aus § 823 Abs. 2 BGB i. V. m. § 201 StGB selbständig geltend zu machen. Jedenfalls dann, wenn die natürliche Person, deren Wort aufgezeichnet bzw. unbefugt verbreitet wurde, nicht den Status eines Organs inne habe, könne die juristische Person, deren Geschäftsinteresse betroffen sei, nicht dazu berechtigt sein, diesen Anspruch selbständig geltend zu machen. Doch selbst bei einer Anspruchsberechtigung der Klägerin müsse im Rahmen einer grundrechtskonformen Auslegung vor dem Hintergrund des Art. 5 Abs. 1 GG das Tatbestandsmerkmal „unbefugt" im Rahmen einer Abwägung so verstanden werden, dass die vom Beklagten vorgenommene Verwertung oder, falls er die Aufzeichnung selber vorgenommen haben sollte, deren Aufzeichnung und Verwertung nicht als unbefugt i. S. d. § 201 StGB angesehen werden könne.[655]

---

655 OLG München, AfP 2005, 371 ff.

(bb) Das Verfahren gegen den Recherchepartner vor dem OLG

Die Berufung von H+S gegen das den Recherchepartner Lilienthals begünstigende Urteil des Landgerichts hatte das OLG München bereits zuvor im Eilverfahren als unbegründet zurückgewiesen.

Auf § 1 UWG a.F. könne der geltend gemachte Unterlassungsanspruch nicht gestützt werden, wobei dahin stehen könne, ob zwischen den Parteien, die beide auf dem Feld der Unternehmensberatung tätig seien, ein konkretes oder jedenfalls abstraktes (vgl. § 13 Abs. 2 Nr. 1 UWG a.F.) Wettbewerbsverhältnis bestehe. Der Antragsgegner habe nämlich nicht zu Zwecken des Wettbewerbs gehandelt. Zwar spreche beim Handeln von Gewerbetreibenden im geschäftlichen Verkehr bei einer wie hier objektiv wettbewerbsgeeigneten Handlung regelmäßig eine tatsächliche Vermutung für die Annahme, dass auch in subjektiver Hinsicht die Voraussetzungen für ein Handeln zu Zwecken des Wettbewerbs gegeben seien. Ebenfalls genüge für ein Handeln in Wettbewerbsabsicht, dass mit der Handlung auch Wettbewerbszwecke verfolgt würden, so lange sie nicht als völlig nebensächlich hinter dem eigentlichen Beweggrund zurücktreten. Hier habe der Antragsgegner allerdings hinreichend glaubhaft gemacht, lediglich zu dem Zweck gehandelt zu haben, dem mit ihm befreundeten Journalisten Volker Lilienthal bei einer verdeckten journalistischen Recherche im Zusammenhang mit dem Schleichwerbeverdacht zu helfen. Auch könne über § 116 BGB eine Wettbewerbsabsicht nicht konstruiert werden. Ob der Handelnde in subjektiver Hinsicht zu Zwecken des Wettbewerbs vorgegangen sei, sei eine vom Gericht unter Berücksichtigung aller Umstände zu entscheidende Tatfrage und nicht nach den Regeln der Willenserklärung zu beurteilen.

Der Unterlassungsanspruch könne ebenso nicht über eine jedenfalls nach den Regeln des kaufmännischen Bestätigungsschreibens zu Stande gekommene Vertraulichkeitsvereinbarung hergeleitet werden. Diese sei wegen eines Verstoßes gegen die guten Sitten gem. § 138 Abs. 1 BGB nichtig.[656]

Auch die Vorschriften der §§ 823 und 826 i. V. m. 1004 BGB würden bei einer Abwägung unter Berücksichtigung des Art. 5 Abs. 1 GG nicht zu einem Unterlassungsanspruch führen.[657] Ebenfalls an einer an dieser Abwägung orientierten Konkretisierung des Merkmals „unbefugt" i. S. d. § 17 Abs. 2 Nr. 2 letzter Hs. UWG a.F. scheitere jedenfalls ein Unterlassungsanspruch aus §§ 823 Abs. 2, 1004 BGB i. V. m. § 17 Abs. 2 Nr. 2 UWG a.F.. Auch § 263 StGB sei als Schutzgesetz i. S. d. § 823 Abs. 2 BGB nicht verletzt. Gegenstand der Strafvorschrift des Betruges sei das Verbot der Vermögensschädigung durch Täuschung

---

656 Zu den Gründen s.o.: 3. Kap., D., III., 2., c), aa), (3), (b),(aa).
657 Zu den Gründen s.o.: 3. Kap., D., III., 2., c), aa), (3), (b),(aa).

und Irrtumserregung, nicht hingegen die Mitteilung, Weitergabe oder Verwertung durch Täuschung erlangter Unterlagen.[658]

bb) Divergierende Ansichten in der Literatur

Die herrschende Meinung in der presse- und medienrechtlichen Literatur hält nach der „Wallraff" Entscheidung des Bundesverfassungsgerichts[659] eine Veröffentlichung rechtswidrig erlangter Informationen unter den dort herausgearbeiteten Voraussetzungen zwar für zulässig,[660] es gibt aber auch divergierende Ansichten.

(1) Differenzierung der Reichwerte des Verwertungsverbots

Danach sei aus der Rechtswidrigkeit der Informationsbeschaffung grundsätzlich ein zivilrechtliches Verwertungsverbot zu folgern. Dieses sei als Teil der allgemeinen Gesetze i. S. d. Art. 5 Abs. 2 GG eine zulässige Beschränkung der Meinungsäußerungsfreiheit des Art. 5 Abs. 1 S. 1 GG. Es bestehe jedoch nicht in jedem Fall ein umfassendes Verwertungsverbot, sondern die Reichweite des Verwertungsverbotes sei im Einzelfall von der Form der rechtswidrigen Recherche abhängig.[661]

(a) Umfassendes Verwertungsverbot im absolut geschützten Vertraulichkeitsbereich

Es müsse für jeden Menschen einen vor Ausforschung absolut geschützten Vertraulichkeitsbereich geben.[662] Dieser läge dort, wo das Verbot der Informationsbeschaffung gerade den Zweck verfolge, dem Betroffenen in Abstimmung mit seinem Kommunikationspartner die Souveränität über seine Kommunikationsbeziehungen zu erhalten. In einem solchen Fall könne keine Abwägung zwischen Persönlichkeitsschutz und Öffentlichkeitswert mehr vorgenommen wer-

---

658 OLG München, AfP 2004, 138ff.
659 BVerfGE 66, 116ff., s.o.: 3. Kap., D., III., 2., c), aa), (1), (c).
660 Vgl. bspw. *Löffler/ Ricker*, HdbPR, 42. Kap., Rn 19ff.; Löffler – *Steffen*, Presserecht, § 6, Rn 53; *Fechner*, Medienrecht, Rn 734ff.
661 *Schlottfeldt*, Verwertung rw beschaffter Informationen, S. 287.
662 *Lerche*, AfP 1976, 55, 56.

den, vielmehr müsse ein umfassendes Verwertungsverbot gewährleistet sein.[663] Das Bewusstsein eines unbefugten Zeugens vertraulicher Kommunikation wiege für sich genommen schon schwer genug, die Offenbarung dieser rechtmäßig abgeschirmten Kommunikation gegenüber der Öffentlichkeit stelle allerdings eine noch weitaus erheblichere Intensivierung der Belastung des Betroffenen dar. Wichtiger als die Bestrafung der Informationserlangung sei für diesen regelmäßig die möglichst umfassende Bewahrung seiner Geheimnisse.[664] Aus diesem Grund bestünden bei staatlichen Informationseingriffen in den Vertraulichkeitsbereich besondere Zweckbindungsgebote für die derart beschafften Kenntnisse. Auf der zivilrechtlichen Seite könne die Integrität des Vertraulichkeitsbereichs aber nur durch ein Verwertungsverbot für unzulässig beschaffte Informationen gesichert werden.[665]

(b) Relatives Verwertungsverbot bei authenzitätsbeanspruchender Fixierung

Bei rechtswidrig aufgenommen Photos, Videos oder Telefonmitschnitten sei häufig nicht nur die Offenlegung von Vertraulichkeitsbereichen zu beanstanden, sondern auch die Verletzung der Flüchtigkeit der Kommunikation oder Lebenssituation, auf die der Betroffene vertraut habe. Allerdings dürfe man nicht jede Information mit einem Verwertungsverbot belegen, nur weil sie in rechtswidriger Weise dokumentiert wurde. So sei beispielsweise die Veröffentlichung eines Photos der sterbenden Prinzessin Diana auf Grund ihres nicht mehr auszuübenden Selbstbestimmungsrechts rechtswidrig, eine Beschreibung dieses Photos aber zulässig, da dies jedem Beobachter auch ohne Kamera möglich gewesen wäre.[666]

(c) Neutralität gegenüber Inhalten

Auf Grund des inhaltsneutral ausgestalteten Beschaffungsverbotes, zu dem insbesondere die Bestimmungen zum Schutz besonderer Kommunikationsmedien und die Vorschriften zum Schutz vor Ausspähung des persönlichen Kommunikationsbereiches gehören, könne sinnvollerweise auch in der Verwertungsfrage nicht nach bestimmten Kommunikationsinhalten differenziert werden.

---

663 *Lerche*, AfP 1976, 55, 61; *Heyde*, ZRP 1977, 31, 32.
664 *Lerche*, AfP 1976, 55, 60.
665 *Schlottfeldt*, Verwertung rw beschaffter Informationen, S. 288f.
666 *Schlottfeldt*, Verwertung rw beschaffter Informationen, S. 289.

So unterliege die Bagatellklausel der „berechtigten Interessen" in § 201 Abs. 2 S. 2 StGB schon wegen des strafrechtlichen Bestimmtheitsgebotes verfassungsrechtlichen Bedenken. Ebenso sei die Beschränkung des Verwertungsverbotes auf den wesentlichen Inhalt (§ 201 Abs. 2 Nr. 2 StGB) abzulehnen, da es im Interesse eines effektiven Schutzes des persönlichen Lebens- und Geheimbereiches nur auf die Maßstäbe des Betroffenen ankommen könne, die niemand anders als er selbst zuverlässig zu bestimmen in der Lage wäre.[667]

(d) Reichweite des Diskretionsschutzes als Grenze des Verwertungsverbotes

Weiterhin erscheine der Betroffene gegenüber dem Risiko fehlerhafter Vertrauensbetätigung seines selbst gewählten Kommunikationspartners weniger schutzwürdig als im Falle eines „Fremdzugriffs". Einen gesetzlichen Diskretionsschutz finde man nur dort, wo das Wissen um die Vertraulichkeit der Kommunikation Voraussetzung für das Erreichen der damit verfolgten Ziele sei, etwa bei Angehörigen der Heil- und Beratungsberufe (vgl. § 203 StGB), bei der Entscheidungsfindung in besonderen Gremien (vgl. § 43 DRiG) oder bei Personen des öffentlichen Dienstes (vgl. §§ 353b, 353d StGB).[668]

Obwohl der Betroffene durch die Kundgabe der Information an den Gesprächspartner ein gewisses Risiko des Geheimnisverlustes selbst gesetzt habe, verkürze dies nicht automatisch seinen Schutz vor fremder Ausforschung. Es sei fraglich, ob man den Betroffenen auf dieses Risiko hypothetischer Indiskretion verweisen könne. Eine Berufung auf solche Reserveursachen erscheine problematisch, da dadurch das Indiskretionsrisiko mit dem Risiko eines Eindringens von Außen vermengt und dem Betroffenen so die Möglichkeit genommen werde, sich mit der Darlegung der Sorgfalt seiner Risikoentscheidung zu entlasten.

Bei der investigativen Recherche im sozialen Kontakt mit dem Betroffenen bestehe daher ein Verwertungsverbot, wenn der Recherchierende in ein rechtlich privilegiertes Kommunikationsverhältnis eingreife, nicht aber, wenn Kenntnisse innerhalb einer vom Betroffenen selbst eröffneten Chance des sozialen Kontakts erlangt werden. Zu beachten sei allerdings stets die Grenze des beschaffungsunabhängigen Geheimnisschutzes.[669]

---

667 *Schlottfeldt*, Verwertung rw beschaffter Informationen, S. 289f.
668 *Steffen*, AfP 1988, 117, 119.
669 *Schlottfeldt*, Verwertung rw beschaffter Informationen, S. 290f.

(e) Zulässigkeit der Verwertung in Notstandsfällen

Im Interesse einer wirksamen Gefahrenabwehr könne es aber Ausnahmen dieses Verwertungsverbotes geben. Unabhängig von der Herkunft der Information sei jeder Bürger schon durch § 138 StGB verpflichtet, zur Verhinderung der dort aufgeführten Katalogtaten aktiv zu werden. Grundsätzlich seien für die Abwehr von Gefahren allerdings die einschlägigen Behörden zuständig, weshalb nicht jede Gefahr eine Veröffentlichung rechtfertige. Beachtet werden müsse außerdem, dass sich auch die Gefahrenabwehrbehörden der Massenmedien bedienen könnten, weshalb es entscheidend darauf ankäme, dass nur durch ein unverzügliches „an die große Glocke Hängen" der Gefahr begegnet werden könne.[670] In einem solchen Fall handele es sich dann aber auch nicht mehr um den Konflikt zwischen Persönlichkeitsschutz und Kommunikationsfreiheit, sondern zwischen Persönlichkeitsschutz und den Rechtsgütern der Gefährdeten. In der Praxis gehe es dann meist um den Bereich des politischen Widerstandsrechts, etwa die Vorbereitung eines Staatsstreiches oder um die Planung eines Mordes oder einer Geiselnahme.[671]

(2) Umfassendes Verwertungsverbot für den „Rechtsbrecher"

Teilweise wird sogar ein absolutes Verwertungsverbot für denjenigen gefordert, der den Rechtsbruch begangen hat. Ihm seien die Früchte dieses Rechtsbruches zu nehmen, für eine Privilegierung rechtswidriger Recherche bestehe kein Anlass. Diese verpflichte den Journalisten nämlich gem. § 823 Abs. 2 BGB i. V. m. dem verletzten Schutzgesetz[672] oder gem. § 823 BGB oder § 826 BGB zum Schadensersatz. Die Rechtsfolge ergebe sich dann aus § 249 Abs. 1 BGB, wonach der Zustand wiederherzustellen sei, der bestehen würde, wenn der Eingriff nicht erfolgt wäre. Folglich sei das durch die rechtswidrige Recherche Erlangte an den Gläubiger herauszugeben oder zu vernichten, zumindest sei aber dessen Verwertung zu unterlassen. Schuldner dieses Anspruchs sei jedoch nur der, der selbst recherchiert bzw. die Recherche beauftragt hätte.[673]

---

670 *Lerche*, AfP 1976, 55, 61.
671 *Heyde*, ZRP 1977, 31, 32.
672 Zur Verletzung möglicher Schutzgesetze s.o.: 3. Kap., D., III., 1.
673 *Wente*, ZUM 1988, 438, 441 ff.

(3) Verwertung unzulässig beschaffter Informationen durch Dritte

Gesondert betrachtet werden muss das Feld der Verwertung unzulässig beschaffter Informationen durch Dritte. Die Tatsache, dass kein Verbot existiert, rechtswidrig erlangte Informationen zugespielt zu bekommen, bedeutet nicht zwangsläufig den Umkehrschluss, dass die Veröffentlichung dieser Informationen zulässig ist. Obwohl die Entgegennahme solcher Informationen regelmäßig keinen deliktischen Tatbestand erfüllt, ist es fraglich, ob nicht die Rechtswidrigkeit des Beschaffungsaktes eines Dritten auf die Publikation durchschlägt.[674]

(a) Generelle Unzulässigkeit der Drittverwertung

Zumindest der unzulässige Mitschnitt eines Telefonates wird teilweise als ein so gravierender Einbruch in die Vertraulichkeitssphäre des Betroffenen angesehen, dass daraus ein generelles Drittverwertungsverbot folge. Wenn ein Telefongespräch unter Verletzung von § 201 StGB aufgezeichnet worden sei, dann sei die Verbreitung nicht nur demjenigen untersagt, der den Mitschnitt angefertigt habe, sondern ebenfalls allen Empfängern dieses Mitschnitts.[675] Passivlegitimiert bezüglich eines solchen Unterlassungsanspruches sei also grundsätzlich jeder Verbreiter, auch derjenige, der an der unzulässigen Beschaffung unbeteiligt war.[676] Der Gegenstand des Telefonats sei für die Bewertung der Frage der Zulässigkeit der Veröffentlichung grundsätzlich ohne Belang, es komme nicht darauf an, welcher Persönlichkeitssphäre der Gesprächsinhalt zuzuordnen sei. Der Respekt vor dem unverzichtbaren persönlichkeitsrechtlichen Vertrauensschutz verlange, dass auch solche in strafrechtlich relevanter Weise angefertigten Telefonmitschnitte öffentlich unverwertet blieben, die berufliche oder sogar politische Fragen beträfen. Eine Ausnahme bestehe nur dann, wenn der Inhalt des Telefonats seinerseits eine rechtswidrige Handlung von einiger Tragweite bzw. deren Planung offenbare.[677]

---

674   *Schlottfeldt*, Verwertung rw beschaffter Informationen, S. 291f.
675   BGH, NJW 1979, 647.
676   *Wenzel*, Wort- und Bildberichterstattung, 10. Kap., Rn 25.
677   *Wenzel*, Wort- und Bildberichterstattung, 10. Kap., Rn 22.

(b) Keine Drittverwertung bei erkennbarer Rechtswidrigkeit der Recherche

Eine weitere Ansicht geht davon aus, dass es für die Zulässigkeit der Drittverwertung darauf ankomme, ob das Presseunternehmen die Rechtswidrigkeit der vorangegangenen Recherche erkennen konnte oder nicht. Wenn es in der pressespezifischen Situation zeitlicher Bedrängnis die Möglichkeit gab, die Unlauterkeit der Informationsbeschaffung zu erkennen oder sie der verarbeitende Journalist sogar erkannt hat, so mache er sich die „giftigen Früchte" dieser rechtswidrigen Recherche zu eigen. Wenn dies aber unter dem Druck der aktuellen Berichterstattung nicht möglich gewesen sei, schlage die Rechtswidrigkeit der Informationsbeschaffung auch nicht auf deren Veröffentlichung durch.[678] Im Wallraff-Urteil differenziert auch das Bundesverfassungsgericht in ähnlicher Weise, indem es bei einer generellen Abwägung mit einzubeziehen verlangt, ob es sich um einen vorsätzlichen Rechtsbruch des Journalisten handele oder ob die Rechtswidrigkeit der Informationsbeschaffung auch bei Wahrung der publizistischen Sorgfaltspflicht für ihn nicht einmal erkennbar gewesen sei.[679]

Um in der Praxis zu gerechten Ergebnissen zu kommen, wird vertreten, bei typischerweise unzulässig beschafften Informationen mit einer Umkehr der Beweislast zu arbeiten. Danach wäre die Unzulässigkeit der Informationsbeschaffung für authentizitätsbeanspruchende Darstellungen zu vermuten, die nicht dem öffentlichen Raum entstammen oder Vorgänge des öffentlichen Lebens dokumentieren.[680]

(c) Zulässigkeit der Drittverwertung

Der Bundesgerichtshof geht dagegen auch in dem Fall, dass die Rechtswidrigkeit der Recherche für die Presse erkennbar war, nicht von einer generellen Unzulässigkeit der Drittverwertung aus. Die Kontrollaufgabe der Presse könne leiden, wenn man der Presse ein absolutes Verwertungsverbot bezüglich solcher Informationen auferlege, die zwar nach ihrer Kenntnis, aber ohne ihre Beteiligung in rechtswidriger Weise erlangt worden wären. Allerdings habe sie selbst eine Verantwortung gegenüber der Person des Betroffenen, über dessen schützenswerten Belange sie sich nicht rücksichtslos hinwegsetzten dürfe.[681]

---

678 *Lerche*, AfP 1976, 55, 61.
679 BVerfGE 66, 116, 137f.
680 *Schlottfeldt*, Verwertung rw beschaffter Informationen, S. 302.
681 BGH, NJW 1987, 2667, 2669.

Die Literatur geht zum Teil noch weiter, danach dürfe eine dem Journalisten nur zugespielte rechtswidrig erlangte Information von diesem generell verwertet werden. Eine gesetzliche Schranke, die die Veröffentlichung einer von einem Dritten rechtswidrig erlangten oder weitergegebenen Information verbiete, sei nicht ersichtlich. Etwas anderes gelte nur dort, wo die Verwertung selbst einen Deliktstatbestand erfüllen würde.[682]

(d) Zulässigkeit der Folgeverwertung

Ein weiteres Problem stellt die Zulässigkeit der Folgeverwertung dar, also die Verbreitung einer offensichtlich rechtswidrig erlangten Information durch ein anderes Medium nach deren Erstveröffentlichung. Diese wird unter dem Gesichtspunkt für zulässig erachtet, dass die Publikation unter Umständen einen eigenständigen Informationswert habe, der in der Tatsache der Erstveröffentlichung liege. Außerdem müssten die Grundbedingungen publizistischer Effektivität und publizistischen Wettbewerbs beachtet werden, weshalb es übertrieben sei, in solchen Fällen völlige Enthaltsamkeit zu fordern.[683]

So gehe auch der Unterlassungsanspruch gegen den Verbreiter unzulässig beschaffter Informationen unter, wenn das Geheimhaltungsinteresse infolge Veröffentlichung entfallen sei. Eine einmalige Veröffentlichung werde hierzu im Allgemeinen allerdings nicht ausreichen, besonders, wenn sie nur in geringer Auflage oder lediglich regional begrenzt erfolgt sei.[684]

Auch müsse eine gewisse Zurückhaltung bei der nachfolgenden Berichterstattung beachtet werden, gerade unter dem Gesichtspunkt, dass jede neue Veröffentlichung den Kreis derer, die diesen Vertrauensbruch wahrnehmen, faktisch vergrößere.[685]

cc) Stellungnahme zur Verwertbarkeit rechtswidrig erlangter Informationen

Meiner Meinung nach ist die vom Bundesverfassungsgericht vorgenommene Trennung bei der Bewertung von rechtswidriger Recherche und der Publikation der dadurch rechtswidrig erlangten Informationen durchaus sinnvoll.

---

682 *Wente*, ZUM 1988, 438, 443.
683 *Lerche*, AfP 1976, 55, 62.
684 *Wenzel*, Wort- und Bildberichterstattung, 10. Kap., Rn 25.
685 *Lerche*, AfP 1976, 55, 62.

Nur so kann einerseits deutlich gemacht werden, dass die Form der Recherche gegen gesetzliche Regeln verstößt und damit für sich gesehen grundsätzlich zu missbilligen ist, andererseits aber die hierdurch aufgedeckten Missstände eventuell eine so große Bedeutung für die Öffentlichkeit haben, dass sie ihr nicht vorenthalten werden dürfen.

Ein aus der rechtswidrigen Recherche generell folgendes Verwertungsverbot der dadurch erlangten Informationen lehne ich folglich ab. Es ist gerade nicht so, dass die Presse ihr „Wächteramt" auch ohne verdeckte Recherche ausüben könnte, sie bekommt eben keine ausreichenden Informationen durch undichte Stellen und andere Dritte, wie insbesondere die Aufdeckung des ARD Schleichwerbeskandals zeigt.[686] Abgesehen davon stellt sich auch bei den sog. undichten Stellen das Problem der Drittverwertung rechtswidrig erlangter Informationen[687] vor dem Hintergrund, dass diese durch ihre Indiskretionen unter Umständen Geheimnisschutzvorschriften verletzen.

(1) Erstmalige Veröffentlichung selbst recherchierten Materials

Jeder Mensch muss zwar einen Bereich haben, in dem er sich frei und ungehindert äußern kann, ohne Angst davor haben zu müssen, dass seine dort getätigten Aussagen von unbeteiligten Dritten an die Öffentlichkeit getragen werden. Allerdings sucht sich auch jeder seinen Gesprächspartner selbst aus und muss sich seiner Loyalität sicher sein, bevor er ihm brisante Informationen anvertraut. Daher muss streng unterschieden werden zwischen der Veröffentlichung der kommunizierten Informationen durch den Gesprächspartner und einer solchen durch einen Dritten, der widerrechtlich in den Kommunikationsvorgang eingedrungen ist.

(a) Einbruch in die Kommunikationssphäre von außen

Diesem widerrechtlich in eine fremde Kommunikationssphäre eindringenden Dritten muss die Veröffentlichung der illegal erlangten Informationen prinzipiell verboten werden und zwar auch dann, wenn dadurch keine berechtigten Interessen eines anderen beeinträchtigt werden[688]. Auch reicht eine Beschränkung auf den wesentlichen Inhalt[689] nicht aus, vielmehr darf meines Erachtens grundsätz-

---

686 S.o.: 3. Kap., D., III., 2., c), aa), (3).
687 S.u.: 3. Kap., D., III., 2., c), cc), (2).
688 Bagatellklausel in § 201 Abs. 2 S. 2 StGB.
689 Vgl. § 201 Abs. 2 Nr. 2 StGB.

lich nichts aus diesem Gespräch veröffentlicht werden. Problematisch ist es allein schon, wenn ein Dritter beurteilt, wann berechtigte Interessen des Betroffenen verletzt sind. Außerdem besteht meiner Ansicht nach durchaus ein berechtigtes Interesse daran, dass aus einem persönlichen Telefongespräch überhaupt nichts an die Öffentlichkeit gelangt und sei es noch so belanglos. Im Übrigen kann allein schon die Tatsache, mit wem ein Gespräch geführt wurde, für den Betroffenen unangenehme Folgen haben.

So darf aus einer persönlichen Korrespondenz, wobei es unerheblich ist über welches Kommunikationsmedium sie geführt wurde, von einem Dritten nichts veröffentlicht werden, es sei denn, es werden dadurch überragende öffentliche Interessen wahrgenommen[690]. Solche überragenden öffentlichen Interessen dürften allerdings lediglich bei der Aufdeckung von Katalogtaten der §§ 129a I, 138 I StGB, schwerwiegenden Verstößen gegen das Außenwirtschaftsgesetz oder öffentlichem Missständen von erheblichem Gewicht vorliegen. Das Privatleben und die Intimsphäre beispielsweise von Politikern haben dagegen absolut tabu zu sein, ersteres zumindest dann, wenn es den Betroffenen für das von ihm ausgeübte oder angestrebte Amt nicht vollkommen disqualifiziert.[691] Allerdings stellt sich die Folgefrage, wann „öffentliche Missstände von erheblichem Gewicht" vorliegen. Hier ist die Messlatte höher anzulegen als bei den Fällen des „Einschleichjournalismus", wo wenigstens ein persönlicher Kontakt zwischen dem Betroffenen und dem Journalisten stattfindet, während der vorstehend behandelte Fall durch das Eindringen eines außenstehenden Dritten in einen privaten Kommunikationsvorgang gekennzeichnet ist. Demnach ist neben dem am Beispiel des Politikers dargestellten Fall, dass sich jemand auf Grund dieser Informationen als vollkommen ungeeignet zur Bekleidung seines öffentlichen Amtes erweist, höchstens noch der Fall als weiterer „öffentlicher Missstand von erheblichem Gewicht" zu nennen, in dem der Betroffene beträchtlichen Schaden für die Allgemeinheit angerichtet hat oder anzurichten droht, wobei die meisten denkbaren Fälle ohnehin in den Katalogtaten der §§ 129a I, 138 I StGB enthalten sind.

(b) Indiskretionen des Gesprächspartners oder Mitarbeiters

Dagegen ist man gegen die Indiskretion seines Gesprächspartners grundsätzlich nicht geschützt, es sei denn, es wurde vertraglich – ohne damit gegen die guten

---

690 Vgl. § 201 Abs. 2 S. 3 StGB.
691 So auch Schönke/ Schröder – *Lenckner*, StGB, § 201, Rn 33a.

Sitten zu verstoßen – eine besondere Vertraulichkeit vereinbart oder es bestehen besondere gesetzliche Diskretionsvorschriften.[692]

Wenn sich jemand allerdings durch Täuschung die Möglichkeit zum persönlichen Gespräch oder zur Beschäftigung in einem Betrieb erschleicht, den er lediglich ausspionieren will, liegt dem zwar immer noch eine autonome Entscheidung des Betroffenen zu Grunde, eine Veröffentlichung der erschlichenen Informationen muss aber unterbleiben, solange keine rechtswidrigen Machenschaften aufgedeckt werden. Es muss beachtet werden, dass eben diese autonome Entscheidung vom Betroffenen nicht getroffen worden wäre, wenn er die wahren Absichten seines Gegenübers gekannt hätte. Daher sind strenge Anforderungen an den Öffentlichkeitswert der durch die rechtswidrige Recherche erlangten Informationen zu stellen. Das Merkmal der Rechtswidrigkeit der dadurch aufgedeckten Missstände ist dabei ein guter Richtwert, auch wenn ein alleiniges Abstellen auf dieses Merkmal ebenfalls Probleme birgt, wie die „Covance Affäre"[693] zeigt.

Allein aus Bestimmtheits- und Vorhersehbarkeits- und damit aus Praktikabilitätsgründen halte ich allerdings ein striktes Abstellen auf das Merkmal der Rechtswidrigkeit für die beste Lösung. Die erste Besonderheit in der „Covance Affäre" war die vom LG Münster zugestandene Reformbedürftigkeit des Rechts im Bereich des Tierschutzes. Aber auch wenn unter Umständen schon eine neue europäische Richtlinie erarbeitet worden ist, kann es zur aktuellen rechtlichen Bewertung nur auf die gegenwärtig gültige Richtlinie bzw., da eine Richtlinie kein unmittelbar geltendes Recht ist, deren Umsetzung ankommen. Es ist außerdem nicht so, dass jegliche Diskussion über die hier in Rede stehenden Tierversuche erstickt werden soll, man muss sich immer wieder in Erinnerung rufen, dass es lediglich um die Veröffentlichung rechtswidrig erlangten Filmmaterials ging. Auch wenn es sicherlich eine – wünschenswerte – öffentliche Diskussion über Tierversuche gibt, so hielten sich die hier durchgeführten Versuche im Bereich des geltenden Rechts, weshalb die Veröffentlichung des Filmmaterials hätte verboten werden sollen. Die Presse soll zwar verborgene Missstände aufdecken und die öffentliche Diskussion anregen, solange allerdings keine rechtswidrigen Machenschaften aufgedeckt werden, sollte sich auch der Journalist bei seiner Recherche an das geltende Recht halten. Niemand hindert die Presse daran, über Tierversuche oder ähnliches zu berichten und damit die öffentliche Diskussion in Gang zu halten oder wieder aufleben zu lassen, nur sollte dabei ein illegales Vorgehen vermieden werden.

Ohnehin kann man auch im Falle der Aufdeckung von tatsächlich rechtswidrigen Missständen die begangenen Rechtsbrüche des Journalisten und Betroffenen

---

692 S.o.: 3. Kap., D., III., 2., c), bb), (1), (d).
693 S.o.: 3. Kap., D., III., 2., c), aa), (2).

nicht gegeneinander aufrechnen. Dennoch mutet es merkwürdig an, auch in einem solchen Fall dem Journalisten die Veröffentlichung seiner Rechercheergebnisse zu versagen und damit dem Rechtsbrecher den Schutz der Rechtsordnung zur Geheimhaltung seines Rechtsbruches zu gewähren. Der Journalist hat keine Erlaubnis zum Rechtsbruch während seiner Recherche und sollte sich grundsätzlich auch immer als solcher zu erkennen geben. Wenn er dies nicht tut, lebt er mit dem Risiko rechtlicher und sozialer Sanktionen. Nur wenn er während seiner verdeckten Recherche wirklich rechtswidrige Missstände von öffentlicher Bedeutung aufdeckt, darf er seine Rechercheergebnisse auch veröffentlichen. Wenn sich sein Verdacht entkräftet, hat er alles Material zu vernichten und seine Nachforschungen einzustellen, so dass von seinem „geheimen Vorbehalt" der verdeckten Recherche unter Umständen nie jemand anderes als er selbst Kenntnis erlangt, auch vor dem Hintergrund, dass er unter Umständen den strafbaren Versuch eines Tatbestandes aus dem StGB verwirklicht haben sollte.

(c) Form der Veröffentlichung

Die Presse muss demnach auf Grund ihrer „Wächterfunktion" die Möglichkeit haben, auch Informationen aufzudecken, die der Betroffene nicht freiwillig herausgeben will. Die Presse ist in der Erfüllung ihrer öffentlichen Aufgabe nicht nur ein Korrektiv staatlicher Herrschaft[694], sondern hat auch in der Gesellschaft vorhandene Missstände aufzudecken, die nicht diesem Bereich entstammen. Zur herkömmlichen Funktion der Presse gehören die Kritik und die Stellungnahme zu allen Vorgängen des öffentlichen Lebens. So liegt die gesamte publizistische Tätigkeit im öffentlichen Interesse, nicht nur die politische Information,[695] zumal von Texten mit unterhaltendem Charakter unter Umständen das politische und gesellschaftliche Bewusstsein stärker geprägt wird als von politischen Beiträgen. Gerade Artikel mit sensationellem Gehalt sind geeignet, die Bereitschaft sozial schwacher oder weniger gebildeter Schichten zu wecken, eine Information zu Kenntnis zu nehmen.[696] Dieses Argument soll nicht die mit Recht hohen Anforderungen an die Veröffentlichung rechtswidrig erlangter Informationen herabsetzten und so die Veröffentlichung von „Klatschgeschichten" legitimieren, sondern verdeutlichen, dass in dem Fall, in dem eine rechtswidrig erlangte Information auf Grund der mit ihr betriebenen Aufdeckung von Missständen von erheblichem öffentlichen Interesse grundsätzlich nicht nur die seriöse FAZ-Berichterstattung, sondern auch die reißerische Bild-Reportage gerechtfertigt ist,

---

694 *Faller*, AfP 1981, 430, 432.
695 Ausführlich zur öffentlichen Aufgabe der Presse und den verschiedenen Auffassungen *Löffler/ Ricker*, HdbPR, 3. Kap., Rn 4ff.
696 *Löffler/ Ricker*, HdbPR, 3. Kap., Rn 16.

es sei denn, sie verstößt ihrerseits wieder gegen das Allgemeine Persönlichkeitsrecht der Betroffenen.

(2) Drittverwertung rechtswidrig erlangter Informationen

Eine ausnahmslose Unzulässigkeit der Drittverwertung rechtswidrig erlangter Informationen ist meines Erachtens nicht sachgerecht, auch hier muss differenziert werden.

(a) Positive Kenntnis von der rechtswidrigen Erlangung der Informationen

In dem Fall, in dem der Journalist, der die Information von einem Dritten bekommen hat, positiv von ihrer rechtswidrigen Erlangung weiß, kann für die Frage ihrer Verwertbarkeit nichts anderes gelten als wenn er die rechtswidrige Recherche selbst durchgeführt hätte. Es besteht also eine grundsätzliche Unzulässigkeit der Verwertung dieser Information, es sei denn ein überragendes öffentliches Interesse rechtfertigt ausnahmsweise die Veröffentlichung.[697] Ansonsten könnte das Problem der Unzulässigkeit der Veröffentlichung der rechtswidrig erlangten Informationen einfach dadurch umgangen werden, dass der recherchierende Journalist unter Schilderung des kompletten Ablaufs der Recherche seine Ergebnisse weitergibt, damit ein anderer sie veröffentlicht oder sogar ein Presseunternehmen gezielt Dritte mit einer rechtswidrigen Recherche beauftragt, sich die Informationen übermitteln lässt und diese dann veröffentlicht.

(b) Fahrlässige Unkenntnis der rechtswidrigen Informationserlangung

Wenn der verarbeitende Journalist die Rechtswidrigkeit der Informationserlangung zwar nicht erkannt hat, sie aber bei Beachtung der journalistischen Sorgfaltspflichten[698] hätte erkennen müssen, muss er sich hinsichtlich der Frage der Zulässigkeit der Veröffentlichung dieser Informationen so behandeln lassen, als hätte er die Rechtswidrigkeit gekannt. Wenn nur auf die positive Kenntnis abgestellt werden würde, würde man den Journalisten dafür belohnen, dass er die ihm obliegenden Sorgfaltspflichten nicht gewissenhaft eingehalten hat. Da die Sorgfaltspflichten aber gerade zur Legitimation der öffentlichen Aufgabe der Presse benötigt werden, ist es nicht sachgerecht, dass der Journalist durch ein

---

697 S.o.: 3. Kap., D., III., 2., c), cc), (1).
698 Zu den Sorgfaltspflichten s.o.: 3. Kap., D., II., 2.

reines Abstellen auf die positive Kenntnis von der Rechtswidrigkeit der Informationserlangung zur Nichtbeachtung der Sorgfaltspflichten animiert wird.

(3) Folgewertung bereits veröffentlichter rechtswidrig erlangter Informationen

Wenn eine rechtswidrig erlangte Information veröffentlicht wurde, ist sie erst einmal in der Welt. Dies spricht dafür, dass auch andere Zeitungen oder Medien diese veröffentlichen dürfen. Allerdings ist die Belastung für den Betroffenen ungleich größer, wenn mehrere Zeitungen über ihn und sein meist nur angebliches oder zumindest rechtlich nicht relevantes[699] Fehlverhalten berichten als wenn dies nur eine tut, da viele Menschen lediglich (wenn überhaupt) eine Zeitung lesen.

Durch eine einmalige Veröffentlichung ist daher meines Erachtens das Geheimhaltungsinteresse des Betroffenen zwar geringer geworden, da eine völlige Geheimhaltung nicht mehr möglich ist. Dennoch besteht noch immer ein anzuerkennendes relatives Geheimhaltungsinteresse, dass sowenig Menschen wie möglich von dieser Information Kenntnis erlangen, weshalb eine Folgewertung unterbleiben sollte. Auch die Regeln des publizistischen Wettbewerbs sprechen meiner Meinung nach nicht gegen diese Auffassung. Auf diesen Sachverhalt lässt sich der für Art. 3 GG geltende Satz „Keine Gleichheit im Unrecht!"[700] übertragen.

(4) Mittelbare Informationserlangung durch die rechtswidrige Recherche

Etwas anderes gilt allerdings, wenn durch die Veröffentlichung der rechtswidrig erlangten Information neue (zulässige) Recherchen veranlasst wurden, bei denen weitere Informationen ans Tageslicht gelangen. Ein Verbot der Verwertung solcher Informationen, die nur mittelbar auf Grund der rechtswidrigen Recherche erlangt wurden, besteht nämlich nicht. Die im Strafprozessrecht bestehende Diskussion[701] um die Verwertbarkeit von Beweismitteln, die in Folge verbotener Vernehmungsmethoden gem. § 136a StPO gewonnen wurden, lässt sich auf die Frage der rechtswidrigen Informationsbeschaffung durch die Medien nicht übertragen. Das Verhältnis zwischen Medien und Betroffenen als im Kern zivilrecht-

---

699 Wenn der Betroffene sich rechtswidrig verhalten hätte, dürfte die rechtswidrig erlangte Information prinzipiell veröffentlicht werden.

700 *Jarass/ Pieroth*, GG, Art. 3, Rn 36.

701 Vgl. *Roxin*, Strafverfahrensrecht, § 24, Rn 47, m. w. N.

liche Beziehung unterliegt nicht denselben Restriktionen wie das von Grundrechten und dem Rechtsstaatsprinzip durchwirkte Staat-Bürger-Verhältnis.[702] Nur weil zu einer Geschichte einmal rechtswidrig erlangte Informationen veröffentlicht wurden, kann es kein immerwährendes Verbot der Berichterstattung über diese geben. Auch hier gilt allerdings die Maßgabe der größtmöglichen Rücksichtnahme der Belange des Betroffenen.

IV. Ziffer 5: Berufsgeheimnis

Die Ziffer 5 des Pressekodex lautet:

> „Die Presse wahrt das Berufsgeheimnis, macht vom Zeugnisverweigerungsrecht Gebrauch und gibt Informationen ohne deren ausdrückliche Zustimmung nicht preis.
> Die vereinbarte Vertraulichkeit ist grundsätzlich zu wahren."[703]

Die Wahrung des Berufsgeheimnisses und damit der Vertraulichkeit ist sowohl vor als auch nach der Veröffentlichung sicherzustellen. In besonderem Maße gilt dies bei einer diesbezüglichen Vereinbarung.

Es entspricht einer langen Tradition und gehörte schon in der Kaiserzeit zum gefestigten Standesrecht der Presse, das Redaktionsgeheimnis zu wahren. Besonderes Aufsehen erregte 1875 ein gerichtliches Massenzwangsverfahren gegen die Redakteure der Frankfurter Zeitung. Ihr Verleger Leopold Sonnemann und vier seiner Redakteure verbrachten damals insgesamt siebeneinhalb Monate im Gefängnis, weil sie ihre Informanten nicht preisgeben wollten.[704] Von 1871 bis 1879 mussten die Redakteure der Frankfurter Zeitung zusammengerechnet drei Jahre und vier Monate Zeugnis-Zwangshaft unter zum Teil schikanösen Bedingungen im Gefängnis erdulden. Auch die Einlassung der Zeitung, ihre Redakteure, insbesondere der verantwortliche Redakteur, übernähmen die volle strafrechtliche Verantwortung für alle Veröffentlichungen, änderte daran nichts. Der preußischen Regierung war gerade in den Fällen der zutreffenden Schilderung von Missständen in der öffentlichen Verwaltung vielmehr daran gelegen, die undichten Quellen zur Rechenschaft zu ziehen.[705]

---

702   So auch *Schlottfeldt*, Verwertung rw beschaffter Informationen", S. 302.
703   Deutscher Presserat, Jahrbuch 2007, S. 204.
704   *Löffler*, NJW 1958, 1215, 1219.
705   Löffler – *Achenbach*, Presserecht, § 23, Rn 9.

1. Ähnliche Regelungen der Legislative

Das heute existierende Zeugnisverweigerungsrecht bietet den Journalisten die Möglichkeit, vor Gericht ihre Informanten zu schützen. Es findet sich in einigen Vorschriften und zwar in § 53 StPO, auf den durch Gesamtverweis auf die Regeln des Strafverfahren in § 46 OWiG, Art. 44 GG, § 25 BDO und § 116 BRAO verwiesen wird, in § 383 ZPO, auf den in § 15 FGG, § 98 VwGO, § 46 ArbGG und § 118 SGG verwiesen wird und in § 102 AO, auf den § 84 FGO verweist. Auch einige Landespresse- und Mediengesetze enthalten Regeln bezüglich des Zeugnisverweigerungsrechts.[706]

Explizite Regelungen in der Legislative, die der generellen Wahrung der vereinbarten Vertraulichkeit zwischen Journalist und Informant dienen, existieren dagegen nicht. Eine Möglichkeit der Durchsetzung einer vertraglich vereinbarten Vertraulichkeit besteht aber mit Hilfe eines Unterlassungsanspruchs gem. § 823 I und eventuell auch § 826 i. V. m. § 1004 BGB, unter Umständen gestützt auf das allgemeine Persönlichkeitsrecht aus Art. 2 Abs. 1 i. V. m. Art. 1 Abs. 1 GG. Voraussetzung ist, dass die Vereinbarung wirksam ist, insbesondere nicht sittenwidrig gem. § 138 BGB. Für den Erlass einer einstweiligen Verfügung vor Veröffentlichung muss der Informant allerdings zunächst von der beabsichtigten Veröffentlichung der vertraulichen Informationen Kenntnis erlangen und dann die bevorstehende Gefahr der Veröffentlichung gem. §§ 920 Abs. 2, 936 ZPO glaubhaft machen, was ihm regelmäßig schwer fallen dürfte.

2. Probleme bei der Auslegung der Ziffer 5

a) Das Zeugnisverweigerungsrecht

aa) Der Meinungsstand in Rechtsprechung und Literatur

Als wesentliche Voraussetzung der verfassungsrechtlich verbürgten Pressefreiheit gehört zu ihr auch ein gewisser Schutz des Vertrauensverhältnisses zwischen dem Journalisten und seinen privaten Informanten.[707] Geschützt sind namentlich die Geheimhaltung der Informationsquellen und das Vertrauensverhältnis zwischen der Presse und ihren Informanten, was dessen Aufenthaltsorte oder ähnliche Tatsachen, an deren Geheimhaltung ihnen gelegen ist, ein-

---

706 Vgl. Art. 12 BayPrG; § 18 LPG BE; § 23 LPG BW, LMG RP, LPG ST.
707 BVerfGE 66, 116, 133ff.; 100, 313, 365; BVerfG, AfP 2007, 110, 113.

schließt.[708] Die Presse kann sich auf ein Andauern des dringend benötigten Informationsflusses nur verlassen, wenn der Informant grundsätzlich von der Wahrung des Redaktionsgeheimnisses ausgehen kann.[709]

(1) Das Zeugnisverweigerungsrecht der Presse im Allgemeinen

Das Aussageverweigerungsrecht der Presseangehörigen dient damit der Gewährleistung einer institutionell eigenständigen und funktionsfähigen Presse.[710] Allerdings besteht im Gegensatz zu den unter die gem. § 203 StGB strafbewehrte Schweigepflicht fallenden Berufe beispielsweise der Ärzte, Anwälte oder Notare für die Mitarbeiter von Presse und Rundfunk hinsichtlich des Schutzes ihrer Informanten zwar ein Schweigerecht, aber keine Schweigepflicht.[711] Da das Zeugnisverweigerungsrecht in erster Linie die „Institution Presse" und nicht die Person des Informanten schützen soll, stellt das Gesetz den Presseangehörigen frei, ob sie sich im Einzelfall auf ihr Zeugnisverweigerungsrecht berufen wollen oder nicht.[712] Ebenfalls sind sie befugt, von ihrem Zeugnisverweigerungsrecht nur teilweise Gebrauch zu machen, im Übrigen aber auszusagen.[713] Anders als die geheimhaltungspflichtigen Berufe verlieren die Medienangehörigen ihr Zeugnisverweigerungsrecht auch nicht, wenn sie von ihrem Informanten davon befreit werden. Auch im Falle der Entbindung steht es ganz in ihrem Ermessen, was sie vor Gericht aussagen oder verschweigen wollen.[714]

Zum Wesen des Zeugnisverweigerungsrechts gehört es außerdem, dass eine zunächst erklärte Aussagebereitschaft jederzeit widerrufen werden kann. Eine Fortsetzung der Vernehmung des Zeugnisverweigerungsberechtigten ist in einem solchen Fall unzulässig, die bereits getätigten Aussagen dürfen grundsätzlich keine prozessuale Verwendung finden. Dies gilt gem. § 252 StPO allerdings nur, wenn der Widerruf noch während der Hauptverhandlung erfolgt.[715]

---

708 BVerfGE 107, 299, 330.
709 BVerfGE 20, 162, 176, 187; 36, 193, 204; 100, 313, 365; BVerfG, AfP 2007, 110, 113.
710 BVerfGE 36, 193, 204; 50, 234, 240.
711 Löffler – *Achenbach*, Presserecht, § 23, Rn 80.
712 BVerfG, AfP 1982, 100; KK – *Senge*, StPO, § 53, Rn 7.
713 KK – *Senge*, StPO, § 53, Rn 7; *Meyer-Goßner*, StPO, § 53, Rn 41.
714 BVerfG, AfP 1982, 100, Löffler – *Achenbach*, Presserecht, § 23, Rn 82.
715 *Löffler/ Ricker*, HdbPR, 30. Kap., Rn 36.

(2) Problem der partiellen Einblickgewährung

Ein Problem stellt allerdings der Fall dar, in dem das Presseunternehmen der Strafverfolgungsbehörde freiwillig die Art der Informationsquelle nennt und ihr Einblick in das Nachrichtenmaterial gewährt, ohne den Namen oder Aufenthaltsort des Informanten zu nennen.

(a) Ansicht der Rechtsprechung

Nach Auffassung des Bundesverfassungsgerichts und des BGH kann das Presseunternehmen sich dann nicht mehr auf das ihm eigentlich zustehende Zeugnisverweigerungsrecht berufen.[716] Wenn die Presse dies schon preisgegeben habe, dann sei ein im Hinblick auf Art. 5 Abs. 1 S. 2 GG zur Sicherung der Nachrichtenbeschaffung schützenswertes Vertrauensverhältnis zwischen Presse und Informant ohnehin nicht mehr gegeben. Dies gelte umso mehr bei sog. Bekenneranrufen oder –schreiben, da der Informant in einem solchen Fall immer die größtmögliche Aufmerksamkeit für seine Organisation erlangen wolle und ein Versiegen einer solchen Informationsquelle daher im Zweifel nicht zu befürchten sei. Wenn das Presseunternehmen das erlangte Material bereits an die Strafverfolgungsbehörden weitergegeben habe, habe es außerdem von sich aus zu erkennen gegeben, dass ein Schutzbedürfnis hinsichtlich dieser Informationsbeziehung nicht bestehe.[717]

Wenn die Presse die Identität eines Informanten bereits preisgegeben habe, sei sie im Regelfall nicht mehr zur Zeugnisverweigerung solcher Umstände berechtigt, die der Auffindung des Informanten dienen können. Eine Ausnahme gelte allerdings in Fällen deutlichen Überwiegens des Interesses an der öffentlichen Erörterung eines Vorgangs über Strafverfolgungsinteressen geringeren Gewichts und in „seltenen Ausnahmefällen eines ganz besonderen, außerordentlichen Publizitätsinteresses".[718]

(b) Kritik der Literatur

In der Literatur wird diese Rechtsprechung weitestgehend abgelehnt.[719] Es sei nicht ersichtlich, warum die Presseangehörigen von ihrem Zeugnisverweige-

---

716 BVerfG, AfP 1982, 100, 101; BGHSt 28, 240, 246ff.; BGH NJW 1999, 2051, 2052.
717 BVerfG, AfP 1982, 100, 101.
718 BGHSt 28, 240; diese Ausnahmen ablehnend *Meyer-Goßner*, StPO, § 53, Rn 34.
719 Löffler – *Achenbach*, Presserecht, § 23, Rn 47 m. w. N.

rungsrecht nicht auch in einem solchen Fall nur teilweise Gebrauch machen könnten.[720] Da es anerkannt sei, dass den Pressemitarbeitern die Ausübung des Zeugnisverweigerungsrechts frei stehe und es auch nur auf einen Teil der Informationen beschränkt werden könne, bestehe es abgesehen von Missbrauchsfällen hinsichtlich der ungenannt gebliebenen Einzelheiten weiter.[721] Schutzobjekt des publizistischen Zeugnisverweigerungsrechts sei zwar primär die Pressefreiheit und nicht das Vertrauensverhältnis zum Informanten.[722] Allerdings sei der Informantenschutz zumindest mittelbarer Zweck des Zeugnisverweigerungsrechts. Daher sei es widersinnig, den straffälligen Informanten zwar vor der Nennung seines Namens, nicht aber vor der für ihn viel schlimmeren Möglichkeit der Ergreifung wegen Nennung seines Aufenthaltsortes schützen zu wollen.[723] Die Presse entspräche außerdem nur ihrer gesetzlichen Pflicht[724], alle Nachrichten vor ihrer Veröffentlichung auf Wahrheit und Richtigkeit zu überprüfen, wenn sie sich mit der Behörde zwecks Verifizierung der ihr zugegangenen Informationen in Verbindung setze.[725]

(3) Ausnahmeregel des § 52 Abs. 2 S. 2 StPO

Nach der Ausnahmeregel des § 52 Abs. 2 S. 2 StPO entfällt die Berechtigung zur Zeugnisverweigerung über den Inhalt selbst erarbeiteter Materialien und den Gegenstand entsprechender Wahrnehmungen jedoch, wenn die Aussage zur Aufklärung eines Verbrechens beitragen soll oder wenn Gegenstand der Untersuchung eine der aufgeführten Katalogtaten ist und die Erforschung des Sachverhaltes oder die Ermittlung des Aufenthaltsortes der Beschuldigten andernfalls aussichtslos oder wesentlich erschwert wäre. Problematisch sei dabei allerdings, dass das Gericht eventuell zu „Zwischenbeweiswürdigungen" gezwungen sei, um zu ermitteln, inwieweit die Zeugenaussage wirklich erforderlich ist. Weiterhin stelle sich für den Pressemitarbeiter das Problem, dass er in der Regel nicht selbst entscheiden könne, ob seine Aussage tatsächlich unverzichtbar ist, da er den Stand der Ermittlungen nicht kenne.[726] Der Pressemitarbeiter kann in einem

---

720 *Löffler/ Ricker*, HdbPR, 30. Kap., Rn 38a.
721 *Roxin*, Strafverfahrensrecht, § 26, Rn 25.
722 Löffler – *Achenbach*, Presserecht, § 23, Rn 47.
723 *Gehrhardt*, AfP 1979, 234f.
724 S.o. 3. Kap., D., II.
725 Löffler – *Achenbach*, Presserecht, § 23, Rn 47.
726 *Löffler/ Ricker*, HdbPR, 30. Kap., Rn 38b a.E., der erste Teil der Fn. 38b ist zumindest missverständlich, da das Zeugnisverweigerungsrecht in den dort genannten Fällen nicht generell, sondern nur hinsichtlich selbst recherchierten Materials, ausgeschlossen ist, soweit es nicht zur Offenbarung der Person des Verfassers oder Einsenders von Beiträgen und Unterlagen oder des sonstigen Informanten oder von Mitteilungen, die dem

solchen Fall gem. § 52 Abs. 2 S. 3 StPO außerdem dennoch die Aussage verweigern, soweit sie zur Offenbarung der Person des Verfassers oder Einsenders von Beiträgen und Unterlagen oder sonstiger Informanten, die ihm im Hinblick auf seine Pressetätigkeit gemachten Mitteilungen oder deren Inhalts führen würde.[727]

bb) Entscheidungen des Presserates zur Informationspreisgabe

Auffällig ist, dass es keinen vom Presserat behandelten Fall zu einem eventuellen Nichtgebrauch eines bestehenden gerichtlichen Zeugnisverweigerungsrechts gibt.

Allerdings ist die Preisgabe des Namens des Informanten bei der Gegenrecherche beanstandet worden. Eine Überprüfung der bekommenen Information bei der Strafverfolgungsbehörde sei zwar im Hinblick auf die presserechtlichen Sorgfaltspflichten korrekt, dies hätte jedoch auch ohne Nennung der Informationsquelle geschehen können.[728]

cc) Stellungnahme zum Problem des Zeugnisverweigerungsrechts

Die Presse sieht sich in der heutigen Zeit einem zunehmendem Druck ausgesetzt, ihr Berufsgeheimnis zu verletzten und Informationen preiszugeben.

Vor diesem Hintergrund ist die Rechtsprechung bezüglich der Einschränkung des Zeugnisverweigerungsrechts bei partieller Einblickgewährung[729] bedenklich. Gegen diese lässt sich anführen, dass es anerkannt ist, dass Presseangehörige auch partiell von ihrem Zeugnisverweigerungsrecht Gebrauch machen und so selbst entscheiden können, was sie offenbaren und was nicht. Auch wenn das Interesse der Strafverfolgungsbehörden an der Verfolgung Krimineller nachvollziehbar und für einen Großteil der Bevölkerung zumindest in Fällen schwerwiegender Straftaten auch höherwertig als die Bewahrung des Berufsgeheimnisses der Presse ist, ist eine Aufweichung des Zeugnisverweigerungsrechts für Presseangehörige gefährlich. Wenn ein Verdächtiger, der seine Story u.U. auch mit der Nennung seines Namens, veröffentlicht haben will, befürchten muss, dass der Journalist gezwungen werden kann, darüber hinaus auch seinen

---

Presseangehörigen auf Grund seiner Pressetätigkeit gemacht wurden oder deren Inhalts führen würde.

727 Vgl. *Pfeiffer*, StPO, § 53, Rn 3.
728 B 58/91, Deutscher Presserat, CD-ROM zum Jahrbuch 2005.
729 S.o.: 3. Kap., D., IV., 2., a), aa), (2), (a).

Aufenthaltsort preiszugeben, so wird er auf die beabsichtigte Veröffentlichung verzichten und zu einem Treffen mit dem Journalisten nicht bereit sein. Noch größer und nachvollziehbar ist der Druck beispielsweise bei einem Bekennerschreiben nach einem Terroranschlag. Obwohl das Argument des Versiegens der Informationsquelle, wie das Bundesverfassungsgericht richtig ausführt[730], in einem solchen Fall nicht greift, sind die Grenzen zwischen einem Bekennerschreiben und Informationen eines eher harmlosen Verdächtigen oftmals fließend, weshalb auch aus Gründen der Rechtssicherheit meines Erachtens das Zeugnisverweigerungsrecht nicht eingeschränkt werden darf. Zumal jeder Hinweis der Strafverfolgungsbehörde weiterhilft, so dass es einem Pyrrhussieg gleichkommen würde, wenn der Journalist einmal gezwungen würde, den Aufenthaltsort seines Informanten zu verraten, dafür aber nie wieder Storys mit auch für die Strafverfolgungsbehörden nützlichen Hinweisen veröffentlichen könnte, da potentiellen Informanten ihm nicht mehr vertrauen würden. Außerdem besteht bei Presseangehörigen – wie dargelegt – keine Zeugnisverweigerungspflicht, sondern nur ein Zeugnisverweigerungsrecht, so dass es immer dem persönlichen Ethikempfinden des betroffenen Journalisten überlassen bleibt, Informationen preiszugeben oder zurückzuhalten. Eventuell kann ein Fall sogar so liegen, dass der Journalist gewisse Informationen bewusst zurückhält, da er davon ausgeht, in der Folgezeit noch weitere wichtige Informationen zu erhalten, die er dann komplett an die Strafverfolgungsbehörden übermittelt.

Ein weiteres überzeugendes Argument besteht darin, dass die Verifizierung einer Nachricht vor ihrer Veröffentlichung gesetzliche Pflicht der Journalisten ist. Aus der Befolgung dieser Pflicht, die u.U. auch ein Nachfragen bei der Strafverfolgungsbehörde gebietet, kann dem Journalisten keine Verwirkung seines Zeugnisverweigerungsrechts erwachsen.

b) Die Wahrung der vereinbarten Vertraulichkeit

aa) Meinungsstand in Rechtsprechung und Literatur

Nach bundesverfassungsgerichtlicher Rechtsprechung hat ein gewisser Schutz der vertraulichen Informationsquellen der Medien Verfassungsrang.[731] Ohne Informantenschutz und damit eine vertrauliche Beziehung zwischen Informant und

---

730 BVerfG, AfP 1982, 100, 101.
731 BVerfGE 20, 162, 187, 191ff.; 200, 216ff.; 36, 193, 204; 50, 234, 240; 64, 108, 114ff.; 66, 133f.; 77, 65, 74f.; in diesen Entscheidungen ging es allerdings zuvorderst um Zeugnisverweigerungsrecht und Beschlagnahmeverbot und nicht um die Wahrung vereinbarter Vertraulichkeit.

Journalist wäre eine Ausübung der „Wächterfunktion" und damit eine freie Medienarbeit in weiten Bereichen erheblich erschwert, wenn nicht sogar unmöglich.[732]

In einem vom BGH entschiedenen Fall hatte sich beispielsweise ein BND-Mitarbeiter gegenüber seinem Gesprächspartner auf Grund vertraglich zugesicherter Vertraulichkeit in komplexer Weise über seine beruflichen Erfahrungen geäußert. Hier urteilte der BGH, dass die Veröffentlichung mitgeteilter geheimer Vorgänge auch unzulässig sei, wenn der Informant an den Vorgängen persönlich nicht beteiligt gewesen ist. Das gelte jedenfalls dann, wenn die Person des Informanten dadurch in rücksichtsloser Weise bloßgestellt werde, speziell wenn der Reiz der Veröffentlichung in der Pflichtwidrigkeit behördeninterner Vorgänge bestehe. Gehe es neben Tonbandaufzeichnungen auch um damit in Verbindung stehende sonstige mündliche Informationen, beziehe sich der Schutz des Allgemeinen Persönlichkeitsrechts ausnahmsweise auf beide Bereiche.[733]

Ein Beispielsfall für eine sittenwidrige und damit unwirksame Vertraulichkeitsvereinbarung findet sich im ARD-Schleichwerbeskandal. Nicht nur die Schleichwerbung selbst, sondern auch Angebote, die ihrer Verwirklichung dienen oder sie ermöglichen sollen, seien mit dem Makel der Sittenwidrigkeit behaftet.[734]

Wenn sich der Vertragspartner allerdings über eine wirksame Vertraulichkeitsvereinbarung hinwegsetze, müsse man eine Ausnutzung dieses Vertragsbruchs grundsätzlich ebenfalls als sittenwidrig klassifizieren. Dies gelte auch dann, wenn nicht unmittelbar zu Wettbewerbszwecken, aber zur Förderung der Verkaufsauflage bzw. der Einschaltquote gehandelt worden sei.[735]

bb) Entscheidungen des Presserates

Der Presserat hat entschieden, dass keine Verletzung der vereinbarten Vertraulichkeit und damit der Ziffer 5 des Pressekodex vorliegt, wenn der Informant in einem Hintergrundgespräch einer Verwertung der gegebenen Information und ihrer Belegung durch Zitate nicht widerspricht. Ein erst nach dem Gespräch und der anschließenden Zusendung der zur Veröffentlichung bestimmten Zitate gegebener Hinweis, die Informationen seien vertraulich zu behandeln, ändere daran nichts, wenn während des Gesprächs von Vertraulichkeit keine Rede gewe-

---

732 *Bruns*, Informationsansprüche, S. 88f.
733 BGH, NJW 1987, 2667ff.
734 S.o.: 3. Kap., D., III., 2., c), aa), (3).
735 *Wenzel*, Wort- und Bildberichterstattung, 5. Kap., Rn 44.

sen sei.[736] Weiterhin keine Verletzung der Ziffer 5 erkannte der Presserat in dem Fall, in dem ein Sozialhilfeempfänger um Anonymität gebeten, die betreffende Zeitung daraufhin zwar seinen Namen verfremdet, dafür aber viele Details über ihn berichtet hatte, die Schlüsse auf seine Person zuließen. In welcher Weise die Persönlichkeit des Gesprächspartners gewürdigt werde, liege grundsätzlich im Ermessen des Autors, die vereinbarte Vertraulichkeit sei durch die Verfremdung des Namens gewahrt worden.[737] Diese Entscheidung berücksichtigt meines Erachtens nicht ausreichend, dass die Bitte um Anonymität gerade gestellt wird, um gänzlich unerkannt zu bleiben und eine Verfremdung des Namens dafür zwar eine notwendige, aber nicht hinreichende Bedingung ist. Wenn so viele Details über den Informanten genannt werden, dass er identifizierbar ist, reicht die Verfremdung des Namens zur Anonymisierung eben nicht aus.

Gerügt hat der Presserat dagegen eine Zeitung, die trotz der vor der Publizierung schriftlich zugesicherten Vertraulichkeit identifizierbare persönliche Angaben des Informanten veröffentlicht hat. Dies auch vor dem Hintergrund, dass die nach dem Gespräch gegebene Zusage der Redaktion, seinen vollen Namen nicht zu erwähnen, gekoppelt gewesen sei an die Bereitschaft des Informanten, eine eidesstattliche Erklärung zu den Vorwürfen abzugeben. Auch wenn diese Erklärung die Redaktion tatsächlich nicht erreicht habe und dem Informanten hätte bekannt sein müssen, dass die Redaktion auf die Veröffentlichung der enthüllenden Vorgänge nicht verzichten würde, vermöge dies den Vorwurf der Verletzung des publizistischen Grundsatzes der Beachtung der Vertraulichkeit nicht zu entkräften. Die Redaktion hätte die Bedingung, unter der die Vertraulichkeit zugesichert wurde, in der Zusicherung erwähnen und damit schriftlich auf die Koppelung hinweisen müssen.[738]

3. Konkretisierung der Ziffer 5 durch die Richtlinien

a) RL 5.1 – Vertraulichkeit

Konkretisiert wird die Ziffer 5 zunächst durch die Richtlinie 5.1, die besagt:

> „Hat der Informant die Verwertung seiner Mitteilung davon abhängig gemacht, dass er als Quelle unerkennbar oder ungefährdet bleibt, so ist diese Bedingung zu respektieren. Vertraulichkeit kann nur dann nicht bindend sein, wenn die Information ein Verbrechen betrifft und die Pflicht zur Anzeige besteht. Vertraulichkeit muss nicht gewahrt werden,

---

736   B 263/02, Deutscher Presserat, CD-ROM zum Jahrbuch 2005.
737   B 289/01, Deutscher Presserat, CD-ROM zum Jahrbuch 2005.
738   B 18/ 93, Deutscher Presserat, CD-ROM zum Jahrbuch 2005.

wenn bei sorgfältiger Güter- und Interessenabwägung gewichtige staatspolitische Gründe überwiegen, insbesondere wenn die verfassungsmäßige Ordnung berührt oder gefährdet ist.

Über die als geheim bezeichneten Vorgänge und Vorhaben darf berichtet werden, wenn nach sorgfältiger Abwägung festgestellt wird, dass das Informationsbedürfnis der Öffentlichkeit höher rangiert als die für die Geheimhaltung angeführten Gründe."[739]

Die Tatsache, dass es Ausnahmen von der Einhaltung einer Vertraulichkeitsvereinbarung gibt, sagt bereits das Wort „grundsätzlich" in der Formulierung des zweiten Absatzes der Ziffer 5 des Pressekodex aus. Diese Ausnahmen werden in der Richtlinie 5.1 ausgeführt, wobei sich weitestgehend eine Parallele zu den Ausnahmen vom Verbot der Verwertung rechtswidrig erlangter Informationen[740] ziehen lässt.

Dass ein Informant die Verwertung seiner Mitteilung davon abhängig macht, ob er als Quelle unerkennbar oder ungefährdet bleibt, ist bei brisanten Mitteilungen durchaus verständlich. Die Respektierung dieses Wunsches sorgt dafür, dass der Informant ein Gefühl der Sicherheit bekommt und sich auch in Zukunft dem Journalisten anvertrauen wird. Ebenso einleuchtend ist, dass dem Journalisten unter allgemeingültigen ethischen Regeln keine Vertraulichkeit mehr auferlegt werden kann, wenn er sich ansonsten wegen der Nichtanzeige geplanter Straftaten strafbar machen würde, die Information also eine Katalogtat des § 138 StGB betrifft, da die Journalisten keine nach § 139 StGB privilegierte Berufsgruppe sind. Eine Anzeigepflicht gem. § 138 StGB besteht allerdings nur bei geplanten Straftaten bzw. bis zu ihrer Beendigung. Danach wird sich der Journalist regelmäßig mangels Garantenstellung auch nicht wegen Strafvereitelung durch Unterlassen gem. §§ 258, 13 StGB strafbar machen. Laut Wortlaut der RL 5.1 ist er daher bei Informationen über bereits beendete Straftaten grundsätzlich nicht von der vereinbarten Vertraulichkeit entbunden, da keine allgemeine Pflicht zur Anzeige beendeter Straftaten besteht.

Unabhängig von der Anonymisierung der Person des Informanten erlaubt der 2. Absatz der RL 5.1 eine Berichterstattung über als geheim bezeichnete Vorgänge und Vorhaben, wenn das Informationsbedürfnis der Öffentlichkeit die für die Geheimhaltung angeführten Gründe überwiegt.

Im Kern lassen sich hier dieselben Überlegungen anstellen wie bei der Frage der Verwertbarkeit rechtswidrig erlangter Informationen. Der Unterschied besteht darin, dass bei dem Problem der Verwertbarkeit rechtswidrig erlangter Informationen der Journalist den Informanten über seine wahren Absichten täuscht, während sich der Informant in diesem Fall bewusst ist, mit einem Journalisten zu sprechen, ihm allerdings zur Hintergrundinformation mehr erzählt als er ver-

---

739 Deutscher Presserat, Jahrbuch 2007, S. 204.
740 S.o.: 3. Kap., D., III., 2., c).

öffentlich wissen möchte. Die Schutzbedürftigkeit desjenigen, der weiß, dass er mit einem Journalisten spricht, ist zwar prinzipiell geringer als die desjenigen, der über die Identität und Absichten seines Gesprächspartners getäuscht wird, auf Grund der gerade in diesem Bewusstsein vereinbarten Vertraulichkeit ist sie in diesem besonderen Fall allerdings vergleichbar.

Meiner Meinung nach müssen daher bei der Frage, wann das Informationsbedürfnis der Öffentlichkeit die Geheimhaltungsgründe überwiegt, dieselben Maßstäbe angelegt werden wie bei den Fällen des so genannten Einschleichjournalismus. Demnach sprechen die besten Argumente für ein stringentes Abstellen auf das Merkmal der Rechtswidrigkeit.[741] Über als geheim bezeichnete Vorgänge und Vorhaben darf also auch bei zugesicherter Geheimhaltung berichtet werden, soweit diese rechtswidrig sind. Letztendlich kommt es aber auf das persönliche Ethikempfinden und eine eigene Kosten-Nutzen Analyse des Journalisten an. Es ist davon auszugehen, dass dem Informanten bei einem Bericht über rechtswidrige Ereignisse die zugesicherte Geheimhaltung besonders wichtig ist und schon bei einem einmaligen Vertrauensbruch zumindest diese Informationsquelle für den Journalisten dauerhaft versiegt.

b) RL 5.2 – Nachrichtendienstliche Tätigkeiten

Die RL 5.2 bestimmt:

„Nachrichtendienstliche Tätigkeiten von Journalisten und Verlegern sind mit den Pflichten aus dem Berufsgeheimnis und dem Ansehen der Presse nicht vereinbar."[742]

Der Journalist soll seine Unabhängigkeit bewahren und nicht in einen Konflikt zwischen den Interessen „seines Geheimdienstes" und denen seiner Leser oder Informanten geraten.

So ist es einerseits möglich, dass der Geheimdienst den Journalisten dahingehend beeinflusst, nur noch geheimdienstfreundlich zu berichten oder ihn durch Unvollständigkeit und Vorauswahl der angeforderten Informationen manipuliert. In der Regel sind die vom BND gelieferten Informationen nämlich nicht gegenrecherchierbar.[743] Andererseits ist es aber auch denkbar, dass der Geheimdienst vertrauliche Informationen des Journalisten haben möchte, die ihm von seinem Informanten unter dem Gebot der Verschwiegenheit anvertraut worden sind und es zu bedenklichen Tauschgeschäften kommt.

---

741 S.o.: 3. Kap., D., III., 2., c).
742 Deutscher Presserat, Jahrbuch 2007, S. 204.
743 Vgl. www.spiegel.de/politik/deutschland/0,1518,416451,00.html.

Schon 1970 gab es eine Liste mit „Pressesonderverbindungen" des BND, auf der 230 Journalisten registriert waren, darunter so prominente Namen wie Stern-Gründer Henri Nannen, Zeit-Herausgeberin Marion Gräfin Dönhoff, Ex-Bild-Chefredakteur Peter Boenisch oder ZDF-Frontmann Peter Löwenthal.[744] Aber auch in jüngerer Zeit hat es Journalisten gegeben, die für den BND aktiv waren, mit etwa 20 deutschen Journalisten wurde bis zuletzt zusammengearbeitet.[745] In der Affäre um die Überwachung von Journalisten[746] sind auch Wilhelm Dietl und ein weiterer Mitarbeiter des Magazins Focus als Quellen geführt worden.[747] Dietl war von 1982 bis 1998 als „nachrichtendienstliche Verbindung" für den BND aktiv und hat 856 Berichte abgeliefert, wofür er insgesamt etwa 330.000 Euro (652.738,91 DM) erhielt.[748] Auch Dietl wurde allerdings vom BND im Jahre 2005 drei Mal gezielt observiert.[749] Weiterhin bespitzelte beispielsweise der Leipziger Nachrichtenhändler und Osteuropa Experte Uwe Müller noch bis zum 19.12.2005 den Redakteur der Berliner Zeitung Andreas Förster.[750] Auch Müller war Ende des Jahres 2000 und Anfang 2001 selber observiert worden und arbeitete seit Juni 2001 mit dem BND zusammen.[751]

Selbst der seit der Veröffentlichung seines BND-kritischen Buches „Schnüffler ohne Nase" im Jahre 1993 rund um die Uhr überwachte Publizist Erich Schmidt-Eenboom wurde 1997 zum Komplizen des Geheimdienstes, dem er vor allem ab 2002 wichtige Informationen lieferte.[752] Trotz dieser Zusammenarbeit wurde er weiter überwacht und vom 11.11.2000 bis 07.03.2003 das Altpapier von seinem Büro abtransportiert und ausgewertet.[753] So observierte der BND nicht nur jahrelange kritische Journalisten, sondern setzte sogar seine unter Pressemitarbeitern gewonnen Spitzel auf die Kollegen an.[754] Als erste Konsequenz daraus erließ das Kanzleramt am 15.05.2006 die Anweisung, dass der BND keine Journalisten

---

744 Berliner Zeitung v. 02.09.2004, S. 34.
745 DER SPIEGEL 21/ 2006, S. 26.
746 Der BND hatte seit 1993 Journalisten bespitzelt, um undichte Stellen im eigenen Apparat aufzudecken. Ex-BND Präsident August Hanning gab außerdem an, dass er nicht ausschließen könnte, dass es solche Aktionen auch in den Jahren 2000 bis 2005 gegeben habe (vgl. www.dw-world.de/dw/article/0,2144,1773254,00.html). Diese Observationen der Journalisten waren überwiegend rechtswidrig (vgl. *Schäfer*, BND Bericht, S. 172f.).
747 www.netzeitung.de/medien/368861.html.
748 *Schäfer*, BND Bericht, S. 71.
749 *Schäfer*, BND Bericht, S. 85f.
750 Süddeutsche Zeitung v. 18.05.2006, S. 3 u. 5.
751 *Schäfer*, BND Bericht, S. 99ff.
752 DER SPIEGEL 21/ 2006, S. 30ff.; ausführlich zu den Observationsmaßnahmen *Schäfer*, BND Bericht, S. 25ff.
753 *Schäfer*, BND Bericht, S. 44f.
754 Vgl. auch *Schäfer*, BND Bericht, S. 178.

mehr bespitzeln oder als Quellen führen darf.[755] Allerdings waren diese Vorgänge nicht nur ein nachrichtendienstlicher, sondern auch ein Presseskandal.[756]

Die nachrichtendienstliche Tätigkeit eines Journalisten ist sowohl vor dem Hintergrund seiner journalistischen Unabhängigkeit als auch vor dem des Vertrauens, welches ihm seine Informanten entgegenbringen, nicht zu tolerieren. Der Leser muss sich darauf verlassen können, dass der Journalist unabhängig und weitestgehend neutral berichtet und der Informant darauf, dass das Berufsgeheimnis des Journalisten grundsätzlich gewahrt bleibt.

Die Informationen, die der Journalist im Zuge seiner geheimdienstlichen Tätigkeit exklusiv bekommt und die sonst vielleicht niemals veröffentlicht werden würden, wiegen nicht den Schaden auf, den das Ansehen und die Glaubwürdigkeit der Presse insgesamt durch eine solche Tätigkeit nehmen.

Die möglichen Gründe für diesen eklatanten Verstoß gegen den medienethischen Ehrenkodex sind vielfältig. Zum einen ist es für die Journalisten interessant, im Zuge eines Informationsaustausches an Informationen der Geheimdienste heranzukommen, zum anderen können auch finanzielle oder politische Interessen eine Rolle gespielt haben. Einige Journalisten könnten auch von dem Wunsch getrieben worden sein, sich an unliebsamen Kollegen zu rächen.

c) RL 5.3 – Datenübermittlung

Die RL 5.3 bestimmt:

„Alle von Redaktionen zu journalistisch-redaktionellen Zwecken erhobenen, verarbeiteten oder genutzten personenbezogenen Daten unterliegen dem Redaktionsgeheimnis. Die Übermittlung von Daten zu journalistisch-redaktionellen Zwecken zwischen den Redaktionen ist zulässig. Sie soll bis zum Abschluss eines formellen datenschutzrechtlichen Beschwerdeverfahrens unterbleiben. Eine Datenübermittlung ist mit dem Hinweis zu versehen, dass die übermittelten Daten nur zu journalistisch-redaktionellen Zwecken verarbeitet oder genutzt werden dürfen."[757]

Auch rechtlich fällt die gesamte Redaktionsarbeit unter das durch das Grundrecht der Pressefreiheit aus Art. 5 Abs. 1 S. 2 GG geschützte Redaktionsgeheimnis.[758]

---

755 Berliner Morgenpost v. 16.05.2005, S. 1.
756 So auch *Leyendecker* in Deutscher Presserat, Jahrbuch 2006, S. 19.
757 Deutscher Presserat, Jahrbuch 2007, S. 204.
758 St. Rspr., vgl. BVerfGE 20, 162, 176; 66, 116, 133ff.; 100, 313, 365.

Die Übermittlung[759] von personenbezogenen Daten zu journalistisch-redaktionellen Zwecken zwischen den Redaktionen ist gesetzlich ebenfalls zulässig. Gem. § 3 Abs. 4 S. 1 BDSG gehört die Übermittlung zur Verarbeitung personenbezogener Daten, für die wegen des Medienprivilegs des § 41 Abs. 1 BDSG die Anwendung des BDSG ausgeschlossen ist. Die in § 41 BDSG den Ländern aufgegebene Regelungspflicht beschränkt sich auf den nach der europäischen Datenschutzrichtlinie[760] zwingend erforderlichen Mindeststandard.[761] So sind sie lediglich verpflichtet, Vorschriften über das Datengeheimnis, die Datensicherung, die Verhaltensregeln zur Förderung der Durchführung datenschutzrechtlicher Regelungen sowie eine hierauf bezogene Schadensersatzbestimmung in das Landesrecht aufzunehmen. Die meisten Landesvorschriften füllen diese Rahmenvorschrift eher minimalistisch aus, indem sie auf die entsprechenden Regelungen im BDSG verweisen.[762]

Die vom Gesetzgeber erwartete[763] Selbstregulierung im Bereich des Datenschutzes hat der Deutsche Presserat durch die Neufassung des Pressekodex (20.06.2001) und der Beschwerdeordnung (22.06.2001) vorgenommen.[764] Die Möglichkeit des Presserates zur Schaffung datenschutzbezogener Verhaltensvorschriften ergibt sich aus § 38a BDSG, diese fallen nicht unter staatliche Kontrolle.[765]

V. Ziffer 7: Trennung von Werbung und Redaktion

Die Ziffer 7 des Pressekodex lautet:

„Die Verantwortung der Presse gegenüber der Öffentlichkeit gebietet, dass redaktionelle Veröffentlichungen nicht durch private oder geschäftliche Interessen Dritter oder durch persönliche wirtschaftliche Interessen der Journalistinnen und Journalisten beeinflusst werden. Verleger und Redakteure wehren derartige Versuche ab und achten auf eine klare

---

759 Zum Begriff der Übermittlung vgl. § 3 Abs. 4 Nr. 3 BDSG.
760 RL 95/46/EG.
761 *Gola/ Schomerus*, BDSG, § 41, Rn 2.
762 Vgl. § 12 LPG BW; Art. 10a BayPrG; § 22a LPG BE; § 16a BbgPG; § 5 LPG HB; § 11 HPresseG, SMG; § 16a LPrG M-V; § 19 ND LPG; § 12 LPG NW; § 12 Abs. 1 LMG RP; § 11a SächsPresseG, TPG; § 10a LPG ST. Lediglich Hamburg regelt in § 11a S. 2 HH LPG über diese Verweisung hinaus, dass für Unternehmen, die nicht der Selbstregulierung des Deutschen Presserates unterliegen, zusätzlich § 41 Abs. 3 und Abs. 4 S. 1 entsprechend gelten.
763 BT-Drs. 14/4329 zu Nr. 45, S. 46f; zu den verfassungs- und europarechtlichen Problemen der Gewährleistung des presserechtlichen Datenschutzes durch den DPR s. *Kloepfer*, AfP 2000, 511ff.
764 *Gola/ Schomerus*, BDSG, § 41, Rn 2; s.o.: 3. Kap., B, II.
765 Vgl. *Tinnefeld/ Ehmann/ Gerling*, Datenschutzrecht, S. 620ff.

Trennung zwischen redaktionellem Text und Veröffentlichungen zu werblichen Zwecken. Bei Veröffentlichungen, die ein Eigeninteresse des Verlages betreffen, muss dieses erkennbar sein"[766]

Auch die Ziffer 7 des Pressekodex dient der Glaubwürdigkeit der Presse. Der Leser erwartet eine unabhängige Berichterstattung und will sich darauf verlassen können, in einem Beitrag die unverfälschte Meinung des Reporters wieder zu finden. Wenn Werbung und redaktioneller Teil jedoch nicht mehr voneinander zu unterscheiden sind oder sich immer stärker vermischen, ist für den Leser nicht mehr zu erkennen, wo die unabhängige Berichterstattung aufhört und die bezahlte Werbung beginnt. Für die Bewertung von Veröffentlichungen unter dem Maßstab des Trennungsgrundsatzes ist dabei nicht von besonderer Bedeutung, ob für einen Akt der Schleichwerbung Geld geflossen ist oder nicht. Entscheidend ist allein das publizistische Ergebnis.[767]

Der letzte Satz der Ziffer 7 bezieht sich auf Veröffentlichungen zu Zwecken des Eigenmarketings bzw. zur Eigenwerbung, wie beispielsweise Gewinnspiele, Leserreisen oder gemeinsame Aktionen mit Wirtschaftsunternehmen, und auf eine eventuelle Berichterstattung über verlagseigene Unternehmen. Hierbei muss das Eigeninteresse des Verlags wahrnehmbar sein, dass heißt, die Beteiligung des Verlags muss deutlich erkennbar sein.

1. Ähnliche Regelungen der Legislative

Auch in den Landespressegesetzen[768] finden sich Regelungen bezüglich der Trennung von redaktionellem Teil und Werbung, bzw. wie es dort heißt zur „Kennzeichnung entgeltlicher Veröffentlichungen". Darin geht es allerdings weniger um die allgemeine Beeinflussung des redaktionellen Teils durch wirtschaftliche Interessen, sondern mehr darum, dass im konkreten Fall entgeltliche Veröffentlichungen mit dem Wort „Anzeige"[769] gekennzeichnet werden, soweit sie nicht schon durch Anordnung und Gestaltung als solche zu erkennen sind.

Für den Rundfunk existieren Vorschriften bezüglich Werbung, Teleshopping und Sponsoring in den §§ 7 und 8 RStV, sowie für den öffentlichen-rechtlichen Rundfunk detailliert in 15 bis 18 RStV und für den privaten Rundfunk in den §§ 43 bis 46a RStV.

---

766 Deutscher Presserat, Jahrbuch 2007, S. 206.
767 *Tillmanns* in Deutscher Presserat, Jahrbuch 2006, S. 38.
768 § 8 LPG BE, LPG HB, HPresseG; Art. 9 BayPrG; § 9 LPrG M-V, SächsPresseG, LPG ST; § 10 LPG BW, HH LPG, ND LPG, LPG NW, LMG RP, LPG SH, TPG; § 11 BbgPG; § 13 SMG.
769 Außer in Bayern, wo nur eine Kenntlichmachung gefordert wird.

Die Regeln für Telemediendienste finden sich in § 6 TMG, dort sind besondere Informationspflichten bei kommerzieller Kommunikation normiert.[770] Den Verbraucher vor irreführender Werbung schützen, sollen auch die §§ 3, 5 UWG.

2. Bedeutsame Formen der redaktionellen Werbung

Die in der Praxis aktuell bedeutsamsten Formen der unzulässigen redaktionellen Werbung sind redaktionell gestaltete Anzeigen, redaktionelle Hinweise und Kopplungsgeschäfte.[771] Der Trennungsgrundsatz gilt dabei nicht nur für Veröffentlichungen wirtschaftlicher Unternehmen, sondern auch für solche kirchlicher oder politischer Natur, die prinzipiell entgeltlich erfolgen.[772]

a) Redaktionell gestaltete Anzeigen

Bei einer redaktionell gestalteten Anzeige ist die Werbeanzeige so aufgemacht, dass sie in Form und Inhalt den Anschein einer von der unabhängigen Redaktion verfassten Mitteilung erweckt.[773] Durch eine derartige Tarnung will sich der Inserent der Werbung die Glaubwürdigkeit und das publizistische Gewicht des redaktionellen Teils erschleichen, zumindest aber erreichen, dass der Leser den Fließtext der Anzeige in der Erwartung ließt, einen redaktionellen, ihn interessierenden Beitrag vor sich zu haben.[774]

Geboten ist daher eine deutliche Kennzeichnung, der flüchtige Leser muss den Werbecharakter der Anzeige auf den ersten Blick erkennen.[775]

---

770 Kritisch zum TMG im Allgemeinen und zu § 6 TMG im Besonderen *Hoeren*, NJW 2007, 801ff., besonders 804.

771 *Löffler/ Ricker*, HdbPR, 14. Kap., Rn 4ff.

772 *Löffler/ Ricker*, HdbPR, 14. Kap., Rn 6; *Löffler*, BetrB 1978, 921.

773 OLG Hamburg, AfP 1988, 245, 246; KG Berlin, AfP 1987, 697; *Ahrens*, GRUR 1995, 307, 309; *Rodekamp*, GRUR 1978, 681.

774 BGH, GRUR 1968, 382, 384; NJW 1974, 1141; OLG Hamburg, AfP 1988, 245, 246; *Fuchs*, GRUR 1988, 736.

775 *Fuchs*, GRUR 1988, 736, 739; *Hefermehl/ Köhler/ Bornkamm*, Wettbewerbsrecht, § 4 UWG, Rn 3.21 stellt dagegen auf den Durchschnittsleser ab, wobei m.E. der Durchschnittsleser beim ersten Durchblättern einer Zeitung oder Zeitschrift eben nur flüchtig die Seiten überfliegt, bis er ein für ihn interessantes Thema entdeckt.

b) Redaktionelle Hinweise

Im Gegensatz zu redaktionell gestalteten Anzeigen sind redaktionelle Hinweise als Werbung nicht zu erkennen, da sie den in der entsprechenden Zeitung oder Zeitschrift erscheinenden üblichen Textbeiträgen entsprechen. Solche redaktionellen Hinweise sind Veröffentlichungen der Redaktion, die bestimmte Produkte, Dienstleistungen oder Unternehmen empfehlen oder in sonstiger Form besonders wohlwollend über sie berichten.[776] Dazu gehören beispielsweise Berichte über Geschäftsneugründungen oder -erweiterungen, Jubiläen, Neuerscheinungen oder Sonderangebote, allgemein also Beiträge im Rahmen der sog. Verbraucheraufklärung.[777] Hier sind die Grenzen zwischen zulässiger und unzulässiger Berichterstattung allerdings fließend, für die wettbewerbsrechtliche Bewertung kommt es auf die Wettbewerbsförderungsabsicht an. Bei Veröffentlichungen, die sich im Rahmen des Aufgabenbereichs der Presse halten, die Öffentlichkeit über Vorgänge von allgemeiner Bedeutung zu unterrichten und zur öffentlichen Meinungsbildung beizutragen, spricht die Vermutung zunächst einmal gegen eine solche Wettbewerbsförderungsabsicht. Es müssen daher besondere Umstände gegeben sein, die eine neben der zulässigen Leserinformation gegebene Wettbewerbsförderungsabsicht erkennen lassen.[778]

Im Übrigen kann auch Eigenwerbung eines Verlages unzulässige redaktionelle Werbung sein, vor allem dann, wenn Gegenstand des Artikels die Leistung eines Dritten wie beispielsweise eine Leserreise ist und die Eigenwerbung in diesem Zusammenhang nicht hinreichend deutlich wird.[779] Ähnlich liegt der Fall bei einem Preisrätsel. Auch wenn der Leser in gewissem Umfang eine attraktive Präsentation der Gewinne erwartet, so darf doch die Grenze des normalen und seriöserweise Üblichen nicht überschritten werden.[780] Ebenfalls darf nicht der Eindruck entstehen, die Redaktion hätte die Preise nur auf Grund ihrer Qualität ausgesucht, wenn sie ihr in Wahrheit unentgeltlich zur Verfügung gestellt wurden.[781]

---

776 *Fuchs*, GRUR 1988, 736.
777 OLG Köln, AfP 1992, 272f; *Hörne*, AfP 1973, 361, 362f.
778 Löffler – *Sedelmeier*, Presserecht, § 10, Rb 57, näheres s.u, 3. Kap., C., V., 3, a), bb).
779 OLG Düsseldorf, AfP 1988, 354ff.
780 BGH, WRP 1994, 814, 816; 816, 817; 1996, 1034, 1037; 1153, 1155.
781 BGH, WRP 1994, 816, 818; 1996, 1034, 1037; 1153, 1155.

c) Kopplungsgeschäfte

Bei einem Kopplungsgeschäft wird eine herkömmliche Anzeige geschaltet, das beworbene Produkt oder Unternehmen aber zusätzlich noch einmal unentgeltlich im redaktionellen Teil der Zeitung oder Zeitschrift im positiven Sinne erwähnt. Dies geschieht entweder, weil der Inserent seine Anzeigenschaltung davon abhängig macht oder aber der Verleger von sich aus ein solches Angebot vorlegt, um einen Anzeigenkunden zu halten oder neu zu werben.[782] Ebenso muss es bewertet werden, wenn Inserat und redaktioneller Beitrag auf derselben Seite stehen und der flüchtige Leser beides als zur Werbeanzeige gehörend wahrnimmt.[783] Die begleitende Berichterstattung wird dabei entweder von der Redaktion des betreffenden Presseerzeugnisses selbst erarbeitet oder sogar von dem Inserenten gleichzeitig mit der Anzeige zur Veröffentlichung eingereicht. Ein unzulässiges Kopplungsgeschäft liegt auch dann vor, wenn sich der redaktionelle Hinweis und die bezahlte Anzeige in verschiedenen Ausgaben des Presseerzeugnisses befinden.[784]

Allerdings gelten für die Beurteilung des redaktionellen Beitrages im Rahmen eines möglichen Kopplungsgeschäftes dieselben Grundsätze wie für die Bewertung der redaktionellen Hinweise ohne zusätzliche Anzeigenschaltung. Das gleichzeitige Erscheinen einer entgeltlichen Anzeige ist lediglich ein Indiz für das Vorliegen eines unzulässigen redaktionellen Hinweises, auf eine wertende Gesamtbetrachtung darf nicht verzichtet werden.[785]

3. Probleme bei der Auslegung der Ziffer 7

a) Meinungsstand in Rechtsprechung und Literatur

Rechtsprechung und medienrechtliche Literatur beschäftigen sich ausführlich mit den Problemen der Vermischung bzw. Trennung von redaktionellem Teil und Werbung.

---

782 *Fuchs*, GRUR 1988, 736; *Köhler*, WRP 1998, 349, 357.
783 OLG Hamm, AfP 1981, 294, 295.
784 *Löffler/ Ricker*, HdbPR, 14. Kap., Rn 5; *Soehring*, Presserecht, Rn 24.14.
785 *Fuchs*, GRUR 1988, 736, 744.

aa) Bedeutung und Zweck der gesetzlichen Kennzeichnungspflicht

Der in den Landespressegesetzen[786] aufgestellte Grundsatz der klaren Unterscheidbarkeit von redaktionellen Presseberichten und solchen, die werblichen Zwecken dienen, verfolgt einen doppelten Zweck, einerseits die Gewährleistung der Unabhängigkeit der Presse, andererseits die Sicherstellung der Lauterkeit der in der Presse betriebenen Werbung.[787]

(1) Gewährleistung der Unabhängigkeit der Presse

Ein bedeutender Zweck dieser Regelung besteht in der Gewährleistung der Unabhängigkeit der politisch und wirtschaftlich einflussreichen periodischen Presse.[788] Unternehmen, Gruppen und Verbände versuchen immer wieder, die meinungsbildende Presse durch Beeinflussung ihres redaktionellen Teils für ihre Zwecke zu instrumentalisieren. Gerade auf der Unbeeinflussbarkeit des redaktionellen Teils von Zeitungen und Zeitschriften beruht aber die Vertrauenswürdigkeit und Zuverlässigkeit der freien Presse. Eine wirtschaftliche Beeinflussung der Presse torpediert die Erfüllung ihrer öffentlichen Aufgabe der wahrhaftigen Information der Bürger und der unabhängigen Kritik am öffentlichen und wirtschaftlichen Geschehen. Eine von außen beeinflusste Zeitung ist daher nicht mehr in der Lage, den auf unabhängige Medien angewiesenen allgemeinen Meinungsmarkt zu bedienen.

Diesen Gefahren begegnet die gesetzliche Kennzeichnungspflicht präventiv, indem sie der Presse die Möglichkeit gibt, entsprechende Ansinnen mit dem Verweis auf die geltende Rechtslage abzulehnen.[789]

(2) Schutz des lauteren Wettbewerbs

Das Trennungsgebot zwischen Werbung und redaktionellem Teil dient aber zugleich auch dem Schutz des lauteren Wettbewerbs.[790] So stellt das Erschlei-

---

786 § 8 LPG BE, LPG HB, HPresseG; Art. 9 BayPrG; § 9 LPrG M-V, SächsPresseG, LPG ST; § 10 LPG BW, HH LPG, ND LPG, LPG NW, LMG RP, LPG SH, TPG; § 11 BbgPG; § 13 SMG.

787 *Löffler/ Ricker*, HdbPR, 14. Kap., Rn 1.

788 BGH, AfP 1981, 458, 459; OLG Düsseldorf, AfP 1988, 354, 355; OLG Hamburg, ZUM 1996, 416, 420; *Soehring*, Presserecht, Rn 24.15; *Groß*, Presserecht, Rn 369; grundlegend Löffler – *Sedelmeier*, Presserecht, § 10, Rn 2ff. m. w. N.

789 *Löffler/ Ricker*, HdbPR, 14. Kap., Rn 2.

chen einer redaktionellen Empfehlung der eigenen Ware oder Leistung durch Tarnung der Werbung einen groben Wettbewerbsverstoß dar.[791] Meist kann allerdings von einem Erschleichen nicht gesprochen werden, da die Redaktionen solche Texte bewusst veröffentlichen, um Anzeigenkunden zu ködern oder zu halten.[792] Geschädigt werden durch solche Machenschaften einerseits die korrekt handelnden Verleger, die Anzeigenkunden an solche Konkurrenzverlage verlieren, die zur Schleichwerbung bereit sind. Benachteiligt werden andererseits auch die einwandfrei werbenden Inserenten, denen eine solche besonders wirkungsvolle Werbung im redaktionellen Teil verwehrt bleibt.[793] Vor allem aber muss der Leser vor einer Irreführung bewahrt werden.[794] Die Trennungsverpflichtung dient der Informationsfreiheit der Leser, denn nur wenn er den publizistischen Hintergrund der Veröffentlichungen einer Zeitung kennt, ist er in der Lage, sich sachgerecht zu informieren und unter verschiedenen Angeboten die richtige Auswahl zu treffen. Eine nicht gekennzeichnete Vermischung von redaktionellem Teil und Werbung ist vor allem aus dem Grunde wettbewerbswidrig, dass der Leser einen redaktionellen Beitrag als objektive Meinungsäußerung oder Berichterstattung einer neutralen Redaktion ansieht.[795] Daher steht er diesem unkritischer gegenüber und misst ihm eine größere Bedeutung zu als der Aussage eines werbenden Beitrages.[796]

bb) Wettbewerbsförderungsabsicht bei redaktionellen Hinweisen

Für das Vorliegen eines Wettbewerbsverstoßes ist als subjektives Element eine Wettbewerbsförderungsabsicht erforderlich. Hierunter versteht man die Absicht, eigenen oder fremden Wettbewerb zum Nachteil eines Mitbewerbers zu fördern. Diese muss nicht der alleinige und wesentliche Beweggrund des Handelns sein, sie darf nur nicht hinter den anderen Beweggründen völlig zurücktreten.[797] Bei Handlungen, die objektiv zur Wettbewerbsförderung geeignet sind, spricht grundsätzlich eine tatsächliche Vermutung für das Vorliegen einer solchen Wettbewerbsförderungsabsicht. Diese Vermutung greift allerdings bei Äußerun-

---

790 *Fuchs*, GRUR 1988, 736, 738.
791 BGH, NJW 1990, 3199, 3202.
792 *Fuchs*, GRUR 1988, 736; *Köhler*, WRP 1998, 349, 357.
793 *Hefermehl/ Köhler/ Bornkamm*, Wettbewerbsrecht, § 4 UWG, Rn 3.20; *Mann*, NJW 1996, 1241, 1242.
794 BGH, NJW 1990, 3199, 3202; *Köhler*, WRP 1998, 349, 353ff.
795 *Fuchs*, GRUR 1988, 736, 738f.
796 BGH, AfP 1994, 302, 303; 136, 137; 1997, 632, 633; NJW 1998, 1144, 1148; OLG Düsseldorf, AfP 1994, 311, 312; *Löffler/ Ricker*, HdbPR, 14. Kap., Rn 3.
797 St. Rspr., vgl. BGHZ 3, 270, 277; 136, 111, 117.

gen der Medien nicht ein.[798] Bei redaktionellen Beiträgen lässt sich eine Wettbewerbsförderungsabsicht nur anhand konkreter Umstände im Einzelfall feststellen.[799]

Die Berichterstattung über wirtschaftliche Angelegenheiten ist rechtlich zulässig, wenn sie unentgeltlich erfolgt, die sachliche und neutrale Information und Aufklärung der Leser im Vordergrund steht und die daneben eintretende Werbewirkung nur als Begleiterscheinung aufzufassen ist.[800] Es ist nach äußeren Indizien zu suchen, die einen Rückschluss auf eine Wettbewerbsförderungsabsicht zulassen. Dabei kann es nicht auf die Sichtweise der Leser ankommen, da das charakteristische der redaktionellen Werbung gerade die Verschleierung der Wettbewerbsförderungsabsicht ist. Zu untersuchende objektive Kriterien sind dagegen besondere Beziehungen zwischen Presseunternehmen und Dritten, eine unmittelbare oder mittelbare Vergütung der Veröffentlichung, das Zustandekommen des Beitrages, insbesondere wie und wo recherchiert wurde, sowie seine formale und inhaltliche Gestaltung.[801] Auch aus Zuschnitt und Zielrichtung der Zeitschrift kann entnommen werden, ob es einen nachvollziehbaren publizistischen Anlass für die Berichterstattung gibt oder nicht.[802] Als eindeutiges Abgrenzungskriterium dient nämlich das offensichtliche Fehlen dieses publizistischen Anlasses.[803] Der die Berichterstattung rechtfertigende publizistische Anlass wird allerdings nicht zwangsläufig dadurch ausgeschlossen, dass in derselben Zeitungsausgabe an andere Stelle auch eine Werbeanzeige des betreffenden Unternehmens abgedruckt ist. Die Werbung allein verbietet nicht, dass außerdem ein redaktioneller Hinweis gegeben wird, vor allem, wenn Aussagegehalt des Inserates und des redaktionellen Beitrages nicht identisch sind.[804] Auch das subjektive Rechtsanwaltsranking einer Redaktion ist trotz Werbeanzeigen der gerangten Kanzleien in derselben Publikation nicht wettbewerbswidrig, wenn in der konkreten Art der Darstellung und unter Berücksichtigung erläuternder Hinweise keine übermäßig anpreisende Darstellung liegt. Der vorhandene Werbeeffekt wird relativiert, wenn mehrmals deutlich auf die Subjektivität der Einschätzung hingewiesen wird.[805]

---

798 Vgl. *Hefermehl/ Köhler/ Bornkamm*, Wettbewerbsrecht, § 2, Rn 24ff.; *Götting*, Wettbewerbsrecht, § 5, Rn. 11ff.

799 BGH, WRP 1993, 478, 479; 1997, 434, 436; 1048, 1050; 1051, 1053; NJW 2006, 2764, 2765; OLG Köln, AfP 2004, 136, 137.

800 BGHZ 50, 1, 3; BGH, NJW 2006, 2764, 2765; KG Berlin, AfP 1987, 697f.; OLG Hamburg, ZUM 1997, 393, 394; *Löffler/ Ricker*, HdbPR, 14. Kap., Rn 5 m. w. N.

801 Ausführlich *Köhler*, WRP 1998, 349, 351f.

802 *Köhler*, WRP 1998, 349, 352.

803 *Ahrens*, GRUR 1995, 307 nennt viele Indizien für das Vorliegen oder nicht Vorliegen eines publizistischen Anlasses.

804 KG Berlin, AfP 1987, 697, 698f.

805 BGH, NJW 2006, 2764, 2766.

Es ist zu beachten, dass die Presse in der Wahl ihrer Themen grundsätzlich frei ist. Bei Äußerungen der Presse, die sich im Rahmen der Unterrichtung der Öffentlichkeit über Vorgänge von allgemeiner Bedeutung halten und zur öffentlichen Meinungsbildung beitragen, ist eine Wettbewerbsabsicht, wie dargestellt, nicht zu vermuten.[806] Die Aufgabe der Medien darf nicht durch eine zu weite Auslegung des Begriffs der Wettbewerbsförderungsabsicht beeinträchtigt werden, dies würde die Pressefreiheit unangemessen beschränken. Daher kommt es regelmäßig vor allem darauf an, ob die Art und Weise der Darstellung vom konkreten Anlass noch gedeckt ist.[807] Dies ist nicht mehr der Fall, wenn der Leser auch ohne Nennung bestimmter Unternehmen oder Marken sachgerecht unterrichtet werden kann oder wenn diese übermäßig hervorgehoben werden.[808] Ebenso wie die Presse allerdings in negativer Hinsicht berechtigt ist, scharf und in aller Deutlichkeit, bisweilen sogar überzogene Kritik zu üben, so muss ihr grundsätzlich auch eine extrem positive Berichterstattung erlaubt sein. Voraussetzung ist jedoch stets die Wahrhaftigkeit des publizierten Beitrages.[809]

b) Die Richtlinien zu Ziffer 7 und die ZAW-Richtlinien

aa) Die Richtlinien des Deutschen Presserates zu Ziffer 7

Die Richtlinien des Deutschen Pressrates zu Ziffer 7 konkretisieren diese dahingehend, dass sie vor allem Trennungsgebot und Schleichwerbeverbot betonen. Zusätzlich finden sich seit dem 02.03.2006 in der neu eingefügten RL 7.4 auch Regeln zur Wirtschafts- und Finanzmarktberichterstattung.

(1) RL 7.1 – Trennung von redaktionellem Text und Anzeigen

So lautet RL 7.1:

> „Bezahlte Veröffentlichungen müssen so gestaltet sein, dass sie als Werbung für den Leser erkennbar sind. Die Abgrenzung vom redaktionellen Teil kann durch Kennzeichnung und/oder Gestaltung erfolgen. Im Übrigen gelten die werberechtlichen Regelungen."[810]

806   BGH, GRUR 1986, 812, 813; 898, 899; AfP 1994. 136. 137; WRP 1997, 1048, 1049.
807   *Köhler*, WRP 1998, 349, 356.
808   OLG Hamburg, ZUM 1997, 393, 394; ZUM 1996, 416, 418.
809   *Kohl*, AfP 1984, 201, 208; Löffler – *Sedelmeier*, Presserecht, § 10, Rn 66.
810   Deutscher Presserat, Jahrbuch 2007, S. 206.

Damit wird noch einmal explizit auf die gebotene Trennung und vor allem auf die nötige deutliche Unterscheidbarkeit von redaktionellem Text und Anzeigen hingewiesen, wie sie auch die Landespressegesetze[811] festsetzen.

(2) RL 7.2 – Schleichwerbung

RL 7.2 beschäftig sich dann ausführlich mit der Schleichwerbung:

> „Redaktionelle Veröffentlichungen, die auf Unternehmen, ihre Erzeugnisse, Leistungen oder Veranstaltungen hinweisen, dürfen nicht die Grenze zur Schleichwerbung überschreiten. Eine Überschreitung liegt insbesondere nahe, wenn die Veröffentlichung über ein begründetes öffentliches Interesse oder das Informationsinteresse der Leser hinausgeht oder von dritter Seite bezahlt bzw. durch geldwerte Vorteile belohnt wird.
>
> Die Glaubwürdigkeit der Presse als Informationsquelle gebietet besondere Sorgfalt beim Umgang mit PR-Material."[812]

Der Presserat greift hier die in Rechtsprechung und presserechtlicher Literatur gebräuchliche Abgrenzung über den nachvollziehbaren publizistischen Anlass auf.[813] So wird herausgestellt, dass einerseits das begründete öffentliche Interesse, also das Interesse der gesamten Öffentlichkeit, andererseits aber auch das Informationsinteresse der Leser, also eines Fachpublikums oder eines regional begrenzten Kreises, eine Berichterstattung über das betreffende Ereignis rechtfertigt. Auch die Bezahlung eines Beitrags durch Dritte oder die Gewährung eines geldwerten Vorteils sind gewichtige Indizien für das Vorliegen einer missbilligenswerten Schleichwerbung.

Ebenfalls wird in der RL 7.2 klar gestellt, dass bei von Unternehmen eingereichten Unterlagen besondere Sorgfalt geboten ist. Diese müssen also sorgfältig geprüft und dürfen nicht ohne Quellenangabe veröffentlicht werden.

(3) RL 7.3 – Sonderveröffentlichungen

Die RL 7.3 besagt:

---

811 Vgl. § 8 LPG BE, LPG HB, HPresseG; Art. 9 BayPrG; § 9 LPrG M-V, SächsPresseG, LPG ST; § 10 LPG BW, HH LPG, ND LPG, LPG NW, LMG RP, LPG SH, TPG; § 11 BbgPG; § 13 SMG.
812 Deutscher Presserat, Jahrbuch 2007, S. 206.
813 S.o.: 3. Kap., D., V., 3., a), bb).

„Redaktionelle Sonderveröffentlichungen unterliegen der gleichen redaktionellen Verantwortung wie alle anderen redaktionellen Veröffentlichungen. Werbliche Sonderveröffentlichungen müssen die Anforderungen der Richtlinie 7.1 beachten"[814]

Damit wird verdeutlicht, dass sowohl in redaktionellen Sonderveröffentlichungen zu bestimmten Ereignissen als auch in werblichen Sonderveröffentlichungen, die dem Presseerzeugnis beigelegt werden, die publizistischen Anforderungen genauso wie in den regulären Veröffentlichungen eingehalten werden müssen. Auch dort darf es demnach keine Vermischung von werblichen und redaktionellen Interessen geben.

(4) RL 7.4 – Wirtschafts- und Finanzmarktberichterstattung

Die am 02.03.2006 neu eingefügte RL 7.4 lautet schließlich:

„Journalisten und Verleger, die Informationen im Rahmen ihrer Berufsausübung recherchieren oder erhalten, nutzen diese Informationen vor ihrer Veröffentlichung ausschließlich für publizistische Zwecke und nicht zum eigenen persönlichen Vorteil oder zum persönlichen Vorteil anderer.

Journalisten und Verleger dürfen keine Berichte über Wertpapiere und/oder deren Emittenten in der Absicht veröffentlichen, durch die Kursentwicklung des entsprechenden Wertpapieres sich, ihre Familienmitglieder oder andere nahestehende Personen zu bereichern. Sie sollen weder direkt noch durch Bevollmächtigte Wertpapiere kaufen bzw. verkaufen, über die sie zumindest in den vorigen zwei Wochen etwas veröffentlicht haben oder in den nächsten zwei Wochen eine Veröffentlichung planen.

Um die Einhaltung dieser Regeln sicherzustellen, treffen Journalisten und Verleger die erforderlichen Maßnahmen. Interessenkonflikte bei der Erstellung oder Weitergabe von Finanzanalysen sind in geeigneter Weise offenzulegen."[815]

Die RL 7.4 ist die Reaktion des Presserates auf eine Novellierung des Wertpapierhandelsgesetzes (WpHG) im Jahre 2004. Im Vorfeld hatte der Pressrat dem Gesetzgeber abgerungen,[816] einen Vorbehalt für die journalistische Arbeit zu etablieren, wonach die Regeln des WpHG zu Sorgfaltspflichten und Offenlegung von Interessenkonflikten nicht für Journalisten gelten, die einer vergleichbaren Selbstregulierung unterliegen. Durch den Verweis auf berufsständische Regeln bzw. eine vergleichbare Selbstregulierung in den §§ 20a Abs. 6 und 34b Abs. 4 WpHG sind die dem Pressekodex verpflichteten Journalisten insoweit nicht an das WpHG und die staatliche Aufsicht, sondern an das Verfahren vor dem Presserat gebunden. Für die Erstellung und Weitergabe von Finanzanalysen

---

814   Deutscher Presserat, Jahrbuch 2007, S. 206.
815   Deutscher Presserat, Jahrbuch 2007, S. 207.
816   Vgl. *Tillmanns* in Deutscher Presserat, Jahrbuch 2005, S. 34ff.

treten somit die Kodexregelungen an die Stelle der entsprechenden gesetzlichen Vorschriften.[817]

bb) Die Richtlinien des ZAW

Noch intensiver als der Deutsche Presserat hat sich allerdings der Zentralausschuss der Werbewirtschaft (ZAW) in Zusammenarbeit mit den Pressefachverbänden mit der unlauteren redaktionellen Werbung beschäftigt. In den „ZAW-Richtlinien für redaktionelle Hinweise in Zeitungen und Zeitschriften"[818] sind 24 Einzelfälle wie beispielsweise „Sportliche Veranstaltungen", „Textil-Modegewerbe", „Besprechungen von Büchern und Schalplatten" oder „Berichterstattung über Neuheiten" erfasst und bewertet. In den „ZAW-Richtlinien für redaktionell gestaltete Anzeigen"[819] finden sich neun Hinweise zur Erkennbarkeit von Anzeigen und zu unzulässigen Kopplungsgeschäften. Auch diese gehen mit den Richtlinien des Deutschen Presserates[820] und der herrschenden Meinung in Rechtsprechung und Literatur[821] konform und wenden die Grundsätze des nachvollziehbaren publizistischen Anlasses und der klaren Trennung von Anzeigen und redaktionellem Teil auf diverse Einzelfälle an. So ist allgemein anerkannt, dass die Richtlinien des ZAW und des Deutschen Presserates die Standesauffassung der Presse wiedergeben.[822]

c) Entscheidungen des Presserates zu Ziffer 7

Die Ziffer 7 gehört zu den in den letzten 20 Jahren am häufigsten vom Beschwerdeausschuss des Deutschen Presserates behandelten Ziffern. Allein von 1985 bis 2004 gingen 173 Beschwerden ein, die alleine oder u.a. eine Verlet-

---

817 *Tillmanns* in Deutscher Presserat, Jahrbuch 2006, S. 29f.; Pressemitteilung des Deutschen Presserates vom 18.10.2006, S. 4. Zu näheren Erläuterungen der RL 7.4 s. die vom Presserat herausgegebene Broschüre „Journalistische Verhaltensgrundsätze des Deutschen Presserates zur Wirtschafts- und Finanzmarktberichterstattung", ausführlich zu den Anforderungen an das Journalistenprivileg in § 34b Abs. 4 WpHG s. Assmann/ Schneider – *Koller*, WpHG, § 34b, Rn 104ff.

818 Abgedruckt bei Löffler – *Sedelmeier*, Presserecht, § 10 Anh, I.

819 Abgedruckt bei Löffler – *Sedelmeier*, Presserecht, § 10 Anh, II.

820 S.o.: 3. Kap., D., V., 3., b), aa).

821 S.o.: 3. Kap., D., V., 3., a), bb).

822 *Löffler/ Ricker*, HdbPR, 14. Kap., Rn 19; *Calliess*, AfP 2002, 465, 467; OLG Düsseldorf, AfP 1988, 354, 355; OLG Karlsruhe, AfP 1989, 462, 463.

zung der Ziffer 7 zum Gegenstand hatten, 15 davon im Jahre 2004. Von diesen 15 wurden lediglich vier als unbegründet abgewiesen.

So bekam beispielsweise die „Neue Westfälische" wegen des Verstoßes gegen die RL 7.2 eine öffentliche Rüge, die auf ihrer Seite „Auto & Mobil" die unredigierte Veröffentlichung eines Pressetextes des Herstellers über ein neues Motorrad ohne Quellenangabe publizierte.[823] Ebenfalls gerügt wurde das Hochschulmagazin „Unicum", das Anzeigen in redaktioneller Aufmachung veröffentlichte.[824] Auch die gesamte Rubrik „Angebot der Woche" der Zeitung „Der Tagesspiegel" wirke wie eine Anzeige für Autohäuser in redaktioneller Aufmachung und sei daher als Schleichwerbung zu beurteilen.[825] Eindeutig Schleichwerbung liege weiterhin vor, wenn jeweils ein Küchenprodukt eines bestimmten Herstellers in Kombination mit verschiedenen Photos in Beiträgen detailliert und unkritisch beschrieben werde. Erschwerend kam in diesem Fall hinzu, dass in der Zeitung „Der Tagesspiegel" neben einem Beitrag eine Anzeige des im Text erwähnten Herstellers platziert war.[826] Ebenso ein Verstoß gegen Ziffer 7 liege vor, wenn die „Berliner Zeitung" eine Unternehmensberichterstattung über eine Bäckerei auf ihrer Wirtschaftsseite veröffentliche und gleichzeitig eine Marketingaktion in Kooperation mit dieser durchführe.[827]

Nicht beanstandet wurde dagegen die Gemeinschaftsaktion einer Boulevardzeitung mit einer Supermarktkette, bei Vorlegen des entsprechenden Artikels zwei Eis zum Preis von einem zu bekommen. Auch wenn der Text der Titelseite im Innenteil weitergeführt werde und die Bilder mit den Namen der Photographen versehen seien, was für Werbung unüblich sei, sei für den Leser klar erkennbar, dass keine redaktionelle Berichterstattung, sondern Werbung vorliege. Es müsse einer Zeitung erlaubt sein, in Kooperation mit einem anderen Unternehmen ein solches Eigenmarketing durchzuführen und darauf auch im eigenen Blatt hinzuweisen.[828] Ebenfalls als unbegründet abgewiesen wurde die Beschwerde über die Seite „Extra" einer Boulevardzeitung, auf der die Lifestyle-Expertin einer Parfümeriekette unter der Rubrik „Kosmetik News" fünf Produkte ihres Unternehmens präsentierte, die verlost wurden. Für die Leser sei deutlich, dass es sich um eine Anzeige mit Eigenwerbung und nicht um einen redaktionellen Beitrag handele. Das Gewinnspiel der Zeitung diene der Eigenwerbung des Veranstalters. Auch soweit der Eigenanzeigecharakter des Gewinnspiels mit Werbung des Sponsors vermischt sei, komme klar zum Ausdruck, dass dies keine redaktionelle Veröffentlichung sei. Außerdem trete der Gewinnspielsponsor nicht verdeckt,

---

823 BK2 78/04, Deutscher Presserat, CD-ROM zum Jahrbuch 2005.
824 BK1 110/04, Deutscher Presserat, CD-ROM zum Jahrbuch 2005.
825 BK2 126/04, Deutscher Presserat, CD-ROM zum Jahrbuch 2005.
826 BK2 154/04, Deutscher Presserat, CD-ROM zum Jahrbuch 2005.
827 BK2 124/04, Deutscher Presserat, CD-ROM zum Jahrbuch 2005.
828 BK1 147/04, Deutscher Presserat, CD-ROM zum Jahrbuch 2005.

sondern offen durch die Lifestyle-Expertin auf und das Gewinnspiel befinde sich nicht im redaktionellen Hauptteil der Zeitung, sondern in einem Extrateil.[829]

Ein mit einer Vielzahl von Superlativen gespickter Beitrag für ein Musikdownloadportal entspreche allerdings wiederum nicht den Anforderungen an redaktionell unabhängige Berichterstattung, sondern sei in dieser Form eindeutig werbend und damit ein Verstoß gegen das Trennungsgebot von redaktionellem Teil und Werbung.[830] Ein solcher Verstoß sei auch gegeben, wenn der Rezension von Musik die Nummer einer CD-/DVD-Hotline beigestellt werde, denn dadurch würde der entsprechende Grossist herausgehoben und gegenüber Mitbewerbern bevorzugt.[831]

Eine öffentliche Rüge zog weiterhin das Angebot des Wirtschaftsmagazins „Mein Geld" an mögliche Kunden nach sich, redaktionelle Beiträge zu kaufen.[832] Auch einem deutschen Unternehmen die Illustrationen eines redaktionellen Beitrages über sich in Rechnung zu stellen (so geschehen beim Wirtschaftsjournal Economy Tribune), sei mit dem Trennungsgebot nicht zu vereinbaren. Die komplette redaktionelle Berichterstattung müsse frei von finanziellen Gegenleistungen erfolgen. Nur so könne gewährleistet werden, dass sie nicht von dritter Seite beeinflusst werde.[833]

Klargestellt wurde darüber hinaus, dass nicht nur Anzeigen von Unternehmen, sondern auch solche von Politikern entsprechend kenntlich zu machen sind.[834]

d) Fazit

Die Trennung von redaktionellem Teil und Werbung ist ein wichtiger Aspekt bei der Erfüllung der öffentlichen Aufgabe der Presse. Diese setzt eine freie und unabhängige Berichterstattung voraus, bei der Themen und Inhalte von der Redaktion ohne Druck von außen gewählt werden. Eine wirtschaftliche Einflussnahme auf den redaktionellen Teil eines Presseorgans darf es nicht geben. Auf Grund der weiten Verbreitung und der hohen Glaubwürdigkeit der Presse muss sich der Leser auf deren Unabhängigkeit verlassen können. Dies ist nicht nur im Leserinteresse und zur Vermeidung unlauteren Wettbewerbs, sondern auch zu Selbstschutzzwecken erforderlich. Wenn sich Leser und Anzeigenkunden nicht mehr sicher sein können, welche Presseerzeugnisse noch unabhängig agieren

---

829 BK1 71/73/04, Deutscher Presserat, CD-ROM zum Jahrbuch 2005.
830 BK2 51/04, Deutscher Presserat, CD-ROM zum Jahrbuch 2005.
831 BK1 104/04, Deutscher Presserat, CD-ROM zum Jahrbuch 2005.
832 BK1 169/04, Deutscher Presserat, CD-ROM zum Jahrbuch 2005.
833 BK1 118/04, Deutscher Presserat, CD-ROM zum Jahrbuch 2005.
834 BK2 1/04, Deutscher Presserat, CD-ROM zum Jahrbuch 2005.

und welche nicht, werden sowohl Anzeigenaufträge als auch Auflage zurückgehen.

Problematisch ist allerdings die Abgrenzung bei der Berichterstattung über wirtschaftliche Ereignisse, wo es auf einen nachvollziehbaren publizistischen Anlass ankommt. Bei dieser Beurteilung muss sowohl das allgemeine öffentliche Interesse, als auch das Informationsinteresse der Leser der konkret berichtenden Zeitung oder Zeitschrift berücksichtigt werden.

Bei der Verbraucherinformation dürfen grundsätzlich keine Preise oder Bezugsquellen genannt werden, wenn dadurch andere Unternehmen oder Händler benachteiligt werden. Diese Regelung ist sowohl wettbewerbsrechtlich als auch allgemein vor dem Hintergrund sinnvoll, dass beispielsweise die Nennung nur eines oder zumindest nicht aller Händler, die das besprochene Produkt im Angebot haben, als Indiz für eine nicht der publizistischen Ethik entsprechenden Auswahlentscheidung angesehen werden kann, sei es wegen finanzieller Zuwendungen oder persönlicher Eitelkeiten. So sinnvoll diese Regelung aus den aufgezeigten Gründen ist, ist es dennoch im Interesse des Verbrauchers, direkt lesen zu können, wo er das besprochene Produkt erwerben kann. Daher bin ich der Auffassung, dass es durchaus akzeptabel ist, zumindest bei schwer erhältlichen Produkten mögliche Bezugsquellen anzugeben.

Die Preise beispielsweise einer Modekollektion[835] sind ebenfalls den Leser interessierende Tatsachen. So sollte meines Erachtens auch die Nennung des Preises der besprochenen Produkte erlaubt sein, so lange sie nicht übertrieben werblich, sondern lediglich als Verbraucheraufklärung geschieht.

Zusammenfassend lässt sich allerdings feststellen, dass Presserat und ZAW mit ihren Richtlinien keine schärferen Anforderungen stellen, als sie von der Rechtsprechung entwickelt worden sind. Sinn und Zweck auch dieser Empfehlungen ist es, die Presse anzuhalten, ihre Berichterstattungsfunktion nicht zu missbrauchen.[836]

VI. Ziffer 8: Persönlichkeitsrechte

Die Ziffer 8 des Pressekodex lautet:

„Die Presse achtet das Privatleben und die Intimsphäre des Menschen. Berührt jedoch das private Verhalten öffentliche Interessen, so kann es im Einzelfall in der Presse erörtert

---

835 Die Preisnennung bei Modeberichten verbietet RL 7 der „ZAW-Richtlinien für redaktionelle Hinweise in Zeitungen und Zeitschriften", abgedruckt bei Löffler – *Sedelmeier*, Presserecht, § 10 Anh, I.

836 So auch OLG Hamburg, ZUM 1997, 393, 397.

werden. Dabei ist zu prüfen, ob durch eine Veröffentlichung Persönlichkeitsrechte Unbeteiligter verletzt werden.

Die Presse achtet das Recht auf informationellen Selbstbestimmung und gewährleistet den redaktionellen Datenschutz."[837]

Mit dem Schutz von Intimsphäre, informationeller Selbstbestimmung und Datenschutz ist die Ziffer 8 des Pressekodex eine Ausprägung des Allgemeinen Persönlichkeitsrechts, welches in Grundzügen auch schon im Rahmen von Ziffer 1 behandelt wurde.[838]

Gerade in der heutigen Zeit, wo vor allem die Boulevardzeitungen immer mehr auf enthüllende Berichte über das Privatleben Prominenter setzen oder aus dem Leben von Tätern und Opfern berichten, kommt dem Schutz der Persönlichkeitsrechte eine immer größere Bedeutung zu. So ist die Ziffer 8 auch die am detailliertesten durch Richtlinien konkretisierte Ziffer des gesamten Pressekodex.

1. Ähnliche Regelungen der Legislative

Das mit Verfassungsrang ausgestattete Allgemeine Persönlichkeitsrecht aus Art. 2 Abs. 1 i. V. m. Art. 1 Abs. 1 GG[839] schützt die engere Persönlichkeitssphäre und umfasst die Privat- und Intimsphäre, die persönliche Ehre, das Verfügungsrecht über die Darstellung der eigenen Person, das Recht auf Vertraulichkeit, das Recht am eigenen Bild und das Recht am gesprochenen Wort.[840]

Anerkannt ist, dass das Allgemeine Persönlichkeitsrecht ein sonstiges Recht i. S. d. § 823 Abs. 1 BGB ist, dessen Verletzung zu Unterlassungs-, Widerrufs- und Schadensersatzansprüchen einschließlich Ansprüchen auf Geldentschädigung für immaterielle Nachteile führen kann.[841]

Schutz vor ungenehmigter Bildnisveröffentlichung gewähren ebenfalls die §§ 22, 23 KUG, deren Verletzung über § 33 KUG auch strafrechtlich sanktioniert werden kann. Seit der Einführung des § 201a StGB am 06.08.2004 steht neben der Veröffentlichung auch die Verletzung des höchstpersönlichen Lebensbereichs durch unbefugtes Herstellen von Bildaufnahmen unter Strafe.

---

837 Deutscher Presserat, Jahrbuch 2007, S. 208.
838 S.o.: 3. Kap., D., I., 2., a).
839 BVerfG, NJW 2000, 1021, gegen einen Verfassungsrang Löffler – *Steffen*, Presserecht, § 6, Rn 57, der dem APR aber zuerkennt, die verfassungsrechtlichen Wertentscheidungen aus Artt. 1 und 2 GG wiederzuspiegeln.
840 Schmidt-Bleibtreu/ Klein – *Hofmann*, GG, Art. 1, Rn 59.
841 Löffler – *Steffen*, Presserecht, § 6, Rn 56; ausführlich zu den einzelnen Ansprüchen *Damm/ Rehbock*, Widerruf, Unterlassung und Schadensersatz, Rn 560ff.

Die Erhebung, Verarbeitung und Nutzung personenbezogener Daten durch die Medien ist in § 41 BDSG geregelt. Dieser setzt fest, dass für die Presse lediglich Regelungen, die den §§ 5, 9 und 38a BDSG entsprechen, inklusive einer hierauf bezogenen Haftungsregelung entsprechend § 7 BDSG, durch den Landesgesetzgeber zu erlassen sind.[842] Entsprechend erklären fast alle Landespressegesetze[843] das BDSG auch nur in diesen Grenzen für anwendbar. Das Medienprivileg kann somit eine Sperrwirkung dahingehend entfalten, dass die laut § 6 BDSG unabdingbaren Rechte der Betroffenen auf Auskunft (§§ 19, 34 BDSG) und auf Berichtigung, Löschung oder Sperrung (§§ 20, 35 BDSG) im Medienbereich nicht bestehen. Beachtet werden muss allerdings, dass das Medienprivileg nur insoweit gilt, wie die Daten ausschließlich zu eigenen journalistisch-redaktionellen Zwecken verarbeitet werden, wobei die Möglichkeit der publizistischen Verwertbarkeit der Daten ausreicht.[844]

2. Nach Sphären gestaffeltes Schutzniveau

Das Leben eines jedes Menschen vollzieht sich in unterschiedlichen Sphären, in denen auch sein Recht auf Schutz der Individualität und Persönlichkeit unterschiedlich stark ausgeprägt ist. Dieser Schutz ist grundsätzlich umso stärker, je weiter eine Angelegenheit dem engeren Schutzkreis der individuellen Selbstbestimmung angenähert ist.[845]

a) Die Öffentlichkeitssphäre

Die Öffentlichkeits- oder Sozialsphäre umfasst den Menschen in seinen Beziehungen zur Umwelt, insbesondere in seinem beruflichen Wirken und sonstigem

---

842 Die Umsetzung von § 41 BDSG ist inzwischen in allen Ländern erfolgt, vgl. *Rosenhayn* in Deutscher Presserat, Jahrbuch 2006, S. 81f.

843 Vgl. § 12 LPG BW; Art. 10a BayPrG; § 22a LPG BE; § 16a BbgPG; § 5 LPG HB; § 11 HPresseG, SMG; § 16a LPrG M-V; § 19 ND LPG; § 12 LPG NW; § 12 Abs. 1 LMG RP; § 11a SächsPresseG, TPG; § 10a LPG ST. Lediglich Hamburg regelt in § 11a S. 2 HH LPG über diese Verweisung hinaus, dass für Unternehmen, die nicht der Selbstregulierung des Deutschen Presserates unterliegen, zusätzlich § 41 Abs. 3 und Abs. 4 S. 1 entsprechend gelten.

844 Ausführlich zum Medienprivileg *Gola/ Schomerus*, BDSG, § 41, Rn 1ff., s.a. *Löffler – Bullinger*, Presserecht, § 1, Rn 197ff.

845 BGH, ZUM 1988, 31, 33; Rehm, AfP 1999, 416, 418; in Erweiterung des hier vertretenen dreistufigen Modells wird teilweise auch ein vier- (vgl. bspw. *Löffler – Steffen*, Presserecht, § 6, Rn 63ff.) oder fünfstufiges Modell (vgl. bspw. *Wenzel*, Wort- und Bildberichterstattung, 5. Kap., Rn 35ff.) zu Grunde gelegt.

öffentlichen Auftreten.[846] Wenn der dargestellte Sachverhalt oder Umstand dieser der Öffentlichkeit zugewandten Sphäre angehört und an ihm ein öffentliches Informationsinteresse besteht, so darf grundsätzlich berichtet werden.[847] Dies gilt allerdings nur, solange keine unwahren Tatsachenbehauptungen, ehrverletzenden Äußerungen oder Schmähkritik vorliegen.[848]

Auch das Bestimmungsrecht hinsichtlich der Selbstdarstellung gegenüber einzelnen Dritten bzw. der gesamten Öffentlichkeit ist vom Schutzbereich des Allgemeinen Persönlichkeitsrechts umfasst. Daraus erwächst dem von einer Berichterstattung Betroffenen jedoch kein Anspruch, nur so in der Öffentlichkeit dargestellt zu werden, wie er sich selbst sieht oder von anderen gesehen werden möchte. Geschützt ist er lediglich vor entstellenden und verfälschenden Darstellungen sowie vor solchen, die die Persönlichkeitsentfaltung erheblich beeinträchtigen können.[849] Ohne Belang ist dabei, ob der berichtete Vorgang positiv oder negativ zu bewerten ist.[850]

b) Die Privatsphäre

Die Privatsphäre umfasst den häuslichen und familiären Bereich eines Menschen, also das üblicherweise dem öffentlichen Einblick entzogene Privatleben.[851] Darunter fallen zum einen diejenigen Angelegenheiten, die auf Grund ihres Informationsinhaltes typischerweise als „privat" eingestuft werden, weil ihre öffentliche Erörterung oder Zurschaustellung moralisch zumindest zweifelhaft und ihr Bekanntwerden dem Betroffenen peinlich ist oder nachteilige Reaktionen seiner Umwelt erwarten lässt.[852] Zum anderen ist ein räumlicher Bereich geschützt, in der der Einzelne zu sich kommen, sich entspannen oder auch sich gehen lassen, also sein Recht auf Einsamkeit genießen kann.[853] Zwar kann es auch hier um Verhaltensweisen gehen, die der Öffentlichkeit nicht zugänglich sein sollen, im Kern handelt es sich aber um einen Bereich, in dem der Einzelne die Möglichkeit hat, frei von öffentlicher Beobachtung und damit auch frei von der von ihr erzwungenen Selbstkontrolle zu sein, ohne dass er sich dort notwendig anders verhält als in der Öffentlichkeit.[854] Sofern keine ausdrückliche Ein-

---

846 BVerfG, NJW 1997, 2669, 2770; BGH, AfP 1995, 404, 407f.; NJW 1981, 1366; 1367.
847 EGMR, NJW 2004, 2647, 2649; BGHZ 31, 308, 312f.
848 *Löffler/ Ricker*, HdbPR, 42. Kap., Rn 7.
849 St. Rspr., vgl. BVerfGE 54, 208, 217; 97, 125, 148f.; 391, 403; 99, 185, 194; BVerfG, NJW 1998, 1281; 1383; BVerfG, AfP 1999, 254, 255; AfP 2003, 43, 45f.
850 *Löffler/ Ricker*, HdbPR, 42. Kap., Rn 7.
851 *Ricker*, NJW 1990, 2067, 2068.
852 BVerfG, AfP 2000, 76, 78.
853 BVerfGE 27, 1, 6.
854 BVerfG, AfP 2000, 76, 78.

willigung des Betroffenen vorliegt, sind Veröffentlichungen aus dem Bereich der Privatsphäre grundsätzlich unzulässig. Unter zwei Voraussetzungen, die kumulativ erfüllt sein müssen, darf allerdings auch aus diesem Bereich berichtet werden. Erstens muss ein überwiegendes öffentliches Informationsinteresse an der Mitteilung dieser privaten Angelegenheit vorliegen und zweitens muss der Betroffene eine Person der Zeitgeschichte[855] sein.[856] Es muss durch eine umfassende Güterabwägung unter Berücksichtigung aller Umstände ermittelt werden, ob das Veröffentlichungsinteresse der Presse das Geheimhaltungsinteresse des Betroffenen überwiegt.[857] Von Bedeutung ist dabei auch die Tatsache, ob Informationen aus dem betreffenden Bereich bereits anderweitig der Öffentlichkeit bekannt geworden sind.[858]

Besonderheiten gelten bei der Betroffenheit von Kindern, bei denen das Allgemeine Persönlichkeitsrecht aus Art. 2 Abs. 1 GG i. V. m. Art. 1 Abs. 1 GG durch die Gewährleistung des Grundrechts der Ehe und Familie aus Art. 6 Abs. 1 und 2 GG verstärkt wird.[859] Beim Allgemeinen Persönlichkeitsrecht des Kindes geht es vor allem um die Verwirklichung des Rechts auf ungehinderte Entfaltung seiner Persönlichkeit, wobei der Schutzumfang durch die Entwicklungsphasen des Kindes zu bestimmen ist. Die Persönlichkeitsentwicklung eines Kindes wird durch eine Medienberichterstattung empfindlicher gestört als die eines erwachsenen Menschen, weshalb es in thematischer und räumlicher Hinsicht umfassender geschützt ist.[860]

Ein ausreichendes Informationsinteresse, welches den Schutz der Privatsphäre überwiegt, ist in aller Regel dann zu verneinen, wenn nach dem Inhalt der Veröffentlichung der Eingriff lediglich zur Befriedigung reiner Unterhaltungsinteressen, bloßer Neugier oder Sensationslust vorgenommen wurde.[861]

c) Die Intimsphäre

Der absolute Schutz der Intimsphäre umfasst die innere Gefühls- und Gedankenwelt, den Gesundheitszustand und den sexuellen Bereich.[862] Hier herrscht ein

855 Zur Person der Zeitgeschichte s.u.: 3. Kap., D., VI., 3., a), aa), (3).
856 BVerfGE 99, 185, 196f.; BVerfG, NJW 2000, 2190.
857 St. Rspr., vgl. BVerfGE 97, 391, 401ff.; 99, 185, 196ff.; BVerfG, NJW 1997, 2669, 2670; BGH NJW 1994, 124, 125ff.; NJW 1996, 1128, 1129f.
858 *Wenzel*, Wort- und Bildberichterstattung, 5. Kap., Rn 61.
859 BVerfG, NJW 2000, 1021, 1023; 2190; 2191f.; *Soehring*, Presserecht, Rn 19.14b.
860 Ausführlich BVerfG, NJW 2003, 3262, 3263 m. w. N.
861 BVerfG, NJW 2000, 1021, 1024; 2190; LG Berlin, AfP 2003, 174, 175; mit vielen Beispielen *Löffler/ Ricker*, HdbPR, 42. Kap., Rn 11.
862 BVerfG, NJW 2000, 2189; Ricker, NJW 1990, 2097, 2098.

grundsätzliches Verbot ungenehmigter Veröffentlichungen, selbst überwiegende Interessen der Allgemeinheit können einen Eingriff in diesen Kernbereich privater Lebensgestaltung nicht rechtfertigen.[863] Falls der Betroffene mit einer Berichterstattung aus seinem Intimbereich einverstanden sein sollte, muss sich die Einwilligung auch auf die Aufdeckung seiner Identität erstrecken sowie grundsätzlich ausdrücklich und nicht nur konkludent erteilt werden. Zur Bestimmung der Reichweite der Einwilligung sind ansonsten die Grundsätze der für das Urheberrecht entwickelten Zweckübertragungslehre entsprechend anzuwenden, d.h. eine Einwilligung reicht in der Regel nur so weit, wie der mit ihrer Erteilung verfolgte Zweck.[864] Gerade der Bereich sexueller Begegnungen unterliegt zwar dem nur den Partnern vorbehaltenen Geheimnisschutz.[865] Allerdings ist nicht jede Mitteilung mit Bezug zum Sexualbereich der Intimsphäre zuzuordnen, es kommt darauf an, in welchem Umfang Details zur Sprache kommen[866] oder ob und wie sich das Verhalten sozial auswirkt.[867] Der absolute Schutz der Intimsphäre ist in diesem Bereich ebenfalls dann nicht gegeben, wenn der Betroffene sein Sexualleben öffentlich ausbreitet.[868]

Ähnlich verhält es sich bei der Bewertung von Gesundheitsfragen, die grundsätzlich ebenfalls zur Intimsphäre gehören. Im Einzelfall können aber auch personenbezogene Veröffentlichungen über Krankheiten ohne Einwilligung des Betroffenen zulässig sein. Sachliche Berichte beispielsweise über die Art der Leiden und ihre konkreten Auswirkungen unter Verzicht auf unnötige Details sind nicht im Bereich der Intim-, sondern im Bereich der Privatsphäre einzuordnen.[869] Hier ist also bei Personen der Zeitgeschichte und Vorliegen eines überwiegenden Informationsinteresses der Allgemeinheit eine Berichterstattung zulässig.

---

863 BVerfG, NJW 1973, 891, 892; BVerfGE 80, 367, 373; BGH, AfP 1988, 30; OLG Oldenburg, AfP 1983, 401; OLG Hamburg, AfP 1991, 533; OLG München, AfP 2001, 135, 136.
864 OLG Oldenburg, AfP 1983, 401; OLG München, AfP 2001, 135, 136; *Soehring*, Presserecht, Rn 19.46a.; *Prinz/ Peters*, Medienrecht, Rn 834.
865 BGHSt 11, 67, 71.
866 LG Berlin, AfP 2003, 174, 176; *Wenzel*, Wort- und Bildberichterstattung, 5. Kap., Rn 49.
867 BVerfGE 80, 367, 374; OLG Hamburg, AfP 1991, 533.
868 *Löffler/Ricker*, HdbPR, 42. Kap., Rn 17; Löffler – *Steffen*, Presserecht, § 6, Rn 67; *Wenzel*, Wort- und Bildberichterstattung, 5. Kap., Rn 51.
869 BVerfGE 32, 373, 379f.; BGH, AfP 1996, 136; *Löffler/ Ricker*, HdbPR, 42. Kap., Rn 18; *Wenzel*, Wort- und Bildberichterstattung, 5. Kap., Rn 47; *Prinz/ Peters*, Medienrecht, Rn 59.

3. Probleme bei der Auslegung der Ziffer 8

a) Meinungsstand in Rechtsprechung und Literatur

Vor allem die Anwendung und Bedeutung der Sphärentheorie wird in Rechtsprechung und Literatur intensiv diskutiert.

aa) Probleme der Sphärentheorie innerhalb des Deutschen Rechtsystems

(1) Generelles Infragestellen der Sphärentheorie

Auf Grund der Unmöglichkeit einer eindeutigen Abgrenzung der einzelnen Sphären wird die Sphärentheorie teilweise abgelehnt. Diese verdunkele die Rechtslage lediglich, indem sie den Anschein der Trennschärfe erwecke, weshalb sie nicht anzuwenden und eine herkömmliche Verhältnismäßigkeitsprüfung besser geeignet sei.[870] Für den Bereich der automatisierten Datenverarbeitung habe sich das Bundesverfassungsgericht mit dem Volkszählungsurteil bereits von der Sphärentheorie verabschiedet. Danach sei es irrelevant, aus welcher Sphäre eine Information stamme, da sich beispielsweise aus der Verknüpfung von Informationen aus der Öffentlichkeitssphäre ein schützenswertes Gesamtbild ergebe, weshalb strenge Anforderungen an die Zulässigkeit einer Datenerhebung zu stellen seien.[871] Aber auch sonst werde die Sphärentheorie vom Bundesverfassungsgericht nicht stringent herangezogen, sondern teilweise werde unabhängig von ihr nach der Prämisse vorgegangen, dass der Schutz umso intensiver sei, je näher der Eingriff dem unantastbaren Kernbereich privater Lebensgestaltung komme.[872]

Da die endgültige Beurteilung aber auch bei der Heranziehung der Sphärentheorie im Rahmen einer Abwägung anhand der Umstände des Einzelfalls geschieht, halte ich sie als zur Rechtssicherheit und Vorhersehbarkeit beitragende Orientierungshilfe weiterhin für sinnvoll.[873]

---

870 MüK – *Kunig*, GG, Art.2, Rn 41, 43.
871 BVerfGE 65, 1, 45; MüK – *Kunig*, GG, Art.2, Rn 41; *Schwetzler*, Persönlichkeitsschutz, S. 88.
872 BVerfGE 89, 69, 82; *Dreier*, GG, Art. 2 I, Rn 87f.; *Scholz/ Konrad*, AöR 123, 60, 65.
873 So auch *v. Arnauld*, ZUM 1996, 286, 291; *Scholz/ Konrad*, AöR 123, 60, 65; *Rohde*, Publizistische Sorgfalt, S. 53.

(2) Berichterstattung über unbekannte Personen

Bei unbekannten Personen stellt sich das Problem, inwieweit über sie berichtet werden darf. Es wird vertreten, dass es nur zulässig ist, sie als Randfiguren zu erwähnen.[874] Niemand brauche sich ohne besonderen Grund ins Rampenlicht der Öffentlichkeit ziehen zu lassen.[875] Dagegen wird zu Recht eingewendet, dass auch bislang unbekannte Personen im Zusammenhang mit bestimmten Geschehnissen ein Informationsinteresse der Öffentlichkeit erregen, das einen Pressebericht rechtfertige.[876] Deshalb solle auch hier stets auf die öffentliche Bedeutung des Ereignisses abgestellt und gemäß den Grundsätzen der Bildberichterstattung über sog. absolute bzw. relative Personen der Zeitgeschichte entschieden werden.[877] Eine Namensnennung sei darüber hinaus nur zulässig, wenn gerade an der Identifizierung des Betroffenen ein wirkliches Informationsinteresse bestehe, dass sich nicht in der bloßen Unterhaltung der Leser erschöpfe.[878]

(3) Berichterstattung über absolute und relative Personen der Zeitgeschichte

Die Beurteilung der, vom BGH in jüngeren Entscheidungen zu Gunsten einer einzelfallbezogenen Abwägung allerdings nicht mehr herangezogenen,[879] Eigenschaft „Person der Zeitgeschichte" richtet sich auch bei der reinen Wortberichterstattung nach den zu §§ 22ff. KUG entwickelten Grundsätzen für den Bildnisschutz.[880] Danach kommt es darauf an, ob eine Person auf Grund ihrer Stellung oder ihrer Aktivitäten in der Öffentlichkeit, etwa durch politische, sportliche oder künstlerische Leistungen, oder auch durch strafbares Handeln ständig oder vorübergehend im Blickpunkt zumindest eines Teils der Öffentlichkeit steht oder gestanden hat.[881]

Als absolute[882] Person der Zeitgeschichte wird dabei verstanden, wer unabhängig von einem bestimmten zeitgeschichtlichen Ereignis auf Grund seines Status

---

874 OLG Hamburg, NJW 1962, 2062.

875 KG Berlin, AfP 1988, 37.

876 OLG Hamburg, AfP 1982, 177, 178; LG Berlin, AfP 1997, 938f.; *Löffler/ Ricker*, HdbPR, 42. Kap., Rn 7.

877 BVerfG, NJW 1997, 2669, 2770f.; *Prinz/ Peters*, Medienrecht, Rn 103.

878 BVerfG, AfP 1998, 386ff.; *Löffler/ Ricker*, HdbPR, 42. Kap., Rn 10.

879 BGH, NJW 2007, 1977ff., 1981ff; s.u.: 3. Kap., D., VI., 3., a), bb), (3), (c), (ff).

880 Zum Bildnisschutz siehe auch 3. Kap., C., II., 3., b), aa).

881 BVerfG, AfP 1998. 50, 52; *Löffler/ Ricker*, HdbPR, 42. Kap., Rn 9.

882 Die Begrifflichkeiten der absoluten und relativen Person der Zeitgeschichte gehen zurück auf *Neumann-Duesberg*, JZ 1960, 114ff.

oder seiner Bedeutung allgemein öffentliche Aufmerksamkeit findet.[883] Bei einer relativen Person der Zeitgeschichte wird dagegen das eine Veröffentlichung rechtfertigende Informationsinteresse der Allgemeinheit nur im Zusammenhang mit einem bestimmten Ereignis anerkannt.[884] Als ein solches zeitgeschichtliches Ereignis komme auch die vertraute Begleitung einer absoluten Person der Zeitgeschichte in Betracht. Daraus ergebe sich ein abgeleitetes Interesse der Öffentlichkeit, das nicht um der abgebildeten Person willen, sondern wegen des Interesses an der absoluten Person der Zeitgeschichte bestehe, das aber auf die Person ausstrahle, von der jene in der Öffentlichkeit begleitet werde.[885]

Die Einordnung eines Betroffenen als absolute oder relative Person der Zeitgeschichte sei aber nur notwendige und nicht hinreichende Bedingung einer Veröffentlichung des in Frage stehenden Beitrages oder Bildes. Zusätzlich müsse immer eine einzelfallbezogene Abwägung zwischen dem Informationsinteresse der Öffentlichkeit und den berechtigten Interessen des Betroffenen unternommen werden.[886]

Dabei gebe es allerdings keine Beschränkung auf eine Berichterstattung über Situationen, in denen Personen von zeitgeschichtlicher Bedeutung ihre gesellschaftliche Funktion wahrnehmen. Es kennzeichne oft gerade das öffentliche Interesse, dass es nicht nur der Funktionsausübung im engeren Sinne gelte, sondern sich auch darauf erstrecke, wie sich die Person generell, also außerhalb ihrer jeweiligen Funktion in der Öffentlichkeit bewege. Es bestehe ein berechtigtes Interesse daran zu erfahren, ob diese häufig als Idol oder Vorbild verehrte Person funktionales und persönliches Verhalten überzeugend in Übereinstimmung bringe.[887] Das Informationsinteresse sei stets objektiv zu beurteilen und richte sich einerseits nach der Stellung der beteiligten Personen und andererseits nach der Art der Nachricht.[888]

bb) Die Caroline-Entscheidung des EGMR und ihre Auswirkungen

(1) Das Urteil des EGMR

Mit seinem Urteil vom 24. Juni 2004 hat der Europäische Gerichtshof für Menschenrechte entschieden, dass die von der Rechtsprechung des Bundesverfas-

---

883 BVerfG, AfP 2001, 212, 214; BVerfGE 101, 361, 392.
884 BVerfG, AfP 2001, 212, 214.
885 BVerfG, AfP 2001, 212, 214; *Wenzel*, Wort- und Bildberichterstattung, 5. Kap., Rn 60.
886 BVerfGE 101, 361, 392.
887 BVerfGE 101, 361, 393.
888 *Löffler/ Ricker*, HdbPR, 42. Kap., Rn 10.

sungsgerichts entwickelten Kriterien nicht ausreichend sind, um einen wirksamen Schutz der Privatsphäre einer Person zu gewährleisten.[889]

Photos der Prinzessin Caroline von Monaco beim Reiten, Fahrrad fahren oder beim Marktbesuch mit einer Leibwächterin, sowie die bildliche Dokumentation eines Sturzes der Prinzessin im Strandbad „Le Monte Carlo Beach" seien nicht der Öffentlichkeitssphäre[890], sondern der Privatsphäre Carolines zuzuordnen, weil die beanstandeten Photos sich ausschließlich auf Details aus ihrem Privatleben bezögen. Ein eventuelles Informationsrecht der Öffentlichkeit, welches sich unter Umständen auch auf Aspekte des Privatlebens von Personen des öffentlichen Lebens erstrecken könne, müsse sich dagegen innerhalb einer politischen oder öffentlichen Debatte bewegen.[891] So gelte generell, dass bei der Frage des Ausgleichs zwischen dem Schutz der Privatsphäre und der freien Meinungsäußerung stets auf den Beitrag abzustellen sei, den Photos oder Artikel in der Presse zu einer Diskussion von allgemeinem Interesse leisten würden.[892] Hier ginge es aber einzig und allein darum, die Neugier eines bestimmten Publikums im Hinblick auf Einzelheiten aus dem Privatleben der Prinzessin zu befriedigen, was trotz ihrer Bekanntheit nicht als Beitrag zu einer Debatte von allgemeinem gesellschaftlichen Interesse angesehen werden könne. Zu berücksichtigen sei auch die Tatsache, dass dies kein Einzelfall sei, sondern zahlreiche Personen des öffentlichen Lebens in ihrem Alltag ähnlichen Belästigungen ausgesetzt seien.[893]

Problematisch sei außerdem die Einordnung der Prinzessin als absolute Person der Zeitgeschichte. Da dies einen sehr begrenzten Schutz des Privatlebens und des Rechts am eigenen Bild nach sich ziehe, möge eine solche Definition für Persönlichkeiten aus dem Bereich der Politik in Frage kommen, die öffentliche Ämter bekleiden. Privatpersonen wie die Beschwerdeführerin, bei der das Interesse der breiten Öffentlichkeit und der Presse ausschließlich auf ihrer Zugehörigkeit zu einer Herrschaftsfamilie gestützt sei, während sie selbst keine offizielle Funktion ausübe, müssten durch eine restriktivere Auslegung des KUG besser geschützt werden.[894]

Weiterhin müsse die Unterscheidung zwischen absoluten und relativen Personen der Zeitgeschichte eindeutig und offensichtlich sein, damit der Einzelne sein Verhalten danach ausrichten könne. Eine absolute Person der Zeitgeschichte könne nach dem Verständnis des Bundesverfassungsgerichts tatsächlich nur dann einen Schutz ihres Privatlebens geltend machen, wenn sie sich in einer ört-

---

889 EGMR, AfP 2004, 348ff.
890 So aber BVerfG, NJW 2000, 1021, 1026; 2192f.
891 EGMR, AfP 2004, 348, 351.
892 EGMR, AfP 2004, 348, 350.
893 EGMR, AfP 2004, 348, 351.
894 EGMR, AfP 2004, 348, 351.

lichen Abgeschiedenheit unter Ausschluss der Öffentlichkeit befinde[895] und ihr der schwierige Nachweis dessen gelänge. Ansonsten müsse sie akzeptieren, fast jederzeit und systematisch photografiert zu werden und auch eine Verbreitung dieser Photos und der sie begleitenden Artikel hinnehmen, auch wenn sie sich fast ausschließlich auf Details ihres Privatlebens bezögen. Das Kriterium der örtlichen Abgeschiedenheit sei zu vage und erscheine schwerlich im Voraus zu bestimmen, weshalb es im vorliegenden Fall nicht ausreiche, die Beschwerdeführerin als absolute Person der Zeitgeschichte einzustufen, um einen solchen Eingriff in ihre Privatsphäre zu rechtfertigen.[896]

Die Prinzessin sei zwar eine bekannte Persönlichkeit, die Öffentlichkeit habe aber kein legitimes Interesse daran zu erfahren, wo sie sich aufhalte und wie sie sich allgemein in ihrem Privatleben benehme. Selbst wenn ein solches bestehe, habe es im vorliegenden Fall hinter der Recht der Beschwerdeführerin auf wirksamen Schutz ihres Privatlebens zurückzutreten.[897]

(2) Inhaltliche Kritik am Caroline-Urteil

Kritisiert wird zunächst das Verständnis des europäischen Grundrechts der Meinungsfreiheit durch den EGMR, dass die beanstandeten Fotos nur die Neugier eines bestimmten Publikums befriedigen wollten und nicht als Beitrag zu irgendeiner Diskussion von allgemeinem Interesse für die Gesellschaft angesehen werden. Denn einerseits hätten die Medien zu entscheiden, was sie des öffentlichen Kommunikationsinteresses für Wert hielten und daher zu publizieren gedenken.[898] Anderseits hätte der Rezipient zu entscheiden, auf was sich sein Interesse beziehe und an welchen Diskussionsprozessen er sich beteilige. Da die Kommunikationsbedürfnisse innerhalb einer Gesellschaft sehr stark divergieren würden, dürfe keine Bewertung einzelner Kommunikationsinhalte vorgenommen werden, sondern es müsse gewährleistet sein, dass die kommunikativen Bedürfnisse jedes Einzelnen gleichermaßen befriedigt werden könnten. Daher sei „Klatsch und Tratsch" ebenso schützenswert wie „seriöse" politische Berichterstattung.[899] Auf Grund der Kommunikationsprivilegien der Personen des

---

895 So BVerfG, NJW 2000, 1021, 1023, der ausführt, dass sich nur situativ beurteilen ließe, ob die Voraussetzungen der Abgeschiedenheit erfüllt seien. Es gehe um die Frage, ob der Einzelne begründetermaßen erwarten dürfe, unbeachtet zu sein oder aber einen Platz aufgesucht habe, wo er sich unter den Augen der Öffentlichkeit bewege. Nicht sein Verhalten begründe eine schützenswerte Privatsphäre, sondern die objektive Gegebenheit der Örtlichkeit zur fraglichen Zeit.

896 EGMR, AfP 2004, 348, 351f.

897 EGMR, AfP 2004, 348, 352.

898 BVerfGE 101, 361, 389 m. w. N.

899 *Gersdorf*, AfP 2005, 221, 225.

öffentlichen Lebens, sich in den Medien jederzeit zu diversen Themen äußern zu können, müssten sich diese eine weitergehende Berichterstattung und damit auch eine Beschränkung ihrer Persönlichkeitsrechte gefallen lassen.[900]

Weiterhin wird beanstandet, dass der EGMR den Begriff der „public figure" praktisch auf Politiker und hohe Staatsfunktionäre beschränke, wohingegen der Europarat in Ziffer 7 der Entschließung 1165 (1998) seiner Parlamentarischen Versammlung über das Recht auf Achtung des Privatlebens, drei Arten von „public figure" benenne: Personen, die ein öffentliches Amt inne haben; Personen, die öffentlich Ressourcen nutzen und als Auffangkategorie, diejenigen, die im öffentlichen Leben eine Rolle spielen, sei es in der Politik, in der Wirtschaft, in der Kunst, im gesellschaftlichen Bereich, im Sport oder in jedem anderen Bereich. Daher sei das Verständnis des EGMR nicht nur realitätsfremd, sondern stehe auch im Widerspruch zu den für die Interpretation der EMRK erheblichen Texten des Europarates. Gerade am Leben von Angehörigen der Familien, die Staatsoberhäupter stellen, bestehe ein legitimes Informationsinteresse, welches im Abwägungsprozess zu berücksichtigen sei. Als „öffentlicher Wachhund" wache die Presse nicht nur über den politischen Bereich, sondern über das gesamte öffentliche Leben. Dazu komme, dass Caroline von Monaco sieben Monate bevor das Urteil erging, zur UNESCO-Botschafterin des guten Willens ernannt worden sei.[901] Außerdem könne nicht nur der politische Bereich eine Debatte von allgemeinem Interesse begründen, sondern es gäbe auch mannigfache gesellschaftliche Themen, die die Leute interessieren würden wie beispielsweise Fehltritte von Nationalspielern oder die neue Partnerin eines Schauspielers.[902] Darüber hinaus habe der Gerichtshof den nationalen Gerichten gerade in den Bereichen, in denen es keine einheitlichen Anschauungen der Mitgliedsstaaten der Konvention gäbe, bisher stets einen weiten Beurteilungsspielraum zugestanden. So läge der Fall auch hier, weshalb es überrasche, dass der EGMR den Beurteilungsspielraum relativ eng ziehe und sich mit den allgemeinen Kriterien der äußerst differenzierten Rechsprechung deutscher Gerichte zu Fragen des Persönlichkeitsrechtsschutzes und mit den Gesichtspunkten des Einzelfalles nur zum Teil auseinandersetze.[903]

(3) Die Auswirkungen dieses Urteils auf die Deutsche Rechtsprechung

Der wichtigste Unterschied in der Rechtsprechung bestehe darin, dass das Informationsinteresse der Öffentlichkeit von dem Bundesverfassungsgericht an-

---

900 *Gersdorf*, AfP 2005, 221, 226.
901 *Grabenwarter*, AfP 2004, 309, 310.
902 *Grabenwarter*, AfP 2004, 309, 311.
903 *Grabenwarter*, AfP 2004, 309, 315.

ders gewichtet werde als von dem EGMR, der eine reine Neugier der Leserschaft gegenüber dargestellten Personen als nachrangig ansehe.[904]

(a) Bindungswirkung der Rechtsprechung des EGMR

Die Rechtsprechung des EGMR habe für die Gerichte der Bundesrepublik Deutschland zwar keine direkte verbindliche Wirkung, jedoch hätten diese Inhalt und Entwicklungsstand der Europäischen Menschenrechtskonvention bei der Auslegung des innerstaatlichen Rechts zu berücksichtigen, sofern dies nicht zu einer von der Konvention nicht gewollten Einschränkung oder Minderung des Grundrechtsschutzes führen würde. Obwohl die Europäische Menschenrechtskonvention als Völkervertragsrecht auf Grund innerstaatlicher Umsetzung gem. Art. 59 Abs. 2 GG keinen Verfassungs-, sondern lediglich den Rang eines Bundesgesetzes einnehme, diene insoweit auch die Rechtsprechung des EGMR als Auslegungshilfe für die Bestimmung von Inhalt und Reichweite der Grundrechte.[905] Daher seien die deutschen Instanzgerichte verpflichtet, der konventionsgemäßen Auslegung den Vorrang zu geben, sofern die Berücksichtigung der Konventionsbestimmung nach der Auslegung des EGMR im konkreten Fall nicht gegen höherrangiges Recht verstoße. Bei einem abweichenden Sachverhalt müsse das entscheidende Gericht ermitteln, worin der spezifische Konventionsverstoß nach Auffassung des EGMR gelegen habe und warum die geänderte oder neue Tatsachenbasis eine Anwendung dieser Rechtsprechung auf den zu entscheidenden Fall nicht erlaube. Wichtig sei, dass sich das Gericht bei seiner Entscheidungsfindung zumindest gebührend mit der betreffenden Konventionsbestimmung in der Auslegung des EMGR auseinandersetze. Die Gerichte hätten bei der Berücksichtigung der Entscheidungen des EGMR aber auch die Auswirkungen auf die nationale Rechtsordnung zu beachten, vor allem wenn es sich um ein ausbalanciertes Teilsystem zum Ausgleich verschiedener Grundrechte handele. Unter dieser Prämisse seien die Entscheidungen verantwortungsvoll in den betroffenen Teilrechtsbereich der nationalen Rechtsordnung einzupassen.[906] Das letzte Wort der Auslegung habe aber das Bundesverfassungsgericht, das sich eine abweichende Entscheidung offen halte, wenn ansonsten gegen tragende Grundsätze der Verfassung verstoßen würde. Außerdem seien die Instanzgerichte gem. § 31 Abs. 1 BVerfGG formalrechtlich nicht an die Entscheidung des EMGR, sondern an die bisherige Rechtsprechung des Bundesverfassungsgerichts gebunden.[907]

---

904 *Löffler/ Ricker*, HdbPR, 42. Kap., Rn 7.
905 BVerfG, NJW 1987, 2427; NJW 1991, 1043, 1044.
906 BVerfG, NJW 2004, 3407ff.; *Löffler/ Ricker*, HdbPR, 43. Kap., Rn 13a.
907 *Mann*, NJW 2004, 3220, 3221.

Es werde dennoch wahrscheinlich zu einer Angleichung des deutschen Rechts an den intensiveren Schutz der Privatsphäre nach der Auslegung des Art. 8 EMRK durch den EGMR kommen. Sollte dies nicht geschehen, so wäre die Bundesrepublik vertragsvölkerrechtlich verpflichtet, durch Gesetzgebungsmaßnahmen einen den Anforderungen der EMRK entsprechenden Rechtszustand zu schaffen.[908] Dabei stelle sich allerdings wiederum die Frage der Verfassungsmäßigkeit solcher Gesetze, die nicht vom EGMR, sondern vom Bundesverfassungsgericht beurteilt werde, welches in den letzten (Caroline-) Entscheidungen[909] der Pressefreiheit hohen verfassungsrechtlichen Schutz zuerkannt habe.[910]

(b) Konkret zu erwartende Auswirkungen

Konkret bedeute dies, dass die bisherige Auslegung des Begriffs der absoluten Person der Zeitgeschichte i. R. d. § 23 KUG und die daraus erwachsenen Konsequenzen für den Schutz ihres Privatlebens nur noch für Politiker vertretbar seien.[911] Auf alle anderen Personen, die die Aufmerksamkeit der Allgemeinheit auf sich zögen, wie beispielsweise Spitzensportler, Schauspieler, Modeschöpfer, TV-Moderatoren oder Angehörige des Hochadels, sei diese Regelung nicht mehr anwendbar.[912] Diese Interpretation stößt allerdings insofern auf berechtigte Kritik, dass der EGMR „insbesondere" und nicht „ausschließlich" Politiker erwähne. Dies deute lediglich darauf hin, dass der Gerichtshof die besondere Bedeutung der Überwachung des Verhaltens von Politikern durch die Presse hervorheben wollte.[913]

Außerdem müsse die Unterscheidung zwischen absoluten und relativen Personen der Zeitgeschichte und das Kriterium der örtlichen Abgeschiedenheit bei der Bestimmung der Grenzen der schützenswerten Privatsphäre deutlicher gefasst werden.[914] Zunächst müsse klargestellt werden, auf welchen Kriterien die Einordnung als Person der Zeitgeschichte beruhe. Die Zuordnung zu dieser Kategorie müsse nachvollziehbar begründet werden und dürfe sich nicht in einer bloßen Feststellung erschöpfen. Weiter dürfe eine solche Einordnung nicht im Wege eines Automatismus zur Zulässigkeit jeglicher Berichterstattung führen, sondern es müsse in einem zweiten Schritt eine Abwägung im Einzelfall vorgenommen

---

908 *Heldrich*, NJW 2004, 2634, 2636; *Fechner/ Popp*, AfP 2006, 213, 215.
909 BVerfG, NJW 2000, 1021ff.; NJW 2001, 1921ff.
910 *Mann*, NJW 2004, 3220, 3221.
911 *Grabenwarter*, AfP 2004, 309, 310.
912 *Heldrich*, NJW 2004, 2634, 2636.
913 *Bartnik*, AfP 2004, 489, 493; *Mann*, NJW 2004, 3220, 3221f.
914 *Heldrich*, NJW 2004, 2634, 2636.

werden.[915] Dem lässt sich allerdings entgegenhalten, dass dies auch vorher schon vom Bundesverfassungsgericht klar gestellt worden ist, das ebenfalls stets eine Abwägung der betroffenen Grundrechte im Einzelfall fordert.[916]

Weiterhin werde in Zukunft verstärkt zu prüfen sein, ob ein Artikel oder Bild einen Beitrag zu einer öffentlichen Debatte beitrage oder bloß die Neugier oder Sensationslust der Leser befriedige.[917] Ebenfalls müsse berücksichtigt werden, dass eine Bildberichterstattung eine höhere Eingriffsintensität habe als eine bloße Wortberichterstattung. Eine unfreiwillige Abbildung mache die Persönlichkeit stärker und vor allem dauerhafter zum Objekt als der bloße Bericht.[918]

Veröffentlichungen von Aspekten des von EGMR extensiv verstandenen Privatlebens würden in Zukunft nur dann als zulässig angesehen werden, wenn sich daraus Rückschlüsse auf die öffentliche Funktion der betreffenden Person ziehen ließen.[919] Der Schutz zu Gunsten von Prominenten werde daher stark anziehen.[920] Dies bedeute zwar eine Einschränkung, aber nicht das von vielen Chefredakteuren befürchtete Ende des Investigationsjournalismus. Denn private Affären, auch wenn Angehörige von der Funktion des Amtsträgers in vorwerfbarer Weise profitieren, hätten durchaus häufig einen hinreichenden Bezug zur öffentlichen Funktion des Betroffenen.[921]

Da das EGMR zu diesem Punkt nicht Stellung genommen habe, könne weiterhin auch das mediale Vorverhalten des Betroffenen eine Berichterstattung aus dessen Privatleben rechtfertigen.[922] Allerdings könne eine zeitweise oder partielle willentliche Öffnung der Privatsphäre nicht generell als Rechtfertigung jedweder Berichterstattung über das Privatleben der betroffenen Person angesehen werden. Vielmehr müsse zwischen dem willentlich entworfenen öffentlichen Bild und der weiteren Veröffentlichung ein Zusammenhang bestehen, der ein öffentliches Interesse an weiterer Berichterstattung rechtfertigen könne.[923]

---

915 *Bartnik*, AfP 2004, 489, 493.
916 BVerfG, NJW 2001, 1921, 1923; *Mann*, NJW 2004, 3220, 3222.
917 *Heldrich*, NJW 2004, 2634, 2636; dies prüft schon BVerfGE 34, 269, 283; vgl. auch BVerfG, AfP 2000, 76, 80.
918 *Stürner*, AfP 2005, 213, 215.
919 *Bartnik*, AfP 2004, 489, 493.
920 *Wallenhorst*, Medienpersönlichkeitsrecht und Selbstkontrolle, S. 100ff. mit diese These untermauernden Beispielen aus der deutschen Rechtsprechung nach der Caroline Entscheidung des EGMR.
921 Bartnik, AfP 2004, 489, 493.
922 Bartnik, AfP 2004, 489, 494f.
923 Stürner, AfP 2005, 213, 215.

(c) Anschlussentscheidungen deutscher Gerichte

Nach dem Caroline-Urteil wurden die Leitgedanken des EGMR auch bei den Entscheidungen deutscher Gerichte berücksichtigt. Auch hier wurde das Problem gesehen, dass der EGMR gerade die Rechtsprechung des Bundesverfassungsgerichts gerügt hat, dessen tragenden Entscheidungsgründen gem. § 31 Abs. 1 BVerfGG eigentlich Bindungswirkung für parallel gelagerte Fälle zukommt.

(aa) Gemeinsamer Urlaub Herbert Grönemeyers und seiner Lebensgefährtin

So wurde die Veröffentlichung von Fotos Herbert Grönemeyers und seiner Lebensgefährtin, die beide zusammen in Rom beim Besuch eines Straßencafes und beim Bummel in der Fußgängerzone zeigen, untersagt.[924] Obwohl 2003 die Veröffentlichung ähnlicher Fotos zulässig gewesen sei, sei in diesem Fall dem berechtigten Wunsch des Paares Folge zu leisten, im privaten Alltagsleben nicht von Fotoreportern behelligt zu werden. Auch wenn man die Bedeutung eines prominenten Künstlers als Identifikationsfigur berücksichtige, könne von einem Beitrag zu einer Debatte von allgemeinem Interesse keine Rede sein. Grönemeyers Lebensgefährtin müsse es in ihrem privaten Alltagsleben zudem nicht hinnehmen, fortlaufend von der Unterhaltungspresse in das Licht der Öffentlichkeit gezerrt zu werden.[925]

Zur Begründung wird ausgeführt, dass zwar an bestehenden verfassungsrechtlichen Grundsätzen festzuhalten sei, auch soweit diese im Urteil des EGMR keinen oder kaum Niederschlag gefunden hätten. So könne sich auch die Unterhaltungspresse auf die Meinungsfreiheit berufen, der Schutz des Persönlichkeitsrechts sei bei eigener Kommerzialisierung eingeschränkt und der Betroffene könne durch intimes öffentliches Verhalten seine Privatsphäre nicht ausweiten. Eine Beschränkung der absoluten Person der Zeitgeschichte auf Politiker sei ebenfalls nicht geboten, dies stehe im Widerspruch zur Auffassung des Europarates[926]. Allerdings sei die Bindungswirkung des Urteils des Bundesverfassungsgerichts vom 15.12.1999[927] im Hinblick auf die Völkerrechtsfreundlichkeit der

---

924 KG Berlin, AfP 2004, 564ff.

925 KG Berlin, AfP 2004, 564, 566.

926 Ziffer 7 der Entschließung 1165 (1998) der Parlamentarischen Versammlung des Europarates über das Recht auf Achtung des Privatlebens. Danach stehen bspw. auch diejenigen Personen im öffentlichen Interesse, die in der Wirtschaft, der Kunst oder im Sport eine Rolle im öffentlichen Leben spielen.

927 BVerfGE 101, 361ff.

Verfassung dahingehend gelockert, dass das Recht Prominenter und ihrer vertrauten Begleiter auf Achtung ihres Privatlebens nach Abwägung im Einzelfall über Orte der Abgeschiedenheit hinaus zu erstrecken und ihrem Recht am eigenen Bild Vorrang einzuräumen sei, um Prominente bei rein privaten Tätigkeiten im Alltagsleben vor einer Verfolgung durch Fotografen zu schützen. Dies entspreche durchaus dem Gewicht der Menschenwürde und dem Recht auf freie Entfaltung der Persönlichkeit und sei auch mit der Meinungs- und Pressefreiheit vereinbar.[928]

(bb) Geschwindigkeitsverstoß Ernst Augusts von Hannover

Dagegen sei die Berichterstattung über einen eklatanten Geschwindigkeitsverstoß von Prinz Ernst August von Hannover weiterhin zulässig. Dies betreffe nicht die Privat- sondern die Sozialsphäre[929]. Außerdem sei dem Betroffenen nicht von Reportern aufgelauert worden, sondern er habe sich durch eigenes Fehlverhalten selbst ins Gerede gebracht. Die krasse Missachtung der Verkehrsregeln eines Nachbarstaates durch eine in der Öffentlichkeit bekannte Person sei kein alltäglicher, sondern ein zeitgeschichtlicher Vorgang, über den die Öffentlichkeit informiert werden dürfe. Außerdem könne eine identifizierende Berichterstattung über Straftaten oder nicht unerhebliche Ordnungswidrigkeiten ersichtlich geeignet sein, Ideen und Informationen zu Fragen von allgemeinem Interesse zu vermitteln und eine Diskussion hierüber in der Gesellschaft anzustoßen oder zu bereichern. Auch insoweit könne und dürfe die Presse ihre Funktion als „Wachhund" wahrnehmen, weil es hier nicht um die Befriedigung der Neugier eines bestimmten Publikums am Privatleben Prominenter gehe, sondern darum, die Öffentlichkeit über das Geschehen angemessen zu informieren.[930]

(cc) Die Ehekrise von Uschi Glas und Bernd Teewag

Auch die Ehekrise von Uschi Glas und Bernd Tewaag wurde weiterhin als zeitgeschichtlicher Vorgang angesehen, über den wegen des bestehenden öffentlichen Interesses berichtet werden dürfe. Der Schutz der Privatsphäre vor öffentlicher Kenntnisnahme entfalle, soweit sich jemand damit einverstanden zeige, dass bestimmte, gewöhnlich als privat geltende Angelegenheiten öffentlich ge-

---

928   KG Berlin, AfP 2004, 564, 565.
929   Anm. des Verfassers: Nach dem hier zu Grunde gelegten Verständnis entspricht dies der Öffentlichkeitssphäre.
930   BGH, NJW 2006, 599, 601, im Anschluss an KG Berlin, AfP 2004, 559ff und bestätigt durch BVerfG, AfP 2006, S. 354ff.

macht würden. Die Erwartung, dass die Öffentlichkeit die Angelegenheiten oder Verhaltensweisen aus einem Bereich mit Rückzugsfunktion nur begrenzt oder gar nicht zur Kenntnis nehme, müsse situationsübergreifend und konsistent zum Ausdruck gebracht werden. Ausgehend von der hergebrachten Definition der absoluten und relativen Person der Zeitgeschichte wurde allerdings ein überwiegendes Informationsinteresse am Privatleben der neuen Freundin des ehemaligen Ehemannes von Uschi Glas für die Zeit vor ihrem öffentlichen Auftreten verneint.[931]

Zwar dürfe generell ein Foto veröffentlicht werden, wenn es zu den mit Einverständnis der Betroffenen gefertigten Fotos keinen weitergehenden persönlichkeitsbeeinträchtigenden Gehalt aufweise. Dies gelte allerdings nicht, wenn das Foto nicht nur eine erkennbar private Situation zeige, sondern auch aus der Zeit stamme, in der die Betroffene ihre Privatsphäre noch nicht preisgegeben habe. Dem Informationsinteresse der Öffentlichkeit könne dadurch ausreichend Rechnung getragen werden, dass zulässig zu veröffentlichendes Bildmaterial aus neuerer Zeit verwendet werde. Die Bebilderung eines Artikels mit Fotos, die zunächst nur unter Verletzung des Persönlichkeitsrechts der Betroffenen veröffentlicht werden konnten, müsse nicht hingenommen werden.[932]

(dd) Persönlicher Artikel über Carolines Tochter

Die Publizierung eines bei einem Reitturnier aufgenommenen Fotos der damals 16jährigen Tochter Carolines von Monaco in Verbindung mit einem Artikel über ausschließlich persönliche Belange wurde ebenfalls untersagt, da diese keine Position im öffentlichen Leben ausfülle, sondern lediglich als Mitglied einer Herrschaftsfamilie in die internationale Gesellschaft eingeführt sei.[933]

(ee) Einkaufsbummel von Heide Simonis

Im Fall der Veröffentlichung von Fotos eines Einkaufsbummels der ehemaligen schleswig-holsteinischen Ministerpräsidentin Heide Simonis direkt nach ihrer Verabschiedung sei dagegen in Übereinstimmung mit den Grundsätzen des EGMR zu beachten, dass bei einer Person in führender politischer Position ein Bericht über privates Verhalten durchaus einen Beitrag zu einer Debatte von all-

---

931 BGH, AfP 2004, 540, 542.
932 BGH, AfP 2004, 540, 543.
933 BGH, AfP 2006, 534, 536.

gemeinem Interesse leisten könne. Gerade im vorliegenden Fall[934] sei ein erhebliches Interesse der Öffentlichkeit an dem Verhalten von Simonis unmittelbar nach ihrem Ausscheiden anzuerkennen und es hätte einen Bezug zur politischen Debatte, wie sich die bisherige Regierungschefin in dieser Situation präsentiere. Am Tag danach seien solche Fotos allerdings nicht mehr zulässig, sondern die weiteren Recherchemaßnahmen stellten eine unerträgliche Dauerbelästigung und Verfolgung dar. Eine derartige indiskrete Beobachtung werde auch an einem öffentlichen Ort als unzulässig angesehen. Es bestehe kein vergleichbares Berichterstattungsinteresse mehr, auch eine der breiten Öffentlichkeit bekannte Person müsse eine berechtigte Hoffnung auf Schutz und Achtung ihrer Privatsphäre haben.[935]

(ff) Skiurlaub Carolines und Ernst Augusts

In mehreren Entscheidungen zu Bildveröffentlichungen u.a. anläßlich eines Skiurlaubes von Caroline und Ernst August von Hannover in St. Moritz hat der BGH auf die Abgrenzung an Hand der Figur der absoluten und relativen Person der Zeitgeschichte verzichtet und stattdessen eine einzelfallbezogene Abwägung vorgenommen.[936]

Hier hat der BGH klargestellt, dass der Urlaub einer prominten Persönlichkeit grundsätzlich kein zeitgeschichtliches Ereignis sei. Zu berücksichtigen sei aber auch die begleitende Wortberichterstattung. Wenn diese über ein zeitgeschichtliches Ereignis informiere und die Bilder einen Bezug zu diesem aufwiesen, seien sie zulässig. Aus diesem Grund dürften Bilder aus dem Winterurlaub des Ehepaares zwar im Zuge eines Artikels über die Krankheit des Fürsten von Monaco,[937] nicht aber zur Illustration des Rosenballes von Monaco herangezogen werden.[938] Die Erkrankung des damals regierenden Fürsten von Monaco sei ein zeitgeschichtliches Ereignis, weshalb darüber und auch über das Verhalten der Familienmitglieder während der Krankheit berichtet werden dürfe.[939] Anders sei die Sachlage dagegen bei der Berichterstattung über den Rosenball von Monaco, der für sich genommen zwar möglicherweise ein zeitgeschichtliches Ereignis

---

934 Heide Simonis war rund 12 Jahre Ministerpräsidentin und versuchte nach der Landtagswahl vom 20.02.2005 am 17.03.2005 in vier Wahlgängen erfolglos wieder gewählt zu werden, weil sich ein SPD-Abgeordneter der Stimme enthielt.

935 KG Berlin, AfP 2006, 369ff.

936 BGH, NJW 2007, 1977ff.; 1981ff; bestätigt durch BVerfG, Beschluss v. 26.02.2008, Az. 1 BvR 1602/07, 1 BvR 1606/07, 1 BvR 1626/07 (www.juris.de); vgl. auch *Teichmann*, NJW 2007, 1917ff.

937 BGH, NJW 2007, 1981ff.

938 BGH, NJW 2007, 1977ff.

939 BGH, NJW 2007, 1981, 1982.

darstelle, aber nicht im Zusammenhang mit Bildern aus dem Skiurlaub etwaiger Teilnehmer stehe.[940]

(4) Eigene Gedanken zur Caroline-Entscheidung und ihren Folgen

(a) Interpretation und Bewertung der Entscheidung

Zentrale Punkte der Caroline-Entscheidung sind die Gedanken des EGMR zur Person der Zeitgeschichte und zum für die Veröffentlichung erforderlichen Beitrag zu einer Diskussion von allgemeinem Interesse.

(aa) Die Person der Zeitgeschichte

Das vom Gerichtshof für eine eventuelle Einordnung als absolute Person der Zeitgeschichte aufgestellte Kriterium der „Person des politischen Lebens, die eine amtliche Funktion wahrnimmt"[941], halte ich nicht für das einzig Vertretbare. Zwar muss sich diese Gruppe auf Grund ihrer von der Bevölkerung direkt oder indirekt gegebenen Position und Macht einer stärkeren öffentlichen Kontrolle unterwerfen als andere. Dennoch gibt es weitere für die Öffentlichkeit interessante Personen, wie es auch der Europarat in Ziffer 7 der Entschließung 1165 (1998) seiner Parlamentarischen Versammlung über das Recht auf Achtung des Privatlebens festgelegt hat.[942] Der Gerichtshof spricht in der vorliegenden Entscheidung an anderer Stelle ebenfalls davon, dass das Recht der Öffentlichkeit auf Informationen als wesentliches Recht in einer demokratischen Gesellschaft auch Aspekte des Privatlebens von Personen des öffentlichen Lebens einbeziehen kann. Dabei spricht er „insbesondere" von Politikern[943], was die besondere Bedeutung der Kontrolle von Politikern durch die Gesellschaft verdeutlicht und nicht in der Weise interpretiert werden sollte, dass ausschließlich aus dem Privatleben von Politkern berichtet werden darf.

---

940 BGH, NJW 2007, 1977, 1980.
941 EGMR, NJW 2004, 2647, 2650.
942 Danach bestehen drei Arten von „public figures": Personen, die ein öffentliches Amt inne haben; Personen, die öffentlich Ressourcen nutzen und als Auffangkategorie, diejenigen, die im öffentlichen Leben eine Rolle spielen, sei es in der Politik, in der Wirtschaft, in der Kunst, im gesellschaftlichen Bereich, im Sport oder in jedem anderen Bereich.
943 EGMR, NJW 2004, 2647, 2650.

Für sinnvoller halte ich es daher, an den herkömmlichen Einordnungen der Personen der Zeitgeschichte[944] festzuhalten. Auch die Kritik des Gerichtshofes, dass die Unterscheidung zwischen absoluten und relativen Personen der Zeitgeschichte eindeutiger sein müsse,[945] teile ich nicht. Meines Erachtens sind die vom Bundesverfassungsgericht aufgestellten Kriterien[946] so konkret wie möglich, um einerseits Rechtssicherheit zu bieten, anderseits aber auch die nötige Abstraktheit zu wahren. Wichtig ist allerdings, dass eine Einordnung in diese Kategorien nicht schematisch erfolgt, sondern für jeden Einzelfall nachvollziehbar begründet wird.[947] Dagegen sollten die Konsequenzen, die eine solche Einordnung als Person der Zeitgeschichte für die betroffene Person nach sich zieht, abgemildert werden. Der Hautkritikpunkt im Rahmen der Person der Zeitgeschichte ist meiner Meinung nach nicht die fehlende Unterscheidbarkeit zwischen absoluter und relativer Person der Zeitgeschichte, sondern der unzureichende Schutz des Privatlebens dieser Personen. Der generelle Tenor der Entscheidung, das Privatleben auch Prominenter stärker zu schützen, ist zu begrüßen. Dabei darf allerdings das berechtigte Informationsinteresse der Öffentlichkeit nicht vernachlässigt werden, weshalb eine sorgfältige Abwägung erforderlich ist.

(bb) Die Debatte von allgemeinem öffentlichen Interesse

Kritik an der Caroline-Entscheidung in der Form, dass die Medien zu entscheiden hätten, was sie publizieren und der Leser, was er konsumiere,[948] halte ich allerdings für nicht angebracht. Dies suggeriert, dass das Urteil des EGMR eine gem. Art. 5 Abs. 1 S. 3 GG verfassungsrechtlich verbotene Vorzensur bedeuten würde. Es steht außer Frage, dass die Presse- und Meinungsfreiheit des Art. 5 Abs. 1 S. 1 und 2 GG der Presse grundsätzlich die Freiheit lassen, zu entscheiden, was sie publizieren. Ebenso steht es mit Informationsfreiheit der Leser aus Art. 5 Abs. 1 S. 1 2. Hs. GG. Allerdings wird jedes Grundrecht verfassungsimmanent durch die Grundrechte anderer beschränkt. Darüber hinaus finden diese Rechte gem. Art. 5 Abs. 2 GG ihre Schranken in den Vorschriften der allgemeinen Gesetze, den gesetzlichen Bestimmungen zum Schutz der Jugend und in dem Recht der persönlichen Ehre. Zu nennen ist hier vor allem das mit Verfassungsrang ausgestattete Allgemeine Persönlichkeitsrecht aus Art. 2 Abs. 1 i. V.

---

944 S.o.: 3, Kap., D., VI., 3., a), aa), (3).
945 EGMR, NJW 2004, 2647, 2650.
946 S.o.: 3. Kap., D., VI., 3., a), aa), (3).
947 So auch *Bartnik*, AfP 2004, 489, 492.
948 S.o.: 3. Kap., D., VI., 3., a), bb), (2).

m. Art. 1 Abs. 1 GG.[949] So zielt das vorliegende Urteil nicht auf eine Beschränkung der Meinungs-, Presse- oder Informationsfreiheit, sondern auf den anerkannten Schutz der Privatsphäre. Die Forderung, „Klatsch und Tratsch" den gleichen Schutz zuzubilligen wie beispielsweise seriösen politischen Meldungen ist vor dem Hintergrund der hohen Bedeutung der Kommunikationsgrundrechte ein auf den ersten Blick verständliches Anliegen. So ist anerkannt, dass auch die Boulevardberichterstattung den Schutz der Pressefreiheit für sich beanspruchen kann. Dennoch sollte in der gebotenen Abwägung der Wert der Information für die Öffentlichkeit berücksichtigt werden.[950]

Für den Gerichtshof ist der entscheidende Punkt im vorliegenden Fall ebenfalls der fehlende Beitrag zu einer Diskussion von allgemeinem Interesse. Begründet wird dies damit, dass Caroline keine offiziellen Aufgaben wahrnehme und sich die beanstandeten Fotos und Artikel ausschließlich auf Einzelheiten aus ihrem Privatleben bezögen.[951] Wie bereits bei den Erläuterungen zur Person der Zeitgeschichte[952] ausgeführt, ist die fehlende offizielle Funktion meines Erachtens kein Ausschlusskriterium für einen Beitrag zu einer Debatte von allgemeinem Interesse. Ein allgemeines Interesse besteht nicht nur an politischen, sondern auch an gesellschaftlichen Themen. Der Mensch ist von Natur aus neugierig und hat daher ein gewisses Interesse an „Klatsch und Tratsch". Die Frage ist also nicht, ob ein solches allgemeines Interesse besteht, sondern ob es berechtigt ist. An diesem Punkt ist dann die gebotene Abwägung zwischen Meinungs- bzw. Pressefreiheit und dem Allgemeinem Persönlichkeitsrecht des Betroffenen vorzunehmen, wobei die Grundsätze des vorliegenden Urteils im Wesentlichen beachtet werden sollten.

Das allgemeine Interesse wiegt umso höher, je mehr es sich um ein Thema von politischer Brisanz handelt und umso niedriger, je mehr es sich auf bloße Einblicke ins Privatleben beschränkt. Der entscheidende Faktor in der Bewertung der Debatte von öffentlichem Interesse sollte der Bezug des erörterten Themas zum öffentlichen Auftreten der betroffenen Person sein. Neben Verhaltensweisen aus dem Bereich der Privatsphäre[953], die im Widerspruch zum öffentlichen Auftreten stehen, sollte auch bei selbstverschuldeten Fehltritten von als Vorbildern angesehenen Personen des öffentlichen Lebens der Pressefreiheit der Vorrang eingeräumt werden. Bei Berichten, die nur das Privatleben betreffen, sollte

---

949 BVerfG, NJW 2000, 1021, gegen einen Verfassungsrang Löffler – *Steffen*, Presserecht, § 6, Rn 57, der dem APR aber zuerkennt, die verfassungsrechtlichen Wertentscheidungen aus Art. 1 und 2 GG wiederzuspiegeln.

950 So auch BVerfGE 34, 269, 283; *Streinz*, AfP 1997, 857, 860; *Limbach*, AfP 1999, 413, 414; MüK – *Wendt*, GG, Art. 5, Rn 84.

951 EMGR, NJW 2004, 2647, 2651.

952 S.o.: 3. Kap., D., VI., 3., a), bb), (4), (aa).

953 Zu den verschieden Sphären und ihrem unterschiedlichen Schutzniveau s.o. 3. Kap., D., VI., 2.

dagegen nicht aus der fehlenden örtlichen Abgeschiedenheit auf eine Zulässigkeit der Berichterstattung geschlossen werden. Zusätzlich sollte auf den Bezug zum öffentlichen Auftreten der Person abgestellt werden und nur bei einer erheblichen Divergenz eine Publikation erlaubt sein. Daher ist meiner Meinung nach zwar nicht der Weg und jegliche gezogene Konsequenz, jedoch das Ergebnis des vorliegenden Urteils des EGMR zu begrüßen.

(b) Wünschenswerte und erwartete Folgen dieser Entscheidung

In den ersten Entscheidungen nach dem Caroline-Urteil haben sich die deutschen Gerichte bemüht, einen angemessenen Ausgleich zwischen der gem. § 31 Abs. 1 BVerfGG bestehenden Bindung an die tragenden Gründe früherer Entscheidungen des Bundesverfassungsgerichts und der gebotenen europarechtsfreundlichen Auslegung zu finden. Der BGH hat im Zuge dessen inzwischen eine Abkehr von der Abgrenzung an Hand der Figur der absoluten und relativen Person der Zeitgeschichte vorgenommen und stattdessen eine einzelfallbezogene Abwägung angestellt.[954]

Die konsequente Berücksichtigung des Urteils der EGMR ist zwar zu begrüßen, dennoch sollten m.E. die differenziert herausgearbeiteten Grundsätze der absoluten und relativen Person der Zeitgeschichte weiter angewendet werden. Dies lässt das Bundesverfassungsgericht auch zu, in dem es ausführt, dass es den Fachgerichten von Verfassungs wegen frei stehe, den Begriff der Person der Zeitgeschichte weiter zu nutzen oder direkt eine einzelfallbezogene Abwägung anzustellen.[955] So könnte zunächst als notwendige, aber nicht hinreichende Bedingung eine Einordnung in die Kategorie der absoluten oder relativen Person der Zeitgeschichte erfolgen und in einem zweiten Schritt auf die zusätzlich erforderliche Debatte von öffentlichem Interesse eingegangen werden.

Entscheidend sollte in der in jedem Fall gebotenen Abwägung zwischen Pressebzw. Meinungsfreiheit und allgemeinem Persönlichkeitsrecht auf den Bezug zu einem zeitgeschichtlichen Ereignis oder zum öffentlichen Auftreten des Betroffenen abgestellt werden. So ist der vom EGMR geforderte verstärkte Schutz des Privatlebens Prominenter realisiert und damit die langjährige Rechtsprechung des Bundesverfassungsgerichts korrigiert ohne ihr komplett den Boden zu entziehen.

Aus diesem daraus folgenden grundsätzlichen Verbot, ohne deren Einwilligung aus dem Privatleben Prominenter zu berichten, folgt zwar eine Einschränkung,

---

954 S.o.: 3. Kap., D., VI., 3., a), bb), (3), (c).
955 BVerfG, Beschluss v. 26.02.2008, Az. 1 BvR 1602/07, 1 BvR 1606/07, 1 BvR 1626/07 (www.juris.de).

aber keineswegs das Ende des Boulevard- und Enthüllungsjournalismus.[956] Durch investigativen Journalismus und Recherchen in der Privatsphäre ans Licht kommende Korruptions-, Doping-, Drogen- oder ähnliche Affären sind wegen des Beitrags zu einer Debatte von berechtigtem öffentlichen Interesse weiterhin zulässig. Darüber hinaus sind die meisten Artikel in den Boulevardblättern Interviews oder Homestories, in denen die Prominenten bereitwillig Auskunft über ihr Privatleben geben. Auch mediales Vorverhalten kann eine Berichterstattung über das Privatleben Prominenter rechtfertigen. Wer sich der Medien bedient, um seine Berühmtheit zu steigern, im Geschäft zu bleiben, sich wieder ins Gespräch zu bringen oder mit einer Exklusivstory Geld zu verdienen, muss auch eine spätere Berichterstattung über das freiwillig preisgegebene Thema hinnehmen.[957] Dies gilt zwar nicht unbegrenzt, da auch das Vorverhalten von mediensüchtigen Prominenten nicht dazu führen kann, ihnen die persönlichkeitsrechtliche Selbstbestimmung zu nehmen, aber zumindest in unmittelbarer zeitlicher Nähe oder bis der Prominente unmissverständlich das Gegenteil geäußert hat.[958]

Zu beachten ist allerdings, dass nicht jeder, der seine Berühmtheit den Medien zu verdanken hat, eine Berichterstattung über sein Privatleben ohne überwiegendes Informationsinteresse der Öffentlichkeit dulden muss. Wer wie die Fernsehmoderatoren Stefan Raab, Harald Schmidt oder Günther Jauch sein Privatleben komplett aus den Medien heraushält, muss auch eine entsprechende Berichterstattung grundsätzlich nicht hinnehmen.[959]

Ein Problem stellen auch die von der Bild-Zeitung belohnten „Leser-Reporter" dar. Wer als Leser ein Foto einschickt, das veröffentlicht wird, bekommt von der Zeitung 500 Euro. Oft sind dies Bilder, die Prominente in ihrem Privatleben ohne Bezug zu ihrer öffentlichen Funktion zeigen, also solche, die der EGMR durch sein Urteil gerade verhindern wollte. Auch wenn die Prominenten in solchen Fällen vor Gericht durchweg erfolgreich sein dürften,[960] haben sie doch das Problem, sich in Zukunft vor jedem Passanten oder Bediensteten in Acht nehmen zu müssen, da jedes mit einem Fotohandy aufgenommene Bild am nächsten

---

956 Nach dem Urteil appellierten mehr als 60 Chefredakteure an den Bundeskanzler, dagegen Einspruch zu erheben, weil sie fürchteten, Photos wie die von Rudolf Scharping beim Einkaufen mit seinem PR-Berater Moritz Hunziger oder Berichte über die Putzfrauen- und Billigmietenaffäre von Kurt Biedenkopf könnten in Zukunft verboten werden (vgl. www.zeit.de/2004/37/Schertz-Interview).

957 *Ladeur*, NJW 2004, 393ff. spricht sich sogar für eigene Standards der Unterhaltungsöffentlichkeit aus, in denen es verstärkt um die Frage gehe, ob eine Mitteilung den „Aufmerksamkeitswert" in der Unterhaltungsöffentlichkeit steigere oder vermindere und solche Aufmerksamkeitsgewinne ein Vorteilsausgleich für Betroffene seien.

958 So auch BVerfG, AfP 2000, 76, 79; vgl. auch *Bartnik*, AfP 2004, 489, 494f.; *Halfmeier*, AfP 2004, 417, 421.

959 Vgl. zur Hochzeit von Günther Jauch LG Berlin, AfP 2006, 394ff.

960 Vgl. bspw. LG Berlin, AfP 2006, 574ff.

Tag in der Bild-Zeitung stehen könnte. Die Chance auf Veröffentlichung ist dabei umso größer, je peinlicher und privater das Foto ist, mit anderen Worten je berechtigter der entsprechende Prominente eine Veröffentlichung eigentlich verhindern könnte. Dieser flächendeckende Angriff auf das allgemeine Persönlichkeitsrecht vor allem Prominenter muss unterbunden werden. Die Bild-Zeitung wies in ihren „Regeln" für Leser-Reporter anfangs darauf hin, dass die fotografierte Person mit dem Bild einverstanden gewesen sein muss und äußert aktuell immerhin noch die „Bitte", dass bei den Fotoaufnahmen die Privatsphäre anderer Menschen respektiert und nicht die Arbeit von Polizei oder Rettungsdiensten behindert wird. Dies hört sich zwar nach der geforderten Rücksicht auf das allgemeine Persönlichkeitsrecht an, in der Realität kümmert sich aber niemand um das Vorhandensein der erforderlichen Einwilligung.[961]

So wichtig die Freiheit der Medien ist, muss ebenso beachtet werden, dass die Freiheit der Person und ihr Schutz vor Verletzungen der Privatsphäre für eine freiheitliche Gesellschaft nicht weniger konstitutiv sind.[962]

b) Konkretisierung der Ziffer 8 durch ihre Richtlinien

Die Ziffer 8 des Pressekodex ist wegen ihrer Bedeutung und Brisanz durch detaillierte Richtlinien konkretisiert worden.

aa) RL 8.1 – Nennung von Namen - Abbildungen

Die RL 8.1 besagt:

„(1) Bei der Berichterstattung über Unglücksfälle, Straftaten, Ermittlungs- und Gerichtsverfahren (s. auch Ziffer 13 des Pressekodex[963]) veröffentlicht die Presse in der Regel kei-

---

961 Dem ZDF Magazin „Frontal 21" sagte ein 12jähriger „Leser-Reporter", dessen Strand-Photo Gerhard Schröders veröffentlicht wurde, er habe sich eigentlich ein Autogramm holen wollen, aber Schröder sei so genervt von anderen Autogrammjägern gewesen und hätte wohl nur entspannt seinen Urlaub genießen wollen. Daher habe er sich dazu entschlossen, sich hinter ein Klettergerüst zu stellen und bloß ein Photo zu machen; vgl. www.bildblog.de/?p=1673 (Eintag vom 05.09.2006), www.bildblog.de/?p=1669 (Eintrag vom 01.09.2006).

962 So auch *Stürner*, AfP 2005, 213, 219.

963 Ziffer 13 des Pressekodex lautet: „Die Berichterstattung über Ermittlungsverfahren, Strafverfahren und sonstige förmliche Verfahren muss frei von Vorurteilen erfolgen. Der Grundsatz der Unschuldsvermutung gilt auch für die Presse.", s. Deutscher Presserat, Jahrbuch 2007, S. 198.

ne Informationen in Wort und Bild, die eine Identifizierung von Opfern und Tätern ermöglichen würden.

Mit Rücksicht auf ihre Zukunft genießen Kinder und Jugendliche einen besonderen Schutz.

Immer ist zwischen dem Informationsinteresse der Öffentlichkeit und dem Persönlichkeitsrecht des Betroffenen abzuwägen. Sensationsbedürfnisse können ein Informationsinteresse der Öffentlichkeit nicht begründen.

(2) Opfer von Unglücksfällen oder von Straftaten haben Anspruch auf besonderen Schutz ihres Namens. Für das Verständnis des Unfallgeschehens bzw. des Tathergangs ist das Wissen um die Identität des Opfers in der Regel unerheblich. Ausnahmen können bei Personen der Zeitgeschichte oder bei besonderen Begleitumständen gerechtfertigt sein.

(3) Bei Familienangehörigen und sonstigen durch die Veröffentlichung mittelbar Betroffenen, die mit dem Unglücksfall oder der Straftat nichts zu tun haben, sind Namensnennung und Abbildung grundsätzlich unzulässig.

(4) Die Nennung des vollständigen Namens und/oder die Abbildung von Tatverdächtigen, die eines Kapitalverbrechens beschuldigt werden, ist ausnahmsweise dann gerechtfertigt, wenn dies im Interesse der Verbrechensaufklärung liegt und Haftbefehl beantragt ist oder wenn das Verbrechen unter den Augen der Öffentlichkeit begangen wird.

Liegen Anhaltspunkte für eine mögliche Schuldunfähigkeit eines Täters oder Tatverdächtigen vor, sollen Namensnennung und Abbildung unterbleiben.

(5) Bei Amts- und Mandatsträgern können Namensnennung und Abbildung zulässig sein, wenn ein Zusammenhang zwischen Amt und Mandat und einer Straftat gegeben ist. Gleiches trifft auf Personen der Zeitgeschichte zu, wenn die ihnen zu Last gelegte Tat im Widerspruch steht zu dem Bild, das die Öffentlichkeit von ihnen hat.

(6) Namen und Abbild Vermisster dürfen veröffentlicht werden, jedoch nur im Benehmen mit den zuständigen Behörden."[964]

Die RL 8.1 konkretisiert das in Ziffer 8 aufgestellte Gebot der Achtung des Privatlebens und der Intimsphäre dahingehend, dass die Nennung von Namen und die Veröffentlichung von Abbildungen vor allem bei der Berichterstattung über Unglücksfälle, Straftaten und Ermittlungs- bzw. Gerichtsverfahren grundsätzlich unzulässig ist. Es wird der besondere Schutz Jugendlicher betont, aber auch die in Rechtsprechung und Literatur anerkannte Ausnahme des nach einer Abwägung mit dem Allgemeinen Persönlichkeitsrecht des Betroffenen überwiegenden Informationsinteresses der Öffentlichkeit ausgeführt.

So soll beispielsweise der Name eines Polizeibeamten genannt werden dürfen, der wegen einer Trunkenheitsfahrt vorübergehend festgenommen wird, ebenso wie der eines bundesweit bekannt gewordenen Investors und Bauunternehmers, der sein Vermögen verloren hat.[965] Zumindest schwere Straftaten gehören zum Zeitgeschehen, deren Vermittlung Aufgabe der Presse ist, weshalb Straftäter

---

964 Deutscher Presserat, Jahrbuch 2007, S. 208f.
965 *Löffler/ Ricker*, HdbPR, 42. Kap., Rn 10ff m. w. Bsp.

durchaus als relative Personen der Zeitgeschichte angesehen werden können.[966] Allerdings berücksichtigt auch die Rechtsprechung, dass gerade bei Straftaten eine Erwähnung des Namens oder anderer identifizierender Merkmale eine erhebliche Beeinträchtigung sowohl für den Täter als auch für Zeugen und Opfer darstellt und deshalb eine solche an strenge Voraussetzungen geknüpft ist. Vor allem für einen einer Straftat lediglich Verdächtigen besteht die Gefahr einer Vorverurteilung durch die Öffentlichkeit, zumal bei einem Bericht über einen solchen Verdacht auch in der öffentlichen Wahrnehmung immer etwas „hängen bleibt". Grundsätzlich müssen daher eine Straftat von besonderer Bedeutung sowie einen erheblichen Tatverdacht begründende Umstände vorliegen und die Tat ein beträchtliches Aufsehen erregt haben.[967] Wichtig ist dabei, dass auch die Medien den rechtsstaatlichen Grundsatz der Unschuldsvermutung aus Art. 1 und Art. 20 Abs. 3 GG, Art. 6 Abs. 2 EMRK beachten müssen.[968]

Zu berücksichtigen ist weiterhin, dass nach der Verurteilung eines Straftäters das Informationsinteresse der Öffentlichkeit mit dem Resozialisierungsinteresse des Täters abgewogen werden muss, was jedenfalls beträchtliche Zeit nach Begehung der Tat regelmäßig überwiegt.[969] Eine Ausnahme kann sich aus aktuellem Anlass ergeben, beispielsweise wenn sich ein Politiker zur Wahl stellt, neue Vorwürfe gegen denselben Beschuldigten aufkommen oder nach vielen Jahren das Lösegeld aus einer spektakulären Erpressung auftaucht.[970]

Tatopfer und Angehörige des Opfers verdienen auch nach der Rechtsprechung besonderen Schutz und dürfen daher grundsätzlich nicht genannt werden oder erkennbar sein.[971]

Wie Abs. 4 der RL 8 verdeutlicht, kann eine Zeitung unter den genannten Umständen im Interesse der Verbrechensaufklärung Fahndungsfotos veröffentlichen, sie fungiert allerdings nicht als Handlanger der Ermittlungsbehörden. Daher soll sie nicht alle Fotos veröffentlichen, die ihr zu Fahndungszwecken über-

---

966 OLG Hamburg; AfP 1992, 145, 146; OLG Hamburg, AfP 1994, 232, 233.
967 BGH, NJW 2000, 1036, 1038; ZUM 2000, 397ff; OLG Hamm, NJW 2000, 1278, 1279.
968 KG Berlin, AfP 1992, 302; 303; *Löffler/ Ricker*, HdbPR, 42. Kap., Rn 13; *Prinz/ Peters*, Medienrecht, Rn 271; ausführlich *Stapper*, AfP 1996, 349ff.; *Soehring*, Vorverurteilung, S. 40ff.
969 St. Rspr., vgl. BVerfGE 35, 202, 226ff; BVerfG, NJW 1993, 1463, 1464; NJW 2000, 1859, 1860; OLG München, AfP 1981, 360f.; OLG Hamm, AfP 1988, 258f; OLG Hamburg, AfP 1994, 232ff.; OLG Hamburg, AfP 2008, 95ff verlangt darüber hinaus einen absehbaren Haftentlassungszeitpunkt.
970 BVerfG, AfP 1993, 478f.; OLG Hamburg, ZUM 1992, 145ff.; KG Berlin, AfP 1992, 302ff.; *Löffler/ Ricker, HdbPR*, 42. Kap., Rn 15.
971 OLG Hamburg, AfP 1974, 916f.; LG Stuttgart, AfP 1983, 292, 293; LG Köln, AfP 1991, 757f.

mittelt werden, sondern ihrer eigenen Verpflichtung zur Sorgfalt bei der Bild-auswahl gerecht werden.[972]

Auffällig ist, dass Abs. 5 der RL 8.1 die Namensnennung einer Person der Zeit-geschichte nur zulassen will, wenn die ihr zur Last gelegte Straftat im Wider-spruch zu dem Bild steht, das die Öffentlichkeit von ihr hat. Grundsätzlich ist dies bzw. die Frage, ob bestimmte private Verhaltensweisen die Amtsführung des Betroffenen beeinflussen, gerade bei Mandatsträgern auch bei der Recht-sprechung ein wichtiger Punkt im Abwägungsprozess.[973] Danach hätte aber über den Geschwindigkeitsverstoß von Prinz Ernst August von Hannover[974] streng genommen nicht berichtet werden dürfen, da dieser durchaus dem Bild ent-spricht, welches die Öffentlichkeit von ihm hat. Im vorliegenden Fall wird aber gerade damit argumentiert, dass Ernst August in der Vergangenheit öfter negativ aufgefallen ist. Dies ist meines Erachtens zu begrüßen, da auch selbstverschul-dete Fehltritte von Personen des öffentlichen Lebens ein berechtigtes öffentli-ches Interesse begründen können.

bb) RL 8.2 – Schutz des Aufenthaltsortes

Die RL 8.2 besagt:

„Der private Wohnsitz sowie andere Orte der privaten Niederlassung, wie z.B. Kranken-haus-, Pflege-, Kur-, Haft- oder Rehabilitationsorte genießen besonderen Schutz."[975]

Unabhängig von den durch die Caroline-Entscheidung aufgeworfenen Proble-men bezüglich des wirksamen Schutzes der Privatsphäre vor allem prominenter Persönlichkeiten[976] ist anerkannt, dass der Schutz der Privatsphäre jedem Ein-zelnen einen räumlichen Bereich zuerkennt, in dem er zu sich kommen, sich ent-spannen oder auch sich gehen lassen kann.[977]

Dieser räumliche Bereich ist der des privaten Wohnsitzes, in dem der Einzelne grundsätzlich vor öffentlicher Beobachtung geschützt sein soll. In einem Kran-kenhaus o.ä. muss dieser Schutz noch stärker sein, da man sich dort im Normal-fall nicht im Vollbesitz seiner Kräfte befindet und besonderer Ruhe und Erho-

972 Vgl. *Tillmanns* in Deutscher Presserat, Jahrbuch 2006, S. 28f.
973 BVerfGE 101, 361; 393; LG Berlin, AfP 1998, 418, 419; LG Berlin, AfP 2003, 174, 175f.; *Schwetzler*, Persönlichkeitsschutz, S. 300.
974 S.o.: 3. Kap., D., VI., 3., a), bb), (3), (c), (bb).
975 Deutscher Presserat, Jahrbuch 2007, S. 209.
976 S.o.: 3. Kap., D., VII., 3., a), bb).
977 St. Rspr., vgl. BVerfGE 27, 1, 6; BVerfG, AfP 2000, 76, 78; s. a. *Löffler/ Ricker*, HdbPR., 42. Kap., Rn 16a.

lung bedarf. Im Gefängnis besteht die Besonderheit, dass eine Berichterstattung zwecks späterer Resozialisierung möglichst unterbleiben sollte. Nichtsdestotrotz betont die RL 8.2 zwar den besonderen Schutz des Aufenthaltsortes, erkennt ihm aber keinen absoluten Schutz zu, womit sie sich im Einklang mit den von der Rechtsprechung und juristischer Literatur entwickelten Kriterien zum Schutz der Privatsphäre befindet.[978]

cc) RL 8.3 – Resozialisierung

Die RL 8.3 lautet:

> „Im Interesse der Resozialisierung müssen bei der Berichterstattung im Anschluss an ein Strafverfahren in der Regel Namensnennung und Abbildung unterbleiben, es sei denn, ein neues Ereignis schafft einen direkten Bezug zu dem früheren Vorgang."[979]

Damit betont die RL 8.3 noch mal den schon in RL 8.1 angesprochenen besonderen Schutz von Straftätern, auf deren Resozialisierungschancen bei der Berichterstattung Rücksicht genommen werden soll. Die Möglichkeit der Identifizierung des Straftäters und die daraus folgende Prangerwirkung in der Öffentlichkeit soll vermieden werden. Eine Ausnahme besteht in dem Fall, in dem eine Straftat von besonderer Bedeutung, sowie einen erheblichen Tatverdacht begründende Umstände vorliegen und die Tat ein beträchtliches Aufsehen erregt hat.[980] Klargestellt wird in der RL auch die weitere Ausnahme, dass bei einem neuen mit der Straftat zusammenhängenden Ereignis mit Namensnennung auf ein länger zurückliegendes Verfahren eingegangen werden kann.

dd) RL 8.4 – Erkrankungen

Die RL 8.4 besagt:

> „Körperliche und psychische Erkrankungen oder Schäden fallen grundsätzlich in die Geheimsphäre des Betroffenen. Mit Rücksicht auf ihn und seine Angehörigen soll die Presse in solchen Fällen auf Namensnennung und Bild verzichten und abwertende Bezeichnungen der Krankheit oder der Krankenanstalt, auch wenn sie im Volksmund anzutreffen

---

978 S.o.: 3. Kap., D., VI., 2., b).
979 Deutscher Presserat, Jahrbuch 2007, S. 209.
980 So auch BGH, NJW 2000, 1036, 1038; ZUM 2000, 397ff; OLG Hamm, NJW 2000, 1278, 1279; s.o.: 3. Kap., D., VII., 3., b), aa).

sind, vermeiden. Auch Personen der Zeitgeschichte genießen über den Tod hinaus den Schutz vor diskriminierenden Enthüllungen."[981]

Damit stellt die RL 8.4 ein grundsätzliches Verbot identifizierender Berichterstattung über Kranke auf, von dem nur in Ausnahmefällen abzusehen ist.

Der Begriff der Geheimsphäre wird auch in der rechtlichen Literatur teilweise als weitere Abstufung innerhalb der Sphärentheorie genutzt. Dabei geht es dann aber zuvorderst um den Inhalt von Lebensäußerungen, an denen man nur ausgesuchte Dritte teilhaben lassen möchte, sofern sie überhaupt für andere bestimmt sind.[982] Dies können beispielsweise auf Tonband aufgenommene oder abgehörte Gespräche, persönliche Briefe oder sonstige gespeicherte persönliche Daten, Tagebuchaufzeichnungen sowie Aufzeichnungen, die berufliche oder geschäftliche Fragen betreffen, sein.[983] Teilweise werden auch Amtsträgern oder beruflichen Vertrauenspersonen amtlich oder beruflich anvertraute Geheimnisse hierunter gefasst.[984] Nach dieser Definition fällt eine Berichterstattung über Krankheiten unter rechtlichen Gesichtspunkten also nicht zwangsläufig in den Bereich der Geheimnissphäre.

Allerdings ist nach der meines Erachtens ausreichenden dreistufigen Unterteilung der Sphärentheorie eine solche Berichterstattung entweder dem Bereich der Privat- oder sogar dem der Intimsphäre zuzuordnen.[985] In diesem Fall ist sie höchstens bei Personen der Zeitgeschichte und Vorliegen eines überwiegenden Informationsinteresses der Allgemeinheit zulässig. Die in der RL 8.4 ebenfalls angesprochenen Angehörigen des Betroffenen haben rechtlich regelmäßig keine Handhabe, da sie im Normalfall nicht selbst unmittelbar betroffen sind.[986]

Abwertende Bezeichnungen von Krankheiten oder Krankenanstalten sind rechtlich kaum zu sanktionieren, da sie, auch wenn sie einen Tatsachenkern enthalten, generell als Werturteile zu behandeln sind.[987] Als solche sind sie grundsätzlich nur beim Vorliegen von Schmähkritik bzw. Formalbeleidigung[988] oder bei einer Tangierung der Menschenwürde des Betroffenen[989] verboten. Insoweit stellt die RL 8.4 strengere Anforderungen. Sie ist zwar nur als Soll-Vorschrift ausgestaltet, verbietet aber jegliche abwertende Bezeichnung.

---

981 Deutscher Presserat, Jahrbuch 2007, S. 209.
982 Löffler – *Steffen*, Presserecht, § 6, Rn 69.
983 *Wenzel*, Wort- und Bildberichterstattung, 5. Kap., Rn 40ff.; *Soehring*, Presserecht, Rn 19.9ff.
984 Löffler – *Steffen*, Presserecht, § 6, Rn 69.
985 S.o.: 3. Kap., D., VI., 2., c).
986 *Schwetzler*, Persönlichkeitsschutz, S. 303f.; vgl. BGH, NJW 1980, 1790f.
987 BVerfGE 61, 1, 9.
988 BVerfGE 86, 1, 13; 93, 266, 294.
989 BVerfGE 75, 369, 380; 93, 266, 293.

Wie die RL 8.4 kennt auch die Rechtsprechung einen postmortalen Persönlichkeitsschutz. Auch nach dem Tod darf eine Person nicht in ihrer Menschenwürde verletzt werden, wie das Bundesverfassungsgericht bereits 1971 in seiner grundlegenden „Mephisto-Entscheidung"[990] klar gestellt hat.[991]

ee) RL 8.5 – Selbsttötung

Die RL 8.5 besagt:

> „Die Berichterstattung über Selbsttötung gebietet Zurückhaltung. Dies gilt insbesondere für die Nennung von Namen und die Schilderung näherer Begleitumstände. Eine Ausnahme ist beispielsweise dann zu rechtfertigen, wenn es sich um einen Vorfall der Zeitgeschichte von öffentlichem Interesse handelt."[992]

Der Nennung des Namens steht es gleich, wenn beispielsweise die Nennung des Ortsteils, in dem der Verstorbene gelebt hat, wegen seiner geringen Größe eine eindeutige Identifizierbarkeit nach sich zieht.[993]

In Übereinstimmung mit dem Presserat verbietet auch die Rechtsprechung bei Fehlen eines herausgehobenen Ereignisses, welches ein berechtigtes Informationsinteresse der Öffentlichkeit begründet, im Falle eines Selbstmordes eine identifizierende Berichterstattung ohne Einwilligung der Angehörigen.[994] Der Mensch könne in seinem Tod grundsätzlich Achtung und Zurückhaltung seitens der Medien beanspruchen.[995] Den Wert und Achtungsanspruch Verstorbener schützt außerdem das postmortale Persönlichkeitsrecht, welches eine diskriminierende Berichterstattung nach dem Tod und damit auch über die Umstände des Todes verbietet.[996]

Neben dem postmortalen Persönlichkeitsschutz soll die RL 8.5 durch eine zurückhaltende Berichterstattung nach dem Willen des Presserates auch die Gefahr von Nachahmungen mindern.[997]

---

990 BVerfGE 30, 173ff.
991 St. Rspr., vgl. BVerfGE 30, 173, 194; BVerfG, AfP 2001, 295ff; AfP 2006, 452, 453; BGH, AfP 2007, 42, 43.
992 Deutscher Presserat, Jahrbuch 2007, S. 209.
993 BK-2 150/06, Newsletter Nr. 11/2006 des Deutschen Presserates, S. 6.
994 OLG Jena, NJW-RR 2005, 1566, 1568.
995 OLG Düsseldorf, AfP 2000, 574, 575.
996 Ausführlich zum postmortalen Persönlichkeitsrecht *Seifert*, NJW 1999, 1889, 1893ff.
997 *Tillmanns* in Deutscher Presserat, Jahrbuch 2001, S. 69f., damals noch zu RL 8.4, die nunmehr inhaltsgleich die RL 8.5 darstellt.

ff) RL 8.6 – Opposition und Fluchtvorgänge

Die RL 8.6 lautet:

> „Bei der Berichterstattung über Länder, in denen Opposition gegen die Regierung Gefahren für Leib und Leben bedeuten kann, ist zu bedenken: Durch die Nennung von Namen oder Fotoveröffentlichungen können Betroffenen identifiziert und verfolgt werden. Auch kann die Veröffentlichung von Einzelheiten über Geflüchtete und ihre Flucht dazu führen, dass zurückgebliebene Verwandte und Freunde gefährdet oder noch bestehende Fluchtmöglichkeiten verbaut werden."[998]

Auch unter rechtlichen Gesichtspunkten ist eine eventuelle Gefahr für Leib oder Leben des Betroffenen durch eine identifizierende Berichterstattung in die Abwägung einzubeziehen und diese gegebenenfalls zu verbieten.[999]

Ebenfalls möglich ist die Einbeziehung von Drittinteressen,[1000] weshalb theoretisch trotz des Fehlens einer unmittelbaren Betroffenheit auch die Gefährdung von Verwandten und Angehörigen des Betroffenen beachtet werden kann. Eine durch die Berichterstattung eventuelle Verbauung von Fluchtmöglichkeiten kann als Drittinteresse ebenso in die rechtliche Bewertung einbezogen werden.

gg) RL 8.7 – Jubiläumsdaten

RL 8.7 lautet:

> „Die Veröffentlichung von Jubiläumsdaten solcher Personen, die sonst nicht im Licht der Öffentlichkeit stehen, bedingt, dass sich die Redaktion vorher vergewissert hat, ob die Betroffenen mit der Veröffentlichung einverstanden sind oder vor öffentlicher Anteilnahme geschützt sein wollen."[1001]

Rechtlich stellt sich die Lage ähnlich dar. Die angesprochenen Personen stellen unter normalen Umständen keine absoluten oder relativen Personen der Zeitgeschichte dar, weshalb ohne ihre Einwilligung eine identifizierende Berichterstattung nicht zulässig ist.[1002]

---

998 Deutscher Presserat, Jahrbuch 2007, S. 210.
999 BVerfG, NJW 2000, 2194; OLG München, AfP 1991, 435, 436; Löffler – *Steffen*, Presserecht, § 6, Rn 136b.
1000 BVerfG, AfP 2003, 138, 145f.
1001 Deutscher Presserat, Jahrbuch 2007, S. 210.
1002 S.o.: 3. Kap., D., VI., 3., a), aa), (2)f. ; s.a.: *Schwetzler*, Persönlichkeitsschutz, S. 305.

hh) RL 8.8 – Auskunft

Die RL 8.8 regelt:

„Wird jemand durch eine Berichterstattung in der Presse in seinem Persönlichkeitsrecht beeinträchtigt, so hat das verantwortliche Publikationsorgan dem Betroffenen auf Antrag Auskunft über die der Berichterstattung zu Grunde liegenden, zu seiner Person gespeicherten Daten zu erstatten. Die Auskunft darf verweigert werden, soweit

- aus den Daten auf Personen, die bei der Recherche, Bearbeitung oder Veröffentlichung von Beiträgen berufsmäßig journalistisch mitwirken oder mitgewirkt haben, geschlossen werden kann,

- aus den Daten auf die Person des Einsenders, Gewährsträgers oder Informanten von Beiträgen, Unterlagen und Mitteilungen für den redaktionellen Teil geschlossen werden kann,

- durch die Mitteilung der recherchierten oder sonst erlangten Daten die journalistische Aufgabe des Publikationsorgans durch Ausforschung des Informationsbestandes beeinträchtigt würde oder

- es sich sonst als notwendig erweist, um das Recht auf Privatsphäre mit den für die Freiheit der Meinungsäußerung geltenden Vorschriften in Einklang zu bringen."[1003]

Die RL 8.8 stimmt bis auf den letzten Spiegelstrich fast wörtlich mit dem in § 41 Abs. 3 BDSG begründeten Auskunftsanspruch gegen die Deutsche Welle überein. Sie gewährt dem durch eine Presseberichterstattung in seinem Persönlichkeitsrecht Betroffenen einen präparatorischen Auskunftsanspruch, mit dem er seine Ansprüche auf Grund von Persönlichkeitsrechtsverletzungen vorbereiten kann.[1004] Da er durch die Berichterstattung und nicht durch die Recherche oder eine eventuelle zukünftige Berichterstattung betroffen sein muss, kann er diesen Anspruch erst nach einer erfolgten Berichterstattung geltend machen. Dieser bezieht sich allerdings nicht nur auf die tatsächlich verwendeten, sondern auf alle der Berichterstattung zu Grunde liegenden Daten.

Fraglich ist allerdings, ob die Persönlichkeitsrechtsverletzung bereits feststehen muss, damit der Betroffene seinen Auskunftsanspruch realisieren kann. Die herrschende Meinung zum parallelen datenschutzrechtlichen Auskunftsanspruch bejaht dieses.[1005] Sowohl der § 41 Abs. 3 BDSG als auch die RL 8.8 sprechen allerdings nicht von einer Persönlichkeitsrechtsverletzung, sondern nur von einer Beeinträchtigung, so dass der Wortlaut einer anderen Auslegung nicht ent-

---

1003 Deutscher Presserat, Jahrbuch 2007, S. 210f.

1004 Zum präparatorischen Auskunftsanspruch vgl. *Bruns*, Informationsansprüche, S. 173ff.

1005 *Gola/ Schomerus*, BDSG, § 41, Rn 15; ähnlich, aber Ausnahmen zulassend Simitis – *Walz*, Bundesdatenschutzgesetz, § 41, Rn 37; vgl. auch BGH, NJW-RR 1987, 1296 m. w. N.

gegensteht. Eine Beeinträchtigung ist nicht zwingend mit einer Verletzung gleichzusetzen, sie kann auch von niedriger Intensität sein. Problematisch bei der Forderung einer bereits feststehenden Persönlichkeitsrechtsverletzung ist, dass der Betroffene dann die Unwahrheit des Erstberichts oder den journalistischen Sorgfaltsverstoß beweisen müsste, um seinen Auskunftsanspruch realisieren zu können. Mit diesem soll dem Betroffenen aber eigentlich die Rechtsverfolgung weitestgehend erleichtert werden. Er soll grundsätzlich Informationen über alle Tatsachen beanspruchen können, deren Kenntnis seine Rechtsverfolgung ermöglicht oder erleichtert. Aus diesem Grunde sollte eine hinreichend plausible Darlegung einer Persönlichkeitsrechtsverletzung ausreichen, vernünftige Anhaltspunkte also zur Geltendmachung des Auskunftsanspruchs genügen.[1006]

Ausnahmen von diesem Auskunftsanspruch, die zur Weigerung des Presseunternehmens führen können, sind zum Schutz des Redaktionsgeheimnisses vorgesehen. Sie gewährleisten eine gewisse Eigensicherung zum Schutz der Mitarbeiter des Presseunternehmens, sowie Informanten- und Ausforschungsschutz.[1007] Schließlich sieht der Ausnahmekatalog mit der Notwendigkeit, das Recht auf Privatsphäre mit den für die Freiheit der Meinungsäußerung geltenden Vorschriften in Einklang zu bringen, noch einen Auffangtatbestand vor. Dieser wird vor allem dann eingreifen, wenn durch die Auskunft Rückschlüsse auf Dritte möglich sind.

c) Entscheidungen des Presserates zu Ziffer 8

Nach der Ziffer 2 ist Ziffer 8 mit 671 Beschwerden seit der Einführung von der neuen Beschwerdeordnung am 25.02.1985 bis zum Jahre 2005 die am zweithäufigsten beanstandete Ziffer. 2004 wurde sie beispielsweise bei 63 von insgesamt 164 Beschwerden zumindest mit angegeben. Von diesen sind 27 als unbegründet zurückgewiesen und 36 mit einer öffentlichen oder nichtöffentlichen Rüge, einer Missbilligung oder einem Hinweis geahndet, bzw. zwar als begründet angesehen, aber mit keiner Maßnahme belegt worden.[1008]

Bei den eingebrachten Beschwerden ging es selten um die vor allem die Gerichte beschäftigende Frage, ob bestimmte Geschichten über Prominente oder Fotos dieser veröffentlicht werden dürfen. Häufiges Thema war dagegen das Problem der identifizierenden Berichterstattung lokaler Persönlichkeiten. Bei fehlendem

---

1006 So auch *Bruns*, Informationsansprüche, S. 182ff.; *Schwetzler*, Persönlichkeitsrecht, S. 285.
1007 Vgl. hierzu ausführlich Simitis – *Walz*, Bundesdatenschutzgesetz, § 41, Rn 39.
1008 Deutscher Presserat, CD-ROM zum Jahrbuch 2006.

öffentlichen Interesse sei diese nämlich unzulässig und die Veröffentlichung eines nicht oder nicht ausreichend verfremdeten Fotos und weiterer Angaben zur Person[1009], die Nennung des Namens[1010], eventuell sogar ergänzt mit Alter und Adresse des Betroffenen oder anderer Angaben zur Person[1011] oder die Publizierung eines Unfallbildes, auf dem das Autokennzeichens erkennbar ist[1012], nicht gestattet.

Eine öffentliche Rüge zog auch die Abbildung und Nennung des Vor- und abgekürzten Familiennamens eines 21jährigen Unfallopfers in der Bild-Zeitung und dem Berliner Kurier nach sich. Das Persönlichkeitsrecht des Betroffenen und der Respekt vor den Angehörigen hätten es erfordert, vor der Veröffentlichung mit den Angehörigen in Kontakt zu treten und eine Einwilligung einzuholen.[1013] Allerdings könne der Jugend- bzw. Opferschutz eine vorhandene Einwilligung der Eltern überlagern, beispielsweise bei einer Fotoveröffentlichung nach Entführung und sexuellem Missbrauch einer Minderjährigen.[1014] Bei der Berichterstattung über Jugendliche und Heranwachsende seien generell besondere Maßstäbe anzulegen.[1015] Vor allem Kindern fehle noch die volle Einsicht in die Tragweite ihres Handelns.[1016] Vor diesem Hintergrund verwundert die Entscheidung, dass bei der Einwilligung zur Veröffentlichung eines Photos dreier 14- und 15jähriger Jugendlicher, die behaupten, von ihrem Vater verprügelt worden zu sein,[1017] nicht auf deren Minderjährigkeit eingegangen wurde.

Weiterhin laufe es dem Resozialisierungsgedanken entgegen, die Adresse und Details aus dem Privatleben einer durch eine Straftat vor längerer Zeit zur Person der Zeitgeschichte gewordenen Frau zu veröffentlichen, die in keinem Zusammenhang mit der damaligen Tat stehen.[1018]

Eine Verletzung des Intim- und Privatlebens und damit ein mit einer öffentlichen Rüge zu ahndender grober Verstoß der Bild-Zeitung gegen Ziffer 8 und RL 8.2 im Besonderen liege auch bei der Beschreibung des Krankenzimmers einer nach einem Schlaganfall eingelieferten 89jährigen Fürstin vor.[1019]

Wer allerdings die Presse sogar selbst zu seiner Hochzeit einlade und darüber hinaus zumindest regional sehr bekannt sei, müsse hinnehmen, dass auch die

---

1009 BK2 76/04; BK2 151/04, Deutscher Presserat, CD-ROM zum Jahrbuch 2005.
1010 BK2 150/04, Deutscher Presserat, CD-ROM zum Jahrbuch 2005.
1011 BK1 65/04, Deutscher Presserat, CD-ROM zum Jahrbuch 2005.
1012 B2 5/04, Deutscher Presserat, CD-ROM zum Jahrbuch 2005.
1013 BK2 27/04; BK2 26/04, Deutscher Presserat, CD-ROM zum Jahrbuch 2005.
1014 BK2 77/04, Deutscher Presserat, CD-ROM zum Jahrbuch 2005.
1015 BK1 55/04, Deutscher Presserat, CD-ROM zum Jahrbuch 2005.
1016 B 14/95, Deutscher Presserat, CD-ROM zum Jahrbuch 2005.
1017 B 7/96, Deutscher Presserat, CD-ROM zum Jahrbuch 2005.
1018 BK2 74/04, Deutscher Presserat, CD-ROM zum Jahrbuch 2005.
1019 BK2 88/04, Deutscher Presserat, CD-ROM zum Jahrbuch 2005.

Beendigung dieser Ehe von öffentlichem Interesse und eine Berichterstattung hierüber gerechtfertigt sei.[1020]

Bei einem Bericht über ein Gerichtsverfahren von erheblichem öffentlichen Interesse sei eine abgekürzte Namensnennung und die Veröffentlichung eines Fotos mit Augenbalken aus rückwärtiger Perspektive nicht zu beanstanden.[1021] Nach dem Urteil liege dann auch eine erkennbare Abbildung der verurteilten Täterin eines außergewöhnlich schweren Verbrechens in dem das Persönlichkeitsrecht überwiegenden Informationsinteresse der Öffentlichkeit.[1022]

Von einem die Namensnennung rechtfertigenden öffentlichem Interesse sei auch ein Ermittlungsverfahren gegen den leitenden Direktor eines Polizeipräsidiums, vor allem wenn die Rechtmäßigkeit seiner Einstellung angezweifelt werde.[1023]

Von erheblichem öffentlichen Interesse seien ebenfalls die Vorgänge um die Erweiterung der Airbus-Landebahn am Hamburger Flughafen, unter anderem wegen umfangreicher Investitionen öffentlicher Gelder und der möglichen Schaffung zahlreicher Arbeitsplätze. Dieses Interesse erstrecke sich zwangsläufig auch auf die wenigen Privatpersonen, die den erforderlichen Verkauf ihrer Grundstücke verweigern würden, was erhebliche Auswirkungen auf das Gemeinwohl habe. Daher sei eine Veröffentlichung verschiedener persönlicher Details einschließlich der Einkommensverhältnisse gerechtfertigt, dadurch könnten möglicherweise die Beweggründe der handelnden Personen nachvollzogen werden.[1024]

Die Würde eines Folteropfers von Abu Ghraib sei weiterhin nicht automatisch durch eine Identifizierbarkeit verletzt. Belege für Verbrechen aus einem sorgfältig abgeschirmten Geheimbereich könnten im Einzelfall mit der Identifizierbarkeit an Glaubwürdigkeit gewinnen und die Würde des Opfers sogar wiederherstellen, wenn mit der identifizierenden Berichterstattung die Verantwortlichen Lügen gestraft oder bloßgestellt würden.[1025]

d) Fazit

Auch wenn Ziffer 8 des Pressekodex und seine Richtlinien in einigen Nuancen strengere Anforderungen an die Achtung der Intimsphäre und den Datenschutz stellen als die Rechtsprechung, stimmen sie doch weitestgehend überein. Außer-

1020 BK1 4/04, Deutscher Presserat, CD-ROM zum Jahrbuch 2005.
1021 BK2 15/04, Deutscher Presserat, CD-ROM zum Jahrbuch 2005.
1022 BK2 100/04, Deutscher Presserat, CD-ROM zum Jahrbuch 2005.
1023 BK1 59/04, Deutscher Presserat, CD-ROM zum Jahrbuch 2005..
1024 B2 18/04, Deutscher Presserat, CD-ROM zum Jahrbuch 2005.
1025 BK 167/04, Deutscher Presserat, CD-ROM zum Jahrbuch 2005.

dem ist über die Zulässigkeit der Berichterstattung sowohl rechtlich als auch presseethisch stets anhand einer Abwägung zu entscheiden, weshalb die Ergebnisse selten divergieren.

Beim Vergleich der Fälle, die die Gerichte beschäftigten und denen, die vom Presserat entschieden wurden, fällt auf, dass Berühmtheiten zumeist den Klageweg beschreiten und Nichtberühmtheiten den Deutschen Presserat anrufen. Dies liegt meiner Einschätzung nach daran, dass Prominente, von erfahrenen Medienanwälten beraten, eine rechtliche Handhabe gegen die verklagte Zeitung oder Zeitschrift und eventuell auch eine zur Abschreckung geeignete Geldentschädigung haben wollen. Eine vom Presserat ausgesprochene Rüge, bei der nicht einmal feststeht, ob das betroffene Printmedium sie auch tatsächlich abdruckt, ergibt für diese wenig Sinn. Der „Normalbürger" scheut hingegen das auch finanzielle Prozessrisiko, leistet sich – wenn überhaupt – günstigere und im Regelfall nicht auf das Presserecht spezialisierte Anwälte und ist erstmal froh, sich bei „irgendeiner offiziellen Stelle" beschweren zu können, die sich seiner annimmt. Außerdem ist eine Beschwerde beim Pressrat wesentlich einfacher und schneller einzureichen als eine Klage bei Gericht.

Sowohl bei einer solchen Klage als auch bei der Beurteilung durch den Presserat sollte die Eingriffsintensität nicht nur isoliert nach den einzelnen Fallgruppen des allgemeinen Persönlichkeitsrechts beurteilt, sondern auch kumulierte Persönlichkeitsbeeinträchtigungen beachtet werden, beispielsweise Ehrenrührigkeit, Aufdeckung privater Umstände und Gefährdung von Resozialisierungschancen. Diese sind zusammenzufassen und anschließend ist die Gesamtbeeinträchtigung zu bewerten.[1026] Dabei ebenfalls berücksichtigt werden muss das Ergebnis der Caroline-Entscheidung des EGMR[1027], der Privatsphäre stärkeren Schutz zu gewährleisten. Die von der deutschen Rechtsprechung und Literatur differenziert herausgearbeiteten Grundsätze der absoluten oder relativen Person der Zeitgeschichte sollten allerdings weiter angewendet werden. Dafür sollte in der Abwägung zwischen Presse- bzw. Meinungsfreiheit und allgemeinem Persönlichkeitsrecht stärker auf den Bezug zum öffentlichen Auftreten des Betroffenen abgestellt werden.[1028]

1026 So auch *Rohde*, Publizistische Sorgfalt, S. 54f.
1027 EGMR, AfP 2004, 348ff.
1028 S.o.: 3. Kap., D., VI., 3., a), bb), (4).

4. Kapitel: Kontrolle und Überwachung der Einhaltung des Pressekodex

A. Maßnahmen des Deutschen Presserates

Da der Pressekodex vom Deutschen Presserat entwickelt worden ist, ist primär dieser bzw. sein Beschwerdeausschuss und ggf. das Plenum des DPR auch für die Einhaltung seiner Regeln verantwortlich.

Seit Anfang des Jahres 2004 besteht der Beschwerdeausschuss des Deutschen Presserates aus zwei gleichberechtigten Kammern mit jeweils 6 Mitgliedern und 4 Stellvertretern, die je zur Hälfte verlegerisch und journalistisch tätig sind.[1029] Außerdem bilden sechs Personen, die über besondere Kenntnisse des Datenschutzes verfügen sollen, den Beschwerdeausschuss Redaktionsdatenschutz. Von diesen sechs sind fünf Mitglieder des DPR, eine weitere Person wird von dem Verband der Anzeigenblätter benannt.[1030]

Die Zuständigkeit der Beschwerdausschüsse richtet sich generell nach dem Aktenzeichen, welches bei Eingang der Beschwerde in der Geschäftsstelle numerisch fortlaufend vergeben wird. Dabei ist die erste Kammer für die Beschwerden mit geraden Endziffern und die zweite Kammer für solche mit ungeraden zuständig. Der Beschwerdeausschuss für den Redaktionsdatenschutz behandelt die Beschwerden, die eine mögliche Verletzung des Rechts auf Datenschutz zum Inhalt haben[1031] Die Vorsitzenden der einzelnen Ausschüsse und deren Stellvertreter werden von diesen aus ihrer Mitte für zwei Jahre gewählt und sollen immer im Wechsel aus den Reihen der Journalisten und Verleger stammen.[1032]

Für alle Beschwerden von grundsätzlicher Bedeutung ist das Plenum des Deutschen Presserates zuständig, das auch abschließend darüber entscheidet, ob eine Beschwerde offensichtlich missbräuchlich erhoben wurde.[1033] Eine Beschwerde wird außerdem vom Plenum des DPR behandelt, wenn zwei Mitglieder eines

---

1029 § 11 Abs. 1 STDPR, www.presserat.de/Statuten.221.0.html; vgl. auch Ernst-Flaskamp in Deutscher Presserat, Jahrbuch 2005, S. 43f.
1030 § 11 Ab. 2 STDPR, www.presserat.de/Statuten.221.0.html.
1031 Vgl. § 10 GODPR, www.presserat.de/uploads/media/Geschaeftsordnung_01.pdf.
1032 § 11 GODPR, www.presserat.de/uploads/media/Geschaeftsordnung_01.pdf.
1033 § 4 Abs. 1 GODPR, www.presserat.de/uploads/media/Geschaeftsordnung_01.pdf.

Beschwerdeausschusses dies verlangen.[1034] Das Plenum des Deutschen Presserates besteht seit der Einführung der zwei Beschwerkammern aus 28 Mitgliedern, die von den vier Trägerorganisationen paritätisch entsandt werden.[1035]

I. Die Einleitung eines Beschwerdeverfahrens beim Deutschen Presserat

Bei der Einleitung eines Beschwerdeverfahrens muss der taugliche Beschwerdeführer sich auf einen ebenso tauglichen Beschwerdegegner und Beschwerdegegenstand beziehen. Beachten muss er weiterhin die formellen Voraussetzungen des § 2 BeschwO[1036], im Wesentlichen sind dies die Schriftformerfordernis und die regelmäßige Verjährungsfrist von einem Jahr.

1. Beschwerdeführer

Gem. § 1 Abs. 1 S. 1 BeschwO[1037] ist „jeder" berechtigt, sich beim Deutschen Presserat über Veröffentlichungen und Vorgänge in der deutschen Presse zu beschweren.[1038] Anders als bei der Klageerhebung vor einem ordentlichen Gericht ist eine Selbstbetroffenheit im Sinne einer eigenen Beschwer nicht erforderlich, es handelt sich also um eine Popularbeschwerde.[1039]

Beschwerdeführer können nicht nur Privatpersonen sein, sondern beispielsweise auch Unternehmen, Parteien oder Verbände, Sammelbeschwerden sind ebenfalls möglich.[1040] Gem. § 1 Abs. 1 S. 2 BeschwO[1041] gilt dies auch bei einer eventuellen Verletzung des Rechts auf Datenschutz.

Zudem besteht nach § 1 Abs. 2 BeschwO[1042] noch die Möglichkeit, dass der Deutsche Presserat von sich aus ein Beschwerdeverfahren einleitet. Dieses theo-

---

1034 § 3 Abs. 3 & § 4 Abs. 2 GODPR, www.presserat.de/uploads/media/Geschaeftsord-nung_01.pdf.
1035 Vgl. § 7 STDPR, www.presserat.de/Statuten.221.0.html; dies sind gem. § 2 Abs. 1 STDPR der BDZV, der VDZ, der DJV und die dju.
1036 www.presserat.de/uploads/media/beschwerdeordnung.pdf.
1037 www.presserat.de/uploads/media/beschwerdeordnung.pdf.
1038 Die überwiegende Zahl der Beschwerdeführer sind allerdings Privatpersonen, 2004 waren dies 488 von 667, vgl. Deutscher Presserat, Jahrbuch 2005, S. 312
1039 Vgl. *Münch*, Selbstkontrolle, S. 218; *Soehring*, Vorverurteilung, S. 137; eine 1997 durchgeführte demographische Analyse ergab, dass nur 35 % der Beschwerdeführer selbst betroffen waren, vgl *Weyand* in Deutscher Presserat, Jahrbuch 1997, S. 54.
1040 *Schwetzler*, Persönlichkeitsschutz, S. 178; *Schweizer* in FS für Herrmann, S. 149.
1041 www.presserat.de/uploads/media/beschwerdeordnung.pdf.
1042 www.presserat.de/uploads/media/beschwerdeordnung.pdf.

retisch bestehende Selbstbefassungsrecht wird allerdings in der Praxis grundsätzlich nicht in Anspruch genommen.[1043] Der Grund hierfür liegt nach eigenen Angaben darin, dass systematisch und flächendeckend in allen erscheinenden Zeitungen und Zeitschriften nach Verstößen gegen den Pressekodex gesucht werden müsste, um dem Vorwurf der Willkür aus dem Weg zu gehen. Dies sei wegen der immensen Anzahl der angebotenen Presseprodukte einerseits für den Presserat zeitlich und finanziell nicht durchführbar,[1044] andererseits möchte er auch nicht in die Nähe einer Überwachungsbehörde rücken[1045].

2. Beschwerdegegner

Beschwerdegegner können zunächst alle deutschen bzw. in Deutschland erscheinenden und vertriebenen[1046] Presseorgane sein, diese müssen nicht Mitglied der Trägerverbände sein.[1047] Obwohl sich der Pressekodex laut Präambel explizit an Verleger, Herausgeber und Journalisten richtet, ist es problematisch, ob der einzelne Journalist tauglicher Beschwerdegegner ist, oder ob die an einer beanstandeten Publikation beteiligten Journalisten durch ihre Zeitung oder Zeitschrift repräsentiert werden.[1048] Gegen eine Einbeziehung des einzelnen Journalisten in den Kreis der tauglichen Beschwerdegegner spricht die Gefahr, dass die eigentlichen Entscheidungsträger und damit Verantwortlichen sich hinter den ausführenden Journalisten verstecken könnten.[1049] Außerdem verlangt § 15 BeschwO[1050] einen eventuellen Rügenabdruck in dem betreffenden Publikationsorgan, was dem einzelnen Verfasser von Artikeln nicht möglich ist.[1051] Ein Verstoß gegen das Verbot unlauterer Recherche (Ziffer 4 des Pressekodex[1052]) betrifft zwar bereits eindeutig das Verhalten des Journalisten, kann aber dem Verlag in der Regel in der Weise zugeordnet werden, dass er dem Journalisten beauftragt hat oder zumindest durch die Erwartung von auflagensteigernden sen-

---

1043 *Tillmanns* in Kriminalberichterstattung, S. 267; dies sei der absolute Ausnahmefall und komme vielleicht fünf bis sechs mal in zehn Jahren vor, wenn ein erkennbarer Missstand in der Regel in mehreren Artikeln aufgetreten sei, Gespräch des Verfassers mit dem Geschäftsführer des DPR *Lutz Tillmanns* am 20.12.2006 in Köln.
1044 *Schweizer* in FS für Herrmann, S. 146.
1045 *Protze* in Deutscher Pressrat, Jahrbuch 2000, S.68.
1046 Vgl. bspw. die Beschwerden gegen die türkische Zeitung „Hürriyet", B 93/01; B 92/99, B 76/94, alle von Deutscher Presserat, CD-ROM zum Jahrbuch 2005.
1047 *Münch*, Selbstkontrolle, S. 219; *Schwetzler*, Persönlichkeitsschutz, S. 178.
1048 *Suhr*, Presseselbstkontrolle, S. 60.
1049 *Dietrich*, Presserat, S. 50.
1050 www.presserat.de/uploads/media/beschwerdeordnung.pdf.
1051 *Schwetzler*, Persönlichkeitsschutz, S. 179.
1052 Deutscher Presserat, Jahrbuch 2007, S. 203.

sensationellen Artikeln mittelbaren Zwang ausübt.[1053] Auch von dieser Regel gibt es Ausnahmen, so hat beispielsweise Volker Lilienthal die umstrittenen, aber letztendlich gerichtlich für zulässig erklärten Recherchen, die zur Aufdeckung des ARD-Schleichwerbeskandals führten,[1054] ausschließlich in seiner Freizeit und nicht in Kenntnis von oder sogar beauftragt durch einen Verlag durchgeführt.[1055] Allerdings trifft den Verleger die Verantwortung, wenn er den entsprechenden Artikel veröffentlicht, da er die Arbeit der für ihn tätigenden Personen hinreichend kontrollieren muss, um die Verbreitung fehlerhafter oder vertraulicher Informationen zu verhindern.[1056] Es gibt aber auch Szenarien, in denen das Fehlverhalten des Journalisten dem Verleger nicht zugerechnet werden kann. Dies ist der Fall, wenn der Journalist ohne Wissen und Billigung der Redaktion Geschenke dafür annimmt, dass er eine Geschichte nicht publiziert (Verstoß gegen Ziffer 15 des Pressekodex[1057]) oder einer dem Verlag nicht bekannten nachrichtendienstlichen Tätigkeit nachgeht (Verstoß gegen RL 5.2[1058]).[1059]

Durch die Rügenabdruckpflicht als evtl. Sanktionsfolge ist das Beschwerdeverfahren – wie bereits ausgeführt – in erster Linie ein gegen den Verleger gerichtetes Verfahren. Meines Erachtens ist das Beschwerdeverfahren nach Veröffentlichung eines Artikels daher auch stets gegen den Verleger und nicht gegen den Journalisten zu führen. Wenn allerdings kein Artikel erschienen ist, sollte ein Verfahren gegen den den Kodex nicht beachtenden Journalisten durchgeführt werden. Eine eventuelle Sanktion in Form der öffentlichen Rüge könnte dann zwar nicht, wie von § 15 BeschwO[1060] gefordert, im betroffenen Publikationsorgan abgedruckt werden, aber in den Verbandsorganen der Trägerorganisationen des Deutschen Presserates.[1061] So hat der „Journalist" als Organ des Deutschen Journalisten-Verbandes in der Vergangenheit über 90% der öffentlichen Rügen berichtet.[1062]

Auch § 1 Abs. 1 BeschwO[1063] setzt fest, dass nicht nur Veröffentlichungen, sondern auch Vorgänge in der Deutschen Presse beschwerdefähig sind, worunter

---

1053 Vgl. *Gottzmann*, Selbstkontrolle, S. 126f.
1054 S.o.: 3. Kap.,D., III., 2., c), aa), (3).
1055 Gespräch des Verfassers mit *Volker Lilienthal* am Rande des 4. Berliner Mediengesprächs „Journalismus im Spannungsfeld zwischen Pressefreiheit, Politik, Religion und Kommerz" am 17.05.2006 in der Landesvertretung des Saarlandes in Berlin.
1056 *Gottzmann*, Selbstkontrolle, S. 126f.
1057 Deutscher Presserat, Jahrbuch 2007, S. 218.
1058 Deutscher Presserat, Jahrbuch 2007, S. 204.
1059 Vgl. *Gottzmann*, Selbstkontrolle, S. 127; *Dietrich*, Presserat, S. 51.
1060 www.presserat.de/uploads/media/beschwerdeordnung.pdf.
1061 Vgl. § 12 Abs. 8 BeschwO, www.presserat.de/uploads/media/beschwerdeordnung.pdf.
1062 Vgl. *Gottzmann*, Selbstkontrolle, S. 156f.
1063 www.presserat.de/uploads/media/beschwerdeordnung.pdf.

man die angesprochenen Verhaltensweisen von Journalisten subsumieren kann. Hier besteht ebenfalls das Problem, dass dem ausführenden Journalisten beispielsweise eine unlautere Recherchemethode von seinem Vorgesetzten befohlen oder er von seinem Verlag unter Druck gesetzt worden sein kann. Daher sollte man dem Journalisten, anders als dem das Fehlverhalten des Reporters nach Veröffentlichung zuzurechnenden Verlag, eine Exculpationsmöglichkeit geben, mit der Folge anschließend ein Verfahren gegen den Verlag einzuleiten.

Der Presserat ist von 1987 bis 2004 nur gegen Verlage und nicht gegen einzelne Journalisten vorgegangen,[1064] was nach den obigen Ausführungen nicht zu beanstanden ist, da sich soweit ersichtlich nahezu alle Beschwerden gegen entsprechende Veröffentlichungen richteten. Dass dies der Regelfall ist, belegt auch § 2 Abs. 1 BeschwO[1065], der verlangt, dass einer Beschwerde die entsprechende Veröffentlichung im Original oder in Kopie beigefügt werden soll. Nicht um eine Veröffentlichung, sondern um einen Vorgang ging es in dem Fall, in dem der Geschäftsführer einer Lokalzeitung einem Vorstandsmitglied der Sparkasse drohte, sie „fertig zu machen", wenn sie nicht exklusiv Anzeigen in seinem Blatt schalten würde.[1066] Hier ist trotz des Nichtvorliegens einer Veröffentlichung das Vorgehen gegen die Zeitung allgemein und nicht ausschließlich gegen den Geschäftsführer legitim, da die Zeitung vom handelnden Geschäftsführer repräsentiert wird. Im Jahre 2005 ging der Presserat dann erstmalig seit der Einführung einer neuen Beschwerdeordnung direkt gegen einen Journalisten vor. Dieser hatte versucht, die Kürzung einer privaten Werklohnforderung mit der Drohung durchzusetzen, er werde ansonsten für eine negative Berichterstattung sorgen. Diese Drohung mit einem „publizistischen Übel" zur Durchsetzung persönlicher Interessen missbilligte der zuständige Beschwerdeausschuss als Verstoß gegen das Ansehen der Presse und damit gegen Ziffer 6 des Pressekodex.[1067] Hier hatte der Presserat auch gar keine andere Möglichkeit, als direkt gegen den Journalisten vorzugehen, da er privat gehandelt und keine Zeitung, für die er u.U. arbeitet, ins Spiel gebracht hat.

3. Beschwerdegegenstand

Neben allgemeinen Vorgängen in der Presse und Veröffentlichungen in Printmedien fallen auch bestimmte, online verbreitete Publikationen in elektronischen Medien in den Regelungsbereich des Pressekodex. Gem. § 9 Nr. 2 S. 2 der

---

1064 *Gottzmann*, Selbstkontrolle, S. 126.; vgl. Deutscher Presserat, Jahrbuch 2006, S. 307ff.
1065 www.presserat.de/uploads/media/beschwerdeordnung.pdf.
1066 B 231/00, Deutscher Presserat, CD-ROM zum Jahrbuch 2005.
1067 BK1 95/05, Deutscher Presserat, CD-ROM zum Jahrbuch 2006; vgl. auch *Tillmanns* in Deutscher Presserat, Jahrbuch 2006, S. 39.

Trägervereinssatzung[1068] sind dies „journalistische Beiträge, die von Zeitungs-, Zeitschriftenverlagen oder Pressediensten in digitaler Form verbreitet wurden und zeitungs- oder zeitschriftenidentisch sind", womit die verlagseigenen Online-Dienste gemeint sind.[1069] Der Grund hierfür ist darin zu sehen, dass Druckerzeugnisse, die gegen den Pressekodex verstoßen, nicht als Online-Publikationen gleichen Inhalts ungerügt bleiben sollen.[1070]

Geht der Anwendungsbereich des Pressekodex in diesem Fall also bereits jetzt über den verfassungsrechtlichen Pressebegriff, der im Regelfall ein Druckerzeugnis als entscheidendes Abgrenzungskriterium voraussetzt,[1071] hinaus, so ist er in einem anderen Fall enger. Er beschränkt sich grundsätzlich auf periodische Publikationen und schließt auch Annoncen und Anzeigenblätter aus.[1072] Beschwerden über Anzeigenblätter werden allerdings seit 1994 in eingeschränktem Umfang behandelt. Es findet zwar kein förmliches Verfahren statt, jedoch führt die Geschäftsstelle eine summarische Vorprüfung durch und leitet die Beschwerde bei einem festgestellten gravierenden Verstoß mit der Bitte um Abhilfe an das betroffene Anzeigenblatt weiter, ausgenommen sind lediglich Verstöße gegen die Ziffer 7 des Pressekodex. Anders stellt sich die Situation im Bereich des Redaktionsdatenschutzes dar. Hier haben sich die Anzeigenblätter in das System der freiwilligen Selbstkontrolle eingegliedert, weshalb der Beschwerdeausschuss Redaktionsdatenschutz auch Beschwerden gegen Anzeigenblätter behandelt.[1073]

Wegen der grundsätzlichen Beschränkung auf Periodika konnte beispielsweise der auf einer Buchveröffentlichung beruhende Fall „Wallraff"[1074] vom Presserat zumindest im Hinblick auf seine Veröffentlichung nicht behandelt werden.[1075] Die Beschwerde der Bild-Chefredaktion gegen Wallraff wurde dennoch erörtert, dies wird dann aber vor dem Hintergrund eines „Vorgangs in der Deutschen Presse"[1076] geschehen sein. In diesem Fall wurde auch von der sonst üblichen

---

1068 www.presserat.de/Statuten.221.0.html.

1069 *Tilmanns* in Deutscher Presserat, Jahrbuch 1996, S. 38.

1070 *Münch*, Selbstkontrolle, S. 210; vgl. auch *Tillmanns* in Deutscher Presserat, Jahrbuch 2006, S. 33; zu den Diskussionen der Erweiterung des Anwendungsbereiches auf die elektronische Presse s.o.: 3. Kap., C., II.

1071 BVerfGE 95, 28, 35; allerdings wird zunehmend versucht, auch die „elektronische Presse" unter den grundrechtlichen Pressebegriff zu subsumieren, vgl. *Scholz* in FS für Kriele, S. 536.; *Bullinger*, JZ 1996, 385, 388.

1072 Ausführlich *Gottzmann*, Selbstkontrolle, S. 128f.; *Münch*, Selbstkontrolle, S. 209; vgl. auch *Soehring*, Vorverurteilung, S. 127; *Protze* in Deutscher Presserat, Jahrbuch 2000, S. 63f.

1073 *Schwetzler*, Presseselbstkontrolle, S. 180f.; vgl. auch B2-11/04, B2-10/04, B2-9/03, alle von Deutscher Presserat, CD-ROM zum Jahrbuch 2005.

1074 S.o.: 3. Kap., D., III., 2., c), aa), (1).

1075 *Bermes*, Presserat, S. 281, 284f.

1076 Vgl. § 1 Abs. 1 BeschwO, www.presserat.de/uploads/media/beschwerdeordnung.pdf.

Praxis abgewichen, Publikationen bzw. Verlage, aber keine Einzelpersonen zu rügen. Unberücksichtigt blieb dabei sowohl die Tatsache, dass die Bild-Zeitung die dort dargestellten presseethischen Verfehlungen durchgehen ließ, als auch die Vorkehrungen, die Wallraff getroffen hatte, um die Schäden seiner Berichte möglichst gering zu halten. Dies ist im Wesentlichen mit den damals im Presserat schwelenden Querelen zwischen Journalisten und Verlegern zu erklären, die schließlich zum Eklat und zur Einstellung der Arbeit des Presserates bis zum Dezember 1985[1077] führten.[1078]

II. Vorprüfung

Gem. § 9 Abs. 1 GODPR ist der Geschäftsführer des Deutschen Presserates für die nach § 5 Abs. 1 BeschwO erforderliche Vorprüfung der Beschwerden zuständig.[1079] Er bestätigt den Eingang, veranlasst die entscheidungsvorbereitenden Maßnahmen und wirkt darauf hin, dass der Beschwerdeführer unschlüssige Eingaben um die fehlenden Tatsachen ergänzt.

Wenn im Rahmen dieser Vorprüfung beispielsweise weitere Sachverhaltsermittlungen nötig sind, nimmt die Geschäftsstelle des Deutschen Presserates mit den Beteiligten Kontakt auf und recherchiert ergänzende Informationen.[1080]

Bei offensichtlicher Unzuständigkeit des Deutschen Presserates informiert der Geschäftsführer den Beschwerdeführer und weist diesen ggf. auf die zuständige Stelle hin.[1081]

Sollte eine Beschwerde offensichtlich unbegründet sein, wird sie dem Beschwerdegegner nicht zugeleitet, sondern der Beschwerdeführer erhält eine schriftliche Mitteilung des Geschäftsführers, in der ihm die Gründe für die Ablehnung detailliert mitgeteilt werden.[1082] Die Entscheidung über Unschlüssigkeit oder offensichtlicher Unbegründetheit trifft gem. § 9 Abs. 2 S. 2 GODPR[1083] der Geschäftsführer im Einvernehmen mit dem Vorsitzenden des zuständigen Beschwerdeausschusses. Gegen die Zurückweisung kann der Beschwerdeführer innerhalb von zwei Wochen nach dessen Absendung erneut Beschwerde einlegen, über die dann der zuständige Beschwerdeausschuss entscheidet. Dieser bes-

1077 S.o.: 3. Kap., B, II.
1078 Ausführlich zur Behandlung des Falls „Wallraff" im DPR *Bermes*, Presserat, S. 281ff.
1079 www.presserat.de/uploads/media/beschwerdeordnung.pdf.
1080 *Wassink* in Deutscher Presserat, Jahrbuch 2005, S. 53.
1081 § 5 Abs. 2 BeschwO, www.presserat.de/uploads/media/beschwerdeordnung.pdf; § 9 Abs. 2 GODPR, www.presserat.de/uploads/media/Geschaeftsordnung_01.pdf.
1082 § 9 Abs. 3 GODPR, www.presserat.de/uploads/media/Geschaeftsordnung_01.pdf.; vgl. auch Wassink in Deutscher Presserat, Jahrbuch 2005, S. 53.
1083 www.presserat.de/uploads/media/Geschaeftsordnung_01.pdf.

tätigt entweder die Zurückweisung oder beschließt die Einleitung eines Beschwerdeverfahrens nach den §§ 6ff. BeschwO.[1084]

III. Vermittlung

Nach Weiterleitung einer schlüssigen und nicht offensichtlich unbegründeten Beschwerde an den Beschwerdegegner hat dieser gem. § 6 Abs. 1 BeschwO[1085] drei Wochen Zeit, um Stellung zu nehmen.

Innerhalb dieser Frist besteht für den Beschwerdegegner gem. § 6 Abs. 3 BeschwO[1086] die Möglichkeit, einen eventuellen Verstoß gegen den Pressekodex durch Wiedergutmachung gegebenenfalls[1087] selbst in Ordnung zu bringen, worauf er gem. § 6 Abs. 2 BeschwO[1088] im Rahmen eines Vermittlungsversuches hingewiesen wird. Es soll die Berufsethik gewahrt und das Ansehen der Presse wiederhergestellt werden, was vom zuständigen Beschwerdeausschussvorsitzenden zusammen mit dem Geschäftsführer des Presserates[1089] nach Ablauf der dreiwöchigen Frist überprüft wird. Voraussetzung ist die öffentliche Form, es sei denn, dies widerspricht den Interessen des Betroffenen. Ansonsten liegt die Art der Wiedergutmachung im Ermessen des betroffenen Printmediums. In Betracht kommen je nach Schwere des Verstoßes beispielsweise die Veröffentlichung einer Berichtigung, der Abdruck eines Leserbriefes, eine schriftliche, u.U. auch veröffentlichte Entschuldigung, eine Unterlassungserklärung oder eine Spende.[1090] In den Fällen der Verletzung des Redaktionsdatenschutzes muss der Betroffene zudem die Wiedergutmachung als ausreichend anerkennen.[1091]

Eine formlose Unterlassungserklärung, das Fehlverhalten gegenüber dem Beschwerdeführer in Zukunft nicht mehr zu wiederholen, sollte im Gegensatz zu einer Entscheidung des Presserates[1092] jedoch nicht ausreichen.[1093] Die in § 6 Abs. 4 S. 2 BeschwO[1094] außer bei entgegenstehender Interessenlage des Betroffenen für jeden Fall der eigenständigen Wiedergutmachung geforderte öf-

---

1084 § 5 Abs. 3 BeschwO, www.presserat.de/uploads/media/beschwerdeordnung.pdf.

1085 www.presserat.de/uploads/media/beschwerdeordnung.pdf.

1086 www.presserat.de/uploads/media/beschwerdeordnung.pdf.

1087 Dies bedeutet, dass es Verstöße gibt, die in keinem Fall durch den Beschwerdegegner geheilt werden können, vgl. *Gottzmann*, Selbstkontrolle, S. 130f.

1088 www.presserat.de/uploads/media/beschwerdeordnung.pdf.

1089 Vgl. § 9 Abs. 4 GODPR, www.presserat.de/uploads/media/Geschaeftsordnung_01.pdf.

1090 *Münch*, Selbstkontrolle, S. 224.

1091 § 6 Abs. 4 u. 5 BeschwO, www.presserat.de/uploads/media/beschwerdeordnung.pdf.

1092 B 4/96, Deutscher Presserat, CD-ROM zum Jahrbuch 2005.

1093 So auch *Münch*, Selbstkontrolle, S. 224f.

1094 www.presserat.de/uploads/media/beschwerdeordnung.pdf.

fentliche Form ist meines Erachtens wichtig, da die betroffene Zeitung oder Zeitschrift damit eine für sie negativ ausfallende Entscheidung des Pressrates verhindern möchte. Auch wenn der Presserat evtl. nur einen Hinweis oder eine Missbilligung aussprechen würde, die im betreffenden Presseorgan nicht abgedruckt werden müssten, sollte eine Wiedergutmachung grundsätzlich in öffentlicher Form erfolgen. Nur so macht die Zeitung oder Zeitschrift m.E. wirklich glaubhaft, dass sie ihr Verhalten reut und in Zukunft verstärkt auf die Einhaltung des Pressekodex achten wird. Sollte sich dieses Beispiel wiederholen, würde die Beschwerdearbeit des Presserates im öffentlichen Ansehen auf den Nullpunkt sinken, da jeder Kodexverstoß denkbar einfach geheilt werden könnte. So ist zu hoffen, dass sich der Presserat in der Zukunft von der Möglichkeit der Wiedergutmachung durch formlose Unterlassungserklärung unmissverständlich distanziert und sich diese Einzelentscheidung nicht wiederholt. Eine solche ausdrückliche Distanzierung ist zwar noch nicht geschehen, der Presserat hat in einer neueren Entscheidung allerdings trotz des Vorliegens einer strafbewehrten Unterlassungserklärung eine öffentliche Rüge ausgesprochen.[1095]

Ebenfalls wünschenswert wäre eine Systematisierung der Einzelpraktiken zur Wiedergutmachung und damit eine Abkehr vom System der weitestgehend eigenen Ermessensentscheidung.

Die Zahl der Beschwerden, die durch gütliche Einigung, im Wesentlichen auf Grund einer erfolgreichen Wiedergutmachung, erledigt werden, liegt bei unter 10%.[1096] Der relativ geringe Vermittlungserfolg verdeutlicht das Problem, dass die milden Sanktionen des Presserates nicht genügend gefürchtet werden. Hauptmotiv für die auf Einhaltung der Regeln drängenden, nicht persönlich betroffenen Beschwerdeführer ist zudem die abstrakte Durchsetzung journalistischer Ethikstandards. Eine Vielzahl der persönlich betroffenen Beschwerdeführer strebt dagegen gerade eine persönliche Entschuldigung des Redakteurs an.[1097] Aus diesem Grund ist bei der Neufassung der Beschwerdeordnung vom 18.09.2006 in § 6 ein Absatz 2 eingefügt worden, der den möglichen Versuch einer Vermittlung explizit in die Beschwerdeordnung aufnimmt, jedoch nur als „Kann-Bestimmung". Der Grund hierfür liegt darin, dass es auch a priori nicht vermittlungsfähige Inhalte gibt, beispielsweise Fälle von Gewaltdarstellungen. Außerdem gibt es auch Betroffene, die kein Interesse an einem Dialog, sondern lediglich an der dogmatischen Behandlung ihres Falles haben.[1098]

1095 BA2-4/07; Newsletter Nr. 14/2007 des Deutschen Presserates, S. 7.
1096 *Gottzmann*, Selbstkontrolle, S. 131 m. w. N.
1097 *Protze* in Deutscher Presserat, Jahrbuch 2000, S. 66f.; *Weyand* in Deutscher Pressrat, Jahrbuch 2000, S. 74f.
1098 Gespräch des Verfassers mit dem Geschäftsführer des DPR *Lutz Tillmanns* am 20.12.2006 in Köln.

Bereits 1999 wurde vom DPR ein Pilotprojekt gestartet, in dem das Gespräch zwischen Beschwerdeführer und Publikationsorgan vermittelt werden sollte mit dem Ziel, zu einer gütlichen Einigung zu kommen.[1099] Dort wurde zwar die Erfahrung eines großen Koordinationsaufwandes gemacht, wegen des verstärkten Interesses der Betroffenen am Dialog hat den Presserat aber dennoch die Vermittlungstätigkeit in die Beschwerdeordnung aufgenommen. Vorteile einer erfolgreichen Vermittlung liegen auch in der Entlastung der Beschwerdeausschüsse und des Plenums des Presserates sowie in der schnelleren Bearbeitung und Lösung der Eingaben.[1100]

Zu hoffen ist, dass die Zeitungen und Zeitschriften durch die vermittelten Gespräche mit den Betroffenen die negativen Folgen ihrer Verfehlungen sehen und dadurch sensibilisiert werden, in Zukunft stärker auf die Einhaltung des Pressekodex zu achten. Allerdings besteht m.E. auch die Gefahr, dass der Einhaltung des Pressekodex noch weniger Beachtung geschenkt wird, da es mit der Vermittlung eine weitere Möglichkeit gibt, eine unangenehme Entscheidung des Presserates abzuwenden.

Sollte die Vermittlung zu keinem Ergebnis geführt haben, veranlasst der Vorsitzende des zuständigen Beschwerdeausschusses gem. § 7 Abs. 1 BeschwO[1101] die weiteren sitzungsvorbereitenden Maßnahmen und leitet den Beteiligten anschließend die eventuell entscheidungserheblichen Stellungnahmen und Auskünfte zu.

IV. Die Vorsitzendenentscheidung

Bei einfach gelagerten Beschwerden kann der Vorsitzende diese gem. § 7 Abs. 2 BeschwO[1102] auch selbst als unbegründet zurückweisen, für begründet erklären und auf eine Maßnahme verzichten oder für begründet erklären und einen Hinweis erteilen. Die maßgeblichen Entscheidungsgründe sind in einem solchen Fall der Vorsitzendenentscheidung dem Beschwerdeausschuss mitzuteilen.

Innerhalb von zwei Wochen nach Absendung dieser Entscheidung haben die Beteiligten gem. § 7 Abs. 3 BeschwO[1103] die Möglichkeit Einspruch einzulegen, über den der Beschwerdeausschuss entscheidet.

1099 *Weyand* in Deutscher Pressrat, Jahrbuch 2000, S. 74f.
1100 Vgl. *Gottzmann*, Selbstkontrolle, S. 132; *Münch*, Selbstkontrolle, S. 225.
1101 www.presserat.de/uploads/media/beschwerdeordnung.pdf.
1102 www.presserat.de/uploads/media/beschwerdeordnung.pdf.
1103 www.presserat.de/uploads/media/beschwerdeordnung.pdf.

V. Die Entscheidung des Beschwerdeausschusses

1. Die mündliche Beratung

Neben den Mitgliedern des zuständigen Beschwerdeausschusses können bei der nichtöffentlichen Beratung der Beschwerden gem. § 8 Abs. 1 BeschwO[1104] weitere Mitglieder des Presserates, Vertreter der Trägerorganisationen sowie Mitarbeiter der Geschäftsstelle anwesend sein. Weiterhin besteht gem. § 8 Abs. 2 BeschwO[1105] die Möglichkeit, die Beteiligten sowie Zeugen zu laden, eine Entscheidung kann aber gem. Abs. 3 auch bei Fernbleiben eines eingeladenen Beteiligten getroffen werden. Einzelne Teilnehmer der mündlichen Beratung können darüber hinaus wegen Befangenheit abgelehnt werden oder sich selbst für befangen erklären, wenn ein Grund vorliegt, der geeignet ist, Misstrauen gegen ihre Unparteilichkeit zu rechtfertigen. Über den Ablehnungsantrag entscheidet gem. § 9 BeschwO[1106] der zuständige Beschwerdeausschuss ohne das betreffende Mitglied. Beschlüsse der Ausschüsse werden gem. § 12 Abs. 2 BeschwO[1107] generell mit einfacher Mehrheit der Anwesenden gefasst.[1108]

Der die Beschwerde behandelnde Ausschuss ist gem. § 12 Abs. 1 BeschwO[1109] an die Anträge der Beteiligten nicht gebunden, auch bei einer Rücknahme kann er die Beschwerde weiterverfolgen. Wenn sich der Sachverhalt nicht aufklären lässt, wird das Beschwerdeverfahren allerdings gem. § 12 Abs. 4 BeschwO[1110] eingestellt. Gem. § 12 Abs. 3 BeschwO[1111] kann zudem auch der Beschwerdeausschuss eine Beschwerde noch als unzulässig verwerfen oder als unbegründet zurückweisen. Außerdem kann die Behandlung einer Beschwerde gem. § 12 Abs. 6 BeschwO[1112] ausgesetzt werden, wenn konkrete Anhaltspunkte dafür vorliegen, dass ihre Entscheidung den Ausgang eines anhängigen Ermittlungs- oder Gerichtsverfahrens beeinflussen könnte, diese Einflussmöglichkeit das Entscheidungsinteresse eines Beteiligten überwiegt und keine grundlegenden pressethischen Erwägungen entgegenstehen.

1104 www.presserat.de/uploads/media/beschwerdeordnung.pdf.
1105 www.presserat.de/uploads/media/beschwerdeordnung.pdf.
1106 www.presserat.de/uploads/media/beschwerdeordnung.pdf.
1107 www.presserat.de/uploads/media/beschwerdeordnung.pdf.
1108 Zur Beschlussfähigkeit vgl. § 12 Abs. 1 BeschwO, www.presserat.de/uploads/media/beschwerdeordnung.pdf.
1109 www.presserat.de/uploads/media/beschwerdeordnung.pdf.
1110 www.presserat.de/uploads/media/beschwerdeordnung.pdf.
1111 www.presserat.de/uploads/media/beschwerdeordnung.pdf.
1112 www.presserat.de/uploads/media/beschwerdeordnung.pdf.

2. Die Arten der Entscheidung

Sollte eine Beschwerde begründet sein, kann der Beschwerdeausschuss gem. § 12 Abs. 5 BeschwO[1113] einen Hinweis, eine Missbilligung oder eine Rüge aussprechen oder aber trotz begründeter Beschwerde im Einzelfall auf eine Maßnahme verzichten. Bei der Frage, welche Maßnahme konkret getroffen wird, sind gem. § 13 Abs. 1 BeschwO[1114] vor allem die Schwere des Verstoßes, seine Folgen für die Betroffenen und eventuelle Schritte des Beschwerdegegners zur Folgenminderung oder Wiederholungsvermeidung zu berücksichtigen. Dabei soll ein Hinweis die betroffene Redaktion lediglich auf einen Fehler hinweisen; eine Missbilligung ist im Ton schärfer und sagt aus, dass der Presserat die in Frage stehende Veröffentlichung ausdrücklich missbilligt und eine Rüge wird bei einem massiven Verstoß gegen den Pressekodex ausgesprochen.[1115] Bei einer Änderung der Spruchpraxis darf gem. § 13 Abs. 2 BeschwO[1116] allerdings lediglich ein Hinweis gegeben werden.

Rügen sind gem. § 15 BeschwO[1117] im betroffenen Publikationsorgan in angemessener Form zu veröffentlichen, worauf der Beschwerdeausschuss zum Schutz eines Betroffenen verzichten kann. Außerdem publizieren die Trägerorganisationen des Deutschen Presserates eine öffentliche Rüge in ihren Verbandsorganen.[1118]

Die abschließende Entscheidung wird gem. § 12 Abs. 7 BeschwO[1119] schriftlich begründet und den Beteiligten spätestens drei Wochen nach der mündlichen Beratung zugeschickt.

Ein Verfahren kann gem. § 16 BeschwO[1120] wieder aufgenommen werden, wenn dies unverzüglich beantragt wird und entweder neue Gegebenheiten nachgewiesen werden, die eine wesentlich andere Entscheidung erwarten lassen, oder entscheidungserhebliche Gesichtspunkte vom DPR nicht rechtzeitig mitgeteilt oder berücksichtigt wurden.

1113 www.presserat.de/uploads/media/beschwerdeordnung.pdf.
1114 www.presserat.de/uploads/media/beschwerdeordnung.pdf.
1115 ifp/ Deutscher Presserat, Ethik im Redaktionsalltag, S. 19.
1116 BeschwO, www.presserat.de/uploads/media/beschwerdeordnung.pdf.
1117 www.presserat.de/uploads/media/beschwerdeordnung.pdf.
1118 Vgl. § 12 Abs. 8 BeschwO, www.presserat.de/uploads/media/beschwerdeordnung.pdf.
1119 www.presserat.de/uploads/media/beschwerdeordnung.pdf.
1120 www.presserat.de/uploads/media/beschwerdeordnung.pdf.

B. Die Selbstverpflichtungserklärungen der Presse

Im Laufe der Zeit haben etwa 750 Verlagsunternehmen eine Selbstverpflichtungserklärung zum Abdruck der vom Presserat verhängten öffentlichen Rügen abgegeben.[1121]

Mit der Übernahme der neuen Aufgabe Redaktionsdatenschutz im Jahre 2001 hat der Deutsche Presserat diese Selbstverpflichtungserklärung überarbeitet und die Verlage zur erneuten oder erstmaligen[1122] Abgabe aufgefordert. Dieser Aufforderung sind bis zum Jahre 2006 insgesamt 855 Verlage gefolgt,[1123] was einer Quote von über 90% entspricht.[1124]

Fraglich ist, ob diese Selbstverpflichtungserklärungen rechtlich verbindlich sind und so der Abdruck einer Rüge notfalls zwangsweise gerichtlich durchgesetzt werden kann oder ob sie lediglich ein generelles Einverständnis und eine Anerkennung der Selbstkontrolltätigkeit des Presserates durch die Verlage verdeutlichen.

I. Befürwortende Auffasung der rechtlichen Verbindlichkeit der Selbstverpflichtungserklärungen

Es wird vertreten, dass die Rücksendung der unterschriebenen Selbstverpflichtungserklärung ein mit Rechtsbindungswillen abgegebenes Vertragsangebot des Verlags darstelle, das durch den Trägerverein des Deutschen Presserates, da der Presserat als Organ selbst nicht rechtsfähig ist,[1125] stillschweigend gem. § 151 BGB angenommen werde, wodurch ein einseitig verpflichtender Vertrag entstehe.[1126] Wenn durch diese Rücksendung nicht die Übernahme einer rechtlichen Verpflichtung signalisiert werden solle, mache sie keinen Sinn. Im Zweifel soll-

---

1121 S. Deutscher Presserat, Jahrbuch 2002, S. 217; *Schwetzler*, Persönlichkeitsschutz, S. 185; *Gottzmann*, Selbstkontrolle, S. 141.

1122 Dies betraf vor allem die Anzeigenblattverlage, die die Erklärung allerdings nur bzgl. des Redaktionsdatenschutzes abgaben, und die Agenturen, vgl. *Rosenhayn* in Deutscher Presserat, Jahrbuch 2006, S. 78ff.

1123 *Rosenhayn* in Deutscher Presserat, Jahrbuch 2006, S. 78ff.

1124 *Weyand* in Deutscher Presserat, Jahrbuch 2006, S. 237.

1125 Vgl. *Dietrich*, Presserat, S. 114f.

1126 *Dietrich*, Presserat, S. 44, sogar noch zur alten Erklärung, die lautete: „Wir sind bereit, öffentliche Rügen des Presserates in dem betroffenen Publikationsorgan abzudrucken. Wir behalten uns das Recht vor, eine abweichende Meinung schon in der gleichen Ausgabe und auch in engem Zusammenhang mit der Rüge zu veröffentlichen. Diese Erklärung gilt für alle/ folgende Print-Publikationsorgane.", zit. nach *Dietrich*, Presserat, S. 43.

ten aber bei mehreren möglichen Auslegungen einer Erklärung keine sinnlosen Absichtserklärungen abgegeben, sondern rechtsverbindliche Vereinbarungen getroffen werden.[1127]

Nach den allgemeinen Auslegungsgrundsätzen unter Berücksichtigung des Empfängerhorizontes gem. §§ 133, 157 BGB beinhalte zumindest die im Zuge der Übernahme der Aufgaben als Freiwillige Selbstkontrolle im Redaktionsdatenschutz[1128] neu formulierte Erklärung[1129] eine rechtserhebliche Verpflichtung. Dafür spreche schon der Wortlaut des Schreibens („Wir verpflichten uns..."). Bei diesem handele es sich nicht um eine sprachliche Ungenauigkeit wie sie im öffentlich-rechtlichen Bereich bei den rechtlich unverbindlichen „Selbstverpflichtungen" vorkämen, die Unternehmen abgeben, um eine staatliche Regelung zu vermeiden. Dafür fehle es schon an der Vergleichbarkeit, da im vorliegenden Fall eine Vereinbarung zwischen Privatrechtssubjekten und nicht das Verhältnis zwischen Staat und Bürger in Rede stehe.

Auch die Übernahme der neuen Aufgabe Redaktionsdatenschutz, die weitergehende legislative Maßnahmen verhindert habe, sei ein Argument für die rechtliche Verbindlichkeit der Selbstverpflichtungserklärungen. Um auch künftig gesetzgeberisches Handeln in diesem Bereich zu unterbinden, müsse der Deutsche Presserat seiner neuen Aufgabe effektiv nachkommen, was nur gewährleistet sei, wenn die Erklärung rechtsverbindlich sei und so auch gerichtlich durchgesetzt werden könne. Nach dem Wortlaut der neuen Selbstverpflichtungserklärung solle diese die Verlage nicht nur zur Einhaltung der Grundsätze zum Redaktionsdatenschutz, sondern zur Einhaltung des gesamten Pressekodex verpflichten und jeglichen Rügenabdruck sicherstellen.[1130]

Außerdem weise sowohl der Geschäftsführer des Deutschen Presserates Lutz Tillmanns als auch § 10 Abs. 1 S. 2 STDPR[1131] auf die Pflicht zum Rügenabdruck hin[1132] und auch die Pressemitteilung zum Redaktionsdatenschutz spreche

---

1127 *Dietrich*, Presserat, S. 43.

1128 S.o.: 3. Kap., B, II.

1129 Diese lautet: „Unser Verlagsunternehmen bekennt sich zum Pressekodex und den Grundsätzen zum Redaktionsdatenschutz. Gleichzeitig sind wir bereit, die von den zuständigen Gremien des Deutschen Presserates wegen des Verstoßes gegen den Pressekodex und die Grundsätze zum Redaktionsdatenschutz nach der Beschwerdeordnung ausgesprochenen Sanktionen zu befolgen.
Wir verpflichten uns zudem, sicherzustellen, dass Entscheidungen, die unsere Publikationsorgane von Tochterunternehmen betreffen und diesbezüglich derer der Deutsche Presserat auf Veröffentlichung erkannt hat, in dem jeweils betroffenen Medium aktualitätsnah publiziert werden.", s. Deutscher Presserat, Jahrbuch zum Redaktionsdatenschutz 2006, S. 76.

1130 *Schwetzler*, Presseselbstkontrolle, S. 190.

1131 www.presserat.de/Statuten.221.0.html.

1132 S. *Wallraf*, AfP 1998, 46, 48.

davon, dass die Entscheidungen der Beschwerdestelle zum Redaktionsdaten-schutz für die beteiligten Unternehmen verbindlich seien, so wie auch die anderen Entscheidungen des Presserates.[1133] Dies verdeutliche, dass der Presserat selbst von der rechtlichen Verbindlichkeit der Selbstverpflichtungserklärungen ausgehe.[1134] Bestätigt wird dies vom Sprecher des Deutschen Presserates Fried von Bismarck, der ebenfalls die Meinung vertritt, die Selbstverpflichtungserklärungen seien rechtlich verbindlich und ließen privatrechtliche Verträge zu Stande kommen.[1135]

II. Ablehnende Auffassung zur rechtlichen Verbindlichkeit der Selbstverpflichtungserklärungen

Gegen eine rechtliche Verbindlichkeit der Selbstverpflichtungserklärungen spreche vor allem das Selbstverständnis des Deutsche Presserates. Dieser begreife sich nicht als Richter der Presse, sondern wolle lediglich als kollegialer Ratgeber fungieren mit dem Ziel, eine übergreifende journalistische Berufsethik zu etablieren.[1136] So setze er als moralische Instanz auf die Überzeugungskraft seiner Arbeit sowie auf Dialog- und Lernbereitschaft, nicht auf hoheitliche Gewalt.[1137]

Auch die Übernahme der neuen Aufgabe Redaktionsdatenschutz ändere daran nichts. Diese habe zwar eine gesetzliche Regelung verhindert, der gesamte Presserat sei aber überhaupt nur gegründet worden sei, um legislative Maßnahmen zu verhindern.[1138] Bei der Gründung des Presserates und der späteren Entwicklung des Pressekodex sei seine lediglich moralische Verbindlichkeit für die Presse unstreitig gewesen und auch nach seiner Neukonstituierung im Jahre 1985 und dem starken Drängen der Journalistenvertreter auf eine Unterzeichnung der Selbstverpflichtungserklärungen habe sich an diesem Verständnis nichts geändert.[1139] Daher sprächen keine zwingenden Gründe dafür, dass mit Übernahme der neuen Aufgabe Redaktionsdatenschutz die Selbstverpflichtungserklärungen, auch wenn sie neu formuliert wurden und nun das Wort „verpflichten" enthalten, plötzlich rechtlich verbindlich sein sollen. Die Rücksendung der Selbstverpflichtungserklärungen mache darüber hinaus auch dann Sinn, wenn

---

1133 S. *Tillmanns* in Deutscher Presserat, Jahrbuch 2001, S. 44.
1134 *Dietrich*, Presserat, S. 43; *Schwetzler*, Persönlichkeitsschutz, S. 190.
1135 Gespräch des Verfassers mit *Fried von Bismarck* am Rande der Feier zum 50jährigen Bestehen des Deutschen Presserates am 20.11.2006 im Museum für Kommunikation in Berlin.
1136 Vgl. *Weyand* in Deutscher Presserat, Jahrbuch 2002, S. 217; *Weyand* in Deutscher Presserat, Jahrbuch 2003, S. 285.
1137 *Stürner*, Bitb. Gespr. 1999/I, 105, 107; *Münch*, AfP 2002, 18.
1138 S.o.: 3. Kap., A., V. u. B.
1139 *Gottzmann*, S. 143ff.

diese keine rechtlich verbindlichen Erklärungen darstellen. Dadurch würden die Verlagsunternehmen ihr generelles Einverständnis mit der Institution Presserat und seinen Entscheidungen zum Ausdruck bringen, seine Arbeit anerkennen und ihre Glaubwürdigkeit aufs Spiel setzen, wenn sie seine Rügen dennoch nicht abdrucken.[1140]

III. Stellungnahme zur rechtlichen Verbindlichkeit der Selbstverpflichtungserklärungen

Für einen wirksamen Vertragsschluss müssten ein mit Rechtsbindungswillen abgegebenes Angebot der Verlage und eine entsprechende Annahmeerklärung des Trägervereins des Deutschen Presserates vorliegen.[1141]

Die Selbsteinschätzung des Presserates, nur moralische Instanz und kollegialer Ratgeber sein zu wollen,[1142] ist allerdings auch den die Erklärungen abgebenden Verlagen bekannt, weshalb sie nicht davon ausgehen müssen, rechtsverbindliche Erklärungen gegenüber dem Presserat abzugeben, es sei denn, dies wird explizit herausgestellt. Auch wenn sowohl in den neuen Selbstverpflichtungserklärungen[1143] als auch in § 10 Abs. 1 S. 2 STDPR[1144] von einer Verpflichtung gesprochen wird, deutet dies nicht zwingend auf eine rechtliche Verpflichtung hin, sondern kann auch als moralische Verpflichtung interpretiert werden.

Dafür, dass auch nach der Übernahme der neuen Aufgabe Redaktionsdatenschutz von einer lediglich moralischen Verbindlichkeit ausgegangen wird, spricht m. E. auch die Formulierung der Pressemitteilung zum Redaktionsdatenschutz. In dieser heißt es, dass die Entscheidungen der Beschwerdestelle zum Redaktionsdatenschutz für die beteiligten Unternehmen verbindlich sind, so wie auch die anderen Entscheidungen des Presserates.[1145] Diese anderen (nach meinem Verständnis früheren) Entscheidungen, auf die Bezug genommen wird, sind nach dem Selbstverständnis des Presserates aber gerade nur moralisch und nicht rechtlich verbindlich. Auch der damalige Innenminister Otto Schily äußerte sich zum Abschluss der Presseerklärung in der Weise, dass wegen der eingegangenen Selbstverpflichtung von einer weitergehenden staatlichen Regelung abgesehen werden könne, er aber von den beteiligten Presseunternehmen eine konsequente Verwirklichung und Umsetzung der angebotenen Selbstregulierung er-

---

1140 *Münch*, Selbstkontrolle, S. 184; *Gottzmann*, Selbstkontrolle, S. 143ff.

1141 Vgl. ausführlich, *Brox/ Walker*, Allg. Teil des BGB, Rn 72ff.

1142 *Weyand* in Deutscher Presserat, Jahrbuch 2002, S. 217; *Weyand* in Deutscher Presserat, Jahrbuch 2003, S. 285.

1143 S. Deutscher Presserat, Jahrbuch zum Redaktionsdatenschutz 2006, S. 76.

1144 www.presserat.de/Statuten.221.0.html.

1145 S. *Tillmanns* in Deutscher Presserat, Jahrbuch 2001, S. 44.

warte, die Presse stehe hier im Wort.[1146] Diese Mahnung Schilys spricht ebenfalls dagegen, dass er und der Deutsche Presserat von einer rechtlichen Verpflichtung ausgehen.

Auf dem Symposium „Pressefreiheit und Datenschutz" am 24.11.2004 in Berlin wurde diese Auffassung in der Weise bekräftigt, dass die Selbstverpflichtungserklärungen in einem Referat ebenfalls als nicht rechtlich verbindliche Erklärungen und die Entscheidungen des Beschwerdeausschusses als nicht rechtlich verbindlich und erst recht nicht rechtlich vollstreckbar kategorisiert wurden.[1147]

Somit rügt der Presserat etwaige Verstöße gegen den Pressekodex weiterhin lediglich als moralische Instanz.[1148] Wenn die betroffene Zeitung oder Zeitschrift nicht zum freiwilligen Rügenabdruck bereit ist, bestehen seitens des Deutschen Presserates keine Möglichkeiten zur rechtlich zwangsweisen Durchsetzung,[1149] wie auch der Geschäftsführer des Presserates Lutz Tillmanns bestätigt.[1150] Ähnlich wie bei Warentests kann derjenige, der sich öffentlich zu Unrecht kritisiert fühlt, sogar die Zivilgerichte anrufen und beispielsweise unzulängliche Sachverhaltserhebung, Falschbehauptungen oder unhaltbare Bewertung geltend machen, um auf diese Weise Unterlassung oder gar Richtigstellung bzw. Widerruf durch den Presserat zu erreichen.[1151] So soll die Spruchpraxis des Presserates in der Regel auch keine Prangerwirkung haben, sondern lediglich das Bewusstsein für fairen Journalismus wecken und schärfen.[1152]

C. Verfahren gegen Maßnahmen des Presserates

Eine negative Äußerung des Presserates, im Regelfall durch eine öffentliche Rüge, kann nicht nur das Ansehen des gerügten Journalisten oder Verlages beschädigen, sondern auch materielle Schäden nach sich ziehen. Klagegegner im Falle eines gerichtlichen Vorgehens gegen eine solche Äußerung ist der Träger-

---

1146 S. *Tillmanns* in Deutscher Presserat, Jahrbuch 2001, S. 44f.

1147 *Kloepfer* in Deutscher Presserat, Bericht zum Redaktionsdatenschutz 2006, S. 27ff., beachte vor allem die Thesen 3, 8 und 12.

1148 So auch *Münch*, Selbstkontrolle, S. 184f.; *Calliess*, AfP 2002, 465, 467.

1149 So auch *Löffler/ Ricker*, HdbPR, 40. Kap., Rn 5; *Fechner*, Medienrecht, Rn 768; *Calliess*, AfP 2002, 465, 467.

1150 Gespräch des Verfassers mit dem Geschäftsführer des DPR *Lutz Tillmanns* am 20.12.2006 in Köln.

1151 S.u.: 4. Kap., C.

1152 *Schilling* in Deutscher Presserat, Jahrbuch 2003, S. 86; *Schilling* in Deutscher Presserat, Jahrbuch 2006, S. 88.

verein des Deutschen Presserates, da der Presserat als Organ nicht rechtsfähig und daher auch nicht parteifähig i. S. d. § 50 ZPO ist.[1153]

I. Anspruch aus §§ 3ff. UWG

Bei der Frage möglicher Anspruchsnormen ist zunächst an die wettbewerbsrechtlichen §§ 3ff. UWG zu denken. Voraussetzung für einen Anspruch aus dem UWG ist jedoch das Vorliegen einer subjektiven Wettbewerbsförderungsabsicht des Beklagten. Die Beeinflussung des Marktgeschehens muss dabei einen nicht völlig unerheblichen Beweggrund für das wettbewerbsrelevante Verhalten darstellen.[1154] Diese Beeinflussung im Sinne der Förderung eigenen oder fremden Absatzes gehört aber gerade nicht zu den Zielen des Presserates, der für die Pressefreiheit in der Bundesrepublik Deutschland eintreten und das Ansehen der Presse wahren will.[1155] Der Presserat will als kollegialer Ratgeber fungieren, um eine übergreifende journalistische Berufsethik zu etablieren.[1156] Eine Beeinflussung des Wettbewerbs ist höchstens unbeabsichtigter Nebeneffekt dieser ideellen Zielsetzung. So hat auch das OLG Hamburg im Fall der Klage des Herausgebers des der Zeitschrift „Stern" gegen den Presserat schon 1959 entschieden, dass ein Handeln in Wettbewerbsabsicht durch die organisatorische Struktur des Presserates ausgeschlossen sei. Die pluralistische Zusammensetzung des Presserates aus Vertretern der Zeitungs- und Zeitschriftenverleger sowie der Journalisten spreche gegen ein gezielt wettbewerbsförderndes Verhalten und auch die rein ideelle Zielsetzung des Presserates lasse keine Wettbewerbsabsicht erkennen.[1157]

Eine auch für die Zukunft nicht zu erwartende Wettbewerbsförderungsabsicht könnte im Einzelfall höchstens dann vorliegen, wenn sich aus den konkreten Umständen eindeutig ergibt, dass der Presserat einzelne Verlagsunternehmen auf Kosten ihrer Mitbewerber fördern will. Anhaltspunkte hierfür wären beispielsweise extrem unsachliche Kritik, gravierende Verstöße gegen elementare Regeln des Beschwerdeverfahrens oder ein Vorgehen gegen lediglich einen Ver-

---

1153 *Dietrich*, Presserat, S. 114f.

1154 *Gloy/ Loschelder*, Handbuch des Wettbewerbsrechts, § 11, Rn 9; *Hefermehl/ Köhler/ Bornkamm*, Wettbewerbsrecht, § 2, Rn 24 m. w. N.; *Emmerich*, Unlauterer Wettbewerb, S. 45f. tritt zwar für ein objektives Verständnis der Wettbewerbshandlung ein, erkennt aber zumindest in den Artt. 4 und 5 GG betreffenden Fällen die Notwendigkeit der Feststellung einer subjektiven Wettbewerbsabsicht an.

1155 Vgl. § 1 Abs. 1 STDPR, www.presserat.de/Statuten.221.0.html.

1156 *Weyand* in Deutscher Presserat, Jahrbuch 2002, S. 217; *Weyand* in Deutscher Presserat, Jahrbuch 2003, S. 285.

1157 Vgl. zu den Urteilsgründen *Löffler*, AfP 1960, 151f.; *Ulmer/ Niemeier*, AfP 1975, 829, 836.

lag, wenn mehrere in ähnlicher Weise gegen den Pressekodex verstoßen haben.[1158]

Folglich scheiden Ansprüche gegen den Presserat aus den §§ 3ff. UWG im Regelfall aus.

II. Anspruch aus § 33 i. V. m. § 21 Abs. 2 GWB

Für den betroffenen Verlag oder Journalisten könnten weiterhin Unterlassungs- und Schadensersatzansprüche aus § 33 i. V. m. § 21 Abs. 2 GWB in Betracht kommen.[1159] § 21 Abs. 2 GWB verbietet es Unternehmen und Vereinigungen von Unternehmen, anderen Unternehmen Nachteile anzudrohen oder zuzufügen, um sie zu einem nach dem GWB verbotenen Verhalten zu veranlassen und stellt so ein Schutzgesetz für das unter Druck gesetzte Unternehmen dar.[1160]

Abgesehen von der Frage, ob der Trägerverein des Deutschen Presserates überhaupt als Unternehmensvereinigung i. S. d. § 21 Abs. 2 GWB angesehen werden kann,[1161] ist die Androhung einer öffentlichen Rüge zwar u. U. durchaus ein Druckmittel, mit dem der Presserat die Verlage und Journalisten zur Beachtung des Pressekodex veranlassen will, die gewünschte Einhaltung der berufsethischen Standards ist jedoch kein nach dem GWB verbotenes, wettbewerbswidriges Verhalten.[1162]

Ein Anspruch eines Verlages oder Journalisten gegen den Presserat aus § 33 i. V. m. § 21 Abs. 2 GWB besteht also auch bei einer öffentlichen Rüge in keinem Fall.

1158 Vgl. zu den Anspruchsgrundlagen aus dem UWG ausführlich *Dietrich*, Presserat, S. 115ff.; *Gottzmann*, Selbstkontrolle, S. 177ff.

1159 Vgl. *Ulmer/ Niemeier*, AfP 1975, 829, 837, der Inhalt des dort angesprochenen § 25 Abs. 2 GWB findet sich inzwischen in § 21 Abs. 2 GWB.

1160 Vgl. Loewenheim/ Meessen/ Riesenkampff – *Gaedertz/ Kamann*, GWB, § 21, Rn 16.

1161 Diese Frage verneinen bereits *Gottzmann*, Selbstkontrolle, S. 172 und *Dietrich*, Presserat, S. 123.

1162 Vgl. *Gottzmann*, Selbstkontrolle, S. 181; *Dietrich*, Presserat, S. 122f.

III. Anspruch aus § 824 Abs. 1 BGB

Eine weitere mögliche Anspruchsgrundlage ist § 824 Abs. 1 BGB, der die geschäftliche Ehre schützt.[1163] Danach hat derjenige einen Schadensersatzanspruch, dessen wirtschaftliche Stellung oder wirtschaftliche Zukunftsaussichten durch eine unwahre Tatsachenbehauptung beeinträchtigt sind.[1164]

Dieser Anspruch umfasst den Vermögensschaden, der dem Betroffenen aus der Falschbehauptung und der daraus resultierenden Gefährdung seiner geschützten wirtschaftlichen Belange entstanden ist, sowie alle Aufwendungen, die er objektiv für zweckmäßig erachten durfte, um drohende Nachteile zu vermeiden. Darüber hinaus kommt auch die Zurücknahme der Behauptung, eine Gegendarstellung oder ein Widerruf in Betracht.[1165]

Eine öffentliche Rüge des Presserates beinhaltet die Aussage, dass die beanstandete Veröffentlichung gegen den Pressekodex verstößt, also ethisch verwerflich ist. Dies ist bei ausreichender öffentlicher Wahrnehmung der Rüge durchaus geeignet, einerseits aktuelle oder potentielle Anzeigenkunden dazu zu bewegen, ihre Anzeigen in anderen Zeitungen oder Zeitschriften zu schalten und andererseits vor allem bei Verstößen gegen die Pflicht zur Prüfung auf den Wahrheitsgehalt[1166], den Leser zu verunsichern und so vom Kauf abzuhalten. Auch der gerügte Journalist läuft Gefahr, in Zukunft weniger Aufträge zu bekommen. Die Möglichkeit der Beeinträchtigung der wirtschaftlichen Stellung und der wirtschaftlichen Zukunftsaussichten durch Maßnahmen des Presserates besteht also.

§ 824 Abs. 1 BGB ist jedoch nur einschlägig, wenn die Maßnahme des Presserates eine unwahre Tatsachbehauptung enthält.

1. Abgrenzung von Tatsachenbehauptung und Meinungsäußerung im Allgemeinen

Die Abgrenzung von Tatsachenbehauptung und Meinungsäußerung ist regelmäßig schwierig. Eine Tatsachenbehauptung liegt vor, wenn die Richtigkeit der Aussage einem Beweis, also der Überprüfung auf ihren Wahrheitsgehalt zugänglich ist. Eine Meinungsäußerung entzieht sich dagegen den Kriterien richtig

---

1163 Vgl. Soergel – *Beater*, BGB, § 824, Rn 1; nach *Wenzel*, Wort- und Bildberichterstattung, 5. Kap, Rn 239 ist diese Einordnung problematisch, da § 824 BGB unabhängig davon eingreife, ob die streitige Aussage ehrbeeinträchtigend sei.

1164 Vgl. Palandt – *Sprau*, BGB, § 824, Rn 8; MüKo – *Wagner*, BGB, § 824, Rn 3.

1165 Palandt – *Sprau*, BGB, § 824, Rn 11; Soergel – *Beater*, BGB, § 824, Rn 57ff.

1166 Ziffer 2 des Pressekodex, s. Deutscher Presserat, Jahrbuch 2007, S. 199.

oder falsch bzw. wahr oder unwahr und ist durch Elemente der Stellungnahme und des Dafürhaltens geprägt.[1167]

Meist findet sich in beeinträchtigenden Aussagen eine Vermischung von Tatsachenbehauptungen und Meinungsäußerungen. In einem solchen Fall ist die Aussage in ihrem Gesamtzusammenhang zu würdigen. Entscheidend ist dabei, welche Art der Äußerung nach Ansicht des Durchschnittslesers im Vordergrund steht.[1168]

2. Der Parallelfall der öffentlichen Warentests

Wie auch die Beschwerdeentscheidungen des Presserates beruhen öffentliche Warentests auf einem feststehenden Sachverhalt, der anschließend bewertet wird. Diese Testberichte werden von der Rechtsprechung im Normalfall in ihrer Gesamtheit als Meinungsäußerung bewertet, womit sie regelmäßig nicht unter dem Blickwinkel des § 824 Abs. 1 BGB zu beurteilen sind, sondern unter dem eines Eingriffs in den eingerichteten und ausgeübten Gewerbebetrieb i. S .d. § 823 Abs. 1 BGB.[1169] Etwas anderes gilt allerdings dann, wenn den tatsächlichen Feststellungen im Rahmen des Tests eigenständige Bedeutung zukommt und sie nicht lediglich als unselbständige und untergeordnete Wertungselemente aufgefasst werden und daher als Aussage über nachweisbare Fakten für den Durchschnittsleser Grundlage seines eigenen Qualitätsurteils sein können.[1170]

3. Einordnung der Maßnahmen des Presserates

Die Maßnahmen des Presserates sind auf einem Lebenssachverhalt beruhende Bewertungen eines Verhaltens als Missachtung des Pressekodex.

Im Vordergrund steht somit ähnlich wie bei den Warentests das wertende Element, nämlich eben diese Beurteilung des im Sachverhalt dargestellten Verhaltens als Verstoß gegen den Pressekodex. Die Erklärung des Presserates, es liege

---

1167 St. Rspr., vgl. BVerfGE 7, 198, 210; 90, 241, 247; BVerfG, NJW-RR 2006, 1130, 1131; BGH, AfP 1996, 144, 145; vgl. auch Petersen, Medienrecht, § 7, Rn 9.

1168 BGH, AfP 1996, 144, 145; *Löffler/ Ricker*, HdbPR, 42. Kap., Rn 23; *Wenzel*, Wort- und Bildberichterstattung, 4. Kap, Rn 42ff.

1169 BGH, NJW 1987, 2222, 2223; GRUR 1989, 539; Erman – *Schiemann*, BGB, § 824, Rn 2; ausführlich zu Warentests und ihren rechtlichen Anforderungen *Wenzel*, Wort- und Bildberichterstattung, 10. Kap., Rn 72ff., zur rechtlichen Einordnung vgl. insb. Rn 76.

1170 BGH, GRUR 1989, S. 539; Staudinger – *Hager*, BGB § 823, Rn D 33 m. w. N.

ein Verstoß gegen den Pressekodex vor, ist also als Werturteil ohne Tatsachenkern zu behandeln.[1171]

Fraglich ist allerdings, ob nicht im Vergleich mit der Rechtsprechung zu den öffentlichen Warentests auch bei Maßnahmen des Presserates einzelnen tatsächlichen Angaben eine solche eigenständige Bedeutung zukommt, dass sie isoliert angegriffen werden können.

Zusätzlich zu der Meinungsäußerung, ob das beurteilte Verhalten mit dem Pressekodex vereinbar ist, liegt in den Entscheidungen des Presserates immer auch die Tatsachenbehauptung, dass der der Entscheidung zu Grunde gelegte Sachverhalt korrekt ist. Der Leser wird davon ausgehen, dass dieser auf nachweisbaren Fakten beruht und sich auf der Grundlage des geschilderten Sachverhaltes seine eigene Meinung bilden. So fließt er, wie auch bestimmte Tatsachenbehauptungen in öffentlichen Warentests, in die eigene Beurteilung des Lesers ein, weshalb in einem Fall der unzutreffenden Sachverhaltsschilderung ebenfalls ein Vorgehen des betroffenen Verlages aus § 824 Abs. 1 BGB isoliert gegen diese Tatsachenbehauptung möglich ist.

Unabhängig vom Vorliegen der übrigen Voraussetzungen des § 824 Abs. 1 BGB[1172] lässt sich jedoch sagen, dass die Möglichkeit der Zugrundelegung eines nicht korrekten Sachverhaltes lediglich theoretischer Natur ist und in der Praxis äußerst selten vorkommen wird. Grund dafür ist die Ausgestaltung des Beschwerdeverfahrens des Deutschen Presserates.[1173] Bereits im Rahmen der Vorprüfung nimmt die Geschäftsstelle des Deutschen Presserates bei Unklarheiten über den Sachverhalt mit den Beteiligten Kontakt auf und recherchiert ergänzende Informationen.[1174] Sollte die Beschwerde schlüssig und nicht offensichtlich unbegründet sein, wird sie an den Beschwerdegegner weitergeleitet, welcher dann gem. § 6 Abs. 1 BeschwO[1175] drei Wochen Zeit zur Stellungnahme hat. Bei einem unrichtigen Sachverhalt wird dieser jedoch reagieren und seine Sicht der Dinge darlegen. Darüber hinaus hat der Pressrat in Rahmen seiner mündlichen Behandlung auch die Möglichkeit Zeugen anzuhören.[1176] Sollte sich der Sachverhalt mit den Mitteln des Presserates nicht aufklären lassen, wird das Verfahren eingestellt,[1177] Zweifel gehen zu Lasten des Beschwerdeführers.[1178]

1171 Vgl. OLG Köln, AfP 2006, 374, 376.

1172 Ausführlich hierzu *Dietrich*, Presserat, S. 123ff.

1173 S.o.: 4. Kap., A.

1174 *Wassink* in Deutscher Presserat, Jahrbuch 2005, S. 53.

1175 www.presserat.de/uploads/media/beschwerdeordnung.pdf.

1176 Vgl. § 8 Abs. 2 BeschwO, www.presserat.de/uploads/media/beschwerdeordnung.pdf.

1177 Vgl. B 75/03; B 68/03; B 41/94; alle von Deutscher Presserat, CD-ROM zum Jahrbuch 2005.

1178 Vgl. B 5/98; B 70/89; B 68/88; B 62/88; alle von Deutscher Presserat, CD-ROM zum Jahrbuch 2005.

Somit ist ein Anspruch des betroffenen Verlags oder Journalisten gegen den Presserat aus § 824 Abs. 1 BGB auf Grund einer auf einem falschen Sachverhalt beruhenden Maßnahme zwar theoretisch möglich, aber praktisch zu vernachlässigen.[1179]

IV. Anspruch aus § 823 Abs. 1 BGB

Ein Anspruch aus § 823 Abs. 1 BGB kommt neben der bei Maßnahmen des Presserates äußerst selten gegebenen unwahren Tatsachenbehauptung auch bei einer durch Werturteil erfolgten Rechtsgutbeeinträchtigung in Betracht. Die in Frage kommenden Rechtsgüter des im Normalfall von einer Maßnahme betroffenen Verlages sind einerseits das Unternehmerpersönlichkeitsrecht und andererseits das Recht am eingerichteten und ausgeübte Gewerbebetrieb.[1180]

1. Das Unternehmerpersönlichkeitsrecht

Das Allgemeine Persönlichkeitsrecht kann nicht nur natürlichen, sondern auch juristischen Personen zustehen. Es ist von der Rechtsprechung entwickelt worden, um Lücken im Persönlichkeitsschutz auszufüllen und findet seine Legitimation in den in Art. 1 Abs. 1 und Art. 2 Abs. 1 GG getroffenen Wertentscheidungen.[1181] Die Entstehung des Allgemeinen Persönlichkeitsrechts als Ausfluss der Menschenwürde rechtfertigt eine Ausdehnung seines Schutzes über natürliche Personen hinaus auf juristische Personen nur insoweit, als sie von ihrem Wesen und ihrer Funktion her dieses Schutzes bedürfen. Dies ist der Fall, wenn sie in ihrem sozialen Geltungsanspruch als Arbeitgeber oder als Wirtschaftsunternehmen betroffen sind.[1182]

Durch die Veröffentlichung einer Maßnahme des Presserates und die eventuelle Folgeberichterstattung anderer Institutionen oder Personen kann in interessierten Kreisen der Eindruck unkritischer oder unseriöser Berichterstattung des betroffenen Publikationsorgans entstehen, wodurch dieses in seinem gewerblichen Fortkommen beeinträchtigt werden kann.[1183]

Folglich berührt eine veröffentlichte Maßnahme des Presserates das Unternehmenspersönlichkeitsrecht des kritisierten Verlagsunternehmens.

1179 So auch *Gottzmann*, Selbstkontrolle, S. 182ff.
1180 Vgl. OLG Köln, AfP 2006, 374, 375.
1181 BVerfGE 34, 269, 281, 291.
1182 BGH, NJW 1975, 1882, 1884; 1994, 1281, 1282; BGHZ 98, 94, 97.
1183 Vgl. OLG Köln, AfP 2006, 374, 375.

2. Das Recht am eingerichteten und ausgeübten Gewerbebetrieb

Auch das ebenfalls von der Rechtsprechung entwickelte Recht am eingerichteten und ausgeübten Gewerbebetrieb dient dem Schutz der am Wirtschaftsleben beteiligten Unternehmen. Dieses umfasst alles, was den Wert des Unternehmens in seiner Gesamtheit ausmacht, also nicht nur den Bestand des Gewerbebetriebes[1184], sondern seinen gesamten wirtschaftlichen Tätigkeitskreis.[1185] Der Eingriff muss betriebsbezogen sein, d.h. er muss sich gegen den Betrieb als solchen richten und darf keine Rechte oder Rechtsgüter betreffen, die sich ohne weiteres von ihm ablösen lassen.[1186] Das Recht am eingerichteten und ausgeübten Gewerbebetrieb ist allerdings subsidiär und greift als Auffangtatbestand nur ein, wenn das geschriebene Recht eine Lückenfüllung erlaubt.[1187]

Nichtsdestotrotz stellt eine öffentlich geäußerte Kritik in Form einer Maßnahme des Presserates einen Eingriff in den wirtschaftlichen Tätigkeitskreis und somit auch in das Recht am eingerichteten und ausgeübten Gewerbebetrieb des betroffenen Verlages dar.[1188]

3. Rechtswidrigkeit der Rechtsbeeinträchtigung

Unabhängig von der umstrittenen Frage der Abgrenzung des Unternehmerpersönlichkeitsrechts vom Recht am eingerichteten und ausgeübten Gewerbebetrieb[1189] erfordert der Unternehmensschutz nach § 823 Abs. 1 BGB im Rahmen der Rechtswidrigkeitsprüfung in jedem Fall eine umfassende Interessen- und Güterabwägung.[1190]

Gegenüber stehen sich hierbei das Interesse des betroffenen Verlagsunternehmens an der Unterlassung geschäftsschädigender Kritik und das Interesse des

---

1184 So aber noch das Reichsgericht, das einen Eingriff in den Bestand des Gewerbetriebes durch eine tatsächliche oder rechtlich Behinderung der Betriebshandlungen forderte, vgl. RGZ 58, 24, 28f.; 101, 335, 337; 102, 223, 225; 126, 93, 96.

1185 BGHZ 3, 270, 279f.; BGH, NJW 1970, 2060.

1186 BGH, NJW 1970, 2060; BGHZ 86, 152, 156; vgl. auch HK – *Staudinger*, BGB, § 823, Rn 122.

1187 BGHZ 136, 252, 256f.; 138, 311, 313; BGH, AfP 1998, 399, 400.

1188 Vgl. OLG Köln, AfP 2006, 374, 375.

1189 Die Rechtsprechung wendet ohne klare Linie mal den einen, mal den anderen und mal beide Deliktstatbestände nebeneinander an, vgl. *Gottzmann*, Selbstkontrolle, S. 186f. Beim konkreten Fall der Frage der Zulässigkeit einer vom Deutschen Presserat ausgesprochenen Missbilligung geht das OLG Köln ohne eine Abgrenzung vorzunehmen auf beide Rechte nebeneinander ein, vgl. OLG Köln, AfP 2006, 374, 375.

1190 BGH, AfP 1998, 399, 401; *Löffler/ Ricker*, HdbPR, 42. Kap., Rn 54.

Presserates an der Veröffentlichung des Verstoßes gegen den Pressekodex als von Art. 5 Abs. 1 S. 1 GG geschützte Meinungsäußerung. Dabei ist anerkannt, dass ein Beitrag zum geistigen Meinungskampf in einer die Öffentlichkeit wesentlich berührenden Frage solange zulässig ist, wie er nicht die Grenze zur Schmähkritik überschreitet. Danach sind erst solche Äußerungen verboten, bei denen nicht mehr die Auseinandersetzung in der Sache, sondern die Diffamierung und Herabsetzung des Gegners im Vordergrund steht.[1191]

Auf Grund der besonderen Bedeutung der Medien für die Meinungs- und Willensbildung in der Demokratie[1192] und der Absicht des Presserates, mit seinen Maßnahmen die Nichteinhaltung des Pressekodex zu sanktionieren und dadurch auf eine verantwortungsvollere Presseberichterstattung hinzuwirken, ist eine solche Maßnahme als Beitrag zu einem Meinungskampf in einer die Öffentlichkeit wesentlich berührenden Frage zu klassifizieren. Daher ist der Presserat solange befugt, die Missachtung des Pressekodex öffentlich zu sanktionieren, wie er die Grenze zur Schmähkritik nicht überschreitet.

Auf Grund des Selbstverständnisses des Presserates und seiner pluralistischen Ausgestaltung[1193] ist allerdings nicht davon auszugehen, dass seine Maßnahmen einmal die Form der Schmähkritik erreichen werden.

Auch die Frage einer Verschärfung des Sorgfaltsmaßstabes parallel zu den Anforderungen, die an vergleichende Warentests gestellt werden[1194], kann m.E. verneint werden. Zwar wird auch von der Selbstkontrolleinrichtung Presserat ein hohes Maß an Objektivität erwartet, doch haben seine Maßnahmen längst nicht die Öffentlichkeitswirkung beispielsweise eines Tests der „Stiftung Warentest". Außerdem kommt es der „Stiftung Warentest" gerade darauf an, Verbrauchern beratend zur Seite zu stehen, während das Primärziel des Presserates die Beseitigung von Missständen im Pressewesen ist. Deshalb beinhalten die Maßnahmen des Presserates auch keine vergleichende Komponente, wie sie für die öffentlichen Warentests charakteristisch ist.[1195]

1191 St. Rspr., vgl. BGH NJW 1974, 1761, 1763; bestätigt durch BVerfGE 82, 272, 283f.; BVerfG, Beschluss v. 28.02.2007, Az. 1 BvR 2530/05 (www.juris.de); ausführlich *Wenzel*, Wort- und Bildberichterstattung, 5. Kap., Rn 97ff.

1192 S.o.: 2. Kap., C.

1193 S.o.: 4. Kap., C., I.

1194 Diese müssen bspw. besonders strenge Anforderungen an Neutralität, Objektivität und Sachkunde erfüllen, vgl. ausführlich *Löffler/ Ricker*, HdbPR, 42, Kap., Rn 56ff.

1195 So auch *Gottzmann*, Selbstkontrolle, S. 190; *Dietrich*, Presserat, S. 137f.

V. Ergebnis

Da regelmäßig auch ein Anspruch aus § 826 BGB jedenfalls mangels Sittenwidrigkeit[1196] und ein solcher aus § 823 Abs. 2 BGB i. V. m. § 185ff. StGB spätestens im Rahmen der vorzunehmenden Güter- und Interessenabwägung[1197] ausscheidet, steht dem durch eine Maßnahme des Pressrats kritisierten Verlagsunternehmen oder Journalist im Normalfall kein Erfolg versprechender zivilrechtlicher Anspruch zur Verfügung.

D. Sonstige Berücksichtigung des Pressekodex in der Rechtsprechung

Die Gerichte ziehen den Pressekodex vor allem dann heran, wenn es darum geht, die journalistischen Sorgfaltspflichten zu konkretisieren.[1198] Bei der Ausfüllung unbestimmter Rechtsbegriffe wie beispielsweise der „im Verkehr erforderliche Sorgfalt" in § 276 BGB können auch ethische Grundsätze einbezogen werden,[1199] weshalb sich aus dem der Rechtsordnung vorgelagerten berufsethischen Pressekodex Maßstäbe für die anzuwendende Sorgfalt entnehmen lassen.[1200] In der Regel legen die Gerichte bei der Prüfung der Frage, was der im Beruf erforderlichen Sorgfaltspflicht entspricht, daher die Standesauffassung zu Grunde. Aus diesem Grund kommt dem Pressekodex eine erhebliche rechtliche Bedeutung zu.[1201] Auch bei der Frage der Rechtswidrigkeit wird mitunter der Pressekodex bzw. die auf diesem beruhende Entscheidung des Deutschen Presserates als Begründung bzw. Bekräftigung der Entscheidung des Gerichts herangezogen.[1202] Dadurch, dass manche Anwälte vor der Klageeinreichung bei Ge-

---

1196 S. ausführlich *Dietrich*, Presserat, S. 129f.

1197 Vgl. *Dietrich*, Presserat, S. 139; *Gottzmann*, Selbstkontrolle, S. 185f.

1198 Vgl. BGH, NJW 1979, 1041; OLG Köln, AfP 1987, 602, 603; OLG München, Urt. v. 17.09.2003, Az.: 21 U 1790/03; OLG Hamm, Urt. v. 21.07.2004, Az.: 3 U 77/04 (beide von www.juris.de); OLG München, AfP 2004, 138, 141; OLG Jena, NJW-RR 2005, 1566, 1568; KG Berlin, KGR 2005, 106; LG Köln, Urt. v. 21.01.2004, Az.: 28 O 96/03; ; LG Münster, Urt. v. 03.11.2004, Az.: 12 O 85/04 LG Essen, Urt. v. 12.01.2006, Az.: 4 O 480/05 (alle drei von www.juris.de).

1199 *Schweitzer* in FS für Herrmann, S. 139.

1200 *Groß*, Presserecht, Rn 41; *Prinz/Peters*, Medienrecht, Rn 276; *Ricker*, NJW 1990, 2097, 2098.

1201 *Löffler/ Ricker*, HdbPR, 40. Kap., Rn 13.

1202 OLG Düsseldorf, AfP 2000, 574, 575, hier ging es um die Rechtswidrigkeit einer Bildveröffentlichung.

richt erst ein Beschwerverfahren beim Deutschen Presserat anstrengen, um ihre Prozesschancen auszuloten, werden immer mehr Argumente aus diesen Entscheidungen vor Gericht vorgetragen und beeinflussen die Richter bei ihrer Urteilsfindung. So wird bereits die Meinung vertreten, dass Presseratsentscheidungen Gerichte präjudizieren.[1203]

Darüber hinaus können Standesregeln auch bei der Frage der Sittenwidrigkeit[1204] und im Wettbewerbsrecht im Rahmen der Generalsklausel des § 3 UWG[1205] Berücksichtigung finden.

E. Bewertung der Wirksamkeit der Konsequenzen bei Verstößen gegen den Pressekodex

Sowohl der Deutsche Presserat als auch die Gerichte ahnden also Verstöße gegen den Pressekodex. Der Presserat tut dies direkt durch Maßnahmen, die auf Grund von Beschwerden wegen Verstößen gegen den Pressekodex ergehen und die Gerichte indirekt, in dem sie Verstöße gegen den Pressekodex als sorgfaltswidriges Verhalten von Journalisten im Prozess berücksichtigen. Fraglich ist allerdings die Wirksamkeit der die Verstöße nach sich ziehenden Konsequenzen. Bei der folgenden Untersuchung soll weniger die persönliche Befriedigung des Betroffenen einer Presseberichterstattung, sondern mehr der Lerneffekt und die damit einhergehende Reduzierung der Wiederholungsgefahr eines Kodexverstoßes des betroffenen Presseorgans betrachtet werden.

I. Wirksamkeit der Maßnahmen des Presserates

1. Maßnahmen des Presserates als symbolische Kontrolle

Wie dargestellt, hat der Presserat keine rechtliche Handhabe, seine als Konsequenz eines Verstoßes gegen den Pressekodex getroffenen Sanktionen durchzusetzen.[1206] Damit ist die Kontrolle des Presserates also keine rechtliche, sondern eher eine symbolische. Die Rügen, Missbilligungen und Hinweise sind symbolische Sanktionen, die den zu einer Maßnahme führenden Normverstoß berufs-

---

1203 *Bölke* in Deutscher Presserat, 50 Jahre Deutscher Presserat, S. 84.
1204 Vgl. *Prinz, Peters*, Medienrecht, Rn 177.
1205 Vgl. OLG Düsseldorf, AfP 1988, 354, 355 noch zur alten Generalklausel § 1 UWG a.F.
1206 S.o.: 3. Kap., C, I.; 4. Kap., B.

ethisch, also moralisch thematisieren. Bei einer nur moralisch zu ahndenden Störung der Sozialordnung ist die angemessene institutionelle Reaktion eine Buße. Die öffentliche Rüge soll eine gewisse Prangerwirkung entfalten und zielt so auf das Ansehen oder den Ruf innerhalb der sozialen Gemeinschaft. Sie etikettiert ein bestimmtes Verhalten als normabweichend und daher als ethisch zu missbilligen. Der Abdruck der Rüge beweist die Akzeptanz dieser Etikettierung als normabweichend. Die „Strafe" besteht dabei in der öffentlichen Kennzeichnung des Presseorgans, die „Buße" wiederum ist die letztendlich doch freiwillige Veröffentlichung. Dadurch wird der Fehler eingestanden und gleichzeitig werden die Regeln des Pressekodex und damit der Berufsethik anerkannt. Die Stärke der ständig über dem Presseorgan schwebenden Drohung mit einer öffentlichen Rüge liegt darin, dass sie insgesamt das Ansehen oder den Ruf dieses Publikationsorgans schädigen kann. Durch das selbständige Eingestehen eines bestimmten Fehlverhaltens wird aber vermieden, dass dieses Fehlverhalten losgelöst vom konkret gerügten Sachverhalt auf das gesamte Verhalten einer Zeitung oder Zeitschrift übertragen wird.

Im Zuge der vom Presserat ausgeübten symbolischen Kontrolle kommt der Veröffentlichung des die Normabweichung begründenden Artikels die entscheidende Funktion zu, da sie den Mechanismus in Gang setzt. Im Kontext des Öffentlichkeit herstellenden Pressesystems ist jeder Normverstoß ein zumindest für den Betroffenen unerwünschtes Herstellen von Öffentlichkeit bzw. die Herstellung von Öffentlichkeit in unangemessener Form. Die in den meisten Fällen einzig wirksame Reaktion besteht in der Herstellung von erneuter Öffentlichkeit. Dem Fehlverhalten eines Presseorgans wird damit auf derselben Ebene begegnet, auf der sich das falsche Verhalten manifestierte. Entscheidend für die Wirkung der Sanktion ist somit die Öffentlichkeit der Rügen.

Neben der Sanktionierung normwidrigen Verhaltens hat die öffentliche Rüge den zusätzlichen Effekt der Bekanntmachung und Stabilisierung der berufsethischen Regeln des Pressekodex. Ein Verhalten wird überhaupt erst dann als verbindlich geforderte Norm erkennbar, wenn eine Abweichung Sanktionen hervorruft.[1207] Während normkonformes Verhalten auf Dauer dazu führen kann, dass das Bewusstsein der Geltung einer Norm sinkt, bewirkt die erkennbare Grenzüberschreitung, dass sich die soziale Norm aktiviert und profiliert.[1208]

1207 *Popitz*, AEdS 1961, 185, 193ff.
1208 *Eisermann*, Selbstkontrolle in den Medien, S. 7f.; vgl. auch *Bernsdorf*, Wörterbuch der Soziologie, S. 980.

2. Das Öffentlichwerden der Maßnahmen des Presserates

Eine öffentliche Rüge muss gem. Ziffer 16 des Pressekodex und RL 16.1[1209] im betroffenen Publikationsorgan abgedruckt werden. Darüber hinaus sollen auch die Trägerorganisationen des Deutschen Presserates öffentliche Rügen in ihren Verbandsorganen publizieren.[1210] So hat beispielsweise der „Journalist" als Organ des Deutschen Journalisten-Verbandes in der Vergangenheit über 90% der öffentlichen Rügen berichtet.[1211] Weiterhin wird nach jeder Sitzung des Presserates ein Newsletter mit den lehrreichsten Fällen an die interessierte Fachöffentlichkeit per E-Mail verschickt, in diesem Verteiler sind bereits über 600 Adressen.[1212]

Die Behandlung von Verhandlungen und Entscheidungen des Presserates und damit eigener oder fremder Verstöße gegen den Pressekodex kommt in den deutschen Printmedien relativ selten vor. Es gibt zwar in den überregionalen deutschsprachigen Zeitungen hin und wieder Berichte über Presseratsentscheidungen, in denen die betreffenden Zeitungen und Zeitschriften auch namentlich genannt werden,[1213] aber die vorherrschende Meinung scheint die zu sein, dass es nicht richtig sei, mit dem Finger auf Kollegen zu zeigen.[1214] So wird immer wieder festgestellt, dass die Selbstkritik und damit auch Selbstkontrolle der Journalisten untereinander zu wenig entwickelt ist.[1215]

Da Selbstkontrolle von der Zustimmung der Kontrollierten zu dem Verfahren der Kontrolle lebt, kann der Presserat als Instrument der freiwilligen Selbstkon-

---

1209 Deutscher Presserat, Jahrbuch 2007, S. 219.

1210 § 12 Abs. 8 BeschwO, www.presserat.de/uploads/media/beschwerdeordnung.pdf.

1211 Vgl. *Gottzmann*, Selbstkontrolle, S. 156f.

1212 Stand Mitte 2006, s. *Wassink* in Deutscher Presserat, Jahrbuch 2006, S. 49.

1213 Vgl. bspw. die Artikel „Mißbilligt, nicht gerügt" in der FAZ v. 18.09.2003, „Krach um Kongo-Killer" in der FR v. 11.06.2003, „Ortstermin beim Pressrat: „Das Beschwerdeaufkommen ist explodiert"" in der SZ, Ausgabe NRW v. 21.02.2003, „Stern gesunken" in der FAZ v. 21.02.2002, „Rüde Sitten – Rügen des deutschen Presserates" in der NZZ v. 28.09.2001, „Sex! Ekel! Tod! Profit!" in der „Zeit" v. 06.07.2001; „Mescalero, geschoren" in der FAZ v. 12.04.2001, „Presserat rügt BILD" in der Bild-Zeitung v. 12.04.2001„, Tiefpunkt" in der FAZ v. 16.02.2001, „Zeugenschutz", in der FAZ v. 19.05.2000, „Presserat prüft Beschwerde gegen den „Spiegel" – Kopfgelder ausgesetzt?" in der NZZ v. 25.02.2000.

1214 So WamS-Redakteur Friedemann Weckbach-Mara, vgl. den Artikel „KSK-Einsatz: Scharping rügt „widerliche" Berichterstattung", www.netzeitung.de v. 04.03.2002; deutliche Kritik wird dagegen bisweilen an der Bild-Zeitung geübt, vgl. bspw. den Artikel „Nichts zu danken" in der FAZ-Sonntagszeitung v. 23.06.2002.

1215 So der Chefredakteur der „Zeit" *Giovanni di Lorenzo* auf der Podiumsdiskussion anlässlich des Festaktes „50 Jahre Deutscher Presserat" am 20.11.2006 im Museum für Kommunikation in Berlin; vgl. auch *Mestmäcker* in Mestmäcker, Selbstkontrolle und Persönlichkeitsschutz in den Medien, S. 109.

trolle eine solche effektiv auch nur für die Zeitungen und Zeitschriften leisten, deren Verlage sich dieser durch Selbstverpflichtungserklärungen unterworfen haben. Auch wenn, wie bereits erläutert,[1216] schon über 90% der Verlage eine entsprechende Selbstverpflichtungserklärung abgegeben haben, gibt es immer wieder Ausreißer. Der Helbert Verlag als Herausgeber der Zeitschriften Coupé und Blitz Illu weigerte sich beispielsweise bis zu seinem Verkauf an den Bauer Verlag im Jahre 2001[1217] standhaft, eine solche abzugeben und druckte daher auch keine Rügen ab. Die Bild-Zeitung bzw. der herausgebende Axel Springer Verlag hat zwar eine Selbstverpflichtungserklärung zum Rügenabdruck abgegeben[1218] und Bild-Chefredakteur Kai Diekmann spricht auch davon, dass er die Selbstkontrolle durch den Pressrat akzeptiert und eng mit ihm zusammenarbeitet, die Bild-Zeitung druckt aber dennoch längst nicht jede öffentliche Rüge ab. Als Grund gibt Diekmann an, dass er die Rügen, die er nicht veröffentlicht, für verfehlt hält.[1219] Er beruft sich zwar auf formale Fehler bei der Entscheidungsfindung,[1220] diese können vom Presserat allerdings im Regelfall entkräftet werden.[1221] Im Jahre 2005 hat die Bild-Zeitung zwar alle drei ausgesprochenen öffentlichen Rügen auch abgedruckt,[1222] 2004 jedoch nur drei von acht.[1223] Allein die Tatsache, dass die Bild-Zeitung eine öffentliche Rüge nicht, wie in der Selbstverpflichtungserklärung zugesagt, direkt abdruckt, sondern sie noch einmal selbst auf ihre Stimmigkeit überprüft und dann autonom über ihren Abdruck entscheidet, spricht gegen die Akzeptanz des Presserates in der Redaktion der Bild-Zeitung. Dies unterstreicht auch die Aussage Diekmanns über die Wichtigkeit des Presserates, der die Presse als Selbstkontrolle vor staatlicher Regelung bewahre[1224]. So geht es vielen Presseorganen, deren Interesse am Presserat nur

---

1216 S.o.: 4. Kap., B.

1217 Vgl. www.zeit.de/archiv/2002/06/200206_helbert.xml.

1218 S. Deutscher Presserat, Jahrbuch zum Redaktionsdatenschutz, S. 78

1219 Diskussion mit *Kai Diekmann* auf der VBKI - Veranstaltung am 26.01.2006 im Ludwig Erhardt Haus in Berlin.

1220 Bspw., dass in einer Sitzung sehr viel mehr Leute anwesend gewesen wären und zur Sache gesprochen hätten als die tagende Beschwerdeausschuss Mitglieder habe und sich die Vertreter des DJV im Pressrat auf Grund einer vorher geäußerten scharfen Kritik ihres Vorsitzenden Michael Konken an der Bildzeitung wegen der Veröffentlichung der Bilder des von Terroristen hingerichteten Amerikaners Nicholas Berg für befangen hätten erklären müssen, vgl. den Artikel „Teilnehmerliste" in der FAZ v. 22.06.2004.

1221 Gespräch des Verfassers mit dem Geschäftsführer des DPR *Lutz Tillmanns* am 20.12.2006 in Köln.

1222 Deutscher Presserat, Jahrbuch 2006, S. 308.

1223 Deutscher Presserat, Jahrbuch 2005, S. 314, die hier ebenfalls als Nichtabdruck gewertete öffentliche Rüge mit dem Az. BK2 – 117/04 ist lediglich verspätet abgedruckt worden und konnte daher im Jahrbuch 2005 nicht mehr berücksichtigt werden, vgl. Deutscher Presserat, Jahrbuch 2006, S. 308.

1224 Diskussion mit *Kai Diekmann* auf der VBKI - Veranstaltung am 26.01.2006 im Ludwig Erhardt Haus in Berlin.

vordergründig ein ethisches ist und denen es in erster Linie darum geht, die Intervention Dritter zu verhindern.[1225]

Problematisch für die wichtige und wünschenswerte möglichst breite Information der Öffentlichkeit über Verstöße gegen den Pressekodex ist weiterhin, dass der Presserat, indem er über die Einhaltung der Berufsethik mit der Durchführung eines Beschwerdeverfahrens wacht, vor allem hilft, eine gerichtliche Bearbeitung von Ordnungsstörungen zu ersetzen (von staatlicher Seite aus gesehen) bzw. zu vermeiden (aus der Sicht der Presse). Bedenkt man, dass Gerichtsurteile mit höherer Wahrscheinlichkeit Publizität erreichen als Presseratsentscheidungen und der Pressekodex auf Grund der hohen Bedeutung, die die Rechtsprechung ihm zuerkennt, auch die juristische Behandlung von Sachverhalten beeinflusst[1226], hat die Presseratsarbeit zumindest in einigen Fällen faktisch zur Folge, dass nicht eine Kontrolle von Normverstößen über das Herstellen von Öffentlichkeit erreicht wird, sondern im Gegenteil, dass der Presserat durch seine Arbeit vermeidet, dass Presseverstöße öffentlich werden.[1227]

3. Die nicht genutzte Möglichkeit der Folgerüge und der selbständigen Einleitung eines Beschwerdeverfahrens

Ein weiteres Problem hinsichtlich der Wirksamkeit der Rügen des Presserates liegt darin, dass er keine Folgerügen ausspricht und prinzipiell auch von der gem. § 1 Abs. 2 BeschwO[1228] gegebenen Möglichkeit der Einleitung eines Beschwerdeverfahrens von sich aus keinen Gebrauch macht[1229].

Ein Presseorgan, das eine gegen sich verhängte öffentliche Rüge nicht abdruckt, verstößt damit erneut gegen den Pressekodex und zwar gegen Ziffer 16[1230], womit die Möglichkeit einer erneuten Rüge besteht. Es ist zwar nicht damit zu rechnen, dass das sich dem Rügenabdruck widersetzende Presseorgan die dann streng genommen auf demselben Ausgangssachverhalt beruhende Folgerüge abdruckt. Allerdings besteht zumindest die Möglichkeit, dass andere Zeitungen oder Zeitschriften die auch in den Verbandsorganen der Trägerverbände veröffentlichten[1231] permanenten Rügen und Folgerügen zum Anlass für eine kritische Veröffentlichung nehmen und irgendwann der öffentliche Druck so groß wird, dass sich das betreffende Presseorgan doch zum Abdruck entschließt.

1225 So auch *Bermes*, Presserat, S. 21.
1226 S.o.: 4. Kap., D.
1227 Vgl. *Eisermann*, Selbstkontrolle in den Medien, S. 19.
1228 www.presserat.de/uploads/media/beschwerdeordnung.pdf.
1229 S.o.: 4. Kap., A., I., 1.
1230 Deutscher Presserat, Jahrbuch 2007, S. 219.
1231 S. § 14 Abs. 2 BeschwO, www.presserat.de/uploads/media/beschwerdeordnung.pdf.

Die – soweit nötig – regelmäßige Einleitung eines Beschwerdeverfahrens von sich aus käme der Wirksamkeit der Sanktionen des Presserates vor dem Hintergrund zu Gute, dass er verstärkt diejenigen Presseorgane beobachten könnte, die bereits mehrfach auffällig geworden sind. Wenn diese wüssten, dass sie unter verstärkter Beobachtung stehen, würden sie, die grundsätzliche Akzeptanz der Selbstkontrolle des Presserates vorausgesetzt, zukünftig verstärkt auf die Einhaltung des Pressekodex achten. Auch stichprobenartige Kontrollen nach zufälligem Rhythmus würden dem Presserat helfen, seinem umfassenden Kontrollanspruch gerecht zu werden.[1232] Der von seinen Mitgliedern auf Grund der fehlenden Möglichkeit flächendeckender Kontrolle befürchtete Vorwurf der Willkür[1233] würde bei der vorgeschlagenen Ausgestaltung der selbständigen Überprüfung ebenfalls nicht greifen. Dass der Presserat nicht in die Nähe einer Überwachungsbehörde rücken möchte,[1234] erklärt sich aus seiner Struktur und der Deutschen Geschichte. Außerdem befürchtet er wahrscheinlich, dass die notwendige Zusammenarbeit mit der Presse leiden könnte, wenn er sich – anders als bei einer Eingabe von Dritten – im Zuge der selbständigen Einleitung eines Beschwerdeverfahrens auf direkten Konfrontationskurs zu dem betroffenen Presseorgan begeben würde.[1235]

Eine verstärkte Überwachung des Pressekodex und des Rügenabdrucks würde wie dargestellt allerdings die Wirksamkeit der Sanktionstätigkeit des Deutschen Presserates erhöhen, was m.E. die möglichen Nachteile überwiegt.

4. Interessenkollision und Akzeptanz der Selbstkontrolle

Problematisch ist weiterhin die Interessenverknüpfung innerhalb des Presserates, der gleichzeitig beruflicher Interessenverband und Berufsaufsichtsinstanz ist. Auf Grund des Mangels an institutioneller Ausdifferenzierung des Kontrollgremiums ist der Presserat eher im Griff der Interessenverbände, als dass er eine eigenständige kontrollierende Funktion ausübt. Auch wenn der Presserat die Sicherung der Qualität des Journalismus seit seinen Anfängen als eine essentielle Aufgabe[1236] seiner Arbeit betrachtet, lässt er bei seinen Entscheidungen oft Milde gegenüber der Presse walten. Er will mit diesen im Regelfall keine Prangerwirkung entfalten, sondern ausschließlich sachbezogenes Bewusstsein für fairen Journalismus wecken und schärfen.[1237] Die wirklich effiziente Selbstkontrolle

---

1232 So auch *Münch*, Selbstkontrolle, S. 219.
1233 S.o.: 4. Kap., A., I., 1.
1234 S.o.: 4. Kap., A., I., 1.
1235 Vgl. *Gottzmann*, Selbstkontrolle, S. 125.
1236 S.o.: 3. Kap., A, V.
1237 Schilling in Deutscher Presserat, Jahrbuch 2006, S. 87f.

eines Systems setzt zudem voraus, dass die Kontrolleure ein Mindestmaß an Autonomie besitzen. Zwar setzt § 7 Abs. 2 STDPR[1238] die Unabhängigkeit der Presseratsmitglieder von den Weisungen der sie entsendenden Organisationen fest, allerdings sitzen sie immer noch als dessen Vertreter im Presserat und setzen sich daher auch für dessen Interessen ein. Auch § 9 Nr. 5 STDPR[1239] legt ausdrücklich fest, dass die Aufgabe des Presserates, „Entwicklungen entgegenzutreten, die die freie Information und Meinungsbildung des Bürgers gefährden könnte", im Einvernehmen mit den Trägerorganisationen zu erfüllen ist. Unter diese Nummer 5 werden die ehemals explizit genannten Tätigkeitsfelder „Schutz der Pressefreiheit" und „Abwehr von freiheitsgefährdenden Konzern- und Monopolbildungen" subsumiert,[1240] die damit der alleinigen Entscheidungsgewalt des Presserates entzogen sind. So wird dem Presserat auch vorgeworfen, dass einige seiner Initiativen bei näherer Betrachtung vor allem dem ökonomischen Kalkül der in ihm vertretenen Verbände dienten.[1241] Problematisch ist der Verdacht, dass die Beteiligten nicht allein im allgemeinen gesellschaftlichen Interesse einer ethisch einwandfreien Presse handeln, vor allem vor dem Hintergrund, dass die Argumentationsbasis der Legitimation des Presserates ein breiter gesellschaftlicher Konsens seiner Arbeit ist.[1242]

Außerdem kann der Presserat immer nur so gut funktionieren, wie der aufrichtige Wille der von ihm überwachten Presse besteht, sich der Selbstkontrolle und ihren Sanktionsmöglichkeiten zu unterwerfen. Der Presserat findet bei denjenigen am meisten Anerkennung, die von vorneherein bereits die höchsten Standards an ihre Arbeit anlegen, folglich ein Selbstkontrollorgan am wenigsten brauchen. Umgekehrt wird gerade diejenige Presse, deren journalistische Ethik am geringsten ausgeprägt ist, das Presse-Selbstkontrollorgan am wenigsten unterstützen und achten. Dies ist ein großes Dilemma, aber gleichzeitig wahrscheinlich auch ein Wesensmerkmal freiwilliger Selbstkontrolle im wahrsten Sinne des Wortes.[1243]

II. Wirksamkeit der Rechtsprechung

Damit eine gerichtliche Entscheidung wegen eines Verstoßes gegen journalistische Sorgfaltspflichten, der meist eine Persönlichkeitsrechtsverletzungen nach sich zieht, beim Journalisten oder seinem Verlag nachhaltigen Eindruck hinter-

---

1238 www.presserat.de/Statuten.221.0.html.
1239 www.presserat.de/Statuten.221.0.html.
1240 Vgl. *Gottzmann*, Selbstkontrolle, S. 169.
1241 *Baum* in Baum, Handbuch Medienselbstkontrolle, S. 119.
1242 Vgl. *Baum* in Baum, Handbuch Medienselbstkontrolle, S. 117f.
1243 Vgl. *Wiedemann* in Hamm, Verantwortung im freien Medienmarkt, S. 103.

lässt und so einen gewissen Lerneffekt erzielt, muss sie je nach Intensität und Art der Sorgfaltspflichtverletzung neben Unterlassung, Gegendarstellung und Widerruf auch die Zahlung einer nicht unerheblichen Geldentschädigung zur Folge haben können.

Problematisch bei der Bemessung der Höhe einer eventuellen Geldentschädigung ist, dass einerseits die Verurteilung eines Presseorgans zur Zahlung einer solchen künftigen Rechtsverstößen nur selten vorbeugen wird, solange die mit einer sensationellen Berichterstattung erzielten Auflagengewinne betriebswirtschaftlich lohnender sind als die eingesparten Kosten eines verlorenen Gerichtsverfahrens.[1244] Andererseits können rechtliche Sanktionen einen für die freie Presseberichterstattung bedrohlichen Charakter annehmen. Erreichen beispielsweise die den Klägern zugesprochenen Schadensersatzsummen für einzelne Presseorgane ruinöse Höhen, kann dies zur Folge haben, dass eine kritische und investigative Berichterstattung in der Presse tendenziell unterdrückt wird.[1245] Geldentschädigungen stellen daher auch eine gewisse Beeinträchtigung der Pressefreiheit dar und dürfen nicht solche Höhen wie in Amerika erreichen, wo Verlage wie die New York Times vom Konkurs bedroht waren, weil einzelne Gerichte Schmerzensgelder festsetzten, die ihre wirtschaftliche Situation erheblich bedrohten. Damit wäre eine Situation gegeben, die eine freie Berichterstattung dem steten Risiko aussetzt, im Fall der jederzeit möglichen Falschberichterstattung, die Presse als Ganzes in ihren Grundfesten zu erschüttern.[1246]

1. Geldentschädigung als Prävention

Als Lösung dieses Problems bietet die Rechtsprechung an, zumindest bei einem vorsätzlichen Eingriff in das Persönlichkeitsrecht des Betroffenen mit dem Ziel der Auflagensteigerung und Gewinnerzielung neben der Genugtuungsfunktion auch den Präventionsgedanken als Bemessungsfaktor in die Entscheidung über die Höhe der Geldentschädigung einzubeziehen.[1247] Ob eine einen Anspruch auf Zahlung einer Geldentschädigung aus § 823 Abs. 1, 2 i. V. m. Art. 1, Art. 2 Abs. 1 GG rechtfertigende schwerwiegende Verletzung des Persönlichkeitsrechts vorliege, hänge von der Bedeutung und Tragweite des Eingriffs, von Anlass und Beweggrund des Handelnden sowie vom Grad seines Verschuldens ab.[1248] Weiterhin dürfe sich die Beeinträchtigung auch nicht in anderer Weise befriedigend

---

1244 *Prinz*, NJW 1996, 953, 954; *Nordemann*, ZUM 1991, 554.
1245 *Wiedemann*, Freiwillige Selbstkontrolle, S. 10.
1246 Presserechtsanwalt *Jörg Nabert*, zit. nach *Minzberg*, BILD-Zeitung und Persönlichkeitsschutz, S. 244.
1247 BGH, NJW 1995, 861; 1996, 984, 985; 1997, 1148, 1150.
1248 BGH, NJW 1995, 861, 864.

ausgleichen lassen, es müsse ein unabwendbares Bedürfnis für den finanziellen Ausgleich bestehen.[1249] Eine Verurteilung zur Geldentschädigung sei nur dann geeignet, den aus dem Persönlichkeitsrecht heraus gebotenen Präventionszweck zu erreichen, wenn die Entschädigung der Höhe nach ein Gegenstück auch dazu bilde, dass die Persönlichkeitsrechte zur Gewinnerzielung verletzt worden seien. Es soll zwar auch in den Fällen rücksichtsloser Kommerzialisierung der Persönlichkeit keine Gewinnabschöpfung vorgenommen werden[1250], wohl aber die daraus erzielten Gewinne als Bemessungsfaktor in die Höhe der Geldentschädigung einbezogen werden, damit von ihr ein echter Hemmungseffekt für solche Vermarktungen der Persönlichkeit ausgehe.[1251] In besonderen Fällen wie beispielsweise der Verletzung der Persönlichkeitsrechte Minderjähriger rechtfertige die spezialpräventive Wirkung eine für den Schädiger fühlbare, der Berichterstattung den wirtschaftlichen Vorteil nehmende Höhe der Geldentschädigung.[1252] Ein weiterer sich erhöhend auswirkender Bemessungsfaktor liege in einer Wiederholung des Rechtsbruchs, worin sich eine besondere Hartnäckigkeit in der Rechtsverletzung und eine offene und bewusste erneute Missachtung des Achtungsanspruchs des Klägers zeige.[1253] Die Geldentschädigung soll zwar nicht so hoch sein, dass die Pressefreiheit unverhältnismäßig eingeschränkt wird, davon könne aber keine Rede sein, wenn die Presse lediglich an einer rücksichtslosen Vermarktung der Person gehindert werde.[1254] Außerdem seien die wirtschaftlichen Verhältnisse des Verletzers zu berücksichtigen, vor allem aus Präventionsgründen sei aber eine spürbare Geldentschädigung erforderlich.[1255]

1249 LG Berlin, AfP 2006, 388, 389; LG Berlin, Urt. v. 02.03.2006, Az. 27 O 915/05 (www. juris.de).

1250 Für eine Gewinnabschöpfung i. S. e. abstrakten Vermögensvorteils, da sich ansonsten die Verletzung immer noch lohnen, die nächste Verletzung drohen und die Prävention daher nicht stattfinden würde, *Prinz*, NJW 1996, 953, 955.

1251 BGH, AfP 2005, 65, 67.

1252 KG Berlin, KGR 2006, 55, 57, bestätigt durch BGH, AfP 2005, 65ff. und BVerfG, Nichtannahmebeschluss v. 06.06.2006, Az.: 1 BvR 3/05 (www.juris.de).

1253 LG Berlin, Urt. v. 02.03.2006, Az.: 27 O 915/05 (www.juris.de); vgl. auch *Prinz*, NJW 1996, 953, 955.

1254 BGH, NJW 1995, 861, 865.

1255 LG Berlin, Urt. v. 02.03.2006, Az.: 27 O 915/05 (www.juris.de); so auch Schwerdtner, JZ 1990, 769, 772; *Prinz*, NJW 1996, 953, 955ff. plädiert sogar für eine Orientierung am Tagesgewinn und kommt bei einem Vergleich mit dem Hemmungseffekt in anderen Rechtsbereichen zu dem Schluss, dass für finanzstarke Konzerne mit einem Jahresumsatz von 3 Milliarden Euro eine Geldentschädigung in Höhe von 2,5 Millionen Euro nicht offensichtlich unangemessen ist.

2. Kritik an aus Präventionsgesichtspunkten erhöhter Geldentschädigung

a) Generalpräventive Erwägungen als strafrechtliches Gedankengut

Der Präventionsgedanke der Geldentschädigung wird allerdings dahingehend kritisiert, dass generalpräventive Erwägungen strafrechtliches Gedankengut und in den diesbezüglichen Urteilen die strafrechtliche Argumentationsstrukturen unverkennbar seien.[1256] Das Bürgerliche Recht sehe keine Kriminalstrafen mehr vor, weshalb ein Unterschied zwischen den Zwecken des Strafrechts und denen der Geldentschädigung bei vorsätzlichem Rechtsbruch kaum mehr zu erkennen sei. Unter diesem Gesichtspunkt sei es ebenfalls bedenklich, dass ein Rückfall im Zivilrecht nun offenbar strafschärfend wirke, wo sogar im Strafrecht schon 1975 die (zwingende) Rückfallverschärfung abgeschafft worden sei.[1257]

b) Verwischung der Grenzen zwischen Delikts- und Bereicherungsrecht

Ein weiterer Kritikpunkt ist, dass die Grenzen zwischen Delikts- und Bereicherungsrecht verwischt würden. Die deliktsrechtlichen Ansprüche sollten nach dem Prinzip der Naturalrestitution den Ausgleich eingetretener Schäden ermöglichen und auf die Lage des Geschädigten abstellen, während nur die Ansprüche aus Bereicherung eine Vermögensmehrung beim Täter abschöpfen sollten und zumindest bei der Eingriffskondiktion keine Vermögensminderung beim Opfer voraussetzen.[1258]

c) Unverhältnismäßigkeit der Höhe der Entschädigungssummen im Vergleich zu Körperverletzungen

Ferner seien die Entschädigungssummen im Vergleich zu Körperverletzungen unverhältnismäßig hoch.[1259] Die Höchstgrenze für zugesprochene Schmerzensgelder bei Körperverletzungen liegt zwar bei 500.000 Euro.[1260] Diese wird aber nur in seltenen Ausnahmefällen erreicht, etwa bei einem Hirnödem nach einer in

---

1256 *Gounalakis*, AfP 1998, 10, 12.
1257 *Seitz*, NJW 1996, 2848; *Gounalakis*, AfP 1998, 10, 12f.; i.E. zust. auch *Soehring*, NJW 1997, 360, 372.
1258 *Seitz*, NJW 1996, 2848, 2849.
1259 *Gounalakis*, AfP 1998, 10, 16f.
1260 LG Berlin, VersR 2005, 1247, 1249.

mehrfacher Hinsicht grob fehlerhafter Diabetesbehandlung eines 6 Jahre alten Jungens, der anschließend knapp 2 Jahre lang im Wachkoma lag, wegen seiner schwersten geistigen und körperlichen Behinderungen nach dem Erwachen absolut hilfsbedürftig ist und voraussichtlich das ganze Leben 24 Stunden der Betreuung bedarf.[1261] Die Regel sind wesentlich geringere Summen, etwa 50.000 Euro für extrem brutale Vergewaltigungen im Rahmen einer Beziehung über 1 ½ Jahre (die grausamen, sadistischen und menschenverachtenden Verhaltensweisen hatten zu erheblichen psychischen und physischen Dauerschäden geführt);[1262] 20.000 Euro für eine Vergewaltigung auf brutalste Weise, sexuellen Missbrauch und gefährliche Körperverletzung eines 17 Jahre alten Mädchens (aus dem stundenlangen Martyrium resultierten schwere vaginale Verletzungen, eine stationäre Behandlung über 2 Wochen und gravierende psychische Folgen)[1263] oder 15.000 Euro für eine Schädelfraktur mit dauerndem Geschmacks- und Geruchssinnverlust, häufigen Kopfschmerzen, Lichtempfindlichkeit und Konzentrationsschwächen nach einem Faustschlag ins Gesicht.[1264]

Dem stehen die vergleichsweise sehr hohen 100.000 Euro für die Veröffentlichung ca. 40 persönlichkeitsrechtsverletzender Fotos Prinzessin Carolines von Monaco gegenüber.[1265] 75.000 Euro bekam die neugeborene Tochter von Caroline und Prinz Ernst August von Hannover für neun bebilderte Artikel zugesprochen,[1266] schwere Persönlichkeitsrechtsverletzungen durch teilweise unwahre Aussagen und Schmähkritik wurden beispielsweise mit 50.000 Euro sanktioniert[1267] und das Model Angela Ermakova erhielt eine Geldentschädigung in Höhe von 45.000 Euro für ein für die Dauer von knapp 2 Wochen online spielbares Computerspiel, in dem ihre kurze Affäre mit dem Tennisspieler Boris Becker aufs Korn genommen wurde[1268].

Das mit der Geldentschädigung bei Persönlichkeitsrechtsverletzungen verfolgte Ziel der Abschreckung begründe u.U. die stärkere Belastung des Verletzers,

---

1261 LG Berlin, VersR 2005, 1247f.; ebenfalls 500.000 Euro bekam ein Kleinkind zugesprochen, bei dem sich auf Grund einer grob fehlerhaften Behandlung bei der Geburt eine als malignes Hirnödem bezeichnete Hirnschwellung bildete, in Folge dessen ihm jede Möglichkeit einer körperlichen und geistigen Entwicklung genommen wurde und sein Leben weitgehend auf die Aufrechterhaltung der vitalen Funktionen, Bekämpfung von Krankheiten und Vermeidung von Schmerzen beschränkt sein wird, OLG Hamm, NJW-RR 2002, 1604.
1262 LG Frankfurt, NJW 1998, 2294f.
1263 OLG Koblenz, NJW 1999, 1639f.
1264 OLG Düsseldorf, VersR 2001, 251.
1265 OLG Hamburg, Urt. v. 10.10.2000, Az.: 7 U 138/99 (www.juris.de)
1266 BGH, AfP 2005, 65, 66; bestätigt durch BVerfG, Nichtannahmebeschluss v. 06.06.2006, 1 BvR 3/05 (www.juris.de).
1267 LG Berlin, Urt. v. 02.03.2006, Az.: 27 O 915/05 (www.juris.de).
1268 LG München I, AfP 2002, 340ff.

könne allerdings keine vernünftige Erklärung dafür bieten, warum im öffentlichen Interesse das Opfer einer Persönlichkeitsrechtsverletzung besser gestellt werden soll als das Opfer einer Körperverletzung.[1269] Naturgemäß seien außerdem Vertreter des internationalen Hochadels und andere Prominente übermäßig begünstigt, so dass diese „Prominenzjudikatur" eine ungerechtfertigte Bevorzugung der „Reichen und Schönen" darstelle.[1270] Das gelegentliche Malheur eines erfundenen Interviews und die letztlich die Staraura verewigenden und dem Alltag der Glitzerwelt entsprungenen Paparazzifotos rechtfertigten die hohen Geldentschädigungen für Prominente nicht.[1271]

d) Gefahr für die Teilnahme am Kommunikationsprozess und für die Pressefreiheit

Auch eine vor allem im Haftungsrecht mögliche Kosten-Nutzen-Analyse des Rechts[1272] helfe beim Strafschadensersatz nicht weiter. Bei den Mediengarantien des Art. 5 Abs. 1 GG gehe es weniger um ökonomische Effizienz des Rechts, als vielmehr um die kulturelle Leistungsfähigkeit von Presse und Rundfunk, welche durch die Gewährleistung eines Kommunikationsprozesses die Voraussetzung für eine aktive Teilnahme am demokratischen Gemeinwesen schaffen. Hohe Strafschadenssummen würden aber auf lange Sicht eher kontraproduktiv für den Meinungsbildungsprozess sein, da sie im Zweifel eher von einer Kommunikation abhalten, statt eine Teilnahme daran fördern würden.[1273] Eine eventuelle Gewinnabschöpfung tangiere außerdem die Gewährleistung einer freien Presse. Ein solcher Gewinn würde nämlich u.U. dazu genutzt, defizitäre Nummern einer Zeitschrift oder andere Verlagsprodukte auszugleichen. Gerade die Gewinne aus Boulevardblättern würden häufig dazu dienen, seriöse Verlagsprodukte zu subventionieren. Folge wäre daher eine eventuelle verfassungsrechtlich nicht gewollte Verarmung der (insbesondere seriösen) Presselandschaft und damit ein unverhältnismäßiger Eingriff in die Pressefreiheit.[1274]

Daneben müsse beachtet werden, dass Fehlinformationen dort, wo sie entstanden sind, auch wieder korrigiert werden sollten. Nur so könnte die Presse ihrer vom Bundesverfassungsgericht zugewiesenen Aufgabe gerecht werden und als

---

1269 *Gounalakis*, AfP 1998, 10, 17.

1270 *Gounalakis*, AfP 1998, 10, 18.

1271 *Gounalakis*, AfP 1998, 10, 24.

1272 Im US-amerikanischen Recht werden die „punitive damages" in dieser Weise legitimiert. Damit soll eine Verhaltenssteuerung potentieller Schädiger erreicht werden, um eine Allokationseffizienz zu gewährleisten, vgl. *Gounalakis*, AfP 1998, 10, 16.

1273 *Gounalakis*, AfP 1998, 10, 16.

1274 *Gounalakis*, AfP 1998, 10, 19.

orientierende Kraft in der öffentlichen Auseinandersetzung wirken. Daher gelte es, die Belange der Allgemeinheit zu wahren und eine einseitige Unterrichtung der Leser zu verhindern. Gerade dies könne aber durch die Gewährleistung eines nur im Verhältnis des Verletzten zu den Medien wirkenden Geldersatzes nicht erreicht werden. Stattdessen sollten negatorische Rechtsbehelfe[1275] gewählt werden, wodurch die beim Leser hervorgerufene Fehlinformation bei diesem richtig gestellt und zum sich im gesellschaftlichen Diskurs vollziehenden Meinungsbildungsprozess beigetragen würde.[1276]

e) Vergleich mit dem BGH-Urteil zur Vollstreckbarkeit eines US-amerikanischen Urteils auf Strafschadensersatz

Zudem wird auf ein Urteil des BGH zur Vollstreckbarkeit eines US-amerikanischen Urteils auf Strafschadensersatz (punitive damages) verwiesen,[1277] in dem es heißt, dass die moderne deutsche Zivilrechtsordnung nur den Schadensausgleich, nicht aber eine Bereicherung des Geschädigten vorsehe. Bestrafung und Abschreckung seien mögliche Ziele der Kriminalstrafe, die als Geldstrafe an den Staat fließe, nicht aber des Zivilrechts.[1278] Sanktionen, die dem Schutz der Rechtsordnung im Allgemeinen dienen, fielen grundsätzlich unter das Strafmonopol des Staates. Es erscheine unerträglich, einem Beschuldigten in einem Zivilurteil eine erhebliche Geldzahlung aufzuerlegen, die nicht dem Schadensausgleich diene, sondern wesentlich nach dem Interesse der Allgemeinheit bemessen werde.[1279]

3. Auseinandersetzung mit dieser Kritik

Der Kritik am pönalen Element des Präventionszwecks begegnet der BGH mit einer Bekräftigung seiner Auffassung, dass die Geldentschädigung ihre Wurzel im Verfassungs- und Zivilrecht habe und keine strafrechtliche Sanktion darstelle. Im Gegensatz zum staatlichen Strafanspruch solle die Zubilligung einer Geldentschädigung den Schutzauftrag aus Art. 1 und Art. 2 Abs. 1 GG im Interesse des konkret Betroffenen gewährleisten, der Präventionsgedanke stelle le-

---

1275 Richtigstellung, Widerruf oder Gegendarstellung, vgl. *Gounalakis*, AfP 1998, 10, 24.
1276 *Gounalakis*, AfP 1998, 10, 14.
1277 *Seitz*, NJW 1996, 2848, 2849.
1278 BGH, NJW 1992, 3096, 3103.
1279 BGH, NJW 1992, 3096, 3104.

diglich einen Bemessungsfaktor für die Höhe der Entschädigung dar.[1280] Das Allgemeine Persönlichkeitsrecht entfalte seine direkte Wirkung zwar nur gegenüber dem Staat, dieser sei aber grundrechtlich gehalten, den Einzelnen vor Persönlichkeitsrechtsverletzungen zu schützen.[1281] Wichtig sei die Geldentschädigung vor allem bei einer Verletzung des Rechts am eigenen Bild, bei dem es keine anderen Abwehrmöglichkeiten gäbe.[1282] Nach Ansicht des Senats reichen bei vorsätzlichem Rechtsbruch die negatorischen Ansprüche nicht aus, um effektiven Persönlichkeitsschutz zu gewährleisten. Diese nur im Falle einer schweren Persönlichkeitsrechtsverletzung gegebene Lücke müsse gewissermaßen als ultima ratio geschlossen werden. Damit sollten allerdings keine Gesichtspunkte der Generalprävention, sondern lediglich die Spezialprävention in den Fällen, in denen bestimmte Personen immer wieder durch die Berichterstattung angegriffen würden, verfolgt werden.[1283]

Die die aus Präventionsgesichtspunkten erhöhte Geldentschädigung befürwortende Literatur betont die Einheit der Rechtsordnung, die Überschneidungen in der Zwecksetzung und eben keine scharfe Grenze zwischen straf- und zivilrechtlichen Regelungszwecken schaffe. General- und Spezialprävention seien zwar keine primären, aber doch sekundäre Zwecke des Schadensersatzrechts und nicht die Übernahme genuin strafrechtlicher Aufgaben. Die Weiterentwicklung dieses sekundären Zwecks des Zivilrechts biete sich vor allem da an, wo eine strafrechtliche Regelung falsche Zeichen setzen würde, eine Kriminalisierung journalistischen Verhaltens gelte es gerade zu verhindern. In den Bereich des Strafschadens komme man nur dann, wenn die Geldentschädigung dem Staat zuflösse oder exorbitante, dem individuellen Konflikt nicht mehr angepasste Größen erreichen würde, ansonsten bleibe sie dem System des Zivilrechts durchaus treu.[1284] So sei der Geldentschädigung vom BGH eine Präventionswirkung schon in der Ginseng-Entscheidung[1285] im Jahre 1961 zugesprochen worden. Auch im Versicherungsrecht spiele Abschreckung in Gestalt einer Erhöhung des Schmerzensgeldes wegen schleppender Schadensregulierung schon länger offen eine Rolle. Ebenfalls habe das Bundesverfassungsgericht bereits 1973 im Soraya-Beschluss[1286] die Sanktions- und Präventionsrichtung der BGH-Rechtsprechung gebilligt.[1287]

1280 BGH, AfP 2005, 65, 66; bestätigt durch BVerfG, Nichtannahmebeschluss v. 06.06.2006, 1 BvR 3/05 (www.juris.de).
1281 BVerfG, NJW 2006, 595.
1282 BGH, AfP 2005, 65, 66; bestätigt durch BVerfG, Nichtannahmebeschluss v. 06.06.2006, 1 BvR 3/05 (www.juris.de).
1283 So der ehem. Vorsitzende BGH-Richter *Steffen*, zit. nach *Wallraf*, AfP 1998, 46, 47.
1284 *Stürner*, AfP 1998, 1, 8.
1285 BGH, NJW 1961, 2059, 2060.
1286 BVerfG, NJW 1973, 1221, 1222.
1287 *Körner*, NJW 2000, 241, 244.

Dem Vergleich mit der Entscheidung zur Vollstreckbarkeit eines US-Schadens-ersatzurteils erteilt der BGH aus dem Grund eine Absage, dass der zu Grunde liegende Sachverhalt dieser Entscheidung ganz anders gelagert sei und keine Parallele zum Streitfall der Zubilligung einer Geldentschädigung zumindest auch aus Präventionsgesichtspunkten aufweise.[1288]

Außerdem habe der BGH – so die Literatur – den medienpersönlichkeitsrechtli-chen Strafschaden mit viel Augenmaß in das System des deutschen Schadenser-satzrechts eingepasst, so eine spezifische deutsche Variante des Strafschadens geschaffen und dabei sowohl den Verhältnismäßigkeitsgrundsatz als auch den Grundsatz „nulla poena sine lege" des Art. 103 Abs. 2 GG beachtet. Der Schutzbereich des Art. 103 Abs. 2 GG sei allerdings tangiert, wenn kraft Rich-terrechts gemeinnützigen Institutionen oder dem Staat Teile des Strafschadens zukommen würden. Dieser Schritt sei dem Gesetzgeber vorbehalten.[1289]

III. Fazit

1. Fazit zur Wirksamkeit der Beschwerdearbeit des Presserates

Der Presserat ist durch sein System, genauer gesagt durch das Freiwilligkeits-prinzip, seine Zusammensetzung, den Finanzierungsmodus[1290], das Wahlverfah-ren und seine geringe Sanktionsmacht gegenüber Normabweichungen übermä-ßig an jenen gebunden, über die er urteilen soll. Diese Schwäche ist dem System der Selbstkontrolle zwar immanent, stellt aber ein Problem dar, da die Kluft zwischen dem ethischen Anspruch des Deutschen Presserates und der realen Selbstbeschränkung der Beteiligten zwar zurückgegangen, aber immer noch vor-handen ist.

Auf Grund seiner Abhängigkeit von der Presse und seinem Anspruch morali-scher Ratgeber und nicht Pranger zu sein, leitet der Pressrat von sich aus keine Beschwerdeverfahren ein, lässt oft Milde in seinen Urteilen walten und spricht keine Folgerügen aus.

1288 BGH, AfP 2005, 65, 66; bestätigt durch BVerfG, Nichtannahmebeschluss v. 06.06.2006, 1 BvR 3/05 (www.juris.de).

1289 *Stürner*, AfP 1998, 1, 8.

1290 Der Staat teilfinanziert zwar die Arbeit des Presserates. Um seine Unabhängigkeit zu gewährleisten und aus Sorge vor einer staatlichen Beeinflussung hat dieser allerdings die Übereinkunft getroffen, dass der Bundeszuschuss nie mehr als 50 % der Gesamtein-nahmen des Beschwerdeausschusses ausmachen soll (vgl. *Gottzmann*, Selbstkontrolle. S. 168f.). Damit ist der Presserat also immer noch stark von einer Finanzierung durch seine Trägerverbände und Spenden abhängig.

Eine weitere Verbesserungsmöglichkeit hinsichtlich seiner Konsequenzen bei Kodexverstößen läge darin, auch den Abdruck von Missbilligungen und Hinweisen zu fordern und das betreffende Publikationsorgan öffentlich zu nennen, was inzwischen erfreulicherweise zumindest in den Newslettern des Deutschen Presserates geschieht. Auch sollte die Art und Weise des Rügenabdrucks (und evtl. des Abdrucks von Maßnahmen und Hinweisen) verbindlich festgelegt und nicht jeder Zeitung weitestgehend selbst überlassen werden.

Es kann zwar keinem interessierten Bürger, auch wenn er moralisch integer ist, daran gelegen sein, eine Medienkultur ohne die Möglichkeit des scharfen Wortes und des Fehlers ohne allzu weitreichende Folgen zu schaffen, denn damit würde die Hölle mittelbarer Zensur eingeführt. Allerdings braucht die Medienkultur zumindest eine Standesethik, welche die Maßstäbe nicht allzu tief ansetzt. Der Presserat hat mit seinem Pressekodex die richtigen Standards gewählt. Daher sollte es in seinem Sinne sein, wenn ihn sachliche Kritik begleitet. Die stetig steigende Zahl von Beschwerden spiegelt in stärkerem Maße seine Akzeptanz und Bedeutungssteigerung wider als den Verfall der guten Sitten der Printjournalisten. Damit die Arbeit des Presserates erfolgreich sein kann, benötigt er allerdings weiterhin eine größere Publizität.[1291] Diese Publizität müsste ihm aber vor allem durch die Medien gegeben werden, indem sie die ungeschriebene Regel außer Kraft setzen, nicht kritisch über andere Medien zu berichten. Zumindest eine ständige Rubrik in den überregionalen Zeitungen und Zeitschriften über alle vom Presserat festgestellten eigenen und fremden Verfehlungen würde dessen Bekanntheit und Bedeutung enorm steigern und dafür sorgen, dass die Wahrscheinlichkeit einer höheren Aufmerksamkeit von Gerichtsentscheidungen im Vergleich zu den Entscheidungen des Presserats geringer würde. Wenn die Presseangehörigen wüssten, dass ihre Verfehlungen einer größere Öffentlichkeit bekannt würden, wäre die Wahrscheinlichkeit hoch, dass sie auch eine größere Sorgfalt auf die Einhaltung der ethischen Standards des Pressekodex legen würden.

2. Fazit zur Wirksamkeit der Rechtsprechung

Auch wenn bei der Festsetzung der Höhe der Geldentschädigung für Persönlichkeitsrechtsverletzungen der Presse immer Art 5 Abs. 1 GG beachtet werden muss und diese nicht so hoch sein darf, dass auch die zulässige Medienberichterstattung eingeschränkt wird, da selbst der gewissenhafteste Journalist immer

---

1291 Ähnlich auch *Stürner*, Bitb. Gespr. 1999/I, 105, 121.

mit einem gewissen Prozessrisiko leben muss[1292], gilt es doch folgendes zu beachten.

Bei konsequenter Gewinnorientierung können die Strafschäden kaum unverhältnismäßig sein, da der Eingriff nie stärker als der Gewinn ist und folglich auch nicht existenzgefährdend sein dürfte.[1293] Der Einwand, dass die durch vorsätzliche Persönlichkeitsrechtsverletzungen gewinnträchtigeren Ausgaben andere schwächer nachgefragte Ausgaben oder defizitäre Produkte desselben Verlages ausgleichen und so für ein Fortbestehen der Meinungsvielfalt auf dem Zeitungs- und Zeitschriftenmarkt sorgen,[1294] erscheint mir übertrieben. Auch wenn es sicherlich erfolgreiche und weniger erfolgreiche Ausgaben und Produkte gibt und sich letztendlich die Gesamtpalette rechnen muss, ist es nicht angebracht, von zumindest auch an der Höhe des konkreten Gewinns orientierten Geldentschädigungen bei vorsätzlichen Persönlichkeitsrechtsverletzungen eine erhöhte Gefahr für die Vielfalt des deutschen Zeitungs- und Zeitschriftenmarkts zu sehen. Boulevardblätter haben zwar häufig eine höhere Auflage und erwirtschaften größere Gewinne als politisch orientierte Presseprodukte, dennoch bezuschussen sie diese nicht, sondern sorgen allenfalls für höhere Gewinne. Wenn ein Presseprodukt über einen längeren Zeitraum nur Verluste macht und auch für die Zukunft keine Besserung in Sicht ist, wird es im Normalfall unabhängig von seinem journalistischen Anspruch und seiner intellektuellen Qualität eingestellt, egal wie hohe Gewinne der herausgebende Verlag mit anderen Produkten macht. Einzig die Risikobereitschaft eines durch andere gut laufende Zeitungen abgesicherten Verlages dürfte höher sein als die eines solchen Verlages, der ums Überleben kämpft. Dies sollte allerdings nicht dazu führen, dass dieser leichtsinniger mit Persönlichkeitsrechten umgeht, da er sich die zwangsläufig drohenden Prozesse leisten kann, sondern im Gegenteil dazu, dass er nicht gezwungen ist, mit reißerischen und schlecht recherchierten Geschichten den Absatz anzukurbeln, sondern seinen Journalisten die nötige Zeit für eine gewissenhafte Recherche und die Freiheit zur intellektuell hochwertigen Themenauswahl gibt.

So muss es der Presse möglich sein, über (sorgfältig recherchierte) Umstände zu berichten, deren Wahrheit im Zeitpunkt der Veröffentlichung nicht mit Sicherheit feststeht,[1295] während eine vorsätzliche Verletzung des Persönlichkeitsrechts nie von der Pressefreiheit gedeckt sein kann. Entscheidend ist stets die fallbezogene Abwägung der konkurrierenden Rechtsgüter, so dass auch in hohen Geldentschädigungsbeträgen nicht zwangsläufig eine Gefahr für die Pressefreiheit liegen muss.[1296] Im Gegenteil dürfen vorsätzliche Verletzungen der Privatsphäre

---

1292 So *Steffen*, NJW 1997, 10, 12.
1293 Vgl. *Stürner*, AfP 1998, 1, 7.
1294 S.o.: 4. Kap., E., II., 2., d).
1295 BVerfG, NJW 1998, 1381.
1296 Vgl. auch *Körner*, NJW 2000, 241, 245.

nicht wirtschaftlich kalkulierbar[1297] und die Persönlichkeitsrechtsverletzung so ein lohnendes Geschäft der Großverlage[1298] sein, weshalb die Geldentschädigung nach oben orientiert werden muss, damit sie ihre präventive Funktion erfüllen kann.[1299] Aussagen, wie die noch 1995 von Springer-Verlagsleiter Christian Delbrück getätigte „Das Schmerzensgeld lässt sich verschmerzen."[1300] zeigen, dass dieser Weg der richtige ist.

Problematisch ist es allerdings, den Persönlichkeitsschutz in dem Maße zu ökonomisieren, dass der Rechtsbruch zu einem Passivposten in der Geschäftsbilanz wird, der auch den rücksichtslosesten Geschäftemacher resignieren lässt. Eine solche Höhe kollidiert sowohl mit der immateriellen Natur der Störung als auch mit der zivilrechtlichen Wurzel der Sanktion, die trotz ihrer Nähe zur Privatstrafe keine Strafe im Rechtssinne ist.[1301] Außerdem müsste die Geldentschädigung dann so exorbitant hoch sein, dass wir uns amerikanischen Verhältnissen nähern würden, die dann wiederum tatsächlich eine Gefahr für die Pressefreiheit darstellen würden. Auch wenn vorsätzliche Persönlichkeitsrechtsverletzungen nicht von der Pressefreiheit gedeckt sind, sollte der betroffene Verlag eine Geldentschädigung zwar spüren, nicht aber daran zu Grunde gehen. Wichtig ist weiterhin, dass eine hohe Geldentschädigung mit Präventionsfunktion nur bei vorsätzlichem Rechtsbruch und in keinem Fall bei einer fahrlässigen Sorgfaltspflichtverletzung gerechtfertigt ist. Auch eine wiederholt grob bzw. bewusst fahrlässige Sorgfaltspflichtverletzung sollte zwar spürbare Sanktionen nach sich ziehen, eventuelle Geldentschädigungen sollten aber doch deutlich unter denen bei Vorsatz gewährten sein. Zu beachten ist ebenfalls, dass stets auch das mediale Vorverhalten des Betroffenen in die Bemessung der Höhe der Geldentschädigung einbezogen werden sollte.

Ein weiterer Kritikpunkt der Gegner hoher Geldentschädigungen bei Persönlichkeitsrechtsverletzungen der Presse liegt im Vergleich mit den erheblich niedrigeren Schmerzensgeldern bei Körperverletzungen.[1302] Wenn man isoliert die Opferseite betrachtet, ist es tatsächlich nicht nachzuvollziehen, warum die oft beträchtliche Schmerzen und lebenslanges Leid erdulden müssenden Körperverletzungsopfer soviel schlechter gestellt werden. Eine solche isoliert auf das Opfer abstellende Betrachtung wäre allerdings verfehlt, es müssen auch der Täter und die Tatumstände betrachtet werden. In der Vergangenheit wurden die höchsten Schmerzensgelder den Opfern grob fahrlässiger ärztliche Behand-

---

1297 *Prinz*, ZRP 2000, 138, 144; Nordemann, ZUM 1991, 554.

1298 So auch *Prinz*, NJW 1996, 953, 954.

1299 Im Ergebnis so auch *Steffen*, NJW 1997, 10, 12.

1300 Zit. nach *Minzberg*, BILD-Zeitung und Persönlichkeitsschutz, S. 243.

1301 Vgl. *Steffen*, NJW 1997, 10, 13.

1302 S.o.: 4. Kap., E., II., 2., c).

lungsfehler zugesprochen.[1303] Diese erfolgten demnach nicht vorsätzlich und auch nicht durch kommerzielle Interessen motiviert.[1304] Auch bei einer vorsätzlichen schweren oder gefährlichen Körperverletzung muss beachtet werden, dass der Täter im Normalfall weniger Geld besitzt und zusätzlich zum Schmerzensgeld erhebliche strafrechtliche Sanktionen befürchten muss, während ein Verlag mit Millionengewinnen eher in der Lage ist, eine hohe Geldentschädigung zu zahlen. Das Schmerzensgeld soll bei Körperverletzungen weiterhin nur Genugtuungsfunktion erfüllen, während bei einer Persönlichkeitsrechtsverletzung zusätzlich der Präventionsgesichtspunkt beachtet werden muss, der bei einer Körperverletzung durch die strafrechtlichen Konsequenzen erfüllt wird. Außerdem kalkuliert der Verlag und rechnet eine eventuelle Geldentschädigung oft mit dem durch die Persönlichkeitsrechtsverletzung erwarteten Gewinn auf, während der Täter einer Körperverletzung, sollte er mit ihr überhaupt Geld erbeuten wollen wie beispielsweise bei einem Raub, vorher im Regelfall keine Gewinn- und Verlustrechung anstellt.

Die Zahlung einer Geldentschädigung schließt ebenfalls nicht aus, dass auch beim Leser die eventuelle Fehlinformation oder der falsche Eindruck korrigiert und damit dem öffentlichen Kommunikationsprozess genüge getan wird. Erstens werden Geldentschädigung und negatorische Ansprüche in der Regel nebeneinander geltend gemacht und zweitens finden auch spektakuläre Gerichtsprozesse mit hohen Geldentschädigungen öffentliche Beachtung. Weiterhin können beispielsweise unter Verletzung des Persönlichkeitsrechts aufgenommene und veröffentliche Bilder oder intime Details aus dem Privatleben Prominenter oder Nichtprominenter nicht durch eine Gegendarstellung, eine Richtigstellung oder einen Widerruf aus der Welt geschaffen werden und ein Unterlassungsanspruch soll gerade dafür sorgen, dass keine erneute Diskussion aufkommt.

Nicht korrekt ist allerdings, wenn der Präventionsgedanke nur im Fall der Verletzung des Persönlichkeitsrechts Prominenter berücksichtigt wird. Begründet wird diese Sichtweise damit, dass es nur eines besonderen Hemmungseffektes bedürfe, wenn die Betroffenen in einem höheren Maß, als das bei kommerziellen Fernsehsendern (übertragbar auf alle Massenmedien[1305]) notwendigerweise der Fall sei, zur Verfolgung wirtschaftlicher Interessen eingesetzt worden seien. Es sei nicht ersichtlich, dass durch die beanstandeten Bilder der Nichtprominenten eine signifikante Steigerung der Zuschauerzahl und damit auch eine Steigerung der Attraktivität des Senders als Werbeträger erzielt worden sei.[1306]

1303 Vgl. LG Berlin, VersR 2005, 1247f.; OLG Hamm, NJW-RR 2002, 1604.
1304 Vgl. für den Vergleich der Schmerzensgeldbemessung bei Persönlichkeitsrechtsverletzungen und Verkehrsunfällen BVerfG, NJW 2000, 2187, 2188.
1305 Anm. des Verfassers.
1306 OLG Karlsruhe, ZUM 2006, 568, 570.

Obwohl enthüllende Geschichten Prominenter im Regelfall einen besseren Werbeeffekt haben als solche „normaler" Bürger, bleibt doch die vorsätzliche Persönlichkeitsverletzung zur Erzielung eines wirtschaftlichen Vorteils die gleiche. Wenn der verantwortliche Redakteur nicht davon überzeugt ist, dass die zur Veröffentlichung angedachte Geschichte für den Leser oder Zuschauer ein Grund sein kann, die betreffende Zeitung zu kaufen oder den ausstrahlenden Sender einzuschalten, würde er sie nicht veröffentlichen. Im Normalfall ist der nicht in der Öffentlichkeit stehende Bürger sogar schutzwürdiger, da er im Gegensatz zum Prominenten keinen direkten Zugang zu den Medien hat, um sich gegen die Veröffentlichung an exponierter Stelle zu Wehr zu setzen. Die Folgen einer derartigen Persönlichkeitsrechtsverletzung können für ihn gravierend sein, da er meist ohne eigenes Zutun in den Fokus der Medien gerät und zumindest in seinem näheren sozialen Umfeld anders wahrgenommen wird, weshalb ihm im Extremfall sogar das Weiterführen seines vorherigen Lebens nicht mehr möglich ist. Vor diesem Hintergrund ist m.E. auch die Argumentation verfehlt, dass niemand das Strafrecht für unwirksam halte, weil trotzdem jeden Tag gemordet, vergewaltigt, geraubt, gestohlen und unterschlagen werde, Verfehlungen relativ zur Normkonformität gesehen werden müssten und der Beleg für die Unwirksamkeit der derzeitigen Regelungen durch spektakuläre Verstöße gegen die Sorgfaltspflichten durch Boulevardzeitungen, die vom Publikum ohnehin für unseriös gehalten werden würden, geführt werde, dies aber für die Situation in der deutschen Presselandschaft nicht typische Einzelfälle seien.[1307] Auch wenn die Mehrheit der deutschen Presse seriös arbeitet, sind es tatsächlich vor allem die einzelnen spektakulären Fälle, die es in den Griff zu bekommen gilt. Für das zum Vergleich herangezogene Strafrecht gibt es im Gegensatz zur Situation in der Presse keine rechtsstaatlich vertretbare Alternative, es kann nur versucht werden, durch punktuelle Veränderungen des Strafgesetzbuches eine Verbesserung des Bürgerschutzes zu erreichen.

1307 *Pöttker* in Baum, Handbuch Medienselbstkontrolle, S. 126; vgl. auch *Wallenhorst*, Medienpersönlichkeitsrecht und Selbstkontrolle, S. 507.

5. Kapitel: Verbesserung der Situation durch Reformen oder Weiterentwicklungen der Presseselbstkontrolle?

Wie dargestellt, reicht zumindest die Handhabung der vorhandenen Sanktionsmöglichkeiten von Presserat und Rechtsprechung nicht aus, um die Wahrung des Persönlichkeitsrechts sowohl Prominenter als auch Nichtprominenter zuverlässig sicherzustellen. Zur Verbesserung dieser unbefriedigenden Situationen sind verschiedene Lösungsmöglichkeiten angedacht worden.

A. Gesetzlich festgeschriebene Rügenabdrucksverpflichtung

Um dem Dilemma des unzureichenden Rügenabdrucks zu entkommen, wurde u.a. vom Deutschen Journalistenverband empfohlen, die Pflicht zum Rügenabdruck gesetzlich zu verankern.[1308] Konkret solle diese Vorschrift als Ordnungswidrigkeit in die Landespressegesetze aufgenommen werden.[1309]

Alternativ zur unmittelbaren Rügenabdrucksverpflichtung wird vorgeschlagen, ähnlich dem Gegendarstellungsrecht dem betroffenen Bürger einen gesetzlichen Anspruch auf Rügenabdruck zu gewähren, der im Wege der einstweiligen Anordnung durchsetzbar sein soll.[1310] Gegen diesen Anspruch soll dem Presseunternehmen lediglich der Einwand des rechtswidrigen Eingriffs in den Gewerbebetrieb bleiben, für den es die Beweislast trage. Dies hätte den Vorteil, dass es beim Gleichordnungsmodell bliebe und nur die Waffengleichheit des Bürgers erhöht werden würde, der zusätzlich zur eigenen Gegendarstellung die Rüge einer objektiven Instanz veröffentlichen lassen könnte.[1311]

Neben verfassungsrechtlichen Schwierigkeiten und der damit einhergehenden Angst vor einer Verstaatlichung der Presseselbstkontrolle[1312] ist weiterhin problematisch, dass die Presse damit gesetzlich gezwungen werden würde, die – vereinfacht gesagt – Stellungnahme eines privaten Vereins zu veröffentlichen.[1313]

1308 *Herrmann* in Sitzungsberichte des 58. DJT, K 26.; *Hauss*, AfP 1980, 180, 183.
1309 *Hauss*, AfP 1989, 180, 183.
1310 *Stürner*, Bitb. Gespr. 1999/I, 105, 108.
1311 *Stürner*, Gutachten für den 58. DJT, A 35f.
1312 Vgl. Deutscher Presserat, AfP 1990, 292; *Schwetzler*, Presseselbstkontrolle, S. 388; *Münch*, Selbstkontrolle, S. 284; *Gottzmann*, Selbstkontrolle, S. 147.
1313 Vgl. *Soehring* in Sitzungsberichte des 58. DJT, K 192; *Wenzel* in Sitzungsberichte des 58. DJT, K 204 schlägt aus diesem Grund vor, im Falle einer Persönlichkeitsrechtsver-

Die Rügen beruhen auf dem Pressekodex und der Beschwerdeordnung des Deutschen Presserates, die ihrerseits keinen Gesetzescharakter haben, so dass sie als Grundlage für Eingriffe nicht in Frage kommen.[1314]

Auch der Presserat selbst hat sich gegen den Vorschlag einer gesetzlichen Verankerung der Pflicht zum Rügenabdruck ausgesprochen.[1315] Die Rügenabdruckspflicht könnte zwar auch gegen den Willen des Presserates gesetzlich statuiert werden, dieser könnte sie aber jederzeit durch eine Änderung des Entscheidungskataloges oder seiner Spruchpraxis unterlaufen.[1316] Es bestünde in diesem Fall die Gefahr, dass nur noch die eklatantesten Kodexverstöße eine öffentliche Rüge nach sich zögen.[1317] So würde mit einer isolierten gesetzlichen Rügenabdrucksverpflichtung bei sonstiger Beibehaltung des Presserates in seiner derzeitigen Form zwar ein Problem des Presserates gelöst, die anderen[1318] blieben aber bestehen.

B. Interner oder externer Ombudsmann bzw. Pressebeauftragter

Ein anderer Vorschlag sieht die Installierung eines internen oder externen Pressebeauftragten vor.

Ein zeitungsinterner Pressebeauftragter hätte die Aufgabe, Beschwerden von Betroffenen oder anderen Lesern zu behandeln und möglichst eine einvernehmliche Lösung herbeizuführen.[1319] Sein Vorteil läge darin, dass er schnell und unbürokratisch Hilfe leisten, dabei auch redaktionsinterne Diskussionen kommunizieren und um Verständnis für die Arbeit der Presse werben könnte.[1320] Da er sich aber in berechtigten Beschwerdefällen zwangsläufig auch gegen seine eigenen Kollegen stellen müsste, stünde er unter großem Druck und wäre mögli-

---

letzung als Beseitigungsfolge die Verpflichtung zur Veröffentlichung einer Presseratsrüge als zivilrechtlichen Anspruch richterrechtlich anzuerkennen (vgl. auch *Gottzmann*, Selbstkontrolle, S. 147). Dies ist m.E. allerdings schwer zu realisieren, da sich Richterrecht nicht durch eine Diskussion in der Literatur, sondern durch unabhängige und selbstverantwortliche Entscheidungen der konkret mit einem Fall betrauten Richter herausbildet.

1314 Vgl. *Suhr*, Presseselbstkontrolle, S. 72.
1315 Deutscher Presserat, AfP 1990, 292.
1316 *Münch*, Selbstkontrolle, S. 284f.; *Schwetzler*, Presseselbstkontrolle, S. 389.
1317 *Münch*, Selbstkontrolle, S. 285.
1318 S.o.: 4. Kap., E., I. und III., 1.
1319 Vgl. *Suhr*, Presseselbstkontrolle, S. 25; *Münch*, Selbstkontrolle, S. 168.
1320 Vgl. auch *Wiedemann* in Mestmäcker, Selbstkontrolle und Persönlichkeitsschutz in den Medien, S. 28.

cherweise verstärkten internen Anfeindungen ausgesetzt. Außerdem würde es ihm an der persönlichen Unabhängigkeit von dem Presseorgan fehlen, das er kontrollieren solle, da er bei diesem auch angestellt wäre. Dies könnte unter Umständen zur Parteilichkeit in seiner Entscheidungsfindung führen oder ihn zumindest dem Verdacht einer solchen aussetzen.[1321]

Daher wird auch die Installierung unabhängiger externer Pressebeauftragter diskutiert, die die Einhaltung der journalistischen Sorgfaltspflichten überwachen und Beschwerden über Verstöße nachgehen sollen. Zu diesem Zweck soll ihnen ein Auskunftsrecht gegenüber den zu kontrollierenden Presseorganen sowie die Befugnis zustehen, veröffentlichungspflichtige Rügen auszusprechen.[1322]

Problematisch ist allerdings, dass ein solcher externer Pressebeauftragter seine Legitimation praktisch nur aus staatlicher Hand empfangen könnte und so als staatlich-behördliche Instanz im weiteren Sinne eine inhaltliche Staatskontrolle über die Presse ausüben würde, was gegen Art. 5 Abs. 1 S. 2 GG verstieße.[1323]

Außerdem wäre ein einzelner Pressebeauftragter mit umfassendem Kontrollauftrag bei größeren Presseprodukten wie „Spiegel", „Stern" oder der Bild-Zeitung überfordert.[1324]

C. Kollektivrechtliche Verbandskontrolle

Ebenfalls wird erwogen, ein System der kollektivrechtlichen Verbandskontrolle einzurichten. Verlegerverbände bzw. Verleger auf der einen und Journalistenverbände auf der anderen Seite sollen hierbei auf der Basis einer tarifvertraglichen Vereinbarung i. S. d. § 4 Abs. 2 TVG Einrichtungen der Selbstkontrolle organisieren, zu denen auch eine Standesgerichtsbarkeit gehören solle. Vorteil dieser Regelung wäre, dass über die normative Verbindlichkeit des Tarifvertrages alle Mitglieder der tarifvertragsschließenden Parteien mit unmittelbarer Verbindlichkeit einer solchen gemeinsamen Presseselbstkontrolleinrichtung unterstellt wären.[1325]

1321 So auch *Schwetzler*, Presseselbstkontrolle, S. 391 f; *Wiedemann* in Mestmäcker, Selbstkontrolle und Persönlichkeitsschutz in den Medien, S. 28.

1322 *Schwetzler*, Selbstkontrolle, S. 392; *Scholz* in FS für Maunz, S. 346; vgl. auch *Stürner*, Gutachten für den 58. DJT, A 37 f.; *Thieme*, DÖV 1980, 149, 154.

1323 *Scholz* in FS für Maunz, S. 346; *Stark*, Ehrenschutz, S. 207.

1324 Vgl. *Hauss*, AfP 1980, 178; *Schwetzler*, Presseselbstkontrolle, S. 392.; *Stürner*; Gutachten für den 58. DJT, A 38.

1325 *Scholz* in FS für Maunz, S. 348.

Hierbei bestünde allerdings einerseits die Gefahr einer zu großen Verbandpoliti-sierung und andererseits ergäbe sich das Problem, dass nur die Mitglieder der ta-rifvertragsschließenden Parteien einer derartigen Einrichtung mit unmittelbarer Verbindlichkeit unterstellt wären (§§ 3 Abs. 1, 4 Abs. 1, 2 TVG). Damit wären die immer mehr und verantwortungsvollere Aufgaben übernehmenden freien Mitarbeiter von vorne herein nicht erfasst. Außerdem könnte auf Arbeitgebersei-te niemand zum Abschluss einer entsprechenden Vereinbarung gezwungen wer-den, so dass naturgemäß die Verleger, die sich am wenigsten um die Einhaltung der journalistischen Sorgfaltspflichten kümmern, einer solchen tarifvertraglichen Einigung nicht beitreten würden.[1326]

D. Vereinsrechtliche Lösung

Ein anderer Gedanke sieht vor, einen eingetragenen Verein zu gründen, in dem die Presseunternehmen und anderen Presseangehörigen anders als beim derzeiti-gen Modell des Deutschen Presserates[1327] selbst die Mitglieder stellen. Um eine möglichst hohe Kontrolldichte zu erreichen wird vorgeschlagen, den vereinsan-gehörigen Presseunternehmen vorzuschreiben, die bei ihnen angestellten oder als freie Mitarbeiter beschäftigten Journalisten unabhängig von ihrer Vereins-mitgliedschaft durch einzelvertragliche Abreden der Sanktionsmacht dieser Ein-richtung zu unterstellen. Die konkrete berufsständische Kontrolle solle dann nach den Grundsätzen der Vereins- bzw. Verbandsgerichtsbarkeit organisiert werden.[1328]

Das vereinsrechtliche Modell hat allerdings ebenso wie der derzeit bestehende Deutsche Presserat die Schwäche, auf die Kooperation der Presseunternehmen angewiesen zu sein. Es können nur diejenigen Journalisten und Verleger rechts-verbindlich zu der Einhaltung der aufgestellten Regeln verpflichtet werden, die Mitglieder des Vereins sind oder entsprechende Anerkennungsverträge unter-schrieben haben. Auch hier kann niemand gezwungen werden, dem Verein bei-zutreten. Darüber hinaus kann sich jedes Mitglied durch Austritt der ihm dem Verein gegenüber bestehenden Pflichten endledigen.[1329]

1326 Vgl. *Schwetzler*, Selbstkontrolle, S. 394f.; *Stark*, Ehrenschutz, S. 206; *Scholz* in FS für Maunz, S. 348f.
1327 Gem. § 2 Abs. 1 STDPR (s. www.presserat.de/Statuten.221.0.html) sind lediglich der BDZV, der VDZ, der DJV, die dju sowie je eine von diesen Organisationen benannte natürliche Person Mitglieder des Trägervereins des Deutschen Presserates.
1328 *Scholz* in FS für Maunz, S. 352ff.; *Schwetzler*, Presseselbstkontrolle, S. 395.
1329 Vgl. *Gottzmann*, Selbstkontrolle, S. 152.

E. Einrichtung von Pressekammern

Eine weitere Möglichkeit zur Verbesserung der Situation ist die schon früher vor allem vor dem Hintergrund der grundrechtlich geschützten Pressefreiheit kontrovers diskutierte Einführung von Journalisten- oder Pressekammern ähnlich den Anwalts-, Apotheker- oder Ärztekammern, die aus dem Presserat hervorgehen könnten.

I. Die Entwicklung des Standesrechts der Anwälte im Vergleich

Interessante Aspekte in dieser Diskussion könnte zunächst ein Vergleich mit der Entwicklung des Standesrechts der Anwälte liefern.

1. Geschichte des Standesrechts der Anwälte

Zuerst soll die geschichtliche Entwicklung des Standesrechts der Anwälte nachgezeichnet werden, soweit sie für einen Vergleich mit dem Standesrecht der Presse relevant ist.

a) Die Entwicklung bis zu den BVerfG-Entscheidungen vom 14.07.1987

Eine der wichtigsten verfassungsrechtlichen und justizpolitischen Forderungen des Liberalismus war die Freigabe der Advokatur[1330] und die Selbstverwaltung des Advokatenstandes, da der Bürger seine Rechte gegenüber dem Staat nur mit einer Anwaltschaft an seiner Seite wahren könne, die frei von staatlichen Einflüssen sei.[1331] Die am 01.10.1879 in Kraft getretene RAO erfüllte diese Forderung und schuf einen einheitlichen deutschen Anwaltsstand.[1332]

Diese freie Advokatur der liberalen Ära wurde aber spätestens mit der Einführung der RRAO durch die Nationalsozialisten im Jahre 1936 wieder beseitigt. Die Anwaltschaft verlor ihre Selbstverwaltung und die Rechtsanwaltskammern gingen in der Reichrechtsanwaltskammer auf. Damit wurde sichergestellt, dass

---

1330 Bis zum Reorganisationsgesetz vom 02.01.1849 hießen die Rechtsanwälte Advokaten, s. Henssler/ Prütting – *Koch*, BRAO, Einl., Rn 1.
1331 Henssler/ Prütting – *Koch*, BRAO, § 1, Rn 2.
1332 Henssler/ Prütting – *Koch*, BRAO, § Einl., Rn 2ff.

nur noch mit nationalsozialistischem Gedankengut Infiltrierte als Rechtsanwalt tätig werden konnten.[1333]

Nach Kriegsende 1945 wurden in den Besatzungszonen und später in den Bundesländern durch die jeweils zuständigen Stellen Rechtsanwaltsordnungen verkündet, die weitgehend auf der RAO 1879 beruhten, bevor am 01.08.1959 nach siebenjährigen Beratungen im Deutschen Bundestag die Bundesrechtsanwaltsordnung verkündet wurde.[1334] Neben der Herstellung der Rechtseinheit und der Neustrukturierung der Ehrengerichtsbarkeit sollte die Anwaltschaft vor allem die für Verbände oder Vereinigungen innerhalb eines freien Berufes zur Wahrung ihrer Eigenheit erforderliche Selbstverwaltung erhalten. Nach § 177 Abs. 2 Nr. 2 BRAO a.F. oblag es der Bundesrechtsanwaltskammer, die allgemeine Auffassung über Fragen der Ausübung des Anwaltsberufs in Richtlinien festzustellen.[1335] Diese 1963 von der Hauptversammlung der BRAK erarbeiteten Richtlinien wurden als Konkretisierungshilfe und Erkenntnisquelle angesehen, nicht aber als Rechtssätze.[1336] Dennoch haben die anwaltlichen Ehrengerichte diese Richtlinien mitunter als Rechtssätze mit Normcharakter angewandt. Es kam vor, dass einzelne Bestimmungen der Richtlinien in Anschuldigungsschriften und im Tenor ehrengerichtlicher Entscheidungen als verletzte Norm zitiert wurden.[1337]

b) Die Entwicklung ab den BVerfG-Entscheidungen vom 14.07.1987

Diese Praxis beendete das Bundesverfassungsgericht am 19.11.1987 mit der Veröffentlichung zweier Entscheidungen, die bereits am 14.07.1987 ergangen waren.[1338] In völliger Umkehr seiner bisherigen Rechtsprechung sprach das Bundesverfassungsgericht den Standesrichtlinien sogar die Qualität eines rechtserheblichen Hilfsmittels zur Konkretisierung der Generalsklausel des § 43 BRAO ab.[1339] Begründet wurde dies damit, dass die Berufsausübung des Rechtsanwaltes gem. Art. 12 Abs. 1 S. 2 GG nur durch Gesetz oder auf Grund eines Gesetzes geregelt werden dürfe, die Standesrichtlinien aber keine Rechtsnormen i. S. d. Art. 12 Abs. 1 S. 2 GG seien. Des Weiteren müssten Regelungen, die in die Berufsausübung eingreifen, durch demokratische Entscheidungen zu Stande kommen, wobei statusbildende Berufsausübungsregelungen dem Gesetzgeber vorbehalten seien, während statusausfüllende auch von einer mit Satzungsautono-

1333 Henssler/ Prütting – *Koch*, BRAO, § Einl., Rn 8.
1334 Henssler/ Prütting – *Koch*, BRAO, § Einl, Rn 9f.
1335 Henssler/ Prütting – *Koch*, BRAO, § Einl, Rn 11ff.
1336 BVerfGE 36, 212, 217; 60, 215, 230.
1337 Hartung – *Hartung*, Anwaltl. BerufsO, Einf BerufsO, Rn 8.
1338 BVerfGE 76, 171ff.; 196ff.
1339 BVerfGE 76, 171, 188f.; 76, 196, 205.

mie ausgestatteten Körperschaft des öffentlichen Rechts erlassen werden dürften. Beachtet werden müssten allerdings die materiell-rechtlichen Anforderungen, die Art. 12 Abs. 1 GG an Einschränkungen der Freiheit der Berufsausübung stelle.[1340]

Der Gesetzgeber war damit aufgefordert, der Anwaltschaft in einer Novellierung der BRAO eine solche Satzungskompetenz zur Schaffung statusausfüllender Berufsausübungsregeln zu übertragen.

Die Zeit bis zur Verkündung des Gesetzes zur Neuordnung des Berufsrechts der Rechtsanwälte und Patentanwälte am 02.09.1994 war geprägt von intensiven Beratungen der Anwaltschaft über die Gestaltung des künftigen Berufsrechts, aus der auch differierende Gesetzesentwürfe des DAV und der BRAK hervorgingen.[1341]

Die Neufassung der BRAO gab der Satzungsversammlung (demokratisch nach den Regelungen der §§ 191a bis 191e BRAO n.F. gewähltes Parlament der Anwaltschaft zur Verabschiedung einer Berufsordnung) in § 59b BRAO einen abschließenden Ermächtigungskatalog für mögliche Regelungsinhalte der Berufsordnung. Die bis zu den BVerfG-Entscheidungen geltenden Standesrichtlinien stammten dagegen von den Präsidenten der regionalen Rechtsanwaltskammern, die gem. § 188 Abs. 1 BRAO a.F. die Hauptversammlung der Bundesrechtsanwaltskammer bildeten und dort je eine Stimme ohne Rücksicht auf die Mitgliederzahl ihrer Kammer hatten. In der Satzungsversammlung hatten diese gem. § 191a Abs. 4 BRAO n.F. nur noch einen Sitz mit beratender Funktion.[1342] Die stimmberechtigten Mitglieder der Satzungsversammlung mussten von den regionalen Rechtsanwaltskammern gem. § 191b Abs. 2 BRAO n.F. in geheimer und unmittelbarer Wahl durch Briefwahl gewählt werden, wobei je angefangene 1000 Kammermitglieder ein Mitglied der Satzungsversammlung zu wählen war (§ 191b Abs. 1 BRAO n.F.). Die 88 gewählten Mitglieder und die nicht gewählten, aber mit beratender Stimme ausgestatten, Präsidenten der regionalen Rechtsanwaltskammern traten am 07.09.1995 zu ihrer ersten konstituierenden Sitzung in Berlin zusammen. In dieser und in vier weiteren Sitzungen wurde die Beschlussfassung der Berufsordnung erarbeitet, die am 29.11.1996 per Abstimmung mit überwältigender Mehrheit angenommen wurde.[1343]

1340 BVerfGE 76, 171, 184ff.

1341 Henssler/ Prütting – *Koch*, BRAO, Einl., Rn 20f.

1342 Hartung – *Hartung*, Anwaltl. BerufsO, Einf BerufsO, Rn 27.

1343 78 Ja-Stimmen, 3 Nein-Stimmen und 4 Enthaltungen, vgl. Hartung – *Hartung*, Anwaltl. BerufsO, Einf BerufsO, Rn 50; zu dem Verlauf der einzelnen Sitzungen vgl. ausführlich Hartung – *Hartung*, Anwaltl. BerufsO, Einf BerufsO, Rn 30ff.

2. Parallelen in der Berufsethik der Anwälte und Journalisten

Sowohl für die Arbeit des Journalisten als auch für die des Anwaltes ist es unabdingbar, dass ihm Vertrauen entgegengebracht wird. Der Rechtssuchende hat ohne Anwalt kaum noch einen Überblick über seine Rechtslage, genauso wie der Informationssuchende sich ohne die Medien nicht mehr in der Nachrichtenwelt orientieren kann. Wie das Ansehen der Presse[1344] muss auch das Ansehen der Anwaltschaft[1345] von den Mitgliedern seines Berufsstandes besonders gewahrt werden.

Hierzu gehört vor allem die Unabhängigkeit. Im Anwaltsberuf ist diese in §§ 1, 43 a Abs. 1 BRAO und in § 1 Abs. 3 BerufsO angesprochen. Gemeint ist in erster Linie die Unabhängigkeit vom Staat, da der Anwalt Anlaufstelle für die Bürger und ihre Teilhabe am Recht ist. Daher darf er keine falsche Rücksicht auf Staatsorgane oder Staatsdiener nehmen. Der Bürger muss darauf vertrauen können, dass sein Anwalt sich nicht den Interessen des Staates, sondern ausschließlich dem Recht verpflichte fühlt. Diese Verpflichtung gegenüber dem Recht bedeutet allerdings nicht, auf den Angriff auch gesichert erscheinender Rechtspositionen zu verzichten oder eine zweifelhafte Geltungskraft von Gesetzen anzuerkennen.[1346]

Für den Bereich der Presse dienen das Verbot nachrichtendienstlicher Tätigkeiten der RL 5.2[1347], die in Ziffer 6 des Pressekodex[1348] und in RL 6.1[1349] geforderte Trennung von Tätigkeiten, die Trennung von Werbung und Redaktion in Ziffer 7[1350] sowie das Verbot der Vorteilsannahme, soweit dieser Vorteil geeignet sein könnte, die Entscheidungsfreiheit von Verlag und Redaktion zu beeinträchtigen, der Ziffer 15[1351], der Sicherstellung der Unabhängigkeit der journalistischen Arbeit. Damit die Presse ihrer für eine funktionierende Demokratie essentiellen Kontrollfunktion nachkommen kann, muss sie unabhängig berichten können und darf daher keiner Beeinflussung von Seiten des Staates oder der Wirtschaft unterliegen.

1344 Vgl. § 1 Abs. 2 des Pressekodex: „Jede in der Presse tätige Person wahrt auf dieser Grundlage das Ansehen und die Glaubwürdigkeit der Medien.", s. Deutscher Presserat, Jahrbuch 2007, S. 198.

1345 Vgl. § 43 BRAO und Busse, AnwBl 1998, 231, 233.

1346 *Busse*, AnwBl 1998, 231, 233.

1347 Deutscher Presserat, Jahrbuch 2007, S. 204.

1348 Deutscher Presserat, Jahrbuch 2007, S. 205.

1349 Deutscher Presserat, Jahrbuch 2007, S. 205.

1350 Deutscher Presserat, Jahrbuch 2007, S. 206.

1351 Deutscher Presserat, Jahrbuch 2007, S. 218.

Zur Unabhängigkeit im weiteren Sinne gehört aber auch die Beachtung der Wahrheitspflicht.[1352] Für den Rechtsanwalt ist diese in § 43a Abs. 3 S. 2 BRAO angesprochen, hiernach darf der Anwalt bei seiner Berufsausübung nicht bewusst die Unwahrheit verbreiten. Dieses Verbot der Lüge ist der Schwerpunkt des in § 43a Abs. 3 aufgestellten Sachlichkeitsgebots, da die Rechtspflege schweren Schaden nimmt, wenn man der Wahrheit der Aussagen des Rechtsanwalts nicht vertrauen kann.[1353] Selbst eine Notlüge, beispielsweise wenn der Angeklagte zu Unrecht verurteilt zu werden droht, ist zum Schutz des Systems der Rechtsfindung nicht erlaubt.[1354] Allerdings ist direkter Vorsatz erforderlich. Wenn der Rechtsanwalt die Unwahrheit seiner Behauptung lediglich für möglich hält, verstößt er nicht gegen die Wahrheitspflicht.[1355] Diese Einschränkung ist der Aufgabe des Rechtsanwaltes geschuldet, in erster Linie die Interessen seines Mandanten zu vertreten. Wenn er bei jedem Zweifel an der Richtigkeit der Aussagen seines Mandanten oder der Zeugen, diese nicht mehr verbreiten dürfte, wäre ihm eine Vertretung seines Mandanten in vielen Fällen unmöglich. Außerdem besitzt der Rechtsanwalt auch keine gerichtlichsähnlichen Möglichkeiten der Wahrheitsermittlung.

Obwohl die Presse ebenfalls keine gerichtsähnlichen Möglichkeiten der Wahrheitsfindung hat, muss sie höhere Anforderungen bzgl. der Wahrhaftigkeit ihrer Veröffentlichungen beachten.[1356] Diese Pflicht zum Bemühen um eine wahrheitsgemäße Berichterstattung besteht ebenso wie alle anderen Pflichten zur Sorge um den Inhalt der Presseprodukte in erster Linie wegen der Gefahren, die von Presseveröffentlichungen für den betroffenen Einzelnen und für die Gemeinschaft ausgehen können. Aber auch die Erfüllung der ihr vom Grundgesetz zugeordneten Demokratiefunktion erfordert eine in der Gesamtheit möglichst umfassende und wahrhaftige Berichterstattung. Während der Anwalt die Einzelinteressen seines Mandanten vertritt, vertritt die Presse die Interessen der Allgemeinheit. So müssen die zur Veröffentlichung bestimmten Nachrichten und Informationen mit der „nach den Umständen gebotenen Sorgfalt", auf ihren

---

1352 Vgl. *Busse*, AnwBl 1998, 231, 233.

1353 Henssler/ Prütting – *Eylmann*, BRAO, § 43a, Rn 107; die in *Kleine-Cosack*, BRAO, § 43a, Rn 74f. geäußerte Kritik, der § 43a Abs. 3 S. 2 BRAO umschreibe lediglich den Tatbestand des § 186 StGB, weshalb die 1. Alt. „bewusste Verbreitung von Unwahrheiten" eine allgemeine Wahrheitspflicht schwerlich entnommen werden könnte, überzeugt m.E. nicht. Lediglich die 2. Alt. verlangt wie der § 186 StGB eine herabsetzende Äußerung, in der 1. Alt. geht es m.E. allgemein um die Verhinderung der bewussten Verbreitung von Unwahrheiten, ohne dass auf die 2. Alt. Bezug genommen werden muss.

1354 Henssler/ Prütting – *Eylmann*, BRAO, § 43a, Rn 114.

1355 Henssler/ Prütting – *Eylmann*, BRAO, § 43a, Rn 108.

1356 Vgl. Ziffer 1 Abs. 1 des Pressekodex „ […] und die wahrhaftige Unterrichtung der Öffentlichkeit sind oberste Gebote der Presse.", Deutscher Presserat, Jahrbuch 2007, S. 198.

Wahrheitsgehalt hin überprüft und wahrheitsgetreu wiedergegeben werden.[1357] Diese Sorgfaltsanforderungen sind umso höher, je schwerer die bevorstehende Presseveröffentlichung in fremde Rechte eingreift.[1358]

Eine weitere wesentliche ethische Komponente ist die in § 43 Abs. 2 BRAO und § 2 BerufsO statuierte Pflicht zur absoluten Verschwiegenheit des Rechtsanwaltes. Da der Bürger ihm großes Vertrauen entgegenbringen muss, damit er den notwendigen Schutz und die notwendige Hilfe von ihm erlangen kann, muss er sich seiner Diskretion sicher sein können. Abgesichert ist diese Verschwiegenheitspflicht über das Zeugnisverweigerungsrecht des Rechtsanwalts in § 53 Abs. 1 Nr. 3 StPO und das Beschlagnahmeverbot seiner Unterlagen in § 97 Abs. 1 StPO.

Für die Presse ist die ethische Pflicht zur Verschwiegenheit in Ziffer 5 des Pressekodex zu finden.[1359] Auch für die Arbeit der Presse ist das Vertrauensverhältnis zwischen dem Journalist und seinen privaten Informanten eminent wichtig. Die Presse kann sich auf ein Andauern des dringend benötigten Informationsflusses nur verlassen, wenn der Informant grundsätzlich von der Wahrung des Redaktionsgeheimnisses ausgehen kann.[1360] Auch die Presse kann sich auf ein Zeugnisverweigerungsrecht (§ 53 Abs. 1 Nr. 5 StPO) und Beschlagnahmeverbot (§ 97 Abs. V StPO) berufen.

3. Erkenntnisse des Vergleichs

Wie dargestellt, sind in der Berufsethik der Anwälte und Journalisten Ähnlichkeiten vorhanden. Beide Berufszweige sind darauf angewiesen, dass ihnen Vertrauen entgegengebracht wird, Parallelen bestehen daher vor allem in den Bereichen der Unabhängigkeit, der Wahrheitspflicht und der Verschwiegenheit.

Fraglich ist, ob auch aus den Urteilen des Bundesverfassungsgerichts vom 14.07.1987[1361] Erkenntnisse für das Standesrecht der Presse gezogen werden können. In diesen Entscheidungen wurde den Ehrengerichten der Anwälte nicht nur untersagt, die nicht von einer mit Satzungsautonomie ausgestatteten Körperschaft des öffentlichen Rechts aufgestellten Standesrichtlinien trotz fehlender Normqualität wie Rechtssätze zu behandeln, sondern auch sie als rechtserhebliches Hilfsmittel zur Konkretisierung der Generalklausel heranzuziehen.[1362] Zu-

---

1357 Vgl. Ziffer 2 des Pressekodex, Deutscher Presserat, Jahrbuch 2007, S. 199.
1358 Zu den Einzelheiten s.o.: 3. Kap., D., II.
1359 Deutscher Presserat, Jahrbuch 2007, S. 204.
1360 Vgl. BVerfGE 66, 116, 133ff., zu den Einzelheiten s.o.: 3. Kap., D., IV.
1361 BVerfGE 76, 171ff.; 196ff.; s.o.: 5. Kap., E., I., 1., b).
1362 Vgl. BVerfGE 76, 171, 188f.; 196, 205.

lässig soll es dagegen sein, wenn die Standesrichtlinien den Gerichten nur Anhaltspunkte zur Konkretisierung eines einzelnen Tatbestandsmerkmals einer
Generalklausel liefern und die Gerichte diese Generalklausel schließlich autonom konkretisieren.[1363] Die Gerichte ziehen den Pressekodex vor allem dann
heran, wenn es darum geht, eine Bestimmung der journalistischen Sorgfaltspflichten vorzunehmen.[1364] Auch wenn die entsprechenden Urteile zumindest
den Anschein erwecken, dass die Gerichte die journalistischen Sorgfaltspflichten autonom festgelegt haben, legen diese in der Regel bei der Bestimmung der
Sorgfaltsanforderungen doch die Standesauffassung zu Grunde[1365]. Daher ist es
zwar vertretbar, dass die gebotene Auslegung einer presserechtlich relevanten
Generalklausel lediglich eine inhaltliche Entsprechung, jedoch nicht ihre eigentliche Grundlage im Pressekodex findet und der Kodex allenfalls als Auslegungshilfe verwendet wird[1366]. Es besteht aber zumindest die Gefahr, dass die
Gerichte in Zukunft weniger eigene Überlegungen anstellen als vielmehr ohne
kritische Überprüfung die Sorgfaltsanforderungen des Pressekodex übernehmen.
Spätestens dann ließe sich eine weitere Parallele zum Anwaltsrecht ziehen und
diese gerichtliche Praxis wäre nicht nur vor dem Hintergrund der Pressefreiheit
des Art. 5 Abs. 1 S. 2 GG sondern auch wegen eines Engriffs in die Berufsfreiheit der Journalisten ohne die gem. Art. 12 Abs. 1 S. 2 GG erforderliche gesetzliche Grundlage verfassungsrechtlich äußerst bedenklich.

Ein Blick auf die Rechtsanwaltskammern könnte daher in der Frage weiterhel-
fen, welche Rechtsform die eventuell einzurichtenden Pressekammern haben
könnten. Gem. § 62 Abs. 1 BRAO ist die Rechtsanwaltskammer eine Körperschaft des öffentlichen Rechts. Damit hat der Gesetzgeber der Rechtsanwaltschaft die Möglichkeit der Selbstverwaltung gegeben, zu der die Erledigung der
eigenen Angelegenheiten des Berufsstandes gehört. Zur Erfüllung dieser Aufgabe benötigte sie eine Organisationsform, in der sie ihre Mitglieder zur Erfüllung
ihrer Verpflichtungen anhalten und entsprechend ihrem beruflichen Eigenleben
zwangsweise zusammenfassen konnte.[1367] Als Körperschaft des öffentlichen
Rechts übernehmen die Rechtsanwaltskammern aber nicht nur Selbstverwal-
tungs-, sondern auch öffentliche – also staatliche – Aufgaben.[1368] Zu diesen

---

1363 *Münch*, Selbstkontrolle, S. 185.
1364 Vgl. BGH, NJW 1979, 1041; OLG Köln, AfP 1987, 602, 603; OLG München, Urt. v.
    17.09.2003, Az.: 21 U 1790/03; OLG Hamm, Urt. v. 21.07.2004, Az.: 3 U 77/04 (beide
    von www.juris.de); OLG München, AfP 2004, 138, 141; OLG Jena, NJW-RR 2005,
    1566, 1568; KG Berlin, KGR 2005, 106; LG Köln, Urt. v. 21.01.2004, Az.: 28 O 96/03;
    LG Münster, Urt. v. 03.11.2004, Az.: 12 O 85/04 LG Essen, Urt. v. 12.01.2006, Az.: 4
    O 480/05 (alle drei von www.juris.de).
1365 *Löffler/ Ricker*, HdbPR, 40. Kap., Rn 13.
1366 So *Münch*, Selbstkontrolle, S. 185.
1367 Henssler/ Prütting – *Hartung*, BRAO, § 62, Rn 2.
1368 Henssler/ Prütting – *Hartung*, BRAO, § 62, Rn 5.

Aufgaben, die die Rechtsanwaltskammern für den Staat wahrnehmen, gehören beispielsweise die Mitwirkung bei Zulassung und Widerruf zur Rechtsanwaltschaft (§ 8 Abs. 2 und § 19 Abs. 3 BRAO) und bei einem Gericht (§ 19 Abs. 2 und § 35 Abs. 2 BRAO), das Vorschlagsrecht für die Ernennung der Mitglieder des Anwaltsgerichts und des Anwaltsgerichtshofes (§ 73 Abs. 2 Nr. 5 BRAO), die Erstattung von Gutachten für die Justizverwaltung, die Gerichte oder die Verwaltungsbehörde ihres Landes (§ 73 Abs. 2 Nr. 8 BRAO) oder die Mitwirkung bei der Ausbildung von Referendaren (§ 73 Abs. 2 Nr. 9).[1369] Da die Rechtsanwaltskammer als Körperschaft des öffentlichen Rechts Funktionen staatlicher Verwaltung ausübt, untersteht sie der Staatsaufsicht. Die Staatsaufsicht wird von Amts wegen ausgeübt, Anlass können jedwede Anhaltspunkte einer Nichtbeachtung von Gesetz oder Satzung sein. Sie ist allerdings eine Rechts- und keine Fachaufsicht und beschränkt sich darauf, ob Gesetz und Satzung beachtet, insbesondere die übertragenen Aufgaben erfüllt werden. Ermessensentscheidungen werden nur auf Ermessensfehlerhaftigkeit überprüft. Im Gegensatz zu einer Dienstaufsicht steht der Landesjustizverwaltung auch kein Weisungs- und Leistungsrecht zu, es existiert kein dem Behördenaufbau vergleichbares Über- und Unterordnungsverhältnis. Schärfste Maßnahme der Aufsichtsbehörde ist ein Antrag beim Anwaltsgerichtshof, Wahlen oder Beschlüsse des Vorstandes, des Präsidiums oder der Kammerversammlung mit der Begründung für ungültig oder nichtig zu erklären, dass sie unter Verletzung des Gesetzes oder der Satzung zustande gekommen und mit ihrem Inhalt nicht vereinbar sind (§ 90 Abs. 1 BRAO). Die Satzung, auf die Bezug genommen werden kann, muss allerdings die Binnenstruktur der Rechtsanwaltskammer regeln, dazu gehört beispielsweise nicht die gem. § 191a Abs. 2 BRAO als Satzung erlassene Berufs- und Fachanwaltsordnung, die die anwaltliche Berufsausübung reglementiert und für jeden Rechtsanwalt Geltung hat.[1370]

Voraussetzung für die Möglichkeit, die Pressekammern ebenfalls als Körperschaften des öffentlichen Rechts einzurichten, wäre also die Übernahme staatlicher Aufgaben. Bereits die Gründung des Deutschen Presserates wurde vorgenommen, um ein staatliches Tätigwerden auf dem Gebiet der Presse zu verhindern, also gewissermaßen als Ersatz für eine staatliche Regelung.[1371] Mit der Übernahme der neuen Aufgabe Redaktionsdatenschutz im Jahre 2001 hat der DPR weitergehende legislative Maßnahmen und damit staatliche Kontrolle verhindert. In einem Kompromiss einigte man sich darauf, dass die Bundesrepublik Deutschland weitgehend auf eine gesetzliche Regelung des redaktionellen Datenschutzes verzichtet unter der Bedingung, dass der Deutsche Presserat ein geeignetes Alternativmodell auf freiwilliger Basis schafft. Dieses sollte Regelwer-

1369 Henssler/ Prütting – *Hartung*, BRAO, § 62, Rn 7.
1370 Henssler/ Prütting – *Hartung*, BRAO, § 62, Rn 8ff.
1371 Vgl. die Geschichte der Gründung des Deutschen Presserates, s.o.: 3. Kap., A,. IV. u. V.

ke mit Verhaltensregeln und Empfehlungen, eine regelmäßige Berichterstattung und ein Beschwerdeverfahren, das Betroffenen die Möglichkeit einer presseinternen Überprüfung beim Umgang mit personenbezogenen Daten eröffnet, beinhalten.[1372] Die geforderten Regelwerke sind in den für den Datenschutz bedeutsamen Vorschriften des Pressekodex[1373] und der dazugehörigen Richtlinien[1374] enthalten und die regelmäßige Berichterstattung wird im Wesentlichen durch den alle zwei Jahre erscheinenden Tätigkeitsbericht zur freiwilligen Selbstkontrolle Redaktionsdatenschutz gewährleistet[1375]. Um der Anforderung an ein spezielles Beschwerdeverfahren genüge zu tun, wurde Anfang 2001 zusätzlich zu dem allgemeinen Beschwerdeausschuss ein Beschwerdeausschuss Redaktionsdatenschutz eingerichtet. Darüber hinaus ist der Deutsche Presserat im Bereich des redaktionellen Datenschutzes auch anlassunabhängig präventiv tätig.[1376]

Schließlich ist noch die Einführung der RL 7.4 als Reaktion des Presserates auf eine Novellierung des Wertpapierhandelsgesetzes (WpHG) im Jahre 2004 zu nennen. Im Vorfeld hatte der Pressrat dem Gesetzgeber abgerungen,[1377] einen Vorbehalt für die journalistische Arbeit zu etablieren, wonach die Regeln des WpHG zu Sorgfaltspflichten und Offenlegung von Interessenkonflikten nicht für Journalisten gelten, die einer vergleichbaren Selbstregulierung unterliegen. Durch den Verweis auf berufsständische Regeln bzw. eine vergleichbare Selbstregulierung in den §§ 20a Abs. 6 und 34b Abs. 4 WpHG sind die dem Pressekodex verpflichteten Journalisten insoweit nicht an das WpHG und die staatliche Aufsicht, sondern an das Verfahren beim Presserat gebunden. Für die Erstellung und Weitergabe von Finanzanalysen treten somit die Kodexregelungen an die Stelle der entsprechenden gesetzlichen Vorschriften.[1378]

Folglich übernimmt der Deutsche Presserat die ansonsten vom Staat zu erfüllenden Aufgaben der Aufsicht über die Presse und deren Publikationen und der Sicherstellung des Redaktionsdatenschutzes. Daher könnten die eventuell einzu-

---

1372 BT-Drs. 14/4329 zu Nr. 45, S. 46f.; vgl. auch *Kloepfer* in Deutscher Presserat, Pressefreiheit und Datenschutz, S. 22.

1373 Ziffer 3, 4, 8 und 13; s. Deutscher Presserat, Jahrbuch 2007, S. 202ff.

1374 RL 2.6, 3.2, 4.3, 5.3, 8.2, 8.8 und 13.2; s. Deutscher Presserat, Jahrbuch 2007, S. 200ff.

1375 Vgl. § 2 S. 2 GODPR, www.presserat.de/uploads/media/Geschaeftsordnung_01.pdf.

1376 Vgl. Deutscher Presserat, Datenschutz in Redaktionen, S. 8; ausführlich zum Beginn der Aufgabe Redaktionsdatenschutz im Deutschen Preserat *Tillmanns* in Deutscher Presserat, Jahrbuch 2001, S. 42ff.

1377 Vgl. *Tillmanns* in Deutscher Presserat, Jahrbuch 2005, S. 34ff.

1378 *Tillmanns* in Deutscher Presserat, Jahrbuch 2006, S. 29f.; Pressemitteilung des Deutschen Presserates vom 18.10.2006, S. 4; zu näheren Erläuterungen der RL 7.4 s. die vom Presserat herausgegebene Broschüre „Journalistische Verhaltensgrundsätze des Deutschen Presserates zur Wirtschafts- und Finanzmarktberichterstattung"; ausführlich zu den Anforderungen an das Journalistenprivileg in § 34b Abs. 4 WpHG s. Assmann/ Schneider – *Koller*, WpHG, § 34b, Rn 104ff.

richtenden Pressekammern, die auch die Pflichten des DPR übernähmen, als Körperschaft des öffentlichen Rechts ausgestaltet werden.

II. Verfassungsrechtliche und rechtspolitische Fragen hinsichtlich der möglichen Einrichtung von Pressekammern

Auch wenn beim Vergleich des Standesrechts der Anwälte und Journalisten einige Parallelen deutlich werden und als Ergebnis festgehalten werden kann, dass die Pressekammern als Körperschaften des öffentlichen Rechts ausgestaltet werden könnten, ist damit noch nicht die Frage beantwortet, ob die Einrichtung von Pressekammern zur Lösung der presseethischen und presserechtlichen Probleme[1379] auch verfassungsrechtlich möglich und rechtspolitisch wünschenswert ist.

1. Verfassungsrechtliche Fragen zur Einrichtung von Pressekammern

Die Möglichkeit der Einrichtung von Pressekammern ist vor allem vor dem Hintergrund der grundrechtlich in Art. 5 Abs. 1 S. 2 GG garantierten Pressefreiheit umstritten.

a) Verfassungsrechtliche Argumente gegen Pressekammern

Das Bundesverfassungsgericht hat klar gestellt, dass die Presse neben Rundfunk und Fernsehen das wichtigste Instrument der für das Funktionieren der freiheitlich demokratischen Grundordnung notwendigen freien Bildung der öffentlichen Meinung sei und die Presse daher gem. Art. 5 Abs. 1 S. 2 GG spezifischen Grundrechtsschutz genieße.[1380] Die Pressefreiheit sichere ihren Trägern Freiheit gegenüber staatlichem Zwang und in gewissen Zusammenhängen eine bevorzugte Rechtsstellung.[1381] Der Staat dürfe die Presse weder unmittelbar noch mittelbar reglementieren oder steuern.[1382]

Die Presse kontrolliere Regierung und Parlament und diene damit dem öffentlichen Interesse.[1383] Daraus folge, dass der Staat sich grundsätzlich jeder Einflussnahme auf die Presse zu enthalten habe, andernfalls wäre er zur Kontrolle seiner

---

1379 S.o.: 4. Kap., E., III.
1380 BVerfGE 12, 113, 125.
1381 BVerfGE 20, 162, 175.
1382 BVerfGE 12, 205, 260; *Ricker*, Freiheit und Aufgabe der Presse, S. 55f.
1383 BVerfGE 20, 162, 174f.

eigenen Kontrolleure ermächtigt.[1384] Die institutionelle Garantie der freien Presse verpflichte den Staat darüber hinaus, in seiner Rechtsordnung überall dem Postulat der Pressefreiheit Rechnung zu tragen.[1385] Beschränkungen der Presse wie beispielsweise eine Pressekammer seien damit verboten.[1386] Ein Gesetz zur Errichtung einer Journalisten bzw. Pressekammer mit Zwangscharakter sei zudem ein verfassungsrechtlich unzulässiges Sondergesetz i. S. d. Art. 5 Abs. 2 GG.[1387]

b) Kritische Würdigung der verfassungsrechtlichen Probleme

Dem gegen die Einführung von Pressekammern in Form von Körperschaften des öffentlichen Rechts angeführten Argument, dass der Staat sich wegen der in Art. 5 Abs. 1 S. 2 GG verfassungsrechtlich gesicherten Pressefreiheit jeder Einflussnahme auf die Presse zu enthalten habe, lässt sich entgegenhalten, dass solche Pressekammern zwar eine öffentlich-rechtliche Form bekämen, ansonsten aber berufsständische und staatsfreie Selbstverwaltungsorganisation sein würden.[1388] Eine der Rechtsanwalts-, Ärzte- oder Apothekerkammer ähnliche Pressekammer würde gerade wegen dieser Vergleichbarkeit vor allem an das Bild des Journalisten als freier Beruf anknüpfen.[1389] Die staatliche Aufsicht über die Rechtsanwaltskammern ist eine Rechts- und keine Fachaufsicht und beschränkt sich darauf, ob Gesetz und Satzung beachtet, insbesondere die übertragenen Aufgaben erfüllt werden. Ermessensentscheidungen werden nur auf Ermessensfehlerhaftigkeit überprüft. Im Gegensatz zu einer Dienstaufsicht steht der Landesjustizverwaltung auch kein Weisungs- und Leistungsrecht zu, es existiert kein dem Behördenaufbau vergleichbares Über- und Unterordnungsverhältnis.[1390] Art. 5 Abs. 1 S. 2 GG verbietet aber lediglich die staatliche Lenkung und Kontrolle der Presse, nicht dagegen den Einsatz einer öffentlich-rechtlichen Organisationsform für pressespezifische berufsständische Einrichtungen.[1391] Rügen und andere standesrechtliche Sanktionen würden daher weder direkt noch indirekt vom Staat ausgesprochen, sondern von einer berufsständischen und inhaltlich unabhängigen Berufsorganisation.[1392]

1384 *Ricker*, Freiheit und Aufgabe der Presse, S. 55f.; *Ricker*, ZRP 1976, 113, 115.
1385 Vgl. BVerfGE 20, 162, 175.
1386 *Ricker*, ZRP 1976, 113, 115.
1387 *Schmidt* in Mestmäcker, Selbstkontrolle und Persönlichkeitsschutz in den Medien, S. 104.
1388 So auch *Scholz* in FS für Maunz, S. 355.
1389 Vgl. *Scholz* in FS für Maunz, S. 355.
1390 S.o.: 5. Kap., E., I., 3.
1391 So auch *Scholz* in FS für Maunz, S. 355.
1392 Vgl. *Stark*, Ehrenschutz, S. 210.

Gegen die Ansicht, das für die Einführung von Pressekammern erforderliche Gesetz sei ein gem. Art. 5 Abs. 2 GG verbotenes Sondergesetz, spricht, dass dies ein bloßes Organisationsgesetz wäre, welches in erster Linie nicht die inhaltlichen Belange der Pressefreiheit, sondern die äußere Organisation des Presseberufs regeln würde. Im Bereich der journalistischen Berufstätigkeit kommt es regelmäßig zu Grundrechtsüberschneidungen, bei denen die Grundrechte der Presse- und Berufsfreiheit in Idealkonkurrenz stehen und nebeneinander angewandt werden müssen.[1393] Dies hat zur Folge, dass grundsätzlich Art. 5 Abs. 1 S. 2 GG bzgl. der inhaltlichen Komponente der journalistischen Berufstätigkeit und Art. 12 Abs. 1 GG bzgl. der kommunikationsneutralen Fragen der äußeren Organisation anwendbar ist. Die Grenze ist erst bei einem berufsrechtlichen Eingriff in die Pressefreiheit erreicht, wenn die Beschränkungsmöglichkeit des einfachen Gesetzesvorbehalts in Art. 12 Abs. 1 S. 2 GG zum Angriff auf die Pressefreiheit bzw. zur Aushöhlung ihres spezifischen Gewährleistungsauftrages missbraucht werden würde. Ansonsten liefert die Pressefreiheit des Art. 5 Abs. 1 S. 2 GG eine tatbestandliche Ergänzung der Berufsfreiheit des Art. 12 Abs. 1 GG.

Solange sich der Gesetzgeber bei dem Erlass eines Gesetzes zur Schaffung von Pressekammern darauf beschränkt, die Konturen des autonomen Berufsbildes Presse mit normativer Verbindlichkeit festzuschreiben und die berufsständische Organisation zwar mit der Durchsetzung und Sicherstellung der berufsethischen Standards zu betrauen, deren autonome inhaltliche Ausgestaltung und Weiterentwicklung aber zu garantieren, bewegt er sich auch vor dem Hintergrund der Ausstrahlung des Art. 5 Abs. 1 S. 2 GG im legitimen Rahmen des Art. 12 Abs. 1 S. 2 GG.[1394] Ein solches Pressekammern einführendes Gesetz läge als kommunikationsneutrales Organisationsgesetz demnach im Regelungsrahmen des Art. 12 Abs. 1 S. 2 GG und wäre im Übrigen auch ein allgemeines Gesetz i. S. d. Art. 5 Abs. 2 GG.[1395]

1393 Vgl. MD – *Herzog*, GG, Art. 5 I, II, Rn 35f., 141ff; a.A. bspw. *Ricker*, Freiheit und Aufgabe der Presse, S. 64, der der Meinung ist, dass die Regelungsinhalte des Art. 5 GG bei allen pressebezogenen Tätigkeiten vorgehen .

1394 Vgl. *Scholz* in FS für Maunz, S. 357f.

1395 Vgl. *Scholz* in FS für Maunz, S. 357; sogar eine eigentlich gegen Art. 5 Abs. 2 GG verstoßende sondergesetzliche Regelung wird unter Umständen als verfassungsrechtlich zulässig angesehen, wenn sie bspw. der Konkretisierung der verfassungsimmanenten Schranke des Allgemeinen Persönlichkeitsrechts aus Art. 2 Abs. 1 GG i. V. m. Art. 1 Abs. 1 GG diene und so aus der Sicht des Art. 5 Abs. 1 u. 2 GG als missbrauchsabwehrende oder kollisionslösende Regelung nicht an den Vorbehalt des „allgemeinen Gesetzes" aus Art. 5 Abs. 2 gebunden sei, vgl. *Scholz* in FS für Maunz, S. 357; MD – *Herzog*, Art. 5 I, II, Rn 293ff. (hier wird allerdings empfohlen, wegen des verhältnismäßig „schwachen" Grundrechts des Art. 2 Abs. 1 GG nicht auf das Allgemeine Persönlichkeitsrecht, sondern nur auf die Begriffe der Menschenwürde (Art. 1 Abs. GG) und Ehre (Art. 5 Abs. 2 GG) abzustellen).

Auch eine Zwangsmitgliedschaft in den Pressekammern wäre verfassungsrechtlich zulässig. Selbst wenn entgegen der Einheit von Berufs- und Berufsorganisationsrecht zur Beantwortung dieser Frage nicht auf die speziellere Berufsfreiheit und damit Art. 12 Abs. 1 S. 2 GG, sondern auf die allgemeine Handlungsfreiheit des Art. 2 Abs. 1 GG abgestellt werden würde, wäre das Kriterium, dass die Zwangsorganisation einer legitimen öffentlichen Aufgabe dienen muss, erfüllt.[1396] Gemeint sind damit Aufgaben, an deren Erfüllung ein gesteigertes Interesse der Gemeinschaft besteht, die aber weder im Wege privater Initiative wirksam wahrgenommen werden können noch zu den im engeren Sinne staatlichen Aufgaben zählen, die der Staat selbst durch seine Behörden wahrnehmen muss.[1397] Die Gemeinschaft hat wegen der essentiellen Bedeutung der Presse für die Demokratie und ihrer damit verbundenen „öffentlichen Aufgabe"[1398] ein gesteigertes Interesse an der sorgfältigen Arbeit der Journalisten, die der privatrechtlich organisierte Deutsche Presserat in seiner derzeitigen Form nicht zufrieden stellend gewährleisten kann.[1399] Anderseits verbietet das Grundrecht der Pressefreiheit eine Einmischung des Staates in die inhaltliche Komponente des Journalistenberufs, so dass die genannten Voraussetzungen erfüllt sind.

Kein verfassungsrechtliches Problem stellen die entgegenstehenden Regelungen der Landespressegesetze[1400] dar. Diese sind verfassungsrechtlich nicht zwingend und stehen daher zur Disposition des einfachen Gesetzgebers.

Damit ist festzuhalten, dass die Einrichtung von Pressekammern unter den beschriebenen Voraussetzungen verfassungsrechtlich zulässig wäre.[1401]

2. Rechtspolitische Fragen zur Einrichtung von Pressekammern

Da die Einrichtung von Pressekammern verfassungsrechtlich zulässig wäre, bleibt die Frage ihrer Einrichtung eine rechtspolitische.

1396 Vgl. BVerfGE 10, 89, 102; 354, 362ff.; 38, 281, 297ff.
1397 BVerfGE 38, 281, 299.
1398 S.o.: 2. Kap., C.
1399 S.o.: 4. Kap., E., III., 1.
1400 Vgl. § 1 Abs. 4 LPG BW, LPG BE, LPG HB, HH LPG, LPrG M-V, LPG NW, SMG, LPG SH; § 1 Abs. 3 BayPrG, BbgPG, ND LPG, SächsPresseG, LPG ST, TPG, keine vergleichbare Regelung gibt es in Hessen und Rheinland-Pfalz.
1401 Im Ergebnis so auch *Suhr*, Presseselbstkontrolle, S. 73; *Stürner*, Gutachten für den 58. DJT, A 36f.; *Scholz* in FS für Herrmann, S. 359; *Stark*, Ehrenschutz, S. 212; *Kriele*, ZRP 1990, 109, 112; *Lahusen*, ZRP 1976, 111, 112; wohl auch *Thieme*, DÖV 1980, 149, 153f.; *Hauss*, AfP 1980, 178, 183.

a) Historische Argumentation

Gegen die Einrichtung von Pressekammern werden wegen der bitteren Erfahrungen während der Zeit des Nationalsozialismus[1402] häufig historische Bedenken geltend gemacht.[1403] Es solle keine neue öffentlich-rechtliche Organisation der Journalisten geben, die Lehren aus der Deutschen Geschichte sprächen eine eindeutige und abschreckende Sprache.[1404] Stattdessen empfehle die Rechtsgeschichte die Suche nach Kontrollmechanismen, die möglichst wenig hoheitlich eingreifen und möglichst viel der geistigen Auseinandersetzung überlassen.[1405] So habe sich die Presse nach ihrem eigenen Selbstverständnis zum Raum der Freiheit von Laufbahnzwängen, Standesregeln, Zunftdenken und ständestaatlichen Ordnungskategorien entwickelt und gerade in unserer Gesellschaft mit gut ausgeprägter historischer Tendenz zur Einordnung und Kategorisierung sei sie notwendiger und heilsamer Gegensatz zu anderen gesellschaftlichen Bereichen. Die Kontrolle der Presse wähle deshalb besser keine Organisationsform, die sich letztlich am Vorbild der Zünfte und Kammern mit hierarchischer Disziplinargewalt orientiere und so dem historischen Selbstverständnis der Publizistik entgegenlaufe.[1406]

Wenn man sich den langen Kampf der Presse und der Gesellschaft für ein Grundrecht der Pressefreiheit in seiner heutigen Form des Art. 5 Abs. 1 S. 2 GG vergegenwärtigt,[1407] kann man die vor allem von Presseseite geäußerten Bedenken gegen die Einrichtung von Pressekammern nachvollziehen. Auch das in fast allen Landespressegesetzen einfachgesetzliche Verbot, „Berufsorganisationen der Presse mit Zwangsmitgliedschaft und eine mit hoheitlicher Gewalt ausgestattete Standesgerichtsbarkeit"[1408] einzurichten, erklärt sich mit diesen historischen Erfahrungen.

In der Diskussion sollte allerdings beachtet werden, dass die hier vorgeschlagenen Pressekammern mit der Reichspressekammer der Nationalsozialisten nicht viel mehr als den Namen gemeinsam haben und sich die Berufskammern der Rechtsanwälte oder Ärzte trotz diverser Probleme über viele Jahre hinweg bewährt und im Regefall zu keiner Beeinträchtigung der politischen Freiheit ihrer

---

1402 S.o.: 2. Kap., A, VI.
1403 Vgl. auch *Stark*, Ehrenschutz, S. 208.
1404 *Mestmäcker* in Mestmäcker, Selbstkontrolle und Persönlichkeitsschutz in den Medien, S. 110.
1405 *Stürner*, Gutachten für den 58. DJT, A 12.
1406 *Stürner*, Gutachten für den 58. DJT, A 37.
1407 S.o.: 2. Kap., A.
1408 Vgl. § 1 Abs. 4 LPG BW, LPG BE, LPG HB, HH LPG, LPrG M-V, LPG NW, SMG, LPG SH, § 1 Abs. 3 BayPrG, BbgPG, ND LPG, SächsPresseG, LPG ST, TPG, keine vergleichbare Regelung gibt es in Hessen und Rheinland-Pfalz.

Mitglieder geführt haben.[1409] Es soll keinesfalls eine wie auch immer geartete staatliche Kontrolle eingeführt werden, sondern eine staatsunabhängige Selbstkontrolle mit echter Autonomie.[1410] Auch wenn der Einwand, der Vorstand einer Pressekammer könnte diese zur politischen Zensur missbrauchen zwar nicht gänzlich von der Hand zu weisen ist, muss doch berücksichtigt werden, dass eine solche geringe Möglichkeit des Missbrauchs bei jeder anderen Kammer und sogar beim Bundesverfassungsgericht ebenso besteht. Daher sollte diese rein theoretische Möglichkeit auch kein Ausschlussgrund für die Einführung von Pressekammern sein.[1411]

Den Journalisten verbindet mit den bereits in Kammern organisierten anderen freien Berufen als Grundgemeinsamkeit die gleichermaßen starke Gemeinschaftsbezogenheit ihrer Tätigkeiten. Diese ist für die genannten Berufe der Grund dafür gewesen, dass sie der reinen Privatautonomie entrückt sind und auf Grund ihrer Sozialgebundenheit und Allgemeinverantwortlichkeit eigene Berufsordnungen erhalten haben. Die dort normierten Mindestanforderungen im sozialethischen Bereich richten sich jeweils nach der sozialen Relevanz der Tätigkeiten. Gemessen an der Verantwortung der Gesellschaft gegenüber und ihrer Sozialbezogenheit ist die „öffentliche Aufgabe der Presse"[1412] ähnlich zu qualifizieren wie der „Dienst an der Gesundheit"[1413] oder die Stellung als „Organ der Rechtspflege"[1414] [1415].

Eine die Entwicklung der anderen freien Berufe einschließende Betrachtung spricht daher, trotz der bitteren historischen Erfahrungen während der Zeit des Nationalsozialismus, für die Einrichtung von Pressekammern.

b) Zuordnung der Presse zur Staatssphäre?

Argumentiert wird auch in der Weise, dass die Einführung von Pressekammern für die Zuordnung der Presse in die Staatssphäre sorgen würde. Für die Befürworter dieser Lösung sei der Staat als Repräsentant der Allgemeinheit der alleinige Hüter des Allgemeinwohls, weshalb von einer Identität von Staatlichkeit

1409 Vgl. auch *Löffler/ Ricker*, HdbPR, 40. Kap., Rn 5.
1410 Vgl. *Stark*, Ehrenschutz, S. 208.
1411 *Kriele*, ZRP 1990, 109, 112.
1412 S.o.: 2. Kap., C.; vgl. auch BVerfGE 20, 162, 175; sowie § 3 LPG BW, BayPrG, LPG BE, BbgPG, LPG HB, HH LPG, LPrG M-V, ND LPG, LPG NW, SächsPresseG, LPG ST, LPG SH, TPG; § 4 SMG; § 5 LPG RP.
1413 Vgl. § 1 Abs. 1 BÄO.
1414 Vgl. § 1 BRAO.
1415 Vgl. *Lahusen*, ZRP 1976, 111, 113.

und Allgemeinwohl ausgegangen werde. Dies sei allerdings der Grundgedanke jedes totalitären Staatskonzepts.[1416]

Die Pressekammern in der hier beschriebenen Form sind indes staatsunabhängig, indem sie als reine Selbstkontrolleinrichtung ohne Zugangshindernisse installiert werden sollen, für die der Staat lediglich die Form der Körperschaft des öffentlichen Rechts und eine gewisse Sanktionsmacht zur Verfügung stellt sowie die Rechtsaufsicht führt. Sollte mit der Einrichtung von Pressekammern die Presse tatsächlich in die Staatssphäre hineingezogen werden, so würden die von ihren Gegnern bemühtem verfassungsrechtlichen Bedenken einschlägig sein und ein Verstoß gegen das Grundrecht der Pressefreiheit vorliegen.

Bei der Beachtung der dargelegten Vorschläge hinsichtlich Organisation und Ausgestaltung der Kammern bestehen in dieser Hinsicht allerdings keine Bedenken.

c) Erwägungen hinsichtlich der Offenheit des Journalistenberufes

Ein ebenfalls gegen die Einrichtung von Pressekammern vorgetragenes Argument ist, dass eine Definition der Kammerzugehörigkeit zwangsläufig zur Notwendigkeit einer Definition des Journalistenberufs führen würde, welche die Offenheit dieses Berufes einschränke. Die Offenheit des Zugangs zum Journalistenberuf gehöre aber gerade zum wesentlichen Inhalt der institutionellen Garantie der Pressefreiheit und sei ein wichtiger Garant für Pluralität und Meinungsvielfalt.[1417] Auch Seiteneinsteiger müssten weiterhin journalistisch tätig werden können, die Möglichkeit der journalistischen Arbeit dürfe nicht von einem staatlichen Verleihungsakt abhängen.[1418]

Dieses Verständnis einer Pressekammer fußt auf dem italienischen Modell, in dem nur Berufsjournalisten berechtigt sind, in Redaktionen zu arbeiten und Arbeitsverträge als Journalisten zu unterzeichnen. Den Titel des Berufsjournalisten erhält man durch das Bestehen eines Staatsexamens, das man nach einem 18monatigen Referendariat in einer Redaktion oder einem zweijährigen Kurs in einer von der Journalistenkammer anerkannten Schule ablegen kann. Eine Anerkennung erfahren allerdings auch Leute, die zwar einen anderen Hauptberuf ausüben, aber regelmäßig für Zeitungen arbeiten und dafür auch entlohnt werden.[1419]

1416 *Ricker*, Freiheit und Aufgabe der Presse, S. 53f.; *Ricker*, AfP 1976, 158.
1417 *Ricker*, Freiheit und Aufgabe der Presse, S. 69; vgl. auch BVerfGE 10, 118, 121; 20, 162, 175f.
1418 *Ory*, ZRP 1990, 289, 291.
1419 *Agostini* in Gerhardt/ Pfeiffer , Wer die Medien bewacht, S. 70f.

Eine derartig ausgestaltete Kammer würde tatsächlich den gänzlich unerwünschten Effekt haben, Seiteneinsteigern den Einstieg in den Journalismus zu erschweren, wenn nicht sogar unmöglich zu machen. Daher sind Pressekammern in dieser Form abzulehnen. Die deutschen Pressekammern könnten dagegen derartig organisiert sein, dass die Mitgliedschaft durch schriftliche Anmeldung geregelt wird. Jeder, der in der Deutschen Presse etwas veröffentlichen möchte, müsste sich vorher anmelden oder angemeldet werden. Die Möglichkeit eines Ausschlusses aus der Kammer dürfte nicht bestehen. Außerdem sollte beispielsweise nicht jeder Flugblattherausgeber Mitglied in der Pressekammer sein müssen, sondern lediglich derjenige, der in der (bzw. auf Verlegerseite ein Produkt der) periodischen Presse veröffentlicht.[1420]

Daher kann die Besorgnis um die Offenheit des Zugangs zum Journalistenberuf eine Ablehnung der Pressekammern, zumindest in der hier befürworteten Form, nicht rechtfertigen.

d) Probleme bzgl. überzogener Erwartungen an Pressekammern

Weiterhin wird als Argument gegen Pressekammern angeführt, dass diese eine Instanz sein müssten, die für alle verbindlich Sachliches und Unsachliches sowie guten und schlechten Journalismus voneinander trennen könnte. Eine solche gäbe es aber weder moralisch noch rechtlich jedenfalls solange nicht, wie man von einer offenen und pluralistischen Gesellschaft reden wolle.[1421]

Einen solchen Anspruch kann und soll eine Pressekammer allerdings gar nicht haben. Sie soll lediglich verbindliche Sorgfaltsmaßstäbe und Qualitätsanforderungen im Hinblick auf die Recherche und eben nicht bzgl. des Inhalts des journalistischen Produkts aufstellen und deren Einhaltung überwachen, wie es der Deutsche Presserat im Wesentlichen bereits tut. Eine Verbesserung soll vor allem in der Legitimation der Kammer und in ihrer Sanktionsgewalt gegenüber allen Presseangehörigen liegen, die ohne die heute beim DPR in Bezug auf die Schwere der Sanktion oft vorherrschende unangemessenen Milde gegenüber der Presse ausgeübt werden sollte.

1420 Zur genauen Ausgestaltung der Mitgliedschaft in den Pressekammern s.u. 5. Kap., E., III., 1., c).
1421 *Ory*, ZRP 1990, 289, 291.

e) Kontrolle der Kontrolleure

Die in Deutschland verwirklichte grundgesetzspezifische Gewaltenteilung beinhaltet nicht nur eine Trennung, sondern auch eine gegenseitige Beschränkung und Kontrolle der einzelnen Organe.[1422] Eine zusätzliche Kontrolle findet durch die öffentliche Meinung statt, die vor allem in den Medien zum Ausdruck kommt. Problematisch ist, dass die alle anderen kontrollierende Presse von einer Kontrolle weitgehend ausgenommen ist. Sie steht zwar unter der Kontrolle der Gerichte und des Presserates, was punktuelle Erfolge zeigt, aber nicht ausreicht, um sie allgemein zu einer besseren Einhaltung der Sorgfaltspflichten zu erziehen.[1423]

Politiker, die die Medien kritisieren, werden von diesen schnell der „Medienschelte" bezichtigt. Damit wird ihnen vorgeworfen, anstatt Missstände zu beseitigen, die anzugreifen, die sie aufdecken. Berechtigt ist dies in den Fällen, in denen Politiker die Medien angreifen, weil sie sich trotz objektiv einwandfreier Berichterstattung subjektiv zu schlecht dargestellt oder zu unrecht kritisiert fühlen. Wenn sie aber objektiv bestehende Missstände rügen, ist dies nicht nur in Ordnung, sondern sogar wünschenswert. Dennoch ist die Folge für den betreffenden Politiker in beiden Fällen eine oft schlechte Presse oder, was noch schlimmer ist, gar keine.[1424] Der Journalist muss sich zwar bewusst machen, dass er eine große Macht besitzt, sich aber in soweit selbst disziplinieren, diese

---

1422 *Maurer*, Staatsrecht I, § 12, Rn 15.

1423 S.o.: 4. Kap., E.; Es gibt zwar auch Fälle, in denen die Gerichte die Belange der Medien nicht hinreichend beachten und deren Urteile wegen des zu geringen Gewichtes, das der Pressefreiheit eingeräumt wird, zu kritisieren sind. Selbst diese sprechen m.E. aber nicht gegen die Einführung einer Pressekammer. Auf solche Fälle gründet sich auch die Aussage, dass ohne vertieftes Studium des Medienrechts leichtfertig durch Gerichte vergebene schlechte Zensuren für Presseberichte zu einer faktischen Zensur führen können, da sich Redakteure in der Folge solcher Urteile überlegen würden, ob sie eine kritische Berichterstattung über streitsüchtige Persönlichkeiten weiter durchziehen wollen (vgl. *Weberling*, AfP 2006, 12, 15). Vielfach wird eine ungerechtfertigt medienfeindliche Entscheidung neben der zu oberflächlichen Kenntnis des Medienrechts auch der Tatsache geschuldet sein, dass die entscheidenden Richter die Medien insgesamt für zu rücksichtslos im Umgang mit Persönlichkeitsrechten und Sorgfaltspflichten halten. Wenn es einer Pressekammer bzw. ihrer als Selbstkontrolleinrichtung mit Experten besetzten Standesgerichtsbarkeit gelingt, die Medien im Allgemeinen zu einer verstärkten Einhaltung der journalistischen Sorgfaltspflichten zu erziehen, würde der Generalverdacht der rücksichtslosen Medien entkräftet und ein zumindest im Unterbewusstsein vorhandener Grund für ungerechtfertigte Medienkritik entfallen. Weiterhin könnte eine starke Pressekammer viele Streitfragen intern lösen und in bestimmten Fällen mit gewichtiger Stimme für eine bessere Beachtung der Pressefreiheit eintreten.

1424 Vgl. *Kriele*, ZRP 1990, 109, 111; ähnlich auch *Hauss*, AfP 1980, 178.

nicht auszunutzen. Ähnlich wie der Richter soll er die Macht, die ihm seine Unabhängigkeit verleiht, nicht missbrauchen, um selbst Politik zu machen.[1425]

Die Presse darf zwar auf Grund ihrer enormen Wichtigkeit für den demokratischen Staat keinesfalls ihrer Unabhängigkeit oder Freiheit beraubt werden, sollte allerdings durch eine konsequente Selbstkontrolle den Gefahren eines zunehmenden journalistischen Qualitäts- und damit auch Ansehensverlustes entgegenwirken.

Eine effektivere Kontrolle weckt zwar bei Einzelnen die Befürchtung, dass darunter die Berichterstattung leiden würde, da die unterdrückte Nachricht eine größere Gefahr für die demokratische Gesellschaft sei als eine voreilige, leichtfertige, verletzende oder gar falsche.[1426] Wenn mit der „unterdrückten Nachricht" eine Zensur gemeint ist, ist diese Aussage sicherlich richtig. Allerdings kann man sie auch so deuten, dass die Nachricht nicht von einer staatlichen oder sonstigen kontrollierenden Stelle unterdrückt wird, sondern vom Pflichtbewusstsein des Journalisten, dessen Recherche noch unzureichend ist. In diesem Fall sollte die Nachricht, vor allem wenn sie nicht nur verletzend, sondern dazu noch falsch ist, unterdrückt bleiben. Der Journalist ist verpflichtet, eine sorgfältige Abwägung zwischen dem öffentlichen Interesse an der Verbreitung der Nachricht und dem allgemeinen Persönlichkeitsrecht desjenigen, über den berichtet wird, vorzunehmen. Wenn ein überwiegendes öffentliches Interesse besteht, darf und soll er die Nachricht veröffentlichen, auch wenn er noch keine absolute Gewissheit über ihren Wahrheitsgehalt hat, was er in seinem Artikel allerdings kundtun muss.

Zur Sensibilisierung der Journalisten für die Einhaltung ihrer Sorgfaltspflichten und eine gewissenhafte Abwägung ist eine bessere Kontrolle notwendig, die allerdings nicht durch den Staat, sondern durch eine unabhängige Selbstkontrolleinrichtung mit echter Sanktionsmacht geschehen sollte. Am besten geeignet erscheint mir hierfür die Einrichtung von Pressekammern.

1425 *Kriele*, ZRP 1990, 109, 114; bedenklich erscheint es daher, dass in einer Umfrage 16 % der befragten Printjournalisten der Aussage zustimmten, der Journalist solle sich als Politiker mit anderen Mitteln sehen (vgl. *Köcher*, Spürhund und Missionar, S. 220), 31 % aller befragten Journalisten als eines der Motive für ihre Berufswahl „die Möglichkeit, politische Entscheidungen zu beeinflussen" angeben (vgl. *Köcher*, Spürhund und Missionar, S. 122) und 63 % eine wertende Berichterstattung, die das Publikum gezielt zu einer bestimmten Interpretation der Ereignisse hinführt, für ein Merkmal von gutem Journalismus halten (vgl. *Köcher*, Spürhund und Missionar, S. 109). Hinzu kommt, dass Journalisten, die ihren Beruf wegen der publizistischen und politischen Einflussmöglichkeit gewählt haben, das geringste Problembewusstsein für diese Privilegierung aufweisen (vgl. *Donsbach*, Legitimationsprobleme des Journalismus, S. 285).
1426 *Böhme* in Mestmäcker, Selbstkontrolle und Persönlichkeitsschutz in den Medien, S. 39.

III. Gestaltung der gewünschten Pressekammern

Fraglich ist nun, wie die gewünschten Pressekammern konkret ausgestaltet werden sollten, um sowohl den rechtsstaatlichen Anforderungen genüge zu tun, als auch eine möglichst optimale Balance zwischen dem grundrechtlichen Schutz der Pressefreiheit und der Beachtung der journalistischen Sorgfaltspflichten und damit auch des allgemeinen Persönlichkeitsrechts derjenigen, über die berichtet wird, zu gewährleisten.

1. Vorüberlegungen bzgl. der Ausgestaltung der Pressekammern

a) Die Pressekammern als Körperschaften des öffentlichen Rechts

Bei den Überlegungen bzgl. der konkreten Ausgestaltung der Pressekammern müssen auch die Urteile des Bundesverfassungsgerichts zur Behandlung der von den Rechtsanwaltskammern aufgestellten Richtlinien[1427] beachtet werden. Danach müssen Regelungen, die in die Berufsausübung eingreifen, durch demokratische Entscheidungen zu Stande kommen, wobei statusbildende Berufsausübungsregelungen dem Gesetzgeber vorbehalten sind, während statusausfüllende auch von einer mit Satzungsautonomie ausgestatteten Körperschaft des öffentlichen Rechts erlassen werden dürfen.[1428]

Wie der Rechtsanwaltschaft sollte der Gesetzgeber der Presse ebenfalls diese Möglichkeit der effektiven Selbstverwaltung geben, zu der die Erledigung der eigenen Angelegenheiten des Berufsstandes gehört. Zur Erfüllung dieser Aufgabe benötigt sie eine Organisationsform, in der sie ihre Mitglieder zur Erfüllung ihrer Verpflichtungen anhalten und entsprechend ihrem beruflichen Eigenleben zwangsweise zusammenfassen kann.[1429] Die Rechtsanwaltskammer übernimmt als Körperschaft des öffentlichen Rechts aber nicht nur Selbstverwaltungs-, sondern auch öffentliche – also staatliche – Aufgaben.[1430] Dies müssten die Pressekammern ebenso leisten. Aktuell übernimmt der Deutsche Presserat die ansonsten vom Staat zu erfüllende Aufgabe der Aufsicht über die Presse und deren Publikationen im Allgemeinen sowie über die Erstellung und Weitergabe von Finanzanalysen im Besonderen und ebenfalls die der Sicherstellung des Redaktionsdatenschutzes. Nach der Einrichtung von Pressekammern würden diese

---

1427 BVerfGE 76, 171ff.; 196ff.; s.o. 5. Kap., E., I., 1., b).
1428 BVerfGE 76, 171, 184ff.
1429 Vgl. für die Rechtsanwaltschaft Henssler/ Prütting – *Hartung*, BRAO, § 62, Rn 2.
1430 Henssler/ Prütting – *Hartung*, BRAO, § 62, Rn 5.

Aufgaben von den Pressekammern übernommen, so dass sie als Körperschaften des öffentlichen Rechts ausgestaltet werden könnten.[1431]

b) Die Einrichtung der Pressekammern mittels Staatsvertrag

Die Einrichtung von mit Satzungsautonomie ausgestatteten Pressekammern als Körperschaften des öffentlichen Rechts müsste vom Gesetzgeber vorgenommen werden. Nachdem im Zuge der am 01.09.2006 in Kraft getretenen Föderalismusreform der Art. 75 GG und damit auch die in ihm geregelte Rahmengesetzgebungskompetenz des Bundes für die allgemeinen Rechtsverhältnisse der Presse weggefallen ist, liegt die Gesetzgebungskompetenz für den Bereich der Presse gem. Art. 70 GG ausschließlich bei den Ländern.

Da die Einführung einer oder mehrerer (Landes-)Pressekammern aber wegen der damit einhergehenden kompletten Neuregelung des Presserechts nur bundeseinheitlich erfolgen sollte, müssten sich alle sechzehn Bundesländer über ein gemeinsames Vorgehen einigen. Eine entsprechende Einigung könnte in der Form eines Länderstaatsvertrages erfolgen, durch den die Rechtsverhältnisse der Presse geregelt und die zunächst sechzehn Landespressekammern als mit Satzungsautonomie ausgestattete Körperschaften des öffentlichen Rechts eingerichtet werden könnten. Der Sinn eines solchen Staatsvertrages liegt darin, gesetzliche Regelungen, die auf Grund der Kompetenzen der Bundesländer eigentlich Sache der jeweiligen Landesregierungen wären, in einer bundesweiten Regelung zusammenzufassen und somit Rechtseinheit herzustellen.

Fraglich ist, ob auch der Bund an den Verhandlungen beteiligt werden und damit ein Staatsvertrag zwischen Bund und Ländern geschlossen werden sollte. Dafür spricht neben der Tatsache, dass eventuell eine übergeordnete, also de facto eine Bundespressekammer zur Koordination der einzelnen Landespressekammern eingerichtet werden sollte, auch das geltende PresseratG, das dem Deutschen Presserat einen jährlichen Zuschuss zur Gewährleistung der Unabhängigkeit seiner Beschwerdeausschüsse zuspricht. Da die Pressekammern die Aufgaben des Presserates übernehmen sollen, wäre es eine Überlegung, ihr ebenfalls diesen Zuschuss zukommen zu lassen, um eine einseitige Finanzierung über Mitgliedsbeiträge oder Spenden zu verhindern.

In der Regel beziehen sich die Vereinbarungen zwischen Bund und Ländern allerdings auf Materien, für die der Bund die Gesetzgebungs- und die Länder die Verwaltungskompetenz besitzen. Ist die Gesetzgebungskompetenz dagegen hauptsächlich bei den Ländern angesiedelt, ist für Abmachungen mit dem Bund nur Platz, soweit Mitfinanzierungen durch den Bund möglich sind, wie es der

---

1431 S.o. ausführlich: 5. Kap., E., I., 3.

Art. 91b GG für den Bereich der Bildungsplanung und Forschung beispielsweise ausdrücklich vorsieht.[1432] Dieser bildet zusammen mit den anderen Vorschriften über die Gemeinschaftsaufgaben im weiteren Sinne sowie den sonstigen Aufgabenzuweisungen und Kompetenzbestimmungen des Grundgesetzes allerdings eine abschließende Regelung. Außerhalb dieser Vorschriften ist eine Mitwirkung oder Mitfinanzierung durch den Bund oder die Länder bei der Aufgabenerfüllung der anderen Ebene nicht zulässig.[1433] Eine (Mit-)Finanzierung der als landesunmittelbaren Körperschaften des öffentlichen Rechts einzurichtenden Pressekammern durch den Bund ist somit nicht realisierbar. Eine neue bundesunmittelbare Körperschaft des öffentlichen Rechts könnte der Bund gem. Art. 87 Abs. 2 S. 1 GG ebenfalls nur dann einrichten, wenn ihm für die durch diese geregelten Angelegenheiten die Gesetzgebungskompetenz zustünde. Da die Gesetzgebungskompetenz für das Pressewesen bei den Ländern liegt, ist dem Bund die Einrichtung einer der Bundesrechtsanwaltskammer vergleichbaren Bundespressekammer nicht möglich und er kann auch an dem Staatsvertrag, in dem das Presserecht neu geregelt und die einzelnen Landespressekammern eingerichtet werden sollen, nicht beteiligt werden. Die übergeordnete Bundespressekammer kann daher nur ähnlich der Bundesärztekammer eingerichtet werden, die als organisatorischer Zusammenschluss von Körperschaften des öffentlichen Rechts selbst keine Körperschaft des öffentlichen Rechts, sondern ein privatrechtlicher nicht eingetragener Verein ist. Diese ist laut ihrer Satzung eine Arbeitsgemeinschaft der Landesärztekammern[1434] und vor allem für die einheitliche Reglung der ärztlichen Berufspflichten und der Grundsätze für die ärztliche Tätigkeit auf allen Gebieten sowie für die Wahrung der beruflichen Belange in Angelegenheiten, die über den Zuständigkeitsbereich eines Landes hinausgehen, zuständig.[1435] Auch die bis zur Gründung der Bundesrechtsanwaltskammer im Jahre 1959 existierende „Arbeitsgemeinschaft der Anwaltskammern im Bundesgebiet"[1436] war keine Körperschaft des öffentlichen, sondern eine Gesellschaft bürgerlichen Rechts.[1437]

Zusammenfassend lässt sich festhalten, dass die Einführung von zunächst sechzehn Landespressekammern und die damit einhergehende Neuordnung des Presserechts in einem Länderstaatsvertrag geregelt werden sollte. Darin sollte ebenfalls bereits die Absicht festgehalten werden, eine Bundespressekammer als pri-

---

1432 *Rudolf* in HdbStR IV, § 105, Rn 50.

1433 MD – *Maunz*, GG, Art. 91b, Rn 7; *Jarass/ Pieroth*, GG, Art. 91b, Rn 2; vMKS - *Volkmann*, GG Art. 91b, Rn 5.

1434 Vgl. § 1 Abs. 1 u. 2 BÄKS, www.bundesaerztekammer.de/page.asp?his=0.1.18.

1435 Vgl. § 2 Abs. 2 BÄKS, www.bundesaerztekammer.de/page.asp?his=0.1.18.

1436 Später „Vereinigung der Rechtsanwaltskammern im Bundesgebiet", vgl. Henssler/ Prütting – *Hartung*, BRAO, § 175, Rn 3.

1437 Henssler/ Prütting – *Hartung*, BRAO, § 175, Rn 3.

vatrechtlichen Verein für übergeordnete Aufgaben und zur Koordination der einzelnen Landespressekammern zu installieren.

c) Mitgliedschaft in den Pressekammern

Eine vor allem auf Grund des unterschiedlichen Verständnisses des Begriffs der Presse in Grundgesetz und Landespressegesetzen auf der einen sowie Presserat auf der anderen Seite schwierige Frage ist diejenige der Mitgliedschaft in den Pressekammern.

Unter dem Schutz der Pressefreiheit des Grundgesetzes stehen alle Publikationen, die in gedruckter und zur Verbreitung geeigneter und bestimmter Form am Kommunikationsprozess teilnehmen. Verfassungsrechtlich ist stets von einem weiten und formalen Pressebegriff auszugehen.[1438] Unter diesen fallen neben Zeitungen und Zeitschriften auch Bücher, im Handel erhältliche Privatdrucke, Flugschriften, Handzettel oder Plakate, also nicht nur periodische Schriften sondern alle Arten von Druckwerken.[1439] Entscheidendes Abgrenzungskriterium ist das gedruckte Wort im Unterschied zu den unter die Rundfunk- und Filmfreiheit fallenden technischen Modalitäten.[1440] Strittig ist die Frage, ob auch Schallplatten, Videobänder und ähnliches unter den verfassungsrechtlichen Pressebegriff fallen.[1441] Die Landespressegesetze orientieren sich bei der Definition des Begriffs des Druckwerks am verfassungsrechtlichen Pressebegriff und haben diesen Streit auf einfachgesetzlicher Ebene dahingehend entschieden, dass auch besprochene Tonträger, bildliche Darstellungen, Bildträger, Musikalien mit Text und Erläuterungen oder „gemischte" Vervielfältigungen wie eine CD-Rom oder DVD mögliche Formen des Druckwerks im Sinne des Landespressegesetzes sind, wenn sie einen geistigen Sinngehalt aufweisen. Zudem fallen beispielsweise auch Mitteilungen der Nachrichtenagenturen, Pressekorrespondenzen, Materndienste oder presseredaktionellen Hilfsunternehmen unter den Begriff des Druckwerks.[1442]

1438 BVerfGE 95, 28, 35.
1439 BoKo – *Degenhart*, Art. 5 Abs. 1 und 2, Rn 363; vMKS – *Starck*, GG, Art. 5 Abs. 1, 2, Rn 59.
1440 *Streinz*, AfP 1997, 857, 860.
1441 Dafür MüK – *Wendt*, GG, Art. 5, Rn 30; dagegen BoKo – *Degenhardt*, Art. 5 Abs. 1 u. 2, Rn 368ff. (jeweils m. w. N.).
1442 Löffler – *Löhner*, Presserecht, § 7, Rn 27ff, vgl. auch § 7 Abs. 1, 2 LPG BW, BbgPG, LPG HB, HH LPG, ND LPG, LPG NW; Art. 6 Abs. 1, 2 BayPrG; § 6 Abs. 1, 2 LPG BE, LPrG M-V, LPG ST, LPG SH, TPG; § 4 Abs. 1 HPresseG; § 3 Abs. 2 LMG RP; § 2 Abs. 2 Nr. 1 SMG; §§ 6 Abs. 1 S. 1, 15 SächsPresseG.

Der Presserat beschränkt sich dagegen auf periodische Publikationen und schließt grundsätzlich auch Annoncen und Anzeigenblätter aus.[1443] Neben Veröffentlichungen in Printmedien und allgemeinen Vorgängen in der Presse fallen allerdings auch bestimmte, online verbreitete Publikationen in elektronischen Medien in den Regelungsbereich des Pressekodex. Gem. § 9 Nr. 2 S. 2 der Trägervereinssatzung[1444] sind dies „journalistische Beiträge, die von Zeitungs-, Zeitschriftenverlagen oder Pressediensten in digitaler Form verbreitet wurden und zeitungs- oder zeitschriftenidentisch sind", womit die verlagseigenen Online-Dienste gemeint sind.[1445]

Der Anwendungsbereich des Pressekodex ist demnach grundsätzlich enger als der verfassungsrechtliche Pressebegriff, geht allerdings im Fall der verlagseigenen Online-Dienste über diesen hinaus. Der Grund für das unterschiedliche Verständnis des Begriffs der Presse liegt darin, dass die Funktion des Grundrechts der Pressefreiheit die Gewährleistung einer staatlich nicht reglementierten, offenen Kommunikation ist,[1446] während sich der Deutsche Presserat, wie schon die Liste der Mitglieder seines Trägervereins zeigt,[1447] um die Belange des Printjournalismus kümmert und Beschwerden über einzelne Zeitungen, Zeitschriften oder Pressedienste bzw. verlagseigene Online-Dienste prüft[1448].

Während sich die gesellschaftliche Kommunikation auch über Plakate, Flugblätter o.ä. vollzieht, findet der klassische Printjournalismus zuvorderst in Zeitungen und Zeitschriften sowie diese vorbereitend in den Pressediensten statt. Per Definition sind Zeitungen und Zeitschriften, die in ihrer Zusammenfassung auch „periodische Presse" genannt werden, Massenvervielfältigungen geistigen Sinngehalts, die der redaktionellen Berichterstattung dienen. Sie erscheinen periodisch, das heißt in ständiger, wenn auch nicht zwingend regelmäßiger Folge in einem Abstand von höchstens sechs Monaten. Die einzelnen Ausgaben der Zeitungen oder Zeitschriften sind in sich abgeschlossen und selbständig. Sie dienen durch Wort und Bild der Information und Unterhaltung des Publikums.[1449]

1443 Ausführlich *Gottzmann*, Selbstkontrolle, S. 128f.; *Münch*, Selbstkontrolle, S. 209; vgl auch *Soehring*, Vorverurteilung, S. 127; *Protze* in Deutscher Presserat, Jahrbuch 2000, S. 63f.

1444 www.presserat.de/Statuten.221.0.html.

1445 *Tilmanns* in Deutscher Presserat, Jahrbuch 1996, S. 38.

1446 *Leibholz/ Rinck*, GG, Art. 5, Rn 202.

1447 Dies sind der Bundesverband Deutscher Zeitungsverleger, der Verband Deutscher Zeitschriftenverleger, der Deutsche Journalisten-Verband und die Deutsche Journalistinnen- und Journalisten-Union in ver.di, s. § 2 Abs. 1 STDPR, www.presserat.de/Statuten.221.0.html.

1448 Vgl. § 9 Nr. 2 STDPR, www.presserat.de/Statuten.221.0.html.

1449 *Löffler – Löhner*, Presserecht, § 7, Rn 9; vgl. auch § 7 Abs. 4 LPG BW, BbgPG, LPG HB, HH LPG, ND LPG, LPG NW; Art. 6 Abs. 2, 3 BayPrG; § 6 Abs. 4 LPG BE; § 4

Da der Pressestaatsvertrag die Landespressegesetze ersetzen soll und die durch den Pressestaatsvertrag eingerichteten Pressekammern den Presserat, sollten im Pressestaatsvertrag auch beide Verständnisse des Pressebegriffs Berücksichtigung finden. Für die Geltung des Pressestaatsvertrages sollte zunächst der in den aktuellen Landespressegesetzen verwendete Begriff des Druckwerks genutzt werden mit der auch derzeit geltenden Einschränkung der Freistellung amtlicher und „harmloser" Druckwerke,[1450] allerdings ergänzt durch die Einbeziehung der verlagseigenen Online-Dienste sowie periodisch erscheinender Internetzeitungen wie der „netzeitung"[1451].

Die Beantwortung der Frage der Mitgliedschaft in den Pressekammern sollte sich dagegen nicht am verfassungsrechtlichen Pressebegriff und dem in den Landespressegesetzen definierten Begriff des Druckwerks im Allgemeinen orientieren. Vielmehr sollte sie an das Verständnis des Deutschen Presserats vom Pressewesen[1452] sowie an den sowohl für die Impressums- und Gegendarstellungspflicht als auch für die Pflicht zur Veröffentlichung von Name und Anschrift eines verantwortlichen Redakteurs in den Landespressegesetzen vorausgesetzten Begriff des periodischen Druckwerks[1453] anknüpfen.

Danach sollte sowohl jeglicher Verleger und Herausgeber als auch jeder, der in der periodischen Presse, wozu auch die Nachrichtenagenturen, Pressekorrespondenzen und ähnliche Unternehmen, verlagseigenen Online-Dienste oder periodisch erscheinenden Internetzeitungen wie beispielsweise die netzeitung[1454] gehören sollten, etwas veröffentlichen will, Mitglied in derjenigen Landespressekammer sein, in deren Bundesland seine oder die seinen Beitrag veröffentlichende Redaktion angesiedelt ist. Mitglieder sollten also neben den Verlegern und Herausgebern auch alle Redakteure und freien Mitarbeiter sowie die etwas veröffentlichenden Praktikanten sein. Die Anmeldung bei der zuständigen Landespressekammer sollte schriftlich entweder durch die Redaktion oder persönlich durch den Verleger oder Herausgeber geschehen. Um die notwendige Of-

---

Abs.3 HPresseG; § 6 Abs. 4 LPrG M-V, LPG ST, LPG SH, TPG; § 3 Abs. 2 Nr. 2 LMG RP, § 2 Abs. 2 Nr. 2 SMG; § 6 Abs. 2 S. 1 SächsPresseG.

1450 § 7 Abs. 3 LPG BW, BbgPG, LPG HB, HH LPG, ND LPG, LPG NW, Art. 7 Abs. 2 BayPrG, § 6 Abs. 3 LPG BE, LPrG M-V, LPG ST, LPG SH, TPG, § 4 Abs. 2 HPresseG, § 1 Abs. 4 LMG RP, § 2 Abs. 3 SMG, § 15 Abs. 2 SächsPresseG.

1451 S. www.netzeitung.de.

1452 Einschließlich der von der Beschwerdearbeit des DPR grundsätzlich nicht erfassten Anzeigen- und Annoncenblätter.

1453 Vgl. §§ 8, 11 LPG BW, LPG HB, HH LPG, ND LPG, LPG NW; Artt. 7, 8, 10 BayPrG; §§ 7, 7a, 10 LPG BE; §§ 8, 9, 12 BbgPG; §§ 8, 10 SMG, §§ 5, 6, 7, 10 HPresseG; 7, 10 LPrG M-V, LPG ST; §§ 9, 11 LMG RP; §§ 6, 8, 10, 15 SächsPresseG; §§ 7, 11 LPG SH; §§ 7, 8, 11 TPG.

1454 S. www.netzeitung.de.

fenheit des Journalistenberufs zu erhalten,[1455] sollte sie an keine Bedingung geknüpft sein und auch ein Ausschluss aus der Pressekammer sollte nicht möglich sein. Eine Abmeldung aus der Pressekammer sollte weiterhin frühestens ein Jahr nach der letzten Veröffentlichung möglich sein, diese Frist deckt sich mit der kurzen presserechtlichen Verjährung der aktuellen Landespressegesetze, die grundsätzlich ebenfalls höchstens ein Jahr beträgt[1456].

d) Vorstand der Pressekammern

Des Weiteren benötigt jede Landespressekammer einen Vorstand. Da dieser die Landespressekammer repräsentieren und sie verwalten soll, müsste er das Vertrauen einer möglichst großen Mitgliederzahl haben.

Wahlberechtigt und wählbar sollten nur Kammermitglieder sein und die Wahlvorschläge mindestens einen Monat vor dem Beginn der Wahl dem Wahlleiter bekannt gegeben werden. Gewählt werden sollte der Vorstand auf einer Kammerversammlung, auf der dann nach der Stimmauszählung auch das Ergebnis bekannt gegeben werden sollte. Verhinderte Mitglieder sollten allerdings die Möglichkeit der Briefwahl haben, diese müsste einige Tage vor der Kammerversammlung beendet sein. Der Vorstand sollte in geheimer und unmittelbarer Wahl gewählt werden, bei Stimmgleichheit sollte eine Stichwahl stattfinden.

Ein Kammermitglied sollte nicht in den Vorstand gewählt werden können, wenn das betroffenen Mitglied infolge Richterspruchs die Fähigkeit öffentliche Ämter zu bekleiden, Rechte aus öffentlichen Wahlen zu erlangen oder in öffentlichen Angelegenheiten zu wählen oder zu stimmen nicht besitzt, gegen dieses ein Berufsverbot gem. § 70 StGB angeordnet ist oder ihm ein Ehrengericht wegen wiederholter oder schwerwiegender Verstöße gegen den Pressestaatsvertrag oder die Berufsordnung der Presse zeitwillig das aktive und passive Wahlrecht entzogen hat. Wenn einer der genannten Gründe nachträglich eintritt, so sollte das Vorstandsamt des betreffenden Mitglieds für diese Zeit ruhen. In einem solchen Fall sollte der übrige Vorstand mit Zweidrittelmehrheit die Neuwahl des vakanten Vorstandspostens beschließen können. Eine Neuwahl des vakanten Vorstandspostens sollte ebenfalls dann stattfinden, wenn ein Pressegericht einem Vorstandsmitglied wegen wiederholter oder schwerwiegender Verstöße gegen den Pressestaatsvertrag oder die Berufsordnung der Presse seinen Vorstandsposten entzieht.

1455 S.o.: 5. Kap., E., II., 2., c).
1456 S. § 24 LPG BW, LPG HB, ND LPG; Art. 14 BayPrG; § 14 SächsPresseG, TPG; § 16 BbgPG; § 22 LPG BE, LPrG M-V; § 23 HH LPG; §§ 13, 15 Abs. 5 HPresseG; § 25 LPG NW; § 37 LMG RP; § 66 SMG; § 15 LPG ST; § 17 LPG SH.

Ansonsten sollte lediglich die volle Geschäftsfähigkeit, also die Vollendung des achtzehnten Lebensjahres Voraussetzung zur Wählbarkeit in den Kammervorstand sein. Dieser sollte für die Dauer von vier Jahren gewählt werden und mindestens aus einem Präsidenten, einem Vizepräsidenten, vier Beisitzern und einem Schatzmeister bestehen. Zusätzlich zu diesen sieben Vorstandsmitgliedern sollte die Kammerversammlung die Möglichkeit haben, den Vorstand um beliebig viele Personen zu erweitern, wenn die Größe der Kammer und der damit einhergehende Arbeitsaufwand dies erfordern.

Um eine einseitige Interessenwahrnehmung zu verhindern, sitzen im Deutschen Presserat derzeit die gleiche Anzahl von Vertretern der Verleger und Journalisten.[1457] Da es aber weit mehr Journalisten als Verleger gibt, ist davon auszugehen, dass bei einer offenen Wahl auch weit mehr Journalisten als Verleger in die einzelnen Vorstände der Pressekammern gewählt werden würden. Um aber auch bei den Pressekammern eine einseitige Ausrichtung zu verhindern, sollte darauf geachtet werden, dass der Vorstand jeder Kammer weitestgehend paritätisch aus Journalisten und Verlegern zusammengesetzt ist. Die genaue Ausgestaltung sollte jeder Pressekammer selbst überlassen werden, denkbar wäre beispielsweise eine solche Regelung, dass bei der Mindestzahl von sieben Vorstandsmitgliedern, ein Präsident aus dem Kreis der Journalisten einen Vizepräsident und einen Schatzmeister aus dem Kreis der Verleger nach sich ziehen würde und die vier Beisitzerposten mit je zwei Journalisten und Verlegern besetzt werden würden. Zur nächsten Wahlperiode könnte die Verteilung dann umgekehrt sein.

Aufgaben des Vorstands sollten neben der Repräsentation der Kammer die Vorbereitung und Leitung der Kammerversammlungen, die Bestimmung der Mitglieder der Ehrengerichte, die Beobachtung der Presse und gegebenenfalls Einleitung eines Beschwerdeverfahrens vor dem Ehrengericht, die Beratung der Kammermitglieder im Allgemeinen und in Fragen der Berufspflichten im Besonderen, die Vermittlung bei Streitigkeiten unter den Mitgliedern oder zwischen Mitgliedern und Dritten und die Vermögens- sowie sonstige Verwaltung der Pressekammer sein. Weiterhin sollte der Vorstand unter Leitung des Schatzmeisters für jedes Kalenderjahr einen ausgeglichenen Haushaltsplan aufstellen und damit die Erfüllung der der Kammer obliegenden Aufgaben unter Berücksichtigung der Grundsätze der Sparsamkeit und Wirtschaftlichkeit sicherstellen.

1457 Vgl. § 7 Abs. 1 STDPR, www.presserat.de/Statuten.221.0.html.

e) Satzungsversammlung der Pressekammern

Wichtig für die berufsständische Selbstverwaltung ist, dass die Pressekammern eine ehrengerichtlich auf ihre Einhaltung zu überprüfende Berufsordnung erlassen. Dafür sind sie als Körperschaften des öffentlichen Rechts mit Satzungsautonomie auszustatten.[1458] Beachtet werden muss hierbei, dass nach den Urteilen des Bundesverfassungsgerichts zur Behandlung der von den Rechtsanwaltskammern aufgestellten Richtlinien in die Berufsausübung eingreifende statusausfüllende Regelungen durch demokratische Entscheidungen zu Stande kommen müssen.[1459]

Demnach ist zum Erlass einer Berufsordnung der Presse eine Satzungsversammlung zu wählen. Diese sollte als Parlament der Presseschaffenden länderübergreifend tätig sein und als einzige Aufgabe den Erlass und die Fortentwicklung der Berufsordnung für die Ausübung des Berufs des Printjournalisten haben. Die Wahlperiode sollte wie die des Vorstandes vier Jahre betragen und die Zahl der Mitglieder der Satzungsversammlung sich nach der Zahl der Mitglieder der einzelnen Landespressekammern richten. Ähnlich wie für die Satzungsversammlung der Rechtsanwälte geregelt,[1460] könnten für den Bereich der Presse je angefangene 1000 Kammermitglieder zwei Mitglieder in die Satzungsversammlung gewählt werden. Wahlberechtigt und wählbar sollten wie bei den Vorstandswahlen nur Kammermitglieder sein. Wahlvorschläge sollten mindestens eine Woche vor Beginn der Wahl dem Wahlleiter bekannt gegeben werden und von mindestens zehn Kammermitgliedern unterzeichnet sein. Die Mitglieder der Satzungsversammlung sollten dann aber nicht auf einer Kammerversammlung, sondern in geheimer und unmittelbarer Wahl ausschließlich durch Briefwahl zu wählen sein. Bei Stimmgleichheit wäre die Wahl als Stichwahl zu wiederholen.

Um bei Erlass und Fortentwicklung der Berufsordnung der Presse eine ausgewogene Interessenwahrnehmung sicherzustellen, muss auch bzw. vor allem bei der Besetzung der Satzungsversammlung gewährleistet sein, dass die Anzahl der Mitglieder aus dem Kreis der Journalisten und Verleger gleich hoch ist. Aus diesem Grund muss es zwei getrennte Wahllisten geben. Daher sollte jede Pressekammer auch mindestens zwei Vertreter in die Satzungsversammlung entsenden können.

Die in dieser Form gewählten Mitglieder der Satzungsversammlung sollten jeweils eine Stimme haben, an Weisungen nicht gebunden sein und ihre Stimme nur persönlich abgeben können. Die Beschlüsse zur Berufsordnung sollten mit

---

1458 S.o.: 5. Kap, E., III., 1., a).
1459 BVerfGE 76, 171, 184ff.
1460 Vgl. § 191b, Abs. 1 BRAO.

der Mehrheit der Stimmen aller Mitglieder der Satzungsversammlung gefasst werden.

Ein Mitglied sollte vor Ende der Wahlperiode aus der Satzungsversammlung ausscheiden, wenn es nicht mehr Mitglied einer Pressekammer ist oder sein Amt aus sonstigen Gründen niederlegt. Nachrücker sollte dann derjenige sein, der auf der Wahlliste, über die das ausscheidende Mitglied gewählt wurde, die meisten Stimmen auf sich vereinigt hat und nicht direkt in die Satzungsversammlung eingezogen ist. Die Wählbarkeit in die Satzungsversammlung sollte aus den gleichen Gründen wie die in den Vorstand ausgeschlossen sein.[1461] Wenn einer der genannten Gründe nachträglich eintritt, so sollte die Mitgliedschaft in der Satzungsversammlung ruhen.[1462]

f) Finanzierung der Pressekammern

Zu überlegen ist weiterhin, ob die Pressekammern ausschließlich über die Beiträge ihrer Mitglieder finanziert werden sollten oder es auch alternative Einnahmequellen geben könnte oder sollte.

Die Finanzierung des Deutschen Presserates erfolgt derzeit durch Beiträge der Verbände,[1463] die sich zum „Trägerverein des Deutschen Presserats" zusammengeschlossen haben,[1464] durch Spenden sowie durch einen jährlichen Zuschuss aus dem Bundeshaushalt, der dem DPR durch das PresseratG zur Gewährleistung der Unabhängigkeit seiner Beschwerdeausschüsse zugesprochen wird.

Die Mitfinanzierung der als landesunmittelbaren Körperschaften des öffentlichen Rechts einzurichtenden Pressekammern durch Zuschüsse des Bundes ist wegen der abschließenden Regelung der Vorschriften über die Gemeinschaftsaufgaben sowie der sonstigen Aufgabenzuweisungen und Kompetenzbestimmungen des Grundgesetzes nicht möglich.[1465] Ein Zuschuss aus dem Bundeshaushalt scheidet daher aus. Möglich und wünschenswert wäre aber zumindest ein anfänglicher Zuschuss aus dem Landeshaushalt, der nach einer Evaluation der anderweitigen Kostendeckung der Pressekammer eventuell nicht mehr weitergewährt werden müsste.

1461 S.o.: 5. Kap., III., 1., d).
1462 Vgl. zur Satzungsversammlung bei der Bundesrechtsanwaltskammer Henssler/ Prütting
 – *Hartung*, BRAO, §§ 191a ff.
1463 BDZV, VDZ, DJV und dju.
1464 Vgl. § 2 Abs. 3 i. V. m. Abs. 1 Ziff. 1 bis 4 STDPR, www.presserat.de/Statuten.221.0.html.
1465 S.o.: 5. Kap., E., III., 1., b).

Weiterhin könnten wie bisher an den Presserat auch an die Pressekammern, die ebenfalls Aufgaben der Repräsentation der Presse als Ganzes und der Sicherung der Pressefreiheit übernehmen, Spenden fließen. Fraglich ist aber, ob die Bereitschaft einer Körperschaft des öffentlichen Rechts eine Spende zu kommen zu lassen genauso groß ist wie die, einen privatrechtlichen Verein zu unterstützen, der ein staatliches Tätigwerden in jeder Form verhindern möchte.

Beiträge könnten sowohl von den einzelnen natürlichen Personen als Mitglieder der Pressekammern als auch von den Verbänden, die derzeit dem Trägerverein des Deutschen Presserates angehören, erhoben werden.

Da die Verbände daran interessiert sind, dass die derzeit vom DPR geleistete Repräsentations- und Lobbyarbeit von den einzelnen Pressekammern in ähnlicher Intensität weiter geführt wird, halte ich es für legitim, dass nicht nur die einzelnen Mitglieder der Pressekammern, sondern auch die Verbände einen Beitrag zahlen. Dieser sollte allerdings aus Gerechtigkeitsgründen nicht von der Satzungsversammlung jeder Pressekammer autonom festgesetzt werden dürfen, sondern in zentralen Verhandlungen der Verbände mit Bevollmächtigten aller Pressekammern bestimmt werden und sich an der Größe der jeweiligen Kammer orientieren.

Die Höhe der Beiträge der einzelnen Mitglieder der Pressekammern sollte an den Verdienst, den sie mit ihrer journalistischen Tätigkeit erzielen, gekoppelt werden, so dass un- oder gering bezahlte Praktikanten sowie freie Mitarbeiter mit kleinem Verdienst keine Beiträge bezahlen müssen. Wie die Höhe der Beiträge sollten auch die Grenzen der einzelnen Beitragsstufen von den Kammerversammlungen in einer Beitrags- und Gebührenordnung festgesetzt werden.

Weiterhin sollten für Leistungen, die die Kammern auf Veranlassung oder im Interesse einzelner Kammermitglieder erbringen, Gebühren von diesen erhoben werden können.[1466]

g) Aufsicht über die Pressekammern

Da die Pressekammern als Körperschaften des öffentlichen Rechts auch Funktionen ausüben sollen, die sonst durch den Staat erfüllt werden müssten,[1467] müssten sie der staatlichen Aufsicht unterstehen. Diese würde allerdings eine Rechts- und keine Fachaufsicht sein und sich darauf beschränken, ob Gesetz und Satzung beachtet, insbesondere die ihr übertragenen Aufgaben erfüllt werden. Im Gegensatz zu einer Dienstaufsicht würde der Aufsichtsbehörde auch kein Wei-

---

1466 Vgl. für die Heilberufe bspw. § 4 Abs. 5 S. 2 SHKG.
1467 S.o.: 5. Kap., E., III., 1., a).

sungs- und Leistungsrecht zustehen, es würde kein dem Behördenaufbau vergleichbares Über- und Unterordnungsverhältnis existieren. Wie bei der Aufsicht über die Rechtsanwaltskammern müsste die Satzung, auf die bei Ausübung der Aufsicht Bezug genommen wird, die Binnenstruktur der Pressekammer regeln.[1468] Die Aufsicht sollte also weitestgehend darauf beschränkt sein, die Einhaltung des Pressestaatsvertrages und der auf Grund dieses Staatsvertrages erlassenen Vorschriften zu überwachen. Außerdem sollte den Aufsichtsbehörden die endgültige Entscheidung über die vorsitzenden Richter der Ehrengerichte und deren Stellvertretern obliegen. Schließlich sollten die einzelnen Aufsichtsbehörden den Kammern, ihre Zustimmung vorausgesetzt, auch weitere staatliche Aufgaben durch Rechtsverordnung übertragen können, wenn diese durch die Kammern sachgerechter oder wirtschaftlicher erfüllt werden können. Für die in dieser Weise übertragenen Aufgaben sollte die Aufsichtsbehörde sich aber ein fachliches Weisungsrecht vorbehalten können.[1469]

Die wie die einzelnen Pressekammern auf Staatsverträgen zwischen den Ländern beruhenden Körperschaften des öffentlichen Rechts unterstehen der Landesaufsicht. Die Pressekammern sollten durch die einzelnen Justizministerien der Länder beaufsichtigt werden. Eine andere Möglichkeit wäre es, die allgemeine Aufsicht den Kultusministerien zu übertragen und lediglich in Ehrengerichtsangelegenheiten ein Einvernehmen mit den Justizministerien zu fordern. Für diese Lösung spricht zwar, dass die Gesamtheit der Presse eher der Kultur als der Justiz zuzuordnen ist, dennoch halte ich eine alleinige Aufsicht des Justizministeriums für besser, da es sich um eine Rechts- und nicht um eine Fachaufsicht handeln soll.

Als mildestes Aufsichtsmittel sollte das Justizministerium die Möglichkeit haben, zur Erfüllung seiner Aufgaben Berichte über einzelne Angelegenheiten oder Maßnahmen, Akten und sonstige Unterlagen sowie Protokolle über die Versammlungen der Pressekammern anzufordern. Wenn durch ein Handeln oder Unterlassen einer Pressekammer geltendes Recht verletzt wird, so sollte die Aufsichtsbehörde zunächst beratend darauf hinwirken, dass die Kammer oder ihr Vorstand dieser Rechtsverletzung abhilft. Sollte die Kammer dem nicht in angemessener Frist nachkommen, so sollte sie verpflichtet werden können, diese Rechtsverletzung zu beheben. Jegliche Maßnahme der Aufsichtsbehörde sollte allerdings unmittelbar mit der Klage im Verwaltungsstreitverfahren angefochten werden können.[1470] Wenn sie aber unanfechtbar geworden oder ihre sofortige Vollziehung angeordnet worden ist, so sollte sie mit den Mitteln des Verwal-

---

1468 Vgl. für die Aufsicht über die Rechtsanwaltskammern Henssler/ Prütting – *Hartung*, BRAO, § 62, Rn 8ff.

1469 Vgl. für die Heilberufe bspw. § 4 Abs. 6 HBKG BW.

1470 Vgl. für das Gemeinderecht bspw. § 126 GO NW.

tungsvollstreckungsrechts durchgesetzt werden können.[1471] Unbenommen sollte der Kammer jedoch bleiben, bei dem Gericht der Hauptsache einen Antrag auf Wiederherstellung der aufschiebenden Wirkung zu stellen.

Diesen Weg über die allgemeinen Gerichte halte ich für die Anfechtung der Aufsicht über die Pressekammern für sinnvoller als den bei den Rechtsanwaltskammern praktizierten Weg der Anfechtung von Wahlen oder Beschlüssen durch die Aufsichtsbehörde bei der Mittelinstanz der Ehrengerichte[1472]. Der Grund hierfür liegt darin, dass zumindest die Beisitzer der Ehrengerichte der Pressekammern, anders als die Mitglieder der Ehrengerichte der Rechtsanwaltskammern, in der Regel keine abgeschlossene juristische Ausbildung hinter sich haben.[1473] Sie sind durch ihre journalistische Tätigkeit zwar hinreichend qualifiziert, über die Einhaltung der rechtlichen und vor allem ethischen Berufspflichten der Presseangehörigen zu urteilen, nicht aber darüber, ob sich die Maßnahmen des Vorstandes oder der Kammerversammlung im Rahmen des geltenden Rechts bewegen, auch wenn dieses von den Pressekammern im Wesentlichen selbst gesetzt ist.

h) Ehrengerichte der Pressekammern

Die Ehrengerichte der Pressekammern sollen für die Einhaltung der Berufspflichten der Presseangehörigen sorgen und damit gem. Art. 102 Abs. 2 GG mögliche Gerichte für ein bestimmtes Sachgebiet darstellen. Im Gegensatz zu den Entscheidungen der Beschwerdekammern des Deutschen Presserats sollen die Entscheidungen der Ehrengerichte der als Körperschaften des öffentlichen Rechts ausgestalteten Pressekammern hoheitlich durchsetzbar sein. Auch die Ehrengerichte sollten unter der Aufsicht der Justizministerien stehen.

So sollen die Pressegerichte ihre Aufgaben im System der Rechtspflege als staatliche Gerichte i. S. d. Art. 92 GG i. V. m. Art. 20 Abs. 2 GG wahrnehmen. Sie würden dabei keine unzulässigen Sondergerichte für einen bestimmten Personenkreis darstellen, da sie nicht für alle den eingeschränkten Personkreis der Presseangehörigen betreffenden Verfahren zuständig wären, sondern nur für die Berufsgerichtsbarkeit.[1474]

1471 Vgl. für die Heilberufe bspw. § 7 SHKG.
1472 Vgl. § 90 BRAO.
1473 S.u.: 5. Kap., E., III., 1., h).
1474 Vgl. für die Anwaltsgerichte Henssler/ Prütting – *Dittmann*, BRAO, § 92 Rn 3ff.

aa) Mitglieder der Ehrengerichte

Die Mitglieder der Ehrengerichte und deren Vertreter sollte der Vorstand der zuständigen Pressekammer bestimmen. Um auch hier einer einseitigen Interessenwahrnehmung vorzubeugen, sollte er darauf achten, dass die Hälfte der Richter eines Ehrengerichts Journalisten und die andere Hälfte Verleger oder Herausgeber sind. Dies sollte allerdings nicht zwingend sein. Vielmehr sollte der möglichst paritätisch besetzte Vorstand sich mit einer Zweidrittelmehrheit im konkreten Fall auch dafür entscheiden können, mehr Journalisten oder Verleger zu Ehrenrichtern zu berufen, wenn er dies wegen der besseren Eignung der Kandidaten für richtig hält. Die Vorsitzenden jeder Kammer der Ehrengerichte und deren Vertreter sollten allerdings Volljuristen sein, die das Justizministerium als zuständige Aufsichtsbehörde auf Vorschlag des Vorstandes der Pressekammer ernennt. Der Vorstand sollte dem Justizministerium hierzu sowohl für das Amt des Vorsitzenden als auch für dessen Vertreter mindestens zwei Kandidaten, die er für geeignet hält, vorschlagen, aus denen das Ministerium auswählen kann. Verfassungsrechtlich problematisch könnte zwar sein, dass die Pressegerichte staatliche Gerichte ohne Berufsrichter sein sollen. Da allerdings zumindest die Vorsitzenden als Volljuristen die Befähigung zum Richteramt haben sollten, greifen solche Bedenken m.E. nicht durch.

Die Voraussetzungen zur Bestellung als Ehrenrichter sollten denen der Wählbarkeit in den Vorstand entsprechen,[1475] eine gleichzeitige Tätigkeit als Richter und im Vorstand der Pressekammer sollte nicht möglich sein. Wenn nachträglich bekannt wird, dass ein Richter nicht hätte ernannt werden dürfen, nachträglich ein Umstand eintritt, welcher der Ernennung entgegengestanden hätte oder er seine Amtspflicht grob verletzt, so sollte das Justizministerium im Einvernehmen mit dem Vorstand der zuständigen Pressekammer einen Antrag auf Amtsenthebung stellen können, über den das Landespressegericht abschließend entscheidet. Die Amtszeit jedes Ehrenrichters sollte im Regelfall vier Jahre betragen, eine Wiederwahl allerdings möglich sein.

Wichtig für die Unabhängigkeit der Gerichte ist, dass die einzelnen Richter vom demokratisch durch die Mitglieder der Presse gewählten Vorstand bestimmt werden und nicht wie die Mitglieder des derzeitigen Presserates und der sich aus seiner Mitte zusammensetzenden Beschwerdeausschüsse von den einzelnen Verbänden. Hierdurch soll gewährleist werden, dass die Richter auf Grund ihrer Fähigkeiten und nicht ihrer Verbandstreue bestimmt werden und vollkommen unabhängig arbeiten und entscheiden können.

1475 S.o.: 5. Kap., E., III., 1., d).

bb) Organisation der Ehrengerichte

Die Organisation der Ehrengerichte der Pressekammern sollte eine zweigliedrige sein, wobei an jede Pressekammer ein Pressegericht angegliedert werden sollte. Gegen die Urteile dieses Ehrengerichts sollte Berufung beim Landespressegericht eingelegt werden können. Unabhängig davon, wie viele Pressekammern es mit der Zeit in den einzelnen Bundesländern geben sollte, sollte jedes Land lediglich ein Landespressegericht haben.

Je nach Bedarf sollten bei den Pressegerichten und Landespressegerichten mehrere Kammern gebildet werden können, deren Besetzung sich jeweils nach dem oben Gesagten richten sollte.[1476] Die Zahl der Kammern sollte das betroffene Landesjustizministerium zusammen mit dem Vorstand der zuständigen Pressekammer bestimmen. Für jede Kammer beim Pressegericht sollten ein Vorsitzender und zwei Beisitzer, für jede Kammer beim Landespressegericht ein Vorsitzender und vier Beisitzer ernannt werden. Zusätzlich sollte für jeden Richter jeweils ein Vertreter bestellt werden.

cc) Verfahren vor den Ehrengerichten

Die Verfahren vor den Ehrengerichten sollten sich zunächst an den Beschwerdeverfahren beim Deutschen Presserat orientieren. Das heißt, es sollte primär gegen die den beanstandeten Artikel oder das beanstandete Bild publizierenden Presseorgane vorgegangen werden und nicht gegen den einzelnen Journalisten. Ein Vorgehen direkt gegen den Journalisten sollte nur vor der Veröffentlichung eines zu beanstandeten Artikels oder Bildes sowie bei einem in besonderem Maße gegen die presserechtlichen Berufspflichten verstoßenden Verhaltens möglich sein.

Eine Selbstbetroffenheit sollte nicht Voraussetzung zur Einleitung eines Beschwerdeverfahrens sein, es sollte sich also weiterhin um eine Popularbeschwerde handeln. Außerdem sollte der Vorstand die Möglichkeit haben, ein Beschwerdeverfahren einzuleiten und davon im Gegensatz zum Deutschen Presserat derzeit – soweit nötig – auch regelmäßig Gebrauch machen. Keineswegs müssten allerdings umfassende Kontrollen jedes Presseprodukts durchgeführt werden, wie dies zur Vermeidung eines Willkürvorwurfs gefordert wird.[1477] Vielmehr reichen ständige stichprobenartige Kontrollen nach zufälligem Rhythmus aus, um einen solchen Vorwurf der Willkür gar nicht erst aufkommen

---

1476 S.o.: 5. Kap., E., III., 1., h), aa).
1477 So aber *Schweizer* in FS für Herrmann, S. 146.

zu lassen. Zusätzlich sollten diejenigen Presseorgane verstärkt überwacht werden, die in der Vergangenheit negativ aufgefallen sind.

Örtlich zuständig sollte das Ehrengericht der Pressekammer sein, in der der Beschwerdegegner Mitglied ist.

(a) Vorprüfung und Vermittlung der Ehrengerichte

Jede Beschwerde sollte zunächst von einem der Beisitzer summarisch geprüft und bei Unzulässigkeit oder offensichtlicher Unbegründetheit abgewiesen werden. Gegen diese angemessen begründete und dem Beschwerdeführer zuzustellende Entscheidung sollte dieser allerdings innerhalb von zwei Wochen erneute Beschwerde einlegen können, die dann vor dem Pressegericht behandelt werden muss. Das Pressegericht bestätigt dann entweder die Zurückweisung oder beschließt die Einleitung eines förmlichen Beschwerdeverfahrens. Nach der Weiterleitung einer nicht offensichtlich unbegründeten Beschwerde an den Beschwerdegegner sollte dieser, wie es auch derzeit beim Verfahren vor dem Deutschen Presserat üblich ist, die Möglichkeit einer grundsätzlich öffentlichen Wiedergutmachung haben, wobei die zuständige Pressegerichtskammer vermittelnd tätig werden sollte.[1478]

(b) Hauptverfahren vor den Ehrengerichten

Sollte die Vermittlung erfolglos bleiben oder ein schwerwiegender oder wiederholter Verstoß gegen den Pressestaatsvertrag oder die Berufsordnung der Presse vorliegen, sollte das Pressegericht die Hauptverhandlung eröffnen. Zu dieser sollten der Beschwerdeführer und der Beschwerdegegner mindestens zwei Wochen vorher zu laden sein, für beide Parteien sollte die Möglichkeit der Hinzuziehung eines Rechtsanwaltes bestehen. Des Weiteren sollten Zeugen geladen werden können.

Sowohl der Vorsitzende als auch die Beisitzer sollten wegen Befangenheit abgelehnt werden können oder sich selbst für befangen erklären können, wenn sie selbst oder ihre Redaktion betroffen sind. In einem solchen Fall sollte das Verfahren an eine andere Kammer vor demselben Pressegericht abgeben werden oder der Betreffende für dieses Verfahren durch seinen Vertreter ersetzt werden.

1478 Zur Vermittlung bei Verfahren vor dem DPR s.o.: 4. Kap., A., III.

(c) Sanktionen der Ehrengerichte

Wenn das Pressegericht zur Überzeugung gelangt ist, dass ein Verstoß gegen die Berufspflichten der Presse vorliegt, so sollte es die nach seinem Ermessen geeignete Maßnahme treffen. Diese sollte in den meisten Fällen aus den auch bisher vor den Verfahren vor dem DPR verhängten Sanktionen Hinweis, Missbilligung und Rüge bestehen. Allerdings sollte auch der Abdruck von Missbilligungen und Hinweisen zwingend erforderlich sein, wenn dem nicht ein berechtigtes Interesse des von der beanstandeten Berichterstattung Betroffenen entgegensteht. Weiterhin sollte die Art und Weise des Rügenabdrucks und des Abdrucks von Maßnahmen und Hinweisen verbindlich festgelegt und nicht jeder Zeitung und Zeitschrift weitestgehend selbst überlassen werden. Der Abdruck einer öffentlichen Rüge sollte dabei an gleicher Stelle wie der beanstandete Artikel oder das beanstandete Bild erfolgen und diesem auch in Größe und Aufmachung entsprechen. Niedrigere Anforderungen sollten dagegen an die Veröffentlichung von Hinweisen und Missbilligungen gestellt werden, diese sollten auch gesammelt auf hinteren Seiten veröffentlicht werden können. Zudem sollten die Pressekammern darauf hinwirken, dass zumindest in den überregionalen Zeitungen und Zeitschriften eine ständige Rubrik über alle von den Pressegerichten festgestellten eigenen und fremden Verfehlungen eingerichtet wird. Dies würde die Bekanntheit und Bedeutung der Pressekammern und ihrer Pressegerichte enorm steigern. Eine größere Öffentlichkeit der Verfehlungen der einzelnen Presseorgane würde diese voraussichtlich zudem zu einer sorgfältigeren Einhaltung ihrer Berufspflichten erziehen.

Zusätzlich zu den bereits derzeit vom DPR verhängten Hinweisen, Missbilligungen und Rügen sollten den Pressegerichten allerdings weitere Maßnahmen zur Verfügung stehen. Zunächst sollte die Möglichkeit der Verhängung einer Geldbuße bis zu 10.000 Euro bestehen, die entweder der Pressekammer oder einer sozialen Einrichtung zu Gute kommen sollte.[1479] Für Geldentschädigungen der Opfer sollten allerdings weiterhin die ordentlichen Gerichte zuständig sein, wobei wichtig ist, dass die entscheidenden Richter ebenfalls Spezialisten auf dem Gebiet des Presserechts sind[1480]. Der Gegendarstellungsanspruch sollte dagegen vor den Pressegerichten durchgesetzt werden können. Im Verfahren zur

---

1479 Vgl. für die Anwaltsgerichte § 114 Abs. 1 Nr. 3 BRAO. Diese haben die Möglichkeit, Geldbußen bis zu 25.000 Euro zu verhängen. Da bei einer presserechtlichen Verfehlung aber regelmäßig auch Geldentschädigungsansprüche der Opfer im Raum stehen, reicht m.E. eine Maximalhöhe von 10.000 Euro aus.

1480 Dies ist wichtig, da Presserecht im wesentlichen Richterrecht ist (vgl. *Soehring*, NJW 1994, 16), weshalb vorgeschlagen wird, dass die Verteilung auch innerhalb der einzelnen Kammern oder Senaten eines Gerichtes nach Sachgebieten und nicht nach Buchstaben erfolgen sollte; vgl. *Helle*, AfP 2006, 110, 116.

Durchsetzung einer Gegendarstellung können bereits derzeit vor den ordentlichen Gerichten keine anderen Ansprüche zusammen mit diesem geltend gemacht werden, da dieses Verfahren kein einstweiliges Verfügungsverfahren ist, sondern ein spezifisches presserechtliches Verfahren, auf das lediglich die Vorschriften der ZPO über die einstweilige Verfügung entsprechend Anwendung finden.[1481] Diese entsprechende Anwendung sollte auch beim Verfahren vor den Pressegerichten gelten. Wie bisher sollte eine Gefährdung des Anspruchs ebenfalls nicht glaubhaft gemacht werden müssen.[1482] Neben einer Gegendarstellung in Textform sollte bei der Beanstandung einer (photo-)graphischen Darstellung auch das Verlangen der Veröffentlichung eines Gegenbildes möglich sein.[1483] Da ein Bild schneller ins Auge springt, eine höhere Authentizität beansprucht und auch nachhaltiger in Erinnerung bleibt als ein Text, sollte im Falle eines zumindest subjektiv unrichtigen oder verzerrten Eindrucks die Möglichkeit der Veröffentlichung eines Gegenbildes bestehen. Dieses müsste allerdings dieselbe Situation wie das beanstandete Bild zeigen und lediglich auf Grund eines anderen Blickwinkels, größeren Ausschnitts, fehlender Manipulation oder ähnlichem den möglicherweise verfälschten Eindruck des Ursprungsbildes korrigieren.

Weitere mögliche Sanktionen der Pressegerichte sollten die Entziehung der Delegierteneigenschaft zur Satzungsversammlung der Pressekammern oder des Vorstandsamtes in der Pressekammer sein sowie die Entziehung des aktiven und passiven Wahlrechts für die Satzungsversammlung und den Vorstand für die Dauer von bis zu fünf Jahren. Ein Ausschluss aus der Berufsvertretung dürfte dagegen unter keinen Umständen möglich sein. Ein die Befugnis enthaltenes Gesetz, einem Redakteur die Berufsausübung wegen Missbrauchs des Grundrechts der Pressefreiheit zum Kampf gegen die freiheitliche demokratische Grundordnung zu untersagen, wäre auch verfassungsrechtlich unzulässig. Gem. Art. 18 GG ist es allein dem Bundesverfassungsgericht vorbehalten, eine Verwirkung des Grundrechts der Pressefreiheit aus dem genannten Grund auszusprechen.[1484]

Die möglichen Sanktionen sollten weitestgehend kumulativ angewendet werden können. Dies ist vor allem vor dem Hintergrund wichtig, dass beispielsweise eine Falschmeldung nicht nur ein Thema zwischen der Presse und seinem Opfer ist, sondern auch von den Lesern des betreffenden Presseorgans zur Kenntnis genommen wurde. Daher sollte darauf geachtet werden, dass neben einer Bestrafung der Presse oder Genugtuung des Opfers auch die Leser in irgendeiner Form darüber informiert werden, dass die beanstandete Meldung falsch war oder auf

---

1481 Vgl. Löffler – *Sedelmeier*, LPG, § 11, Rn 189.
1482 Vgl. bspw. § 11 LPG BW.
1483 Vgl. hierzu auch *Birkwald* in Sitzungsberichte des 58. DJT, K 91.
1484 BVerfGE 10, 118, 121 ff.

eine gegen die Sorgfaltspflicht verstoßende Art und Weise zustande gekommen ist.

(d) Kosten des Verfahrens

Die Kosten des sachlichen und persönlichen Aufwandes für die Tätigkeiten der Pressegerichte sollte die jeweilige Pressekammer zu tragen haben.

Hinsichtlich der Verfahrenskosten sollte zwischen Gebühren und Auslagen unterschieden werden. Als Auslagen sollten die Entschädigungen für Zeugen und Sachverständige, die Tagegelder und Reisekosten der Mitglieder der Pressegerichte, sowie Post- und Schreibgebühren und die Kosten öffentlicher Bekanntmachungen gelten. In seiner Entscheidung sollte das Pressegericht bestimmen, wer die Verfahrenskosten zu tragen hat, im Falle der Verhängung einer presserechtlichen Sanktion sollte dies der Beschuldigte sein. Allerdings sollte das Pressegericht von der Erhebung ganz oder teilweise absehen können, wenn die Verfahrenskosten außer Verhältnis zu seinem Verschulden stehen. Wenn der Beschwerdeführer ein Verfahren wider besseren Wissens oder grob fahrlässig veranlasst hat, so sollten diesem die Kosten auferlegt werden.[1485] Das Gleiche sollte für den Fall gelten, dass der Beschwerdeführer durch sein Verhalten zusätzliche Kosten herbeigeführt hat.[1486]

Ansonsten sollte im Regelfall die zuständige Pressekammer die Kosten tragen, um den Einzelnen nicht durch die Angst vor möglichen Verfahrenskosten an der Einlegung einer Beschwerde zu hindern.

Gebühren sollten nur erhoben werden, wenn gegen den Beschuldigten eine Maßnahme verhängt worden ist, dann sollte diese ihm auch auferlegt werden. Die Höhe der Gebühren sollte das Gericht unter Berücksichtigung der Schwierigkeit der Sache und der sonstigen Umstände des Verfahrens nach pflichtgemäßem Ermessen festlegen.[1487]

2. Konkreter Vorschlag für einen Pressestaatsvertrag und eine Berufsordnung der Presse

Im Folgenden werden die Vorüberlegungen in die konkrete Form eines Pressestaatsvertrages und einer Berufsordnung der Presse gebracht. Da diese die Lan-

---

1485 Vgl. für die Heilberufe bspw. § 70f. HBKG BW.
1486 Vgl. für die Heilberufe bspw. § 95 Abs. 2 HKaG BY.
1487 Vgl. für die Heilberufe bspw. § 95 Abs. 2 HKaG BY.

despressegesetze und den Pressekodex ersetzen sollen, ist es wichtig, dass sich zumindest die grundlegenden Gedanken der Vorschriften, die sich bewährt haben, in den neuen Regelungen wieder finden.

a) Vorschlag für einen Pressestaatsvertrag (PStV)

§ 1 Anwendungsbereich

(1) Dieser Staatsvertrag gilt für die gesamte in Deutschland erscheinende Presse.

(2) Den Bestimmungen dieses Staatsvertrages unterliegen nicht

1. amtliche Druckwerke, soweit sie ausschließlich amtliche Mitteilungen enthalten,

2. die nur zu Zwecken des Gewerbes und Verkehrs, des häuslichen und geselligen Lebens dienenden Druckwerke wie Formulare, Preislisten, Werbedrucksachen, Familienanzeigen, Geschäfts-, Jahres- und Verwaltungsberichte und dergleichen sowie Stimmzettel für Wahlen.

§ 2 Begriffsbestimmungen

(1) Unter den Pressebegriff dieses Staatsvertrages fallen alle Druckwerke, Mitteilungen der Nachrichtenagenturen, Pressekorrespondenzen, Materndienste und ähnlichen presseredaktionellen Hilfsunternehmen, die Redaktionen mit Beiträgen in Wort, Schrift, Bild oder ähnlicher Weise versorgen, ebenso wie verlagseigene Online-Dienste sowie periodisch erscheinende Internetzeitungen.

(2) Im Sinne dieses Staatsvertrages bezeichnet der Ausdruck

1. „Druckwerke" alle mittels der Buchdruckpresse oder eines sonstigen zur Massenvervielfältigung geeigneten Vervielfältigungsverfahrens hergestellten und zur Verbreitung bestimmten Schriften, besprochenen Tonträger, bildlichen Darstellungen mit und ohne Schrift, Bildträger und Musikalien mit Text oder Erläuterungen,

2. „Nachrichtenagenturen" solche Unternehmen, die systematisch Nachrichten sammeln und diese den Presseredaktionen gegen Bezahlung liefern,

3. „Pressekorrespondenzen" solche Unternehmen, die zum Abdruck gegen Honorar nicht nur Nachrichten, sondern auch vorbereiteten, druckreifen Redaktionsstoff wie beispielsweise Romane oder Kommentare liefern,

4. „Materndienste" solche Unternehmen, die vorgefertigte, redaktionelle Beiträge in Form reprofähiger Druckvorlagen liefern,

6. „Verlagseigene Online-Dienste" solche Dienste, die das Onlineportal einer Zeitung oder Zeitschrift betreiben, in dem sie vollständig oder teilweise Inhalte dieses periodischen Druckerzeugnisses und gegebenenfalls weitere selbst verfasste Beiträge auf diesem Portal online verbreiten.

7. „Internetzeitungen" solche Onlineportale, die an das anonyme Publikum gerichtet aktuelle Nachrichten und redaktionelle Beiträge online verbreiten und in Name und Aufmachung nicht einem auch als Druckwerk erscheinendem Publikationsorgan entsprechen,

8. „Periodisches Erscheinen" ein Erscheinen in ständiger, wenn auch nicht zwingend regelmäßiger, Folge im Abstand von nicht mehr als sechs Monaten,

9. „Zeitung" ein periodisch erscheinendes Druckwerk mit fortlaufender tagebuchartiger Berichterstattung über alle oder einem bestimmten Lebensbereich entstammenden Tagesneuigkeiten, das sich an das anonyme Publikum richtet,

10. „Zeitschrift" ein periodisch erscheinendes Druckwerk, das sich auf einem oder mehreren speziellen Fachgebieten mit einzelnen besonderen Problemen und Vorgängen der Zeit beschäftigt und an das anonyme Publikum richtet,

11. „Anschlusszeitung" eine unter einem eigenen Namen erscheinende Zeitung, die regelmäßig einen nicht unerheblichen Teil ihres redaktionellen Inhalts von einer anderen Zeitung übernimmt,

12. „Kopfzeitung" eine unter einem eigenen Namen erscheinende Zeitung, die ihren gesamten redaktionellen Inhalt von einer anderen Zeitung übernimmt.

13. „Drucker" diejenige natürlich Person oder Personenmehrheit, die als Inhaber des Druckereibetriebs das Druckwerke herstellt

14. „Verleger" diejenige natürlich Person oder Personenmehrheit, die die tatsächliche Leitung des Verlagsunternehmens ausübt und das Erscheinen und Verbreiten des Presseprodukts im eigenen Namen bewirkt,

15. „Herausgeber" diejenige natürlich Person oder Personenmehrheit, die die allgemeine publizistische Haltung und Zielsetzung des Presseprodukts bestimmt.

§ 3 Freiheit der Presse

(1) Die Presse ist frei. Sie dient der freiheitlichen demokratischen Grundordnung.

(2) Die Pressefreiheit unterliegt nur den Beschränkungen, die durch das Grundgesetz unmittelbar und in seinem Rahmen durch diesen Staatsvertrag zugelassen sind. Die Presse beeinträchtigende Sondermaßnahmen sind verboten.

(3) Die Pressetätigkeit einschließlich der Errichtung eines Verlagsunternehmens oder eines sonstigen Betriebes des Pressegewerbes ist zulassungsfrei.

§ 4 Öffentliche Aufgabe

Die Presse erfüllt eine öffentliche Aufgabe, indem sie insbesondere in Angelegenheiten von öffentlichem Interesse Nachrichten beschafft und verbreitet, Stellung nimmt, Kritik übt oder auf andere Weise an der Meinungsbildung mitwirkt oder der Bildung dient.

§ 5 Informationsanspruch

(1) Die Behörden sind verpflichtet, den Vertretern der Presse die der Erfüllung ihrer öffentlichen Aufgabe dienenden Auskünfte zu erteilen.

(2) Auskünfte können verweigert werden, soweit

1. hierdurch die sachgemäße Durchführung eines schwebenden Verfahrens vereitelt, erschwert, verzögert oder gefährdet werden könnte oder

2. Vorschriften über die Geheimhaltung entgegenstehen oder

3. ein überwiegendes öffentliches oder schutzwürdiges privates Interesse verletzt würde.

(3) Anordnungen, die einer Behörde Auskünfte an die Presse allgemein verbieten, sind unzulässig.

(4) Der Verleger einer Zeitung oder Zeitschrift kann von den Behörden verlangen, dass ihm deren amtliche Bekanntmachungen nicht später als seinen Mitbewerbern zur Verwendung zugeleitet werden.

§ 6 Allgemeine Berufspflicht

(1) Jede im Bereich der Presse tätige Person hat ihren Beruf gewissenhaft auszuüben und die erscheinenden Presseprodukte von strafbaren Inhalten frei zu halten. Sie hat sich innerhalb und außerhalb des Berufs der Achtung und des Vertrauens, welches ihr auf Grund ihrer Pressetätigkeit entgegengebracht wird, als würdig zu erweisen.

(2) Näheres regelt die von der Satzungsversammlung erlassene Berufsordnung der Presse (PBerO).

§ 7 Datenschutz

(1) Soweit Unternehmen und Hilfsunternehmen der Presse personenbezogenen Daten ausschließlich zu eigenen journalistisch-redaktionellen oder literarischen Zwecken erheben, verarbeiten oder nutzen, gelten von den Vorschriften des Bundesdatenschutzgesetzes nur die §§ 5, 9 und 38a entsprechend sowie § 7 mit

der Maßgabe, dass nur für Schäden gehaftet wird, die durch eine Verletzung von § 5 oder § 9 BDSG eintreten.

(2) Führt die journalistisch-redaktionelle Erhebung, Verarbeitung oder Nutzung personenbezogener Daten durch die Presse zur Veröffentlichung von Richtigstellungen, Widerrufen, sowie Gegendarstellungen oder Maßnahmen der Pressegerichte, so sind diese Veröffentlichungen von dem betreffenden Presseorgan zu den gespeicherten Daten zu nehmen und für dieselbe Zeitdauer zu dokumentieren wie die Daten selbst.

(3) Wird jemand durch eine Berichterstattung in der Presse in seinem Persönlichkeitsrecht beeinträchtigt, so kann er Auskunft über die der Berichterstattung zugrunde liegenden, zu seiner Person gespeicherten Daten verlangen. Die Auskunft kann nach Abwägung der schutzwürdigen Interessen der Beteiligten verweigert werden, soweit

1. aus den Daten auf Personen, die bei der Recherche, Bearbeitung oder Veröffentlichung von Beiträgen berufsmäßig journalistisch mitwirken oder mitgewirkt haben, geschlossen werden kann,

2. aus den Daten auf die Person des Einsenders, Gewährsträgers oder Informanten von Beiträgen, Unterlagen und Mitteilungen geschlossen werden kann,

3. durch die Mitteilung der recherchierten oder sonst erlangten Daten die journalistische Aufgabe des Presseorgans durch Ausforschung des Informationstatbestandes beeinträchtigt würde,

4. es sich sonst als notwendig erweist, um das Recht auf Privatsphäre mit den für die Freiheit der Meinungsäußerung geltenden Vorschriften in Einklang zu bringen.

Der Betroffene kann die Berichtigung unrichtiger Daten verlangen, sowie unter Beachtung des Verhältnismäßigkeitsgrundsatzes die Sperrung oder Löschung solcher personenbezogener Daten, die unter Verstoß gegen den PStV oder die PBerO erhoben wurden.

§ 8 Impressum

(1) Auf jedem im Geltungsbereich dieses Gesetzes erscheinenden Druckwerk müssen Name oder Firma und Anschrift des Druckers und des Verlegers, beim Selbstverlag des Verfassers oder des Herausgebers genannt sein.

(2) Im Falle periodisch erscheinender Presseprodukte sind Name und Anschrift des verantwortlichen Redakteurs anzugeben. Sind mehrere Redakteure verantwortlich, so muss das Impressum die in Satz 1 geforderten Angaben für jeden von ihnen enthalten. Hierbei ist kenntlich zu machen, für welchen Teil oder sachlichen Bereich des Presseprodukts jeder einzelne verantwortlich ist. Für den

Anzeigenteil ist ein Verantwortlicher zu benennen; für diesen gelten die Vorschriften über den verantwortlichen Redakteur entsprechend.

(3) Die Inhaber- und Beteiligungsverhältnisse eines Verlags, der eine Zeitschrift oder Zeitung herausgibt, sind in dem Impressum der ersten Ausgabe jedes Kalenderjahres bekannt zu geben.

Außerdem sind Änderungen der Inhaber- und Beteiligungsverhältnisse unverzüglich im Impressum zu veröffentlichen.

(4) Anschlusszeitungen und sonstige Zeitungen, die regelmäßig ganze Seiten des redaktionellen Teils fertig übernehmen, haben im Impressum auch den für den übernommenen Teil verantwortlichen Redakteur und den Verleger zu benennen. Kopfzeitungen müssen im Impressum auch den Titel der Hauptzeitung angeben.

§ 9 Verantwortlicher Redakteur

(1) Als verantwortlicher Redakteur darf nicht tätig sein und beschäftigt werden, wer

1. seinen ständigen Aufenthalt außerhalb des Geltungsbereichs des Grundgesetzes hat,

2. infolge Richterspruchs die Fähigkeit öffentliche Ämter zu bekleiden, Rechte aus öffentlichen Wahlen zu erlangen oder in öffentlichen Angelegenheiten zu wählen oder zu stimmen nicht besitzt,

3. das 18. Lebensjahr nicht vollendet hat,

4. nicht unbeschränkt geschäftsfähig ist,

5. nicht unbeschränkt strafgerichtlich verfolgt werden kann.

(2) Die Vorschriften des Absatzes 1 Nr. 3 und 4 gelten nicht für Druckwerke, die von Jugendlichen für Jugendliche herausgegeben werden.

(3) Von einer Voraussetzung des Absatzes 1 Nr. 1 kann der Vorstand der zuständigen Pressekammer im Einvernehmen mit dem Justizministerium in besonderen Fällen auf Antrag Befreiung erteilen.

§ 10 Kennzeichnungspflicht entgeltlicher Veröffentlichungen

Hat der Verleger eines periodisch erscheinenden Presseprodukts oder der gem. § 8 Abs. 2 S. 4 PStV Verantwortliche für eine Veröffentlichung ein Entgelt enthalten, gefordert oder sich versprechen lassen, so muss diese Veröffentlichung, soweit sie nicht schon durch Anordnung und Gestaltung vom unbefangenen Durchschnittsleser auf den ersten Blick zweifelsfrei als Anzeige zu erkennen ist, deutlich mit dem Wort „Anzeige" gekennzeichnet werden.

§ 11 Gegendarstellung

(1) Der Verleger periodisch erscheinender Presseprodukte ist verpflichtet, eine Gegendarstellung der Person oder Stelle zu veröffentlichen, die durch eine in diesem Presseprodukt aufgestellte Tatsachenbehauptung betroffen ist. Die Verpflichtung erstreckt sich auch auf alle Nebenausgaben eines Druckwerks, in denen die Tatsachenbehauptung erschienen ist.

(2) Die Pflicht zum Abdruck einer Gegendarstellung besteht nicht, wenn

1. die betreffende Person oder Stelle kein berechtigtes Interesse an der Veröffentlichung hat oder

2. die Gegendarstellung ihrem Umfang nach nicht angemessen ist oder

3. es sich um eine Anzeige handelt, die ausschließlich dem geschäftlichen Verkehr dient.

Überschreitet die Gegendarstellung nicht den Umfang des beanstandeten Textes, so gilt sie als angemessen. Die Gegendarstellung muss sich auf tatsächliche Angaben beschränken und darf keinen strafbaren Inhalt haben. Wenn sich die Gegendarstellung auf eine (photo-)graphische Darstellung bezieht, kann sie auch aus einem Gegenbild bestehen. Sie bedarf der Schriftform und muss von dem Betroffenen oder seinem gesetzlichen Vertreter unterzeichnet sein. Der Betroffene oder sein Vertreter kann die Veröffentlichung nur verlangen, wenn die Gegendarstellung dem Verleger unverzüglich, spätestens innerhalb von drei Monaten nach der Veröffentlichung zugeht.

(3) Die Gegendarstellung muss in der nach Empfang der Einsendung nächstfolgenden, im Falle eines Druckwerks für der Druck nicht abgeschlossenen, Nummer in dem gleichen Teil des Presseprodukts und mit gleicher Schrift wie der beanstandete Text ohne Einschaltungen und Weglassungen veröffentlicht werden; sie darf nicht in Form eines Leserbriefes erscheinen. Die Veröffentlichung ist kostenfrei. Wer sich zu der Gegendarstellung in derselben Nummer äußert, muss sich auf tatsächliche Angaben beschränken.

(4) Für die Durchsetzung des Gegendarstellungsanspruchs ist der Rechtsweg zu den Pressegerichten gegeben. Auf Antrag des Betroffenen ordnet das Pressegericht an, dass der Verleger in der Form des Absatzes 3 eine Gegendarstellung veröffentlicht. Auf dieses Verfahren sind die Vorschriften der Zivilprozessordnung über das Verfahren auf Erlass einer einstweiligen Verfügung entsprechend anzuwenden. Eine Gefährdung des Anspruchs braucht nicht glaubhaft gemacht zu werden. Ein Hauptsacheverfahren findet nicht statt.

(5) Die Absätze 1 bis 4 gelten nicht für wahrheitsgetreue Berichte über öffentliche Sitzungen von übernationalen parlamentarischen Organen, von gesetzgebenden oder beschließenden Organen des Bundes, der Länder, der Gemeinden und sonstigen kommunalen Körperschaften sowie der Gerichte.

§ 12 Pflichtexemplar

(1) Von jedem Druckwerk, das im Geltungsbereich dieses Staatsvertrages verlegt wird, hat der Verleger mit Beginn der Verbreitung des Druckwerks ein Stück (Pflichtexemplar) der Landesbibliothek anzubieten und ihr auf Verlangen unentgeltlich zur Verfügung zu stellen. Auf Antrag erstattet die Bibliothek dem Verleger die Herstellungskosten des abgegebenen Druckwerks, wenn ihm die unentgeltliche Abgabe wegen des großen finanziellen Aufwands oder der kleinen Auflage nicht zugemutet werden kann.

(2) Absatz 1 gilt entsprechend für den Drucker, wenn das Druckwerk keinen Verleger hat oder außerhalb des Geltungsbereichs dieses Staatsvertrages verlegt wird.

(3) Das für Wissenschaft und Kultur zuständige Landesministerium wird ermächtigt, das Nähere durch Rechtsverordnung zu regeln. Es kann für bestimmte Arten von Druckwerken Ausnahmen zulassen.

§ 13 Pressekammern

(1) In jedem Bundesland wird zunächst eine Pressekammer eingerichtet. Diese hat ihren Sitz in der jeweiligen Landeshauptstadt.

(2) Wenn eine Pressekammer mehr als tausend Mitglieder hat, kann das zuständige Justizministerium im Einvernehmen mit dem Vorstand der bestehenden Landespressekammer eine weitere Pressekammer in diesem Bundesland errichten. In einem solchen Fall ordnet das Justizministerium an, welcher Pressekammer die einzelnen Mitglieder angehören und in welcher Stadt die neue Pressekammer ihren Sitz hat.

(3) Die einzelnen Landespressekammern sollen sich zur Koordinierung übergeordneter Aufgaben zu einer als privatrechtlicher Verein einzurichtenden Bundespressekammer zusammenschließen.

§ 14 Stellung der Pressekammern

(1) Die Pressekammern sind Körperschaften des öffentlichen Rechts.

(2) Das Landesjustizministerium führt die Staatsaufsicht über die Pressekammern. Die Aufsicht beschränkt sich darauf, dass der Pressestaatsvertrag und die auf seiner Grundlage erlassenen Satzungen beachtet, insbesondere die den Pressekammern übertragenen Aufgaben erfüllt werden.

§ 15 Aufsichtsmittel

(1) Das Landesjustizministerium kann zur Erfüllung seiner Aufgaben als Aufsichtsbehörde Berichte über einzelne Angelegenheiten oder Maßnahmen, Akten und sonstige Unterlagen sowie Protokolle über die Versammlungen der Pressekammern anfordern.

(2) Wird durch ein Handeln oder Unterlassen der Pressekammer geltendes Recht verletzt, wirkt die Aufsichtsbehörde zunächst beratend darauf hin, dass die Pressekammer oder ihr Vorstand dieser Rechtsverletzung abhilft. Kommt die Pressekammer dem nicht in angemessener Frist nach, kann die Aufsichtsbehörde die Pressekammer verpflichteten, die Rechtsverletzung zu beheben.

(3) Jegliche Maßnahme der Aufsichtsbehörde kann unmittelbar mit der Klage im Verwaltungsstreitverfahren angefochten werden. Wenn sie unanfechtbar geworden oder ihre sofortige Vollziehung angeordnet worden ist, kann sie mit den Mitteln des Verwaltungsvollstreckungsrechts durchgesetzt werden. Die Pressekammer kann bei dem Gericht der Hauptsache einen Antrag auf Wiederherstellung der aufschiebenden Wirkung stellen.

§ 16 Kammermitglieder

(1) Der jeweiligen Pressekammer gehören alle Verleger und Herausgeber periodischer Presseprodukte an, deren Verlag oder Redaktion in dem betreffenden Bundesland seinen bzw. ihren Sitz hat, sowie alle Journalisten, die in einem solchen periodischen Presseprodukt einen Beitrag veröffentlichen. Journalisten im Sinne dieses Staatsvertrages sind neben den Redakteuren auch alle in der oder für die Redaktion tätigen freien Mitarbeiter und Praktikanten.

(2) Die Mitgliedschaft in der jeweiligen Pressekammer muss angemeldet werden, bevor die Person ihre Tätigkeit als Verleger oder Herausgeber aufnimmt oder ihr Beitrag in dem periodischen Presseprodukt veröffentlicht wird.

(3) Die Anmeldung bei der Pressekammer muss schriftlich durch die Redaktion oder persönlich durch den Verleger oder Herausgeber des periodischen Presseprodukts, in dem der Beitrag veröffentlicht werden soll, durchgeführt werden. Eine Abmeldung ist nur durch schriftliche Erklärung des Mitglieds frühestens ein Jahr nach der letzten Veröffentlichung möglich.

§ 17 Aufgaben der Pressekammern

(1) Den Pressekammern obliegen insbesondere folgende Aufgaben:

1. Missstände im Pressewesen festzustellen und auf deren Beseitigung hinzuwirken,

2. Entwicklungen entgegenzutreten, die die freie Information und Meinungsbildung des Bürgers gefährden könnten,

3. die beruflichen Belange der Kammermitglieder unter Beachtung des Wohls der Allgemeinheit wahrzunehmen,

4. die Kammermitglieder zur Erfüllung ihrer Berufspflicht anzuhalten und deren Einhaltung zu überwachen,

5. die berufliche Fortbildung der Kammermitglieder zu fördern,

6. auf ein gedeihliches Verhältnis der Kammermitglieder zueinander zu achten und bei berufsbezogenen Streitigkeiten unter den Kammermitgliedern oder zwischen einem Kammermitglied und Dritten auf Antrag eines Beteiligten zu vermitteln,

7. die zuständigen Behörden in Fragen der Gesetzgebung und Verwaltung zu beraten und zu unterstützen,

8. die einfachen Mitglieder der Ehrengerichte zu bestimmen, sowie die Vorsitzenden und deren Vertreter vorzuschlagen.

(2) Die Landesjustizministerien können den Pressekammern unter der Voraussetzung ihrer Zustimmung weitere staatliche Aufgaben durch Rechtsverordnung übertragen, wenn diese durch die Kammern sachgerechter oder wirtschaftlicher erfüllt werden können. Für die in dieser Weise übertragenen Aufgaben kann sich das Landesjustizministerium ein fachliches Weisungsrecht vorbehalten.

(3) Die Pressekammern sind befugt, innerhalb ihres Aufgabenkreises weitere Aufgaben zu übernehmen und Anträge an die zuständigen Stellen zu richten. In wichtigen Angelegenheiten sollen die Behörden die zuständige Pressekammer hören.

(4) Die Pressekammern erheben zur Deckung ihres Finanzbedarfs von jedem Kammermitglied Beiträge, deren Höhe sich an seinem Verdienst orientiert. Für Leistungen, die die Pressekammern auf Veranlassung oder im Interesse einzelner Kammermitglieder erbringen, können Gebühren erhoben werden. Näheres regelt die Beitrags- und Gebührenordnung. Auch der BDZV, der VDZ, der DJV und die dju tragen zur Finanzierung der Pressekammern durch die Zahlung von an die Größe der Kammer gekoppelten Beiträgen bei.

(5) Jede Pressekammer gibt sich eine Geschäftsordnung.

§ 18 Zusammensetzung des Vorstands

(1) Der Vorstand der Pressekammern besteht aus mindestens sieben Mitgliedern. Dies sind der Präsident, der Vizepräsident, der Schatzmeister und vier Beisitzer.

(2) Die Kammerversammlung kann die Zahl der Vorstandsmitglieder um beliebig viele Personen zu erweitern, wenn die Größe der Kammer und der damit einhergehende Arbeitsaufwand dies erfordern.

(3) Der Vorstand ist nach Möglichkeit stets paritätisch aus Journalisten und Verlegern zusammengesetzt.

§ 19 Wahlen zum Vorstand

(1) Die Mitglieder des Vorstands werden von der Kammerversammlung in geheimer und unmittelbarer Wahl für die Dauer von vier Jahren gewählt. Bis zum dritten Werktag vor der Kammerversammlung besteht die Möglichkeit der Briefwahl. Wahlberechtigt und wählbar sind die Mitglieder der Pressekammer.

(2) Die Kandidaten für die Wahl des Vorstandes müssen dem Wahleiter spätestens einen Monat vor der Kammerversammlung bekannt gegeben werden.

(3) Gewählt sind die Bewerber, die die meisten Stimmen auf sich vereinen. Bei Stimmgleichheit findet eine Stichwahl statt.

(4) Näheres regelt die Wahlordnung.

§ 20 Ausschluss von der Wählbarkeit

(1) Zum Mitglied des Vorstandes kann derjenige nicht gewählt werden,

1. der infolge Richterspruchs die Fähigkeit öffentliche Ämter zu bekleiden, Rechte aus öffentlichen Wahlen zu erlangen oder in öffentlichen Angelegenheiten zu wählen oder zu stimmen nicht besitzt,

2. gegen den ein Berufsverbot gem. § 70 StGB angeordnet ist,

3. dem ein Ehrengericht wegen wiederholter oder schwerwiegender Verstöße gegen den Pressestaatsvertrag oder die Berufsordnung der Presse zeitwillig das aktive und passive Wahlrecht entzogen hat,

4. der nicht unbeschränkt geschäftsfähig ist.

(2) Wenn einer der genannten Gründe nachträglich eintritt, so ruht das Vorstandsamt des betreffenden Mitglieds für diese Zeit. In einem solchen Fall kann der übrige Vorstand mit Zweidrittelmehrheit die Neuwahl des vakanten Vorstandspostens beschließen.

(3) Eine Neuwahl des vakanten Vorstandspostens findet auch dann statt, wenn ein Pressegericht einem Vorstandsmitglied wegen wiederholter oder schwerwiegender Verstöße gegen den Pressestaatsvertrag oder die Berufsordnung der Presse seinen Vorstandsposten entzieht.

§ 21 Aufgaben des Vorstands

(1) Der Vorstand hat die ihm zugewiesenen Aufgaben zu erfüllen. Er hat die Belange der Kammer zu wahren und zu fördern.

(2) Dem Vorstand obliegt insbesondere

1. die Repräsentation der Pressekammer nach außen,

2. die Vorbereitung und Leitung der Kammerversammlungen,

3. die Ernennung der einfachen Mitglieder der Ehrengerichte und der Vorschlag der Vorsitzenden und ihrer Stellvertreter,

4. die Beobachtung des Pressewesens und gegebenenfalls die Einleitung eines Beschwerdeverfahren vor dem Pressegericht,

5. die Beratung der Kammermitglieder im Allgemeinen und in Fragen der Berufspflicht im Besonderen,

6. auf Antrag bei Streitigkeiten unter den Mitgliedern oder zwischen Mitgliedern und Dritten zu vermitteln,

7. die Verwaltung der Pressekammer inklusive der Vermögensverwaltung,

8. die Aufstellung eines ausgeglichenen Haushaltsplans.

§ 22 Kammerversammlung

(1) Die Kammerversammlung wird mindestens zweimal jährlich durch den Präsidenten einberufen.

(2) Der Präsident hat die Kammerversammlung einzuberufen, wenn ein Zehntel der Mitglieder es schriftlich beantragt und hierbei den Gegenstand angibt, der in der Versammlung behandelt werden soll.

(3) Die Kammerversammlung erörtert alle Angelegenheiten, die von allgemeiner Bedeutung für die Presse sind. Sie wählt den Vorstand und die Mitglieder zur Satzungsversammlung der Pressekammern, gibt sich eine Geschäftsordnung und beschließt die Beitrags- und Gebührenordnung sowie die Wahlordnung.

§ 23 Satzungsversammlung der Pressekammern

(1) Der Satzungsversammlung der Pressekammern gehören ohne Stimmrecht die Präsidenten aller Landespressekammern und mit Stimmrecht die von den Kammerversammlungen nach der Maßgabe des § 24 PStV gewählten Mitglieder an.

(2) Die Satzungsversammlung erlässt als Satzung eine Berufsordnung der Presse (PBerO) unter Berücksichtigung der beruflichen Pflichten, evaluiert sie ständig und nimmt bei Bedarf Aktualisierungen und Ergänzungen vor.

(3) Die Satzungsversammlung gibt sich eine Geschäftsordnung.

§ 24 Wahl der stimmberechtigten Mitglieder der Satzungsversammlung

(1) Die Zahl der stimmberechtigten Mitglieder der Satzungsversammlung bemisst sich nach der Zahl der Pressekammermitglieder. Für je angefangene 1000 Pressekammermitglieder sind zwei Mitglieder in die Satzungsversammlung zu wählen. Maßgebend ist die Zahl der Pressekammermitglieder zu Beginn des Jahres, in dem die Wahl stattfindet.

(2) Die stimmberechtigten Mitglieder der Satzungsversammlung werden von den Mitgliedern der Pressekammern aus dem Kreis der vorgeschlagenen Mitglieder in geheimer und unmittelbarer Wahl durch Briefwahl für die Dauer von vier Jahren gewählt. Die Wahlvorschläge müssen von mindestens zehn Kammermitgliedern unterzeichnet und dem Wahlleiter mindestens eine Woche vor Beginn der Wahl bekannt gegeben worden sein.

(3) Die Satzungsversammlung hat stets paritätisch zwischen Journalisten und Verlegern besetzt zu sein. Aus diesem Grund sind bei jeder Pressekammer zwei getrennte Wahllisten zu führen.

(4) § 19 Abs. 3 und 4 und § 20 PStV Abs. 1 und Abs. 2 S. 1 gelten entsprechend. Scheidet ein stimmberechtigtes Mitglied der Satzungsversammlung aus, so tritt das nicht gewählte Kammermitglieder mit der nächsthöheren Stimmenzahl auf der Liste, über die das ausscheidende Mitglied gewählt wurde, in die Satzungsversammlung ein.

§ 25 Ablauf der Satzungsversammlung

(1) Die Satzungsversammlung findet in alphabetischer Reihenfolge mindestens einmal jährlich am Sitz einer Landespressekammer statt.

(2) Der Präsident der ausrichtenden Landespressekammer beruft die Satzungsversammlung schriftlich ein und führt den Sitzungsvorsitz.

(3) Er hat die Satzungsversammlung einzuberufen, wenn mindestens fünf Pressekammern oder ein Viertel der stimmberechtigten Mitglieder der Satzungsversammlung es schriftlich beantragen und hierbei den Gegenstand angeben, der in der Satzungsversammlung behandelt werden soll.

(4) Die Satzungsversammlung ist beschlussfähig, wenn mehr als die Hälfte ihrer stimmberechtigten Mitglieder anwesend sind.

(5) Die Beschlüsse zur Berufsordnung werden mit der Mehrheit aller stimmberechtigten Mitglieder gefasst, sonstige Beschlüsse mit der Mehrheit der anwesenden Mitglieder. Jedes Mitglied hat eine Stimme, ist an Weisungen nicht ge-

bunden und kann seine Stimme nur persönlich abgeben. Eine Vertretung findet nicht statt.

§ 26 Errichtung von Pressegerichten

(1) Bei jeder Pressekammer wird ein Pressegericht errichtet, das für Verfahren gegen die Mitglieder der Kammer örtlich zuständig ist. Es hat seinen Sitz an demselben Ort wie die Pressekammer.

(2) Bei den Pressegerichten werden nach Bedarf mehrere Kammern gebildet. Die Zahl der Kammern bestimmt das Landesjustizministerium im Einvernehmen mit dem Vorstand der jeweiligen Pressekammer.

(3) Die Aufsicht über die Pressegerichte führen die Landesjustizministerien.

(4) Die Mitglieder jedes Pressegerichts geben sich eine Geschäftsordnung zur Regelung der Geschäftsverteilung und des Geschäftsgangs. Diese bedarf der Bestätigung durch das Landesjustizministerium.

§ 27 Besetzung der Pressegerichte

(1) Jede Kammer der Pressegerichte entscheidet in der Besetzung von einem Vorsitzenden und zwei Beisitzern.

(2) Sind mehrer Vorsitzende ernannt, so wird einer von ihnen vom Landesjustizministerium zum geschäftsleitenden Vorsitzenden des Pressegerichts ernannt.

(3) Der Vorsitzende jeder Kammer und sein Stellvertreter müssen die Befähigung zum Richteramt haben.

§ 28 Ernennung der Mitglieder der Pressegerichte

(1) Zu Mitgliedern eines Pressegerichts können nur Angehörige der Pressekammer ernannt werden, für die das Pressegericht örtlich zuständig ist.

(2) Der Vorstand der zuständigen Pressekammer ernennt die zwei einfachen Mitglieder jeder Kammer des Pressegerichts und deren Stellvertreter.

(3) Die Vorsitzenden und deren Stellvertreter ernennt das Landesjustizministerium auf Vorschlag des Vorstands der zuständigen Pressekammer. Die Vorschlagsliste muss mindestens doppelt so viele Vorschläge enthalten wie Vorsitzende und deren Stellvertreter ernannt werden müssen.

(4) Die Gesamtzahl der Mitglieder und deren Stellvertreter ist paritätisch zwischen Journalisten und Verlegern aufzuteilen. Der Vorstand kann diese Parität mit Zweidrittelmehrheit bei der Ernennung einzelner Mitglieder brechen.

(5) Zum Mitglied eines Pressegerichts kann nur ein Kammermitglied ernannt werden, dass in den Vorstand der Pressekammer gewählt werden kann, § 20 Abs. 1 und Abs. 2 S. 1 PStV gelten entsprechend. Die Mitglieder des Pressegerichts dürfen nicht gleichzeitig dem Vorstand der Pressekammer angehören oder bei der Pressekammer im Haupt- oder Nebenberuf tätig sein.

(6) Die Mitglieder der Pressegerichte werden für die Dauer von vier Jahren ernannt, sie können nach Ablauf ihrer Amtszeit wieder berufen werden.

§ 29 Rechtsstellung der Mitglieder der Pressegerichte

(1) Die Mitglieder der Pressegerichte sind ehrenamtliche Richter. Sie erhalten von der Pressekammer eine Entschädigung für den mit ihrer Tätigkeit verbundenen Aufwand sowie eine Reisekostenvergütung

(2) Ein Mitglied eines Pressegerichts ist auf im Einvernehmen mit dem Vorstand der zuständigen Pressekammer gestellten Antrag des Landesjustizministeriums seines Amtes zu entheben,

1. wenn nachträglich bekannt wird, dass es nicht hätte ernannt werden dürfen.

2. wenn nachträglich ein Umstand eintritt, welcher der Ernennung entgegengestanden hätte,

3. wenn es seine Amtspflicht grob verletzt.

Über den Antrag entscheidet das Landespressegericht abschließend.

(3) Das Landesjustizministerium kann ein Mitglied eines Pressegerichts aus dem Amt entlassen, wenn es aus gesundheitlichen Gründen auf unabsehbare Zeit gehindert ist, sein Amt ordnungsgemäß auszuüben.

§ 30 Bildung der Landespressegerichte

(1) In jedem Bundesland wird ein Landespressegericht als Ehrengericht zweiter Instanz errichtet. Es hat seinen Sitz an demselben Ort wie die mitgliederstärkste Pressekammer des Bundeslandes.

(2) § 26 Abs. 2 bis 4 PStV gelten entsprechend.

§ 31 Besetzung und Organisation der Landespressegerichte

(1) Jede Kammer eines Landespressegerichts entscheidet in der Besetzung von einem Vorsitzenden und vier Beisitzern.

(2) § 27 Abs. 2 bis § 29 PStV gelten entsprechend.

§ 32 Ehrengerichtliches Verfahren

(1) Kammermitglieder, die durch einen Verstoß gegen den PStV oder die PBerO schuldhaft ihre Berufspflichten verletzen oder sich standsunwürdig verhalten, unterliegen der Ehrengerichtsbarkeit der Pressegerichte.

(2) Ein außerhalb des Berufs liegendes Verhalten eines Kammermitglieds, das eine rechtswidrige Tat oder eine mit Geldbuße bedrohte Handlung darstellt, ist eine pressegerichtlich zu ahndende Pflichtverletzung, wenn es nach den Umständen des Einzelfalls in besonderem Maße geeignet ist, das der Presse entgegengebrachte Vertrauen zu beeinträchtigen.

§ 33 Sanktionen der Pressegerichte

(1) Die durch die Pressegerichte auszusprechenden Sanktionen sind

1. Hinweis,

2. Missbilligung,

3. Rüge,

4. Geldbuße bis zu 10.000 Euro,

5. Entziehung des aktiven und passiven Wahlrechts für die Satzungsversammlung und den Vorstand für die Dauer von bis zu fünf Jahren,

6. Entziehung des Vorstandsamtes,

7. Entziehung der Delegierteneigenschaft zur Satzungsversammlung.

Die in den Nummern 3, 4, 5, 6 und 7 aufgeführten Sanktionen können auch kumulativ verhängt werden.

(2) Gegen die Urteile der Pressegerichte kann Berufung bei den Landespressegerichten eingelegt werden. Diese muss innerhalb von 4 Wochen nach Verkündung des Urteils schriftlich beim zuständigen Landespressegericht eingehen. Ist das Urteil nicht in Anwesenheit der Betroffenen verkündet worden, so beginnt die Frist mit der Zustellung.

(3) Die Pressegerichte sind auch für die Durchsetzung des Gegendarstellungsanspruchs nach § 10 Abs. 4 PStV zuständig.

§ 34 Veröffentlichung der Sanktionen

(1) Hinweise, Missbilligungen und Rügen müssen von dem beanstandeten Presseorgan veröffentlicht werden, wenn dem nicht ein berechtigtes Interesse des von der Berichterstattung Betroffenen entgegensteht.

(2) Der Abdruck einer Rüge muss an gleicher Stelle wie der beanstandete Artikel oder das beanstandete Bild erfolgen und diesem auch in Größe und Aufmachung entsprechen.

(3) Missbilligungen und Hinweise können alternativ auch gesammelt in einer eigenen Rubrik veröffentlicht werden, in der nicht nur eigene Verfehlungen, sondern auch die gegen andere Presseorgane verhängten Sanktionen veröffentlicht werden.

(4) Abzudruckende Rügen werden zusätzlich in den Verbandsorganen des BDZV, des VDZ, der DJV und der dju veröffentlicht.

§ 35 Einleitung eines Pressegerichtsverfahrens

(1) Jeder ist berechtigt, beim zuständigen Pressegericht einen Antrag auf Einleitung eines ehrengerichtlichen Verfahrens zu stellen.

(2) Der Vorstand jeder Pressekammern beobachtet die in seinem Zuständigkeitsbereich erscheinende Presse und stellt gegebenenfalls einen Antrag auf Einleitung eines ehrengerichtlichen Verfahrens.

(3) Der Antrag muss schriftlich gestellt werden und einen Antragsgrund enthalten. Sollte er sich auf eine Veröffentlichung in der Presse beziehen, so sollte diese im Original, als Kopie oder als Ausdruck beigefügt werden. Anonyme und offensichtlich missbräuchliche Anträge werden nicht behandelt.

(4) Antragsgegner ist nach Veröffentlichung eines Beitrags das veröffentlichende Presseorgan, vertreten durch den Verleger oder Herausgeber sowie den verantwortlichen Redakteur. Bei besonders schweren oder wiederholten Verfehlungen eines einzelnen Journalisten kann das Pressegericht gegen diesen zusätzlich eine persönliche Sanktion verhängen. In allen anderen Fällen ist Antragsgegner die natürliche Person, die sich des Verstoßes gegen die Berufspflichten schuldig gemacht hat.

(5) Die Verfolgung der Verletzung der Berufspflichten verjährt in einem Jahr. Für den Beginn, die Unterbrechung und das Ruhen der Verjährung gelten die Vorschriften des StGB entsprechend. Verstößt die Tat auch gegen ein Strafgesetz, so verjährt die Verfolgung nicht, bevor die Strafverfolgung verjährt.

§ 36 Vorprüfung

(1) Jeder Antrag wird zunächst von einem Beisitzer summarisch geprüft. Bei Unzulässigkeit oder offensichtlicher Unbegründetheit wird der Antrag abgewiesen.

(2) Eine abweisende Entscheidung wird angemessen begründet und dem Antragsteller zugestellt. Gegen diese kann er innerhalb von 2 Wochen Beschwerde einlegen, die vor dem Pressegericht behandelt wird. Das Pressegericht bestätigt entweder die Zurückweisung oder beschließt die Einleitung eines ehrengerichtlichen Verfahrens.

§ 37 Vermittlung

(1) Ein zulässiger und nicht offensichtlich unbegründeter Antrag wird dem Antragsgegner mit der Aufforderung zugeleitet, innerhalb von drei Wochen schriftlich Stellung zu nehmen.

(2) Mit Hilfe des Antrags und der schriftlichen Stellungnahme versucht das Pressegericht zwischen den Parteien zu vermitteln. Während eines solchen Vermittlungsversuchs ist die Behandlung des Antrags ausgesetzt und die Fristen sind unterbrochen.

(3) Wenn kein schwerwiegender oder wiederholter Verstoß gegen den PStV oder die PBerO vorliegt und die Vermittlung erfolgreich ist, ist das ehrengerichtliche Verfahren beendet, ansonsten wird es fortgesetzt.

§ 38 Hauptverhandlung vor den Pressegerichten

(1) Antragsteller und Beschuldigter sowie mögliche Zeugen sind mindestens zwei Wochen vor Beginn der Hauptverhandlung schriftlich zu laden.

(2) Die Mitglieder des mit der Sache befassten Pressegerichts können wegen Befangenheit abgelehnt werden oder sich selbst für befangen erklären, wenn sie selbst oder ihre Redaktion betroffen sind. Über Anträge auf Befangenheit aus sonstigen Gründen entscheidet die Kammer des Pressegerichts ohne das betroffene Mitglied. In einem Fall der Befangenheit wird der Betroffene für dieses Verfahren durch seinen Vertreter ersetzt oder das Verfahren an eine andere Kammer vor demselben Pressegericht abgeben.

(3) Für die Parteien besteht zu jeder Zeit die Möglichkeit der Hinzuziehung eines Rechtsanwalts.

§ 39 Verhältnis des pressegerichtlichen zu einem strafgerichtlichen Verfahren

(1) Ist gegen den Beschuldigten wegen desselben Sachverhalts ein strafgerichtliches Verfahren anhängig, so kann ein pressegerichtliches Verfahren zwar eröffnet werden, es ist aber bis zur Beendigung des strafgerichtlichen Verfahrens auszusetzen. Gleiches gilt, wenn ein solches Verfahren während des Laufs des pressegerichtlichen Verfahrens anhängig wird. Das pressegerichtliche Verfahren

ist fortzusetzen, wenn die Sachaufklärung so gesichert erscheint, dass widersprüchliche Entscheidungen nicht zu erwarten sind.

(2) Wird der Betroffene im gerichtlichen Verfahren wegen einer Straftat oder Ordnungswidrigkeit freigesprochen, so kann wegen der Tatsachen, die Gegenstand der gerichtlichen Entscheidung waren, ein pressegerichtliches Verfahren nur dann eingeleitet oder fortgesetzt werden, wenn diese Tatsachen, ohne den Tatbestand einer Straf- oder Bußgeldvorschrift zu erfüllen, eine Verletzung der Berufspflichten der Presseangehörigen enthalten.

(3) Für die Entscheidung im pressegerichtlichen Verfahren sind die tatsächlichen Feststellungen des Urteils im Strafverfahren oder Bußgeldverfahren bindend, auf denen die Entscheidung des Gerichts beruht. Das Gericht im pressegerichtlichen Verfahren kann jedoch die nochmalige Prüfung solcher Feststellungen beschließen, deren Richtigkeit seine Mitglieder mit Stimmenmehrheit bezweifeln; dies ist in den Urteilsgründen zum Ausdruck zu bringen. Die in einem anderen gesetzlich geordneten Verfahren getroffenen tatsächlichen Feststellungen sind nicht bindend, können aber der Entscheidung im pressegerichtlichen Verfahren mit Einverständnis aller Beteiligten ohne nochmalige Prüfung zu Grunde gelegt werden.

§ 40 Mündliche Verhandlung

(1) Die mündliche Verhandlung ist grundsätzlich öffentlich und wird vom Vorsitzenden geleitet.

(2) Zur Wahrung der Persönlichkeitsrechte einzelner Teilnehmer oder des Quellenschutzes kann die Öffentlichkeit ganz oder teilweise ausgeschlossen werden.

(3) Die mündliche Verhandlung endet mit der Verkündung des Urteils. Dieses darf nur auf Tatsachen und Beweisergebnisse gestützt werden, die Gegenstand der Hauptverhandlung waren.

(4) Das Urteil wird durch Verlesen der Urteilsformel und Mitteilung der wesentlichen Gründe verkündet. Es ist schriftlich abzufassen, mit Gründen zu versehen, vom Vorsitzenden und den Beisitzern zu unterzeichnen und den Parteien sowie ihren Rechtsanwälten mit Rechtsmittelbelehrung zuzustellen.

(5) Für die Vollstreckung des Urteils gelten die Vorschriften entsprechend, die für die Vollstreckung von Urteilen in bürgerlichen Rechtsstreitigkeiten gelten.

§ 41 Berufungsverhandlungen vor den Landespressegerichten

(1) Für die Verfahren vor den Landespressegerichten gelten die §§ 38, 39, 40 und 42 PStV entsprechend, soweit nichts Abweichendes bestimmt ist.

(2) Das mit der Sache befasste Landespressegericht verwirft die Berufung durch einen mit Gründen versehenen Beschluss, wenn sie nicht frist- oder formgerecht eingelegt ist.

(3) Ist bei Beginn der Berufungsverhandlung weder der Berufungskläger noch dessen Rechtsanwalt erschienen und das Ausbleiben nicht genügend entschuldigt, so hat das Landespressegericht seine Berufung ohne Verhandlung zur Sache zu verwerfen, wenn er ordnungsgemäß geladen und in der Ladung ausdrücklich auf die sich aus seiner Abwesenheit ergebende Rechtsfolge hingewiesen wurde.

(4) Werden vor dem Landespressegericht neue Beschuldigungen erhoben, so kann darüber nur verhandelt und entschieden werden, wenn der Beschuldigte nach ausdrücklichem Hinweis der Einbeziehung des neuen Sachverhalts zustimmt. In diesem Fall ist der Eröffnungsbeschluss durch das Landespressegericht zu ergänzen.

(5) Soweit das Landespressegericht die Berufung für zulässig und begründet hält, hebt es das Urteil des Pressegerichts auf und entscheidet in der Sache selbst. Das Landespressegericht kann durch Urteil die angefochtene Entscheidung aufheben und die Sache zurückverweisen, wenn das Verfahren vor dem Pressegericht an einem wesentlichen verfahrensrechtlichen Mangel leidet.

(6) Das Urteil darf in Art und Höhe der Rechtsfolgen nicht zum Nachteil des Beschuldigten geändert werden, wenn lediglich zu Gunsten des Beschuldigten Berufung eingelegt wurde.

§ 42 Kosten des Verfahrens

(1) In jeder Entscheidung, die das Verfahren einer Instanz beendet, muss bestimmt werden, wer die Kosten des Verfahrens zu tragen hat. Es wird unterschieden zwischen Auslagen und Gebühren.

(2) Im Falle der Verhängung einer Sanktion gem. § 33 PStV trägt die Kosten grundsätzlich der Beschuldigte. Allerdings kann das Pressegericht von der Erhebung ganz oder teilweise absehen, wenn die Verfahrenskosten außer Verhältnis zu seinem Verschulden stehen.

(3) Wenn der Antragsteller ein Verfahren wider besseren Wissens oder grob fahrlässig veranlasst hat, so werden diesem die Kosten auferlegt. Das Gleiche gilt für den Fall, dass der Antragsteller durch sein Verhalten ungerechtfertigte zusätzliche Kosten herbeigeführt hat.

(4) Wenn der Beschuldigte freigesprochen oder das Verfahren eingestellt wird, nachdem der Beschuldigte aufgefordert worden ist, sich zu dem Antrag auf Er-

öffnung eines pressegerichtlichen Verfahrens zu äußern, trägt die zuständige Pressekammer die Kosten des Verfahrens.

(5) Als Auslagen gelten die Entschädigungen für Zeugen und Sachverständige, die Tagegelder und Reisekosten der Mitglieder der Pressegerichte, sowie Post- und Schreibgebühren und die Kosten öffentlicher Bekanntmachungen.

(6) Gebühren werden nur erhoben, wenn gegen den Beschuldigten eine Sanktion gem. § 33 PStV verhängt worden ist. Die Gebühren hat der Beschuldigte zu tragen. Die Höhe der Gebühren legt das Gericht unter Berücksichtigung der Schwierigkeit der Sache und der sonstigen Umstände des Verfahrens nach pflichtgemäßem Ermessen fest.

b) Vorschlag für eine Berufsordnung der Presse (PBerO)

§ 1 Achtung der Wahrhaftigkeit und der Menschenwürde

(1) Oberste Grundsätze der Arbeit der Presse sind die Wahrung der Menschen- würde, die Achtung vor der Wahrheit und die wahrhaftige Unterrichtung der Öffentlichkeit.

(2) Unter Beachtung dieser Grundsätze und der in PStV und PBerO aufgestell- ten Regelungen wahrt jede im Pressebereich tätige Person zu jeder Zeit das An- sehen und die Glaubwürdigkeit der Medien

§ 2 Sorgfalt bei der Recherche

(1) Zur Veröffentlichung bestimmte oder einer Veröffentlichung zu Grunde ge- legte Informationen sind mit der nach den Umständen gebotenen Sorgfalt auf Wahrheitsgehalt, Inhalt und Herkunft zu prüfen und wahrheitsgetreu wieder- zugeben. Bei der Bestimmung des Sorgfaltsmaßstabes sind vor allem das be- rechtigte öffentliche Interesse an der Information und die Eilbedürftigkeit der Meldung sowie die Intensität einer möglichen Persönlichkeitsrechtbeeinträchti- gung und die Zielrichtung geäußerter Kritik maßgeblich. Bei Vorausberichten sind erhöhte Sorgfaltsanforderungen zu beachten.

(2) Unbestätigte Meldungen, Gerüchte und Vermutungen sind als solche deut- lich zu kennzeichnen.

(3) Eine einseitige Recherche oder Berichterstattung ist unzulässig. Der Betrof- fene muss stets die Möglichkeit zur Stellungnahme haben.

§ 3 Grenzen der Recherche

(1) Bei der Recherche dürfen keine unlauteren Methoden angewandt werden.

(2) Journalisten geben sich grundsätzlich zu erkennen. Durch eine verdeckte Recherche erlangte Information dürfen nur veröffentlicht werden, wenn ein diesbezügliches überragendes öffentliches Interesse besteht.

(3) Die eingeschränkte Willenskraft und die besondere Lage schutzbedürftiger Personen dürfen nicht zur Informationsbeschaffung ausgenutzt werden.

(4) Bei Unglücksfällen und Katastrophen dürfen Rettungsmaßnahmen für Opfer und Gefährdete nicht behindert werden.

§ 4 Achtung der Persönlichkeitsrechte

(1) Die Presse hat bei der Recherche und Berichterstattung grundsätzlich die Privat- und Intimsphäre der Betroffenen zu achten.

(2) Eine Berichterstattung über das Privatleben absoluter oder relativer Personen der Zeitgeschichte ist im Einzelfall zulässig, wenn sie dieses zuvor der Öffentlichkeit preisgegeben haben oder die Berichterstattung ein Beitrag zu einer Debatte von öffentlichem Interesse vor dem Hintergrund des öffentlichen Auftretens der betroffenen Person ist.

(3) Bei der Berichterstattung über Unglücksfälle, Straftaten, Ermittlungs- oder Gerichtsverfahren werden grundsätzlich keine Informationen in Wort oder Bild veröffentlicht, die eine Identifizierung von Opfern, Tätern oder deren Angehörigen ermöglichen. Besondere Zurückhaltung ist bei Selbsttötungen geboten, dies gilt auch hinsichtlich der Begleitumstände. Ausnahmen können nur durch ein erhöhtes Informationsinteresse der Öffentlichkeit gerechtfertigt werden. Kinder und Jugendliche stehen diesbezüglich unter einem besonderen Schutz.

(4) Im Interesse der Verbrechensaufklärung dürfen in Absprache mit den zuständigen Behörden ausnahmsweise Namen und Abbildungen von Tatverdächtigen oder Vermissten veröffentlicht werden.

(5) Die Veröffentlichung von Jubiläumsdaten solcher Personen, die keine absoluten oder relativen Personen der Zeitgeschichte sind, ist nur mit ausdrücklicher Einwilligung der Betroffenen erlaubt.

§ 5 Sensationsberichterstattung

(1) Eine unangemessen sensationelle Darstellung von Gewalt, Brutalität und Leid ist zu unterlassen, der Mensch darf nicht zum bloßen Objekt herabgewürdigt werden. Der Kinder- und Jugendschutz ist zu beachten.

(2) Bei der Berichterstattung über Verbrechen lässt sich die Presse nicht zum Werkzeug der Verbrecher machen, führt keine Interviews während das Tatgeschehens und unternimmt keine eigenmächtige Vermittlungsversuche zwischen den Verbrechern und der Polizei.

(3) Wenn dadurch zur Aufklärung eines Verbrechens beigetragen werden kann, folgt die Presse dem Ersuchen von Strafverfolgungsbehörden, die Berichterstattung über dieses für einen bestimmten Zeitraum ganz oder teilweise zu unterlassen.

§ 6 Schutz der Ehre und Moral

(1) Bei der Berichterstattung ist eine ehrverletzende Darstellung in Wort oder Bild zu unterlassen.

(2) Religiöse, weltanschauliche oder sittliche Überzeugungen dürfen nicht geschmäht werden.

§ 7 Diskriminierungsverbot

Niemand darf wegen seines Geschlechts, einer Behinderung oder seiner Zugehörigkeit zu einer ethischen, religiösen, sozialen oder nationalen Gruppe diskriminiert werden.

§ 8 Berichterstattung über Ermittlungs- und Strafverfahren

(1) Die Berichterstattung über Ermittlungsverfahren, Strafverfahren und sonstige förmlich Verfahren erfolgt frei von Vorurteilen. Der Grundsatz der Unschuldsvermutung gilt auch für die Presse.

(2) Hat die Presse über eine noch nicht rechtskräftige Verurteilung berichtet, muss sie grundsätzlich auch über einen rechtskräftigen Freispruch oder eine deutliche Minderung der Strafe berichten, sofern berechtigte Interessen der Betroffenen dem nicht entgegenstehen.

(3) Bei der Berichterstattung im Anschluss an ein Strafverfahren sind die Resozialisierungsinteressen des Täters zu berücksichtigen. Eine Namensnennung oder Abbildung bei der Berichterstattung über eine länger zurückliegende Straftat wird bei absehbarem Haftentlassungszeitpunkt nur durch ein neues Ereignis gerechtfertigt, das in direktem Bezug zu der frühen Straftat steht und von berechtigtem Informationsinteresse der Öffentlichkeit ist.

(4) Die Veröffentlichung von Berichten oder Erinnerungen von Straftätern ist zu unterlassen, wenn dadurch dessen Taten nachträglich gerechtfertigt oder relativiert oder die Opfer oder deren Angehörige unangemessen belastet werden.

§ 9 Exklusivverträge

(1) Die Unterrichtung der Öffentlichkeit über Vorgänge oder Ereignisse, die für ihre Meinungs- und Willensbildung wesentlich sind, darf nicht durch Exklusivverträge mit den Informanten oder durch deren Abschirmung eingeschränkt oder behindert werden.

(2) Vor diesem Hintergrund sind Informationsunterdrückungsverträge grundsätzlich unzulässig.

§ 10 Pressemitteilungen

Wenn die Presse eingehende oder angeforderte Pressemitteilungen ohne Bearbeitung durch die Redaktion veröffentlicht, sind diese als solche kenntlich zu machen.

§ 11 Umfragen

Bei der Veröffentlichung von Umfrageergebnissen ist die genaue Fragestellung, die Zahl der Befragten, der Zeitpunkt der Befragung, der Auftraggeber und die Tatsache, ob es sich um eine repräsentative Umfrage handelt, mitzuteilen.

§ 12 Symbolphotos und graphische Darstellungen

(1) Symbolphotos sind als solche deutlich wahrnehmbar in der Bildlegende zu kennzeichnen.

(2) Graphische Darstellungen sind ohne irreführende Verzerrungen abzubilden.

§ 13 Interviews

(1) Bei einem Wortlautinterview ist das Gesagte richtig wiederzugeben.

(2) Wird ein Interview ganz oder im wesentlichen Teilen im Wortlaut zitiert, ist die Quelle anzugeben. Wird ein Interview oder ein Auszug aus einem Interview mit eigenen Worten wiedergegeben, soll die Quelle grundsätzlich ebenfalls angegeben werden.

§ 14 Leserbriefe

(1) Bei der Veröffentlichung von Leserbriefen sind die journalistischen Sorgfaltspflichten zu beachten. Es sollen auch Leserbriefe veröffentlicht werden, deren Meinung die Redaktion nicht teilt. Ein Rechtsanspruch auf Abdruck eines eingesandten Leserbriefs besteht nicht.

(2) Die Veröffentlichung eines Leserbriefes erfolgt grundsätzlich unter dem Namen des tatsächlichen Verfassers. Adressangaben werden nur veröffentlicht, wenn sie der Wahrung berechtigter Interessen dienen.

(3) Änderungen oder Kürzungen von Leserbriefen sind ohne Einverständnis des Verfassers grundsätzlich unzulässig. Etwas anderes gilt nur dann, wenn sich die Redaktion in der Leserbriefrubrik durch einen ständigen Hinweis die sinnwahrende Änderung oder Kürzung vorbehalten und der Verfasser dieser nicht widersprochen hat.

(4) Leserbriefe unterliegen dem Redaktionsgeheimnis und dürfen vor der Veröffentlichung nicht an Dritte weitergegeben werden.

§ 15 Berufsgeheimnis und Vertraulichkeit

(1) Jede im Pressebereich tätige Person wahrt das Berufsgeheimnis, beachtet den Quellenschutz und macht vom Zeugnisverweigerungsrecht Gebrauch. Dies gilt nicht, wenn ein Verbrechen die Pflicht zur Anzeige begründet oder nach sorgfältiger Güter- und Interessenabwägung staatspolitische Gründe überwiegen, insbesondere die verfassungsmäßige Ordnung berührt oder gefährdet ist.

(2) Die vereinbarte Vertraulichkeit ist grundsätzlich zu wahren. Eine Ausnahme wird nur durch ein überragendes öffentliches Interesse begründet.

(3) Eine nachrichtendienstliche Tätigkeit von Presseangehörigen ist unzulässig.

§ 16 Trennung von Tätigkeiten

Übt ein Journalist, Verleger oder Herausgeber neben seiner publizistischen Tätigkeit andere Funktionen in einem Wirtschaftsunternehmen, einer Regierung, einer Behörde oder einer ähnlichen Institution aus, hat er auf eine strikte Trennung zu achten und die Glaubwürdigkeit der Presse nicht zu gefährden.

§ 17 Trennung von redaktionellem Teil und Werbung

(1) Redaktioneller Text und Veröffentlichungen zu werblichen Zwecken sind klar voneinander zu trennen.

(2) Redaktionelle Veröffentlichungen dürfen nicht durch private oder geschäftliche Interessen Dritter oder durch persönliche Interessen der Journalisten beeinflusst werden.

(3) Bei redaktionellen Veröffentlichungen, die auf Unternehmen, ihre Erzeugnisse, Leistungen oder Veranstaltungen hinweisen, ist in verstärktem Maße darauf zu achten, dass diese nicht über ein begründetes öffentliches Interesse oder das Informationsinteresse der Leser hinausgehen.

§ 18 Vergünstigungen, Einladungen und Geschenke

(1) Die Entscheidungen der Redaktion sowie die Recherche und Berichterstattung dürfen durch die Annahme von Vergünstigungen, Einladungen oder Geschenken nicht beeinflusst, behindert oder verhindert werden.

(2) Journalisten, Verleger und Herausgeber nehmen keine Vergünstigungen, Einladungen oder Geschenke von Personen oder Institutionen über die sie berichtet haben oder berichten werden an, deren Wert das im Verkehr übliche und im Rahmen der beruflichen Tätigkeit notwendige Maß übersteigt.

(3) Eine Berichterstattung über Pressereisen, zu denen der Journalist eingeladen wurde, ist als solche kenntlich zu machen.

§ 19 Wirtschafts- und Finanzmarktberichterstattung

(1) Jede im Pressebereich tätige Person, die im Rahmen ihrer Berufsausübung Informationen über den Wirtschafts- und Finanzmarkt recherchiert oder erhält, nutzt diese Informationen vor ihrer Veröffentlichung ausschließlich zu publizistischen Zwecken und nicht zum eigenen persönlichen Vorteil oder zum Vorteil Dritter.

(2) Es dürfen keine Berichte über Wertpapiere und/ oder deren Emittenten in der Absicht veröffentlicht werden, durch die Kursentwicklung des entsprechenden Wertpapiers sich oder Dritte zu bereichern.

(3) Journalisten, Herausgeber und Verleger dürfen weder direkt, noch durch Bevollmächtigte Wertpapiere kaufen oder verkaufen, über die sie in den vorigen zwei Wochen etwas veröffentlicht haben oder in den nächsten zwei Wochen eine Veröffentlichung planen.

(4) Interessenkonflikte bei der Erstellung oder Weitergabe von Finanzanalysen sind in geeigneter Weise offenzulegen.

§ 20 Berichterstattung über medizinische Themen

Bei Berichten über medizinische Themen ist eine Darstellung zu vermeiden, die unbegründete Befürchtungen oder Hoffnungen beim Leser erwecken könnte. Nicht abgeschlossenen Forschungsergebnisse dürfen nicht als solche dargestellt und bedeutende Risiken und Nebenwirkungen nicht verschwiegen werden.

§ 21 Wahlkampfberichterstattung

In Zeiten des Wahlkampfs hat die Presse für eine der Bedeutung der Parteien angemessene und ausgewogene Wahlkampfberichterstattung zu sorgen und auch über Auffassungen zu berichten, die sie selbst nicht teilt.

§ 22 Richtigstellung

Veröffentlichte Nachrichten oder sonstige Beiträge, die sich nachträglich als falsch erweisen, hat das Presseorgan unverzüglich und unter Bezugnahme auf die vorherige Falschmeldung richtig zu stellen.

6. Kapitel: Schlussbetrachtung und Ausblick

Die Analyse des Pressekodex und der Überwachung seiner Einhaltung hat gezeigt, dass der Kodex zwar die richtigen Standards ansetzt, diese aber nicht mit der erforderlichen Konsequenz durchgesetzt werden. Weder die Beschwerdeausschüsse des Deutschen Presserates noch die staatlichen Gerichte schaffen es derzeit, die vorhandenen Probleme zu vermindern und für einen angemessenen Schutz vor Persönlichkeitsrechtsverletzungen zu sorgen.

Damit die von den Gerichten ausgesprochenen Geldentschädigungen ihre präventive Funktion erfüllen können, müssen sie nach oben korrigiert werden. Vorsätzliche Verletzungen der Privatsphäre dürfen nicht wirtschaftlich kalkulierbar sein, denn dadurch wird die Persönlichkeitsrechtsverletzung zu einem lohnenden Geschäft der Großverlage. Beachtet werden muss dabei allerdings die verfassungsrechtliche Garantie der Pressefreiheit, die die Höhe der Geldentschädigungen begrenzt.

Als Folge des Caroline-Urteils des EGMR[1488] sollte in der Abwägung zwischen Presse- bzw. Meinungsfreiheit und allgemeinem Persönlichkeitsrecht entscheidend auf den Bezug der Information zum öffentlichen Auftreten des Betroffenen abgestellt werden. Die differenziert herausgearbeiteten Grundsätze der absoluten oder relativen Person der Zeitgeschichte sollten dagegen weiter angewendet werden.

Bei der Frage der Veröffentlichung von Material aus verdeckter und damit rechtswidriger Recherche sollte wie folgt differenziert werden. Im Falle eines Eindringens in den Kommunikationsvorgang von außen darf aus einer persönlichen Korrespondenz nichts veröffentlicht werden, es sei denn, es sind überragende öffentliche Interessen betroffen. Nach einem persönlichen Gespräch muss die Veröffentlichung der erschlichenen Informationen ebenfalls unterbleiben, solange keine rechtswidrigen Machenschaften aufgedeckt werden. Eine Drittverwertung ist nur möglich, wenn der verarbeitende Journalist die Rechtswidrigkeit der Informationserlangung nicht kannte oder kennen musste.

Die Hauptkritikpunkte an der Arbeitsweise des Deutschen Presserates sind die geringe Publizität, die fehlende rechtliche Verbindlichkeit und die häufige Milde seiner Entscheidungen sowie das Ausbleiben der selbständigen Einleitung von Verfahren und des Aussprechens von Folgerügen. Dies erklärt sich mit seiner Abhängigkeit von der Presse und seinem Anspruch moralischer Ratgeber und nicht Pranger zu sein.

1488 EGMR, AfP 2004, 348ff.

Zur Überwindung jener Probleme wird die Einrichtung von Pressekammern mit Zwangsmitgliedschaft empfohlen. Diese sollen mittels eines Länderstaatsvertrags als Körperschaften des öffentlichen Rechts eingerichtet und mit Ehrengerichten ausgestattet werden.

Die Vorteile des derzeitigen Systems des Deutschen Presserates werden vor allem darin gesehen, dass der Presserat kostengünstiger und schneller reagieren könne als staatliche Verwaltungsapparate, er großen Sachverstand und unmittelbaren Einblick in das jeweilige Branchengeschehen besitze, in rechtlich nur schwer erfassbaren Bereichen wie Fragen des Anstands und des guten Geschmacks tätig sein könne, als Selbstkontrolleinrichtung in der Lage sei, flexibel auf neue Fragestellungen und Fehlleistungen in der Branche zu reagieren, beispielsweise durch Ergänzung der Verhaltensregeln oder der Formulierung von Verlautbarungen, und es keine Einschränkung bei der Beschwerdeberechtigung sowie eine kostenlose Beschwerdemöglichkeit gebe, er also eine bürgerfreundliche und unkomplizierte Kritikinstanz darstelle. Außerdem sei die Akzeptanz der kollegialen Kritik und der durch diese herausgearbeiteten Verhaltensregeln höher als im Falle staatlicher Regelungen. Schließlich wird auf das Subsidiaritätsprinzip verwiesen, das gewährleisten solle, dass politisch Entscheidungen möglichst bürgernah getroffen werden.[1489]

Allerdings findet das Subsidiaritätsprinzip in der Rechtsordnung nur insoweit Anwendung, wie die mit der konkreten Aufgabe betraute Person oder Personenmehrheit bzw. Organisation bereit und im Stande ist, den auf dem Spiel stehenden öffentlichen Interessen zu genügen.[1490] Wie dargestellt, ist der Deutsche Pressrat in seiner derzeitigen Form aber gerade nicht dazu in der Lage, für die größtmögliche Durchsetzung der Berufspflichten der Presseangehörigen zu sorgen. Außerdem soll diese Aufgabe auch nach der Einführung von Pressekammern und an diesen angegliederten Ehrengerichten nicht vom Staat, sondern immer noch von einer Selbstkontrolleinrichtung erfüllt werden. Diese soll lediglich mit staatlicher Sanktionsmacht ausgestattet sein, als mit Presseangehörigen besetzte Selbstkontrolleinrichtung aber ebenfalls presseinternen Sachverstand und Brancheneinblick besitzen.

Auch die Anrufung der Ehrengerichte der Pressekammern soll wie die Einleitung eines Beschwerdeverfahrens vor dem Presserat ohne Einschränkung der Beschwerdeberechtigung und grundsätzlich kostenlos erfolgen können, es sei denn, sie erfolgt wider besseren Wissens oder grob fahrlässig.

Dem Presserat ist es zwar unter Umständen möglich, kostengünstiger und schneller und damit auch flexibler zu arbeiten, aber auch die Satzungsversamm-

---

1489 Vgl. *Gottzmann*, Selbstkontrolle, S. 273f.; *Wallenhorst*, Medienpersönlichkeitsrecht und Selbstkontrolle, S. 37f.

1490 Vgl. zum Subsidiaritätsprinzip *Isensee* in HdbStR IV, 3. Aufl., § 73, Rn 65ff.

lung sollte sinnvolle Änderungen oder Ergänzungen der Berufsordnung in angemessener Zeit durchführen können. Zudem sollten sich die einzelnen Landespressekammern nach dem Vorbild der als Arbeitsgemeinschaft der Landesärztekammern eingerichteten Bundesärztekammer, die selbst keine Körperschaft des öffentlichen Rechts, sondern ein privatrechtlicher nicht eingetragener Verein ist, organisieren. Diese Arbeitsgemeinschaft der Landespressekammern oder Bundespressekammer sollte dann die gesamte Presse betreffende Absprachen und Verlautbarungen treffen bzw. verkünden und könnte sich so auch zu Fragen des Anstands und gute Geschmacks äußern, die vor den Pressegerichten nicht behandelt werden können. Es ist beispielsweise schwierig, eine vor den Pressegerichten durchsetzbare Verhaltensregel aufzustellen, die besagt, dass eine verdeckte Recherche nur durchgeführt werden darf, wenn die erwarteten oder erhofften Informationen anderweitig nicht zu bekommen sind, da die verdeckte Recherche von der Rechtsprechung im Allgemeinen als unzulässig klassifiziert wird und lediglich die Veröffentlichung der durch sie erlangten Informationen unter Umständen erlaubt ist[1491]. Auch die Tatsache, ob die Informationen nicht ebenso anderweitig zu bekommen gewesen wären, ist nur schwer nachprüfbar. Eine Empfehlung, die verdeckte Recherche bei dem Verdacht rechtswidriger Verhaltensweisen durchzuführen und, wenn sich dieser Verdacht nicht erhärtet, zu schweigen, kann ebenfalls nur eine rein ethische Empfehlung und keine in Pressestaatsvertrag oder Berufsordnung festgeschriebene presserechtliche oder presseethische Regel sein.

Bei einer Umstrukturierung des Presserechts mit der Ersetzung von Presserat, Pressekodex und Landespressegesetzen durch Pressekammern, Berufsordnung der Presse und Pressestaatsvertrag würde sich zu Beginn das Problem der erstmaligen Registrierung aller Verleger, Herausgeber und Printjournalisten zur Bildung der Pressekammern, Wahl der Vorstände und vor allem der Satzungsversammlung, die die Berufsordnung ausarbeiten soll, ohne die die Ehrengerichte ihre Arbeit nicht aufnehmen können, ergeben. Aus diesem Grund müsste es eine angemessene Übergangsfrist von zwei Jahren nach der Verabschiedung des Pressestaatsvertrages geben, in der zwar die Pflicht zur Registrierung bei den Pressekammern bereits besteht, diese aber lediglich vorbereitend tätig sind und sowohl der Presserat seine Arbeit fortsetzt als auch der Pressekodex und die Landespressegesetze noch Gültigkeit besitzen. In dem ersten Jahr dieser Übergangszeit sollten die einzelnen Pressekammern von den Landesjustizministerien mit Personal und Sachmitteln ausgestattet werden, damit sie die Mitgliederlisten führen und die Wahlen vorbereiten können. Diese Wahlen sollten dann nach einem Jahr stattfinden, damit die Satzungsversammlung noch ein weiteres Jahr Zeit hat, eine Berufsordnung der Presse auszuarbeiten und zu beschließen und die einzelnen Vorstände die Mitglieder der Pressegerichte und Landespressege-

---

1491 S.o.: 3. Kap., D., III., 2., c).

richte ernennen oder vorschlagen können und diese ebenfalls eine angemessenen Zeit der Vorbereitung haben. Zu Beginn wäre es wünschenswert, wenn viele aktuelle und ehemalige Mitglieder und Mitarbeiter des Presserates in verantwortlichen Positionen tätig wären, um deren Wissen und Erfahrung beim Aufbau der Pressekammern nutzen zu können. Diese müssten sich allerdings dessen bewusst sein, dass sie mit ihrer Arbeit ein neues Kapitel im Bereich des Presserechts aufschlagen und dürften nicht versuchen, möglichst viel Altes zu bewahren ohne es einer gründlichen Bewertung zu unterziehen. Stattdessen müssten sie gewillt sein, die Chance zu einem Neuanfang und einer damit einhergehenden Verbesserung des Gesamtsystems des Presserechts wahrzunehmen.

Literaturverzeichnis

Agostini, Angelo: Der „gute Ton" in den Medien, In: Gerhardt/ Pfeifer, Wer die Medien bewacht, S. 67ff.
(zit.: *Agostini* in Gerhardt/ Pfeiffer, Wer die Medien bewacht, S.)

Ahrens, Hans-Jürgen: Redaktionelle Werbung – Korruption im Journalismus, In: GRUR 1995, S. 307ff.

Assmann, Heinz-Dieter/ Schneider, Uwe H.: Wertpapierhandelsgesetz Kommentar, 4. Aufl., Köln 2006
(zit.: Assmann/ Schneider – *Bearbeiter*, WpHG, §, Rn.)

Bartnik, Marcel: Caroline à la francaise – ein Vorbild für Deutschland?, In: AfP 2004, S. 489ff.

Baum, Achim: Lernprozess und Interessenkonflikt – Die freiwillige Selbstkontrolle dient der ganzen Gesellschaft, In: Baum, Handbuch Medienselbstkontrolle, S. 112ff.
(zit.: *Baum* in Baum, Handbuch Medienselbstkontrolle, S.)

Bettermann, Karl August: Publikationsfreiheit für erschlichene Informationen?, In: NJW 1981, S. 1065ff.

Bermes, Jürgen: Der Streit um die Presse-Selbstkontrolle: Der Deutsche Presserat, Baden-Baden 1991
(zit.: *Bermes*, Presserat, S.)

Bernsdorf, Wilhelm: Wörterbuch der Soziologie, 2. Aufl., Stuttgart 1969
(zit.: *Bernsdorf*, Wörterbuch der Soziologie, S.)

Beulke, Werner: Strafprozessrecht, 8. Aufl., Heidelberg 2005,
(zit.: *Beulke*, StPO, Rn.)

Beyrer, Klaus/ Dallmeier, Martin: Als die Post noch Zeitung machte. Eine Pressegeschichte, Frankfurt a.M. 1994
(zit.: *Beyrer/ Dallmeier*, Pressegeschichte, S.)

Birkwald, Gerd: Diskussionsbeitrag zum Thema „Empfiehlt es sich, die Rechte und Pflichten der Medien präziser zu regeln und dabei den Rechtsschutz des einzelnen zu verbessern?", In: Verhandlungen des achtundfünfzigsten Deutschen Juristentages, Band II (Sitzungsberichte), Teil K
(zit.: *Birkwald* in Sitzungsberichte des 58. DJT, K S.)

Blumenauer, Elke: Journalismus zwischen Pressefreiheit und Zensur, Köln 2000
(zit.: *Blumenauer*, Pressefreiheit und Zensur, S.)

Bock, Michael: Urheberrechtliche Probleme beim Leserbrief, In: GRUR 2001, S. 397ff.

Böhme, Erich: Selbstkontrolle in den Medien – Die Sichtweise des Journalisten, In: Mestmäcker, Selbstkontrolle und Persönlichkeitsschutz in den Medien, S. 33ff.
(zit.: *Böhme* in Mestmäcker, Selbstkontrolle und Persönlichkeitsschutz in den Medien, S.)

Bölke, Dorothee: Ethik und Recht im Spannungsverhältnis, In: Deutscher Presserat, 50 Jahre Selbstkontrolle der gedruckten Medien 1956 – 2006, S. 79ff.
(zit.: *Bölke* in Deutscher Presserat, 50 Jahre Deutscher Presserat, S.)

Brandl, Norbert: Rechtsgültigkeit eines „Exklusivvertrages" – Anm. zu OLG München, Urteil vom 20.12.1979 – 6 U 3430/ 79 –, In: AfP 1981, S. 349ff.

Brox, Hans/ Walker, Wolf-Dietrich: Allgemeiner Teil des BGB, 30. Aufl., Köln 2006
(zit.: *Brox/ Walker*, Allg. Teil des BGB, Rn.)

Bruns, Alexander: Informationsansprüche gegen Medien, Tübingen 1997
(zit.: *Bruns*, Informationsansprüche, S.)

Bullinger, Martin: Ordnung oder Freiheit für Multimediadienste, In: JZ 1996, S. 385ff.

Busse, Felix: Anwaltsethik unter der Geltung des neuen Berufsrechts, In: AnwBl 1998, S. 231ff.

Calliess, Christian: Inhalt, Dogmatik und Grenzen der Selbstregulierung im Medienrecht, In: AfP 2002, 465ff.

Clemens, Thomas/ Umbach, Dieter: Grundgesetz Mitarbeiterkommentar Band I, Heidelberg 2002
(zit.: Umbach/ Clemens – *Bearbeiter*, GG, Art., Rn.)

Damm, Renate/ Rehbock, Klaus: Widerruf, Unterlassung und Schadensersatz in Presse und Rundfunk, 2. Aufl., München 2001
(zit.: *Damm/ Rehbock*, Widerruf, Unterlassung und Schadensersatz, Rn.)

Deutscher Presserat: Tätigkeitsbericht 1973, Bonn – Bad Godesberg 1974
(zit.: Deutscher Presserat, Tätigkeitsbericht 1973, S.)

Deutscher Presserat: Stellungnahme des Deutschen Presserates zu Empfehlungen des 58. Deutschen Juristentages, In: AfP 1990, S. 292

Deutscher Presserat: Datenschutz in Redaktionen – Ein Leitfaden, Bonn 2003
(zit.: Deutscher Presserat, Datenschutz in Redaktionen, S.)

Deutscher Presserat: Jahrbuch 2005, Konstanz 2005
(zit.: Deutscher Presserat, Jahrbuch 2005, S.)

Deutscher Presserat: Deutscher Presserat Spruchpraxis 1985 – 2004, CD-ROM zum Jahrbuch 2005, Konstanz 2005
(zit.: Az., Deutscher Presserat, CD-ROM zum Jahrbuch 2005.)

Deutscher Presserat: Bericht zum Redaktionsdatenschutz 2006, Bonn 2006
(zit.: Deutscher Presserat, Bericht zum Redaktionsdatenschutz 2006, S.)
Deutscher Presserat: Jahrbuch 2006, Konstanz 2006
(zit.: Deutscher Presserat, Jahrbuch 2006, S.)
Deutscher Presserat: Deutscher Presserat Spruchpraxis 1985 – 2005, CD-ROM
zum Jahrbuch 2006, Konstanz 2006
(zit.: Az., Deutscher Presserat, CD-ROM zum Jahrbuch 2006.)
Deutscher Presserat: Jahrbuch 2007, Konstanz 2007
(zit.: Deutsche Presserat, Jahrbuch 2007, S.)
Deutscher Presserat: Deutscher Presserat Spruchpraxis 1985 – 2005, CD-ROM
zum Jahrbuch 2007, Konstanz 2007
(zit.: Az., Deutscher Presserat, CD-ROM zum Jahrbuch 2007.)
Dietrich, Nicole: Der deutsche Presserat, Baden-Baden 2002
(zit.: *Dietrich*, Presserat, S.)
Dohnold, Heike: Verfassungsrechtliche Grenzen des investigativen Journalismus, In: ZUM 1991, S. 28ff.
Dolzer, Rudolf/ Vogel, Klaus/ Graßhof, Karin: Bonner Kommentar zum Grundgesetz, Stand: 122. Egl., Juli 2006
(zit.: BoKo – *Bearbeiter*, Art., Rn.)
Donsbach, Wolfgang: Legitimationsprobleme des Journalisten, München 1982
(zit.: *Donsbach*, Legitimationsprobleme des Journalismus, S.)
Dreier, Horst: Grundgesetz, 2. Aufl., Tübingen 2004
(zit.: *Dreier*, GG, Art., Rn.)
Dreyer, Gunda/ Kotthoff, Jost/ Meckel, Astrid: Heidelberger Kommentar zum
Urheberrecht, Heidelberg 2004
(zit.: *Dreyer/ Kotthoff/ Meckel*, UrhR, §, Rn.)

Ebel, Friedrich/ Thielmann, Georg: Rechtsgeschichte, 3. Aufl., Heidelberg 2004
(zit.: *Ebel/ Thielmann*, Rechtsgeschichte, Rn.)
Eberle, Carl-Eugen: Information als Ware? Über Scheckbuchjournalismus, In:
FS für Günter Herrmann zum 70. Geb., S. 99ff.
(zit.: *Eberle* in FS für Herrmann, S.)
Eberle, Carl-Eugen: Selbstkontrolle und Persönlichkeitsschutz in den elektronischen Medien, In: Mestmäcker, Selbstkontrolle und Persönlichkeitsschutz
in den Medien, S.49ff.
(zit.: *Eberle* in Mestmäcker, Selbstkontrolle und Persönlichkeitsschutz in
den Medien, S.)
Ehmann, Horst: Zum kommerziellen Interesse an Politikerpersönlichkeiten, In:
AfP 2007, S. 81ff.
Emmerich, Volker: Unlauterer Wettbewerb, 7. Aufl., München 2004
(zit.: *Emmerich*, Unlauterer Wettbewerb, S.)

Engels, Stefan/ Schulz, Wolfgang: Das Bildnis aus dem Bereich der Zeitgeschichte, In: AfP 1998, S. 574ff.

Erman, Walter: Bürgerliches Gesetzbuch, 11. Aufl., Münster, 2004
(zit.: Erman – *Bearbeiter*, BGB, §, Rn.)

Ernst-Flaskamp, Ursula: Zwei Kammern – keine halbe Sache, In: Deutscher
Presserat, Jahrbuch 2005, S. 43f.
(zit.: *Ernst-Flaskamp* in Deutscher Presserat, Jahrbuch 2005, S.)

Eisenhardt, Ulrich: Deutsche Rechtsgeschichte, 4. Aufl., München 2004
(zit.: *Eisenhardt*, Rechtsgeschichte, Rn.)

Eisermann, Jessica: Selbstkontrolle in den Medien: Der Deutsche Presserat und
seine Möglichkeiten, Berlin 1993
(zit.: *Eisermann*, Selbstkontrolle in den Medien, S.)

Faller, Hans Joachim: : Die öffentliche Aufgabe von Presse und Rundfunk, In:
AfP 1981, S. 430ff.
(zit.: *Faller*, AfP 1981, 430, S.)

Farkas, Alexander: Betriebsgeheimnis versus Presse- und Meinungsfreiheit, In:
FoR 2004, S. 133ff.

Fechner, Frank: Medienrecht, 8. Aufl., Tübingen 2007
(zit.: *Fechner*, Medienrecht, Rn.)

Fechner, Frank/ Popp, Susanne: Informationsinteresse der Allgemeinheit, In:
AfP 2006, S. 213ff.

Fischer, Heinz-Dietrich/ Breuer, Klaus Detlef R./ Wolter, Hans-Wolfgang: Die
Presseräte der Welt, Bonn-Bad Godesberg 1976
(zit.: *Fischer/ Breuer/ Wolter*, Presseräte, S.)

Fromm, Friedrich Karl/ Nordemann, Wilhelm: Urheberrecht, 9. Aufl., Stuttgart
1998
(zit.: *Fromm/ Nordemann*, UrhR, §, Rn.)

Frotscher, Werner/ Pieroth, Bodo: Verfassungsgeschichte, 5. Aufl., München
2005
(zit.: *Frotscher/ Pieroth*, Verfassungsgeschichte, Rn.)

Fricke, Ernst: Recht für Journalisten, Konstanz 1997
(zit.: *Fricke*, Recht für Journalisten, Kap.)

Fuchs, Andreas: Die wettbewerbsrechtliche Beurteilung redaktioneller Werbung
in Presseerzeugnissen unter besonderer Berücksichtigung der Kopplung
von entgeltlicher Anzeige und redaktioneller Bearbeitung, In: GRUR
1988, S. 736ff.

Gädeke, Peter: Platzverbot für einen Sportredakteur – Anm. zu LG Münster 10
O 154/77, In: AfP 1978, S. 108

Gerhardt, Erwin: Einschränkung des Zeugnisverweigerungsrechts der Publizisten durch die Rechsprechung, In: AfP 1979, 234f.

Gerhardt, Rudolf/ Steffen, Erich: Kleiner Knigge des Presserechts, Frankfurt a.M. 2002
(zit.: *Gerhardt/ Steffen*, Knigge, S.)

Gerschel, Alfred: Das Standesrecht der Presse und Presseselbstkontrolle, In: AfP 1993, 713 ff.

Gerschel, Alfred: Aufgaben und Funktionen des Presserats in Vergangenheit und Gegenwart, In: Mestmäcker, Selbstkontrolle und Persönlichkeitsschutz in den Medien, S. 41 ff.
(zit.: *Gerschel* in Mestmäcker, Selbstkontrolle und Persönlichkeitsschutz in den Medien, S.)

Gersdorf, Hubertus: Caroline-Urteil des EGMR: Bedrohung der nationalen Medienordnung, In: AfP 2005, 221 ff.

Gloy, Wolfgang/ Loschelder, Michael: Handbuch des Wettbewerbsrechts, 3. Aufl., München 2005
(zit.: *Gloy/ Loschelder*, Handbuch des Wettbewerbsrechts, §, Rn.)

Götting, Horst-Peter: Wettbewerbsrecht, München 2005
(zit.: *Götting*, Wettbewerbsrecht, §, Rn.)

Gola, Peter/ Schomerus, Rudolf: Bundesdatenschutzgesetz Kommentar, 8. Auflage, München 2005
(zit.: *Gola/ Schomerus*, BDSG, §, Rn.)

Gottzmann, Nicole: Möglichkeiten und Grenzen der freiwilligen Selbstkontrolle in der Presse und der Werbung, München 2005
(zit.: *Gottzmann*, Selbstkontrolle, S.)

Gounalakis, Georgios: Persönlichkeitsschutz und Geldersatz, In: AfP 1998, S. 10 ff.

Grabenwarter, Christoph: Schutz der Privatsphäre versus Pressefreiheit: Europäische Korrektur eines deutschen Sonderweges, In: AfP 2004, S. 309 ff.

Grimm, Dieter: Der Stolpe-Beschluss des BVerfG – eine Rechtsprechungswende?, In: AfP 2008, S. 1 ff.

Groß, Rolf: Zur Pressehaftung, In: JR 1995, S. 485 ff.

Groß, Rolf: Zum presserechtlichen Informationsanspruch, In: DÖV 1997, S. 133 ff.

Groß, Rolf: Presserecht, 3. Aufl., Heidelberg 1999
(zit.: *Groß*, Presserecht, Rn.)

Groß, Rolf: Öffentliche Aufgabe und Verantwortlichkeit der Presse, In: AfP 2005, S. 142 ff.

Halfmeier, Axel: Privatleben und Pressefreiheit: Rechtsvereinheitlichung par ordre de Strasbourg, In: AfP 2004, 417 ff.

Hartung, Wolfgang: Anwaltliche Berufsordnung, 3. Aufl., München 2006
(zit.: Hartung – *Bearbeiter*, Anwaltl. BerufsO, §, Rn.)

Hauss, Fritz: Presse-Selbstkontrolle – Aufgaben und Grenzen –, In: AfP 1980, S. 178ff.

Hefermehl, Wolfgang/ Köhler, Helmut/ Bornkamm, Joachim: Wettbewerbsrecht, 24. Aufl., München 2006

(zit.: *Hefermehl/ Köhler/ Bornkamm*, Wettbewerbsrecht, §, Rn.)

Heinen, Helmut: Diskussionsplattform der Branche, In: Deutsche Presserat, 50 Jahre Selbstkontrolle der gedruckten Medien 1956 – 2006, S. 18ff.

(zit.: *Heinen* in Deutscher Presserat, 50 Jahre Deutscher Presserat, S.)

Heldrich, Andreas: Persönlichkeitsschutz und Pressefreiheit nach der Europäischen Menschenrechtskonvention, In: NJW 2004, S. 2634ff.

Helle, Jürgen: „Variantenlehre" und Mehrdeutigkeit der verletzenden Äußerung, In: AfP 2006, S. 110ff.

Henssler, Martin/ Prütting, Hanns: Bundesrechtsanwaltsordnung, 2. Aufl., München 2004

(zit.: Henssler/ Prütting – *Bearbeiter*, BRAO, §, Rn.)

Herrmann, Günter: Referat zum Thema „Empfiehlt es sich, die Rechte und Pflichten der Medien präziser zu regeln und dabei den Rechtsschutz des einzelnen zu verbessern?", In: Verhandlungen des achtundfünfzigsten Deutschen Juristentages, Band II (Sitzungsberichte), K 8ff.

(zit.: *Herrmann* in Sitzungsberichte des 58. DJT, K S.)

Heyde, Wolfgang: Grenzen der Veröffentlichung von rechtswidrig erlangten Informationen durch die Presse, In: ZRP 1977, S. 31ff.

Heinrichsbauer, Jürgen: Die Presseselbstkontrolle, München 1954

(zit.: *Heinrichsbauer*, Presseselbstkontrolle, S.)

Heintschel von Heinegg, Wolf: Auskunftsansprüche der Presse gegenüber der Verwaltung, In: AfP 2003, S. 295ff.

Heselhaus, Sebastian: Neue Entwicklungen bei der Bestimmung des Schutzbereichs der Meinungsfreiheit, In: NVwZ 1992, S. 740ff.

Hoeren, Thomas: Das Telemediengesetz, In: NJW 2007, S. 801ff.

Hoffmann-Riem, Wolfgang/ Plander, Harro: Rechtsfragen der Pressereform, Baden-Baden 1977

(zit.: *Hoffmann-Riem/ Plander*, Pressereform, S.)

Hörle, Ulrich: Werbung in redaktioneller Form in rechtlicher Sicht, In: AfP 1973, 361ff.

ifp/ Deutscher Presserat: Ethik im Redaktionsalltag, Konstanz 2005

(zit.: ifp/ Deutscher Presserat, Ethik im Redaktionsalltag, S.)

Isensee, Josef/ Kirchhof, Paul: Handbuch des Staatsrechts Band IV, Finanzverfassung – Bundesstaatliche Ordnung, Heidelberg 1990

(zit.: *Verfasser* in HdbStR IV, §, Rn.)

Isensee, Josef/ Kirchhof, Paul: Handbuch des Staatsrechts Band VI, Freiheitsrechte, 2. Aufl., Heidelberg 2001
(zit.: *Verfasser* in HdbStR VI, §, Rn.)

Isensee, Josef/ Kirchhof, Paul: Handbuch des Staatsrechts Band IV, Aufgaben des Staates, Heidelberg 2006
(zit.: *Verfasser* in HdbStR IV, 3. Aufl., §, Rn.)

Jarass, Hans D.: Nachrichtensperre und Grundgesetz, In: AfP 1979, S. 228ff.

Jarass, Hans D.: Das allgemeine Persönlichkeitsrecht im Grundgesetz, In: NJW 1989, S. 857ff.

Jarass, Hans D./ Pieroth, Bodo: Grundgesetz für die Bundesrepublik Deutschland, 7. Aufl., München 2004
(zit.: *Jarass/ Pieroth*, GG, Art., Rn.)

Killy, Walther: Deutsche Biographische Enzyklopädie Band 1, München 1995
(zit.: *Killy*, DBE 1, S.)

Killy, Walther/ Vierhaus, Rudolf: Deutsche Biographische Enzyklopädie Band 4, München 1996
(zit.: *Killy/ Vierhaus*, DBE 4, S.)

Klass, Nicole: Die zivilrechtliche Einwilligung als Instrument zur Disposition über Persönlichkeitsrechte, In: AfP 2005, S. 507ff.

Kleine-Cosack, Michael: Bundesrechtsanwaltsordnung, 4. Aufl., München 2003
(zit.: *Kleine-Cosack*, BRAO, §, Rn.)

Kloepfer, Michael: Pressefreiheit statt Datenschutz? – Datenschutz statt Pressefreiheit?, In: AfP 2000, S. 511ff.

Kloepfer, Michael: Datenschutz in Redaktionen – Bilanz und Perspektiven, In: Deutscher Presserat, Pressefreiheit und Datenschutz (Symposium Redaktionsdatenschutz v. 24.11.2004), S. 19ff.
(zit.: *Kloepfer* in Deutscher Presserat, Pressefreiheit und Datenschutz, S.)

Kloepfer, Michael: Thesen des Referates „Datenschutz in Redaktionen – Bilanz und Perspektiven", In: Deutscher Presserat, Jahrbuch zum Redaktionsdatenschutz 2006, S. 26ff.
(zit.: *Kloepfer* in Deutscher Presserat, Jahrbuch zum Redaktionsdatenschutz 2006, S.)

Kohl, Helmut: Wettbewerbsrechtliche Schranken für Presseberichterstattung und Pressekritik, In: AfP 1984, S. 201ff.

Köbler, Gerhard: Juristisches Wörterbuch, 14. Aufl., München 2007
(zit.: *Köbler*, Rechtswörterbuch, S.)

Köcher, Renate: Spürhund und Missionar, München 1985
(zit.: *Köcher*, Spürhund und Missionar, S.)

Köhler, Helmut: Redaktionelle Werbung, In: WRP 1998, S. 349ff.

Köhler, Helmut: BGB Allgemeiner Teil, 30. Aufl., München 2006
(zit.: Köhler, BGB AT, §, Rn.)

Körner, Martina: Zur Aufgabe des Haftungsrechts – Bedeutungsgewinn präventiver und punitiver Elemente, In: NJW 2000, S. 241ff.

Kramer, Bernhard: Heimliche Tonbandaufnahmen im Strafprozeß, In: NJW 1990, S. 1760ff.

Kraushaar, Bernhard: Die Paulskirchenverfassung – ein leider häufig vergessenes Vorbild, In: ArbuR 1990, S. 301ff.

Kriele, Martin: Plädoyer für eine Journalistenkammer, In: ZRP 1990, S. 109ff.

Kriele, Martin: Ehrenschutz und Meinungsfreiheit, In: NJW 1994, S. 1897ff.

Krone, Gunnar: Der Exklusivvertrag, In: AfP 1982, S. 196ff.

Kugelmann, Dieter: Pressefreiheit ohne Informantenschutz, In: ZRP 2005, S. 260ff.

Kühl, Kristian: Zur Strafbarkeit unbefugter Bildaufnahmen, In: AfP 2004, S. 190ff.

Kunig, Philip: Die Pressefreiheit, In: Jura 1995, S. 589ff.

Ladeur, Karl-Heinz: Schutz von Prominenz als Eigentum, In: ZUM 2000. S. 879ff.

Ladeur, Karl-Heinz: Die Anpassung des privaten Medienrechts an die Unterhaltungsöffentlichkeit, In: NJW 2004, S. 393ff.

Lahusen, Andreas: Berufsordnung für Journalisten, In: ZRP 1976, S. 111ff.

Larenz, Karl/ Wolf, Manfred: Allgemeiner Teil des Bürgerlichen Rechts, 9. Auflage, München 2004
(zit.: *Larenz/ Wolf,* BGB AT, §, Rn.)

Leibholz, Gerhard/ Rinck, Hans-Justus: Grundgesetz Kommentar, Stand: 43. Egl, Februar 2006
(zit.: *Leibholz/ Rinck,* GG, Art., Rn.)

Lerche, Peter: Die Verwertung rechtswidrig erlangter Informationen durch Presse und Rundfunk, In: AfP 1976, S. 55f.

Leyendecker, Hans: Der unheimliche Zerfall der Pressefreiheit, In: Deutscher Presserat, Jahrbuch 2006, S. 17ff.
(zit.: *Leyendecker* in Deutscher Presserat, Jahrbuch 2006, S.)

Limbach, Jutta: 50 Jahre Pressefreiheit, In: AfP 1999, S. 413ff.

Loewenheim, Ulrich/ Meessen, Karl/ Riesenkampff, Alexander: Kartellrecht Band 2: GWB, München 2006
(zit.: Loewenheim/ Meessen/ Riesenkampff – *Bearbeiter,* GWB, §, Rn.)

Löffler, Joachim: Anm. zu VG Stuttgart 4 K 3402/83, In: AfP 1986, S. 92ff.

Löffler, Martin: Der Zeugniszwang gegen Presse und Rundfunk, In: NJW 1958, 1215ff.

Löffler, Martin: Der Deutsche Presserat als Organ der Presse-Selbstkontrolle gerichtlich anerkannt, In: AfP 1960, S. 151f.

Löffler, Martin: Der Informationsanspruch der Presse und des Rundfunks, In: NJW 1964, S. 2277ff.

Löffler, Martin: Handbuch des Presserechts Band I, 2. Aufl., München 1969 (zit.: *Löffler*, HdbPR I, 2. Aufl., Kap., Rn.)

Löffler, Martin: Kollision zwischen werblicher und publizistischer Aussage bei Presse und Rundfunk, In: BetrB 1978, S. 921ff.

Löffler, Martin: Handbuch des Presserechts Band I, 3. Aufl., München 1983 (zit.: *Löffler*, HdbPR I, 3. Aufl., §, Rn.)

Löffler, Martin/ Ricker, Reinhart: Handbuch des Presserechts, 5. Aufl., München 2005 (zit.: *Löffler/ Ricker*, HdbPR, Kap., Rn.)

Löffler, Martin: Presserecht, 5. Aufl., München 2006 (zit.: Löffler – *Bearbeiter*, Presserecht, §, Rn.)

Lüders, Carl Heinz: Presse- und Rundfunkrecht, Berlin 1952 (zit.: *Lüders*, Presse- und Rundfunkrecht, S.)

Maier, H. Werner: Nochmals: Wahrheit, Gemeinwohl und Meinungsfreiheit, In: JZ 1982, 242f.

Mann, Roger: Werbung auf CD-ROM-Produkten mit redaktionellem Inhalt, In: NJW 1996, 1241ff.

Mann, Roger: Auswirkungen der Caroline-Entscheidung des EGMR auf die forensische Praxis, In: NJW 2004, 3220ff.

Maruhn, Siegfried: Der Deutsche Presserat, In: FS für Oppenberg, S. 179 (zit.: *Maruhn* in FS für Oppenberg, S.)

Maunz, Theodor/ Dürig, Günter: Grundgesetz Band I, Stand: 47. Egl., Juni 2006, (MD – *Bearbeiter*, GG, Art., Rn.)

Maurer, Hartmut: Staatsrecht I, 4. Aufl., München 2005 (zit.: *Maurer*, Staatsrecht I, §, Rn.)

Medicus, Dieter: Allgemeiner Teil des BGB, 8. Aufl., Heidelberg 2002 (zit.: *Medicus*, BGB AT, Rn.)

Mestmäcker, Ernst-Joachim: Schlußbetrachtung und Zusammenfassung, In: Mestmäcker, Selbstkontrolle und Persönlichkeitsschutz in den Medien, S. 107ff. (zit.: *Mestmäcker* in Mestmäcker, Selbstkontrolle und Persönlichkeitsschutz in den Medien, S.)

Meyer-Goßner, Lutz: Strafprozessordnung, 49. Aufl., München 2006 (zit.: *Meyer-Goßner*, StPO, §, Rn.)

Minzberg, Martina: BILD-Zeitung und Persönlichkeitsschutz, Baden-Baden, 1999 (zit.: *Minzberg*, BILD-Zeitung und Persönlichkeitsschutz, S.)

Moosmann, Oliver: Exklusivstories, Frankfurt a.M. 2002 (zit.: *Moosmann*, Exklusivstories, S.)

Münch, Henning: Freiwillige Selbstkontrolle bei Indiskretionen der Presse, Baden-Baden 2002
(zit.: *Münch,* Selbstkontrolle, S.)

Münch, Henning: Der Schutz der Privatsphäre in der Spruchpraxis des Deutschen Presserates, In: AfP 2002, S. 18ff.

Münchener : Kommentar zum Bürgerlichen Gesetzbuch Band 1, 4. Aufl., München 2001
(zit.: MüKo – *Bearbeiter,* BGB, §, Rn.)

Münchener : Kommentar zum Bürgerlichen Gesetzbuch Band 5, 4. Aufl., München 2004
(zit.: MüKo – *Bearbeiter,* BGB, §, Rn.)

Müntinga, Maren: Die journalistischen Wahrheits- und Sorgfaltspflichten und die Möglichkeiten ihrer Durchsetzung, Baden-Baden, 1999
(zit.: *Müntinga,* Wahrheits- und Sorgfaltspflichten, S.)

Neumann, Bernd: Selbstkontrolle, Printmedien und Pressefreiheit im Wandel der Medienlandschaft – Gedanken zum 50jährigen Bestehen des Deutschen Presserates, In: Deutscher Presserat, Jahrbuch 2006, S. 9ff.
(zit.: *Neumann* in Deutscher Presserat, Jahrbuch 2006, S.)

Neumann, Franz L./ Nipperdey, Hans Carl/ Scheuner, Ulrich: Die Grundrechte. Handbuch der Theorie und Praxis der Grundrechte, 2. Aufl., Berlin 1968
(zit.: *Verfasser* in Die Grundrechte, S.)

Neumann-Duesberg, Horst: Bildberichterstattung über absolute und relative Personen der Zeitgeschichte, In: JZ 1960, S. 114ff.

Noelle-Neumann, Elisabeth/ Schulz, Winfried/ Wilke, Jürgen: Publizistik/Massenkommunikation, Fischer Lexikon, 2. Aufl., Frankfurt a.M. 2003
(zit.: *Noelle-Neumann/ Schulz/ Wilke,* Fischer Lexikon, S.)

Nordemann, Wilhelm: : Buchbesprechung: Ehrenschutz im Verfassungsstaat, In: ZUM 1991, S. 554

Ory, Stephan: Plädoyer: Keine Journalistenkammer, In: ZRP 1990, S. 289ff.

Ossenbühl, Fritz: Medien zwischen Macht und Recht, In: JZ 1995, S. 633ff.

Palandt, Otto: Bürgerliches Gesetzbuch, 67. Auflage, München 2008
(zit.: Palandt – *Bearbeiter,* BGB, §, Rn),

Paschke, Marian/ Busch, David-Alexander: Massenmediale Äußerungen zwischen rechtsgeschäftlicher Verschwiegenheitspflicht und grundrechtlicher, Äußerungsfreiheit, In: AfP 2005, 13ff.

Peters, Butz: Die publizistische Sorgfalt, In: NJW 1997, S. 1334ff.

Petersen, Jens: Medienrecht, 3. Aufl., München 2006
(zit.: *Petersen,* Medienrecht, §, Rn.)

Pfeiffer, Gerd: Karlsruher Kommentar zur Strafprozessordnung, 5. Aufl., München 2003
(zit.: KK – *Bearbeiter*, StPO, §, Rn.)

Pfeiffer, Gerd: Strafprozessordnung Kommentar, 5. Aufl., München 2005
(zit.: *Pfeiffer*, StPO, §, Rn.)

Popitz, Heinrich: Soziale Normen, In: AEdS 1961, S. 185ff.

Pöttker, Horst: Berufsethik für Journalisten?, In: Holderegger, Kommunikations- und Medienethik, S. 299ff.
(zit.: *Pöttker* in Holderegger, Kommunikations- und Medienethik, S.)

Pöttker, Horst: Der Deutsche Presserat und seine Kritiker – Plädoyer für eine transparente Selbstkontrolle des Journalismus, In: Baum, Handbuch Medienselbstkontrolle, S. 125ff.
(zit.: *Pöttker* in Baum, Handbuch Medienselbstkontrolle, S.)

Prantl, Heribert: Der journalistische Exklusivvertrag über Informationen aus der personalen Sphäre, In: AfP 1984, S. 17ff.

Prinz, Matthias: Geldentschädigung bei Persönlichkeitsrechtsverletzungen durch Medien, In: NJW 1996, S. 953ff.

Prinz, Matthias/ Peters, Butz: Medienrecht, München 1999
(zit.: *Prinz/ Peters*, Medienrecht, Rn.)

Prinz, Matthias: Der Schutz vor Verletzungen der Privatsphäre durch Medien auf europäischer Ebene, In: ZRP 2000, S. 138ff.

Protze, Manfred: Mangelnde Sorgfalt, In: Deutscher Presserat, Jahrbuch 2000, S. 59ff.
(zit.: *Protze* in Deutscher Presserat, Jahrbuch 2000, S.)

Pürer, Heinz/ Raabe, Johannes: Medien in Deutschland, Band 1: Presse, 2. Aufl., Konstanz 1996
(zit.: *Pürer/ Raabe*, Medien Bd. 1, S.)

Püschel, Jan Ole: Zur Berechtigung des presserechtlichen Auskunftsanspruchs in Zeiten allgemeiner Informationszugangsfreiheit, In: AfP 2006, S. 401ff.

Puttfarcken, Carsten: Zulässigkeit der Veröffentlichung des Barschel-Fotos, In: ZUM 1988, S. 133ff.

Rehm, Gebhard M.: Persönlichkeitsschutz Prominenter und Pressefreiheit der Unterhaltungsmedien, In: AfP 1999, S. 416ff.

Ricker, Reinhart: Kein Standeszwang im Pressewesen, In: ZRP 1976, S. 113ff.

Ricker, Reinhart: Der Grundrechtsschutz im Standesrecht der Presse, In: AfP 1976, S. 158ff.

Ricker, Reinhart: Freiheit und Aufgabe der Presse, München 1983
(zit.: *Ricker*, Freiheit und Aufgabe der Presse, S.)

Ricker, Reinhart: Rechte und Pflichten der Medien unter Berücksichtigung des Rechtsschutzes des einzelnen, In: NJW 1990, S. 2097ff.

Ridder, Christa-Maria/ Engel, Bernhard: Massenkommunikation 2005: Images und Funktionen der Massenmedien im Vergleich, In: Media Perspektiven 2005, S: 422ff.

(zit.: *Ridder/ Engel* in Media Perspektiven 2005, S.)

Rodekamp, H.: Wettbewerbsrechtliche Beurteilung redaktionell gestalteter Anzeigen, In: GRUR 1978, 681ff.

Röbel, Udo: „...nur durch Fehler werden sie lernen", In: ifp/ Deutscher Presserat, Ethik im Redaktionsalltag, S. 54ff.

(zit.: *Röbel* in ifp/ Deutscher Presserat, Ethik im Redaktionsalltag, S.)

Roellecke, Gerd: Wahrheit, Gemeinwohl und Meinungsfreiheit, In: JZ 1981, S. 688ff.

Rohde, Lars: Publizistische Sorgfalt und redaktionelle Rechtspflichten, München 2004

(zit.: *Rohde*, Publizistische Sorgfalt, S.)

Rosenhayn, Wibke: FSK-Redaktionsdatenschutz – vom Modell zur festen Größe, In: Deutscher Presserat, Jahrbuch 2006, S. 77ff.

(zit.: *Rosenhayn* in Deutscher Presserat, Jahrbuch 2006, S.)

Roxin, Claus: Strafverfahrensrecht, 25. Aufl., München 1998

(zit.: *Roxin*, Strafverfahrensrecht, §, Rn.)

Sawada, Christoph: Die „Demagogenverfolgung" – Staatliche Unterdrückung politischer Gesinnung, In: JuS 1996, S. 384ff.

Schäfer, Gerhard: Gutachten zu den in der Presse erhobenen Vorwürfen, der Bundesnachrichtendienst habe über längere Zeiträume im Inland Journalisten rechtswidrig mit nachrichtendienstlichen Mitteln überwacht, um so deren Informanten zu enttarnen wie auch zu den Vorwürfen, der BND habe Journalisten als Quellen geführt, Berlin 2006

(zit.: *Schäfer*, BND Bericht, S.)

Schertz, Christian: Der Schutz der Persönlichkeit vor heimlichen Bild- und Tonaufnahmen, In: AfP 2005, S. 421ff.

Scheuner, Ulrich: Pressefreiheit, In: VVDStRL 22 (1965), S. 1ff.

Schilling, Horst: Mit Soraya fing es an – Ein Streifzug durch die Spruchpraxis freiwilliger Selbstkontrolle, In: Deutscher Presserat, Jahrbuch 1996, S. 299ff.

(zit.: *Schilling* in Deutscher Presserat, Jahrbuch 1996, S.):

Schilling, Horst: Einführung, In: Deutscher Presserat, Jahrbuch 2003, S. 85f.

(zit.: *Schilling* in Deutscher Presserat, Jahrbuch 2003, S.)

Schilling, Horst: Spruchpraxis 2005, In: Deutscher Presserat, Jahrbuch 2006, S. 87f.

(zit.: *Schilling* in Deutscher Presserat, Jahrbuch 2006, S.)

Schippan, Martin: Anforderungen an die journalistische Sorgfaltspflicht, In: ZUM 1996, S. 398ff.

Schmidt, Marek: Selbstkontrolle und Persönlichkeitsschutz in den Medien – Diskussionsbericht zum Symposium, In: Mestmäcker, Selbstkontrolle und Persönlichkeitsschutz in den Medien, S. 89ff.
(zit.: *Schmidt* in Mestmäcker, Selbstkontrolle und Persönlichkeitsschutz in den Medien, S.)

Schmitt Glaeser, Walter: Der Fall Günter Wallraff oder die Dogmatisierung der Kritik, In: AfP 1981, 314ff.

Schlottfeldt, Christian: Die Verwertung rechtswidrig beschaffter Informationen durch Presse und Rundfunk, Baden-Baden 2002
(zit.: *Schlottfeldt,* Verwertung rw beschaffter Informationen, S.)

Schmidt-Bleibtreu, Bruno/ Klein, Franz: Kommentar zum Grundgesetz, 10. Aufl., München 2004
(zit.: Schmidt-Bleibtreu/ Klein – *Bearbeiter,* GG, Art., Rn.)

Schmitz, Heribert/ Jastrow, Serge-Daniel: Das Informationsfreiheitsgesetz des Bundes, In: NVwZ 2005, S. 984ff.

Scholz, Rupert: Multimedia: Zuständigkeit des Bundes oder der Länder?, In: FS für Martin Kriele zum 65. Geb., S. 523ff.
(zit.: *Scholz* in FS für Kriele, S.)

Scholz, Rupert: Pressefreiheit und presserechtliche Selbstkontrolle, In: FS für Theodor Maunz zum 80. Geb., S. 337ff.
(zit.: *Scholz* in FS für Maunz, S.)

Scholz, Rupert/ Konrad Karlheinz: Meinungsfreiheit und allgemeines Persönlichkeitsrecht, In: AöR 123 (1988), S. 60ff.

Schönke/ Adolf/ Schröder, Horst: Strafgesetzbuch, 27. Aufl., München 2006
(zit.: Schönke/ Schröder – *Bearbeiter,* StGB, §, Rn.)

Schricker, Gerhard: Urheberrecht, 2. Aufl., München 1999
(zit.: Schricker – *Bearbeiter,* UrhR, §, Rn.)

Schroeder-Angermund, Christiane: Von der Zensur zur Pressefreiheit, Pfaffenweiler 1993
(zit.: *Schroeder-Angermund,* Zensur, S.)

Schubert, Friederike: Von Kopf bis Fuß auf Verwertung eingestellt? Die Dogmatik der Vermögensrechte der Persönlichkeit im Licht der neuesten Rechtsprechung von BGH und BVerfG, In: AfP 2007, S. 20ff.

Schulze, Reiner: Bürgerliches Gesetzbuch, 4, Aufl., Baden-Baden 2005
(zit.: HK – *Bearbeiter,* BGB, §, Rn.)

Schweitzer, Robert: Selbstkontrolle der Printmedien, In: FS für Günter Herrmann zum 70. Geb., S. 121ff.
(zit.: *Schweitzer* in FS für Herrmann, S.)

Schwerdtner, Peter: Empfiehlt es sich, die Rechte und Pflichten der Medien präziser zu regeln und dabei den Rechtsschutz des einzelnen zu verbessern?, In: JZ 1990, S. 769ff.

Schwetzler, Angelika: Persönlichkeitsschutz durch Presseselbstkontrolle, Berlin 2005
(zit.: *Schwetzler*, Persönlichkeitsschutz, S.)

Seifert, Fedor: Postmortaler Schutz des Persönlichkeitsrechts und Schadensersatz – Zugleich ein Streifzug durch die Geschichte des allgemeinen Persönlichkeitsrechts, In: NJW 1999, S. 1889ff.

Seitz, Walter: Prinz und die Prinzessin – Wandlungen des Deliktsrechts durch Zwangskommerzialisierung der Persönlichkeit, In: NJW 1996, 2848ff.

Seitz, Walter: Promischutz vor Pressefreiheit?, In: NJW 1997, S. 3216f.

Seitz, Walter/ Schmidt, German/ Schoener, Michael: Der Gegendarstellungsanspruch, 3. Aufl., München 1998
(zit.: *Seitz/ Schmidt/ Schoener*, Gegendarstellungsanspruch, Rn.)

Sieger, Ferdinand: Zur Kritik an den „Aufmacher"-Urteilen des BGH, In: FuR 1981, S. 565ff.

Sieger, Ferdinand: Vom Mephisto zum Aufmacher, In: AfP 1982, S. 11ff.

Simitis, Spiros: Bundesdatenschutzgesetz, 6. Aufl., Baden-Baden 2006
(zit.: Simitis – *Bearbeiter*, Bundesdatenschutzgesetz, §, Rn.)

Soehring, Claas-Hendrik: Vorverurteilung durch die Presse, Baden-Baden 1999
(zit.: *Soehring*, Vorverurteilung, S.)

Soehring, Jörg: Diskussionsbeitrag zum Thema „Empfiehlt es sich, die Rechte und Pflichten der Medien präziser zu regeln und dabei den Rechtsschutz des einzelnen zu verbessern?", In: Verhandlungen des achtundfünfzigsten Deutschen Juristentages, Band II (Sitzungsberichte), K 201ff.
(zit.: *Soehring* in Sitzungsberichte des 58. DJT, K S.)

Soehring, Jörg: Die neue Rechtsprechung zum Presserecht, In: NJW 1994, S. 16ff.

Soehring, Jörg: Informationsanspruch contra Exklusivität, In: AfP 1995, S. 449ff.

Soehring, Jörg: Die Entwicklung des Presse- und Äußerungsrechts 1994-1996, In: NJW 1997, S. 360ff.

Soehring, Jörg: Presserecht, 3. Aufl., Stuttgart 2000
(zit.: *Soehring*, Presserecht, Rn.)

Soergel, Hans Theodor: Bürgerliches Gesetzbuch Band 12, 13. Auflage, Stuttgart 2005
(zit.: Soergel – *Bearbeiter*, BGB, §, Rn)

Stapper, Florian: Presse und Unschuldsvermutung, In: AfP 1996, S. 349ff.

Stark, Ralf: Ehrenschutz in Deutschland, Berlin 1996
(zit.: *Stark*, Ehrenschutz, S.)

Staudinger, Julius von: Kommentar zum Bürgerlichen Gesetzbuch §§ 134 – 163, 13. Bearb., Berlin 1996
(zit.: Staudinger – *Bearbeiter*, BGB, §, Rn)

Staudinger, Julius von: Kommentar zum Bürgerlichen Gesetzbuch §§ 823-825, 13. Bearb., Berlin 1999
(zit.: Staudinger – *Bearbeiter*, BGB, §, Rn.)

Steffen, Erich: Schranken des Persönlichkeitsschutzes für den „investigativen" Journalismus, In: AfP 1988, S. 117ff.

Steffen, Erich: Schmerzensgeld bei Persönlichkeitsverletzung durch Medien, In: NJW 1997, S. 10ff.

Steinbach, Jörg: Datenschutz als Sisyphus-Arbeit, In: Deutscher Presserat, Bericht zum Redaktionsdatenschutz 2006, S. 42ff.
(zit.: *Steinbach* in Deutscher Presserat, Bericht zum Redaktionsdatenschutz 2006, S.)

Stern, Klaus: Das Staatsrecht der Bundesrepublik Deutschland, Band II, München 1980
(zit.: *Stern*, Staatsrecht II, S.)

Stober, Rolf: Zum Informationsanspruch der Presse gegenüber Privatpersonen, In: AfP 1981, S. 389ff.

Stöber, Rudolf: Pressefreiheit und Verbandsinteresse, Berlin 1992
(zit.: *Stöber*, Pressefreiheit und Verbandsinteresse, S.)

Stöber, Rudolf: Deutsche Pressegeschichte, 2. Aufl., Konstanz 2005
(zit.: *Stöber*, Pressegeschichte, S.)

Streinz, Rudolf: Der Einfluss der Verfassungsrechtsprechung auf die Pressefreiheit, In: AfP 1997, S. 857ff.

Stürner, Rolf: Empfiehlt es sich, die Rechte und Pflichten der Medien präziser zu regeln und dabei den Rechtsschutz des Einzelnen zu verbessern?, In: Verhandlungen des achtundfünfzigsten Deutschen Juristentages, Band I (Gutachten), Teil A
(zit.: *Stürner*, Gutachten für den 58. DJT, A S.)

Stürner, Rolf: Persönlichkeitsschutz und Geldersatz, In: AfP 1998, S. 1 ff.

Stürner, Rolf: Pressefreiheit und Persönlichkeitsschutz im Selbstverständnis der Printmedien, In: Bitb. Gespr. 1999/I, S. 105ff.
(zit.: *Stürner*, Bitb. Gespr. 1999/I, 105, S.)

Stürner, Rolf: Caroline-Urteil des EGMR – Rückkehr zum richtigen Maß, In: AfP 2005, S. 213ff.

Suhr, Oliver: Europäische Presseselbstkontrolle, Baden-Baden 1998
(zit.: *Suhr*, Presseselbstkontrolle, S.)

Teichmann, Christoph: Abschied von der absoluten Person der Zeitgeschichte, In: NJW 2007, S. 1917ff.

Thieme, Werner: Über die Wahrheitspflicht der Presse, In: DÖV 1980, S. 149ff.

Thum, Kai: Pressefreiheit in der modernen Demokratie, In: AfP 2006, S. 17ff.

Tillmanns, Lutz: Schutz und drohender Zeigefinger, In: Deutscher Presserat, Jahrbuch 1996, S. 19ff.

(zit.: *Tillmanns* in Deutscher Presserat, Jahrbuch 1996, S.)

Tillmanns, Lutz: Stärkung der Persönlichkeitsrechte, In: Deutscher Presserat 2001, S. 41ff.

(zit.: *Tillmanns* in Deutscher Presserat, Jahrbuch 2001, S.)

Tillmanns, Lutz: Probleme der Kriminalberichterstattung in der Arbeit des Deutschen Presserates, In: Dölling/ Gössel/ Waltos, Kriminalberichterstattung in der Tagespresse, S. 255ff.

(zit.: *Tillmanns* in Kriminalberichterstattung, S.)

Tillmanns, Lutz: Stärkung der Persönlichkeitsrechte, In: Deutscher Presserat, Jahrbuch 2001, S. 41ff.

(zit.: *Tillmanns* in Deutscher Presserat, Jahrbuch 2001, S.)

Tillmanns, Lutz: Neue Bereiche freiwilliger Selbstregulierung, In: Deutscher Presserat, Jahrbuch 2002, S. 17ff.

(zit.: *Tillmanns* in Deutscher Presserat, Jahrbuch 2002, S.)

Tillmanns, Lutz: ZRP-Rechtsgespräch (Interview von Rudolf Gerhardt mit Lutz Tillmanns), In: ZRP 2004, S. 277f.

Tillmanns, Lutz: Nadelstiche gegen die Pressefreiheit, In: Deutscher Presserat, Jahrbuch 2005, S. 25ff.

(zit.: *Tillmanns* in Deutscher Presserat, Jahrbuch 2005, S.)

Tillmanns, Lutz: Für die Selbstkontrolle kündigen sich neue Zeiten an, In: Deutscher Presserat, Jahrbuch 2006, S. 27ff.

(zit.: *Tillmanns* in Deutscher Presserat, Jahrbuch 2006, S.)

Tinnefeld, Marie-Theres/ Ehmann, Eugen/ Gerling Rainer W.: Einführung in das Datenschutzrecht, 4. Aufl., München 2005

(zit.: *Tinnefeld/ Ehmann/ Gerling*, Datenschutzrecht, S.)

Tröndle, Herbert/ Fischer, Thomas: Strafgesetzbuch und Nebengesetze, 54. Aufl., München 2007

(zit.: *Tröndle/ Fischer*, StGB, §, Rn.)

Ulmer, Peter/ Niemeier W. G.: Die freiwillige Selbstkontrolle durch Organisationen, In: AfP 1975, S. 829ff.

Vinck, Kai: Das Interview im Urheberrecht, In: AfP 1973, S. 460f.

v. Arnauld, Andreas: Strukturelle Fragen des allgemeinen Persönlichkeitsrechts, In: ZUM 1996, S. 286ff.

von Mangoldt, Hermann/ Klein, Friedrich: Das Bonner Grundgesetz Band I, 2. Aufl., Berlin 1966

(zit.: vMK, GG, 2. Aufl., S.)

von Mangoldt, Herrmann/ Klein, Friedrich/ Starck, Christian: Das Bonner Grundgesetz Band 1, 4. Aufl., München 1999

(zit.: vMKS – *Bearbeiter*, GG, Art., Rn.)

von Mauchenheim, Egon Freiherr : Der Deutsche Presserat – Organisation und Tätigkeit, in: FS für Martin Löffler zum 75. Geb., S. 253ff.
(zit.: *von Mauchenheim* in FS für Löffler, S.)
von Münch, Ingo/ Kunig, Philip: Grundgesetz-Kommentar Band 1, 5. Aufl., München 2000
(zit.: MüK – *Bearbeiter*, GG, Art., Rn.)

Wallenhorst, Lena: Medienpersönlichkeitsrecht und Selbstkontrolle der Presse, Berlin 2007
(zit.: *Wallenhorst*, Medienpersönlichkeitsrecht und Selbstkontrolle, S.)
Wallraf, Georg: Persönlichkeitsschutz und Geldersatz, In: AfP 1998, S. 46ff.
Wassermann, Rudolf: Reihe Alternativkommentare – Kommentar zum Grundgesetz der Bundesrepublik Deutschland Band 1, 2. Aufl., Neuwied 1989
(zit.: AK-GG – *Bearbeiter*, Art., Rn.)
Wassink, Ella: Mehr Öffentlichkeit, In: Deutscher Presserat, Jahrbuch 2005, S. 45ff.
(zit.: *Wassink* in Deutscher Presserat, Jahrbuch 2005, S.)
Wassink, Ella: Interesse an der Arbeit des Presserates ist groß, In: Deutscher Presserat, Jahrbuch 2006, S. 45ff.
(zit.: *Wassink* in Deutscher Presserat, Jahrbuch 2006, S.)
Wassink, Ella: Presse- und Öffentlichkeitsarbeit, In: Deutscher Presserat, Bericht zum Redaktionsdatenschutz 2006, S. 38ff.
(zit.: *Wassink* in Deutscher Presserat, Bericht zum Redaktionsdatenschutz 2006, S.)
Wassink, Ella: Statistiken zum Jahr 2005, In: Deutscher Presserat, Jahrbuch 2006, S. 299ff.
(zit.: *Wassink*, Deutscher Presserat, Jahrbuch 2006, S.)
Weberling, Johannes: Zensur(en) durch Gerichte, In: AfP 2006, S. 12ff.
Weller, Edgar: Medienwirkung auf das Strafverfahren, In: ZRP 1995, S. 130ff.
Wente, Jürgen K.: Das Recht der journalistischen Recherche, Baden Baden 1987
(zit.: *Wente*, Recherche, S.)
Wente, Jürgen K.: Die Verwertbarkeit rechtswidrig recherchierten Materials, In: ZUM 1988, S. 438ff.
Wenzel, Karl Egbert: Diskussionsbeitrag zum Thema „Empfiehlt es sich, die Rechte und Pflichten der Medien präziser zu regeln und dabei den Rechtsschutz des einzelnen zu verbessern?", In: Verhandlungen des achtundfünfzigsten Deutschen Juristentages, Band II (Sitzungsberichte), K 201ff.
(zit.: *Wenzel* in Sitzungsberichte des 58. DJT, K S.)
Wenzel, Karl Egbert: Das Recht der Wort- und Bildberichterstattung, 5. Aufl., Köln 2003
(zit.: *Wenzel*, Wort- und Bildberichterstattung, Kap., Rn.)

Weyand, Arno H.: Der Deutsche Presserat, Geschichte – Struktur – Aufgaben – Arbeitsweise, In: Deutscher Presserat, Jahrbuch 1997, S. 49ff.
(zit.: *Weyand* in Deutscher Presserat, Jahrbuch 1997, S.)

Weyand, Arno H.: Presserat setzt auf Vermittlung und Presse- und Öffentlichkeitsarbeit, In: Deutscher Presserat, Jahrbuch 2000, S. 73ff.
(zit.: *Weyand* in Deutscher Presserat, Jahrbuch 2000, S.)

Weyand, Arno H.: Der Deutsche Presserat, Geschichte – Struktur – Aufgaben – Arbeitsweise, In: Deutscher Presserat, Jahrbuch 2002, S. 215ff.
(zit.: *Weyand* in Deutscher Presserat, Jahrbuch 2002, S.)

Weyand, Arno H.: Der Deutsche Presserat, Geschichte – Struktur – Aufgaben – Arbeitsweise, In: Deutscher Presserat, Jahrbuch 2003, S. 283ff.
(zit.: *Weyand* in Deutscher Presserat, Jahrbuch 2003, S.)

Weyand, Arno H.: Der Deutsche Presserat, Geschichte – Struktur – Aufgaben – Arbeitsweise, In: Deutscher Presserat, Jahrbuch 2006, S. 235ff.
(zit.: *Weyand* in Deutscher Presserat, Jahrbuch 2006, S.)

Wiedemann, Verena: Freiwillige Selbstkontrolle der Presse, Gütersloh 1992
(zit.: *Wiedemann*, Freiwillige Selbstkontrolle, S.)

Wiedemann, Verena: Dem Presserat die Zähne schärfen, In: Hamm, Verantwortung im freien Medienmarkt, S. 93ff.
(zit.: *Wiedemann* in Hamm, Verantwortung im freien Medienmarkt, 93, S.)

Wiedemann, Verena : Freiwillige Selbstkontrolle der Presse in ländervergleichender Sicht, In: Mestmäcker, Selbstkontrolle und Persönlichkeitsschutz in den Medien, S. 15ff.
(zit.: *Wiedemann* in Mestmäcker, Selbstkontrolle und Persönlichkeitsschutz in den Medien, S.)

Wilke, Jürgen: Pressefreiheit, Darmstadt 1984
(zit.: *Wilke*, Pressefreiheit, S.)

ZAW: Werbung in Deutschland 2007, Berlin 2007
(zit.: ZAW, Werbung in Deutschland 2007, S.)

**Studien zum deutschen
und europäischen Medienrecht**

Herausgegeben von Dieter Dörr und Udo Fink
mit Unterstützung der Dr. Feldbausch Stiftung

Band 19 Sylke Wagner: Das *Websurfen* und der Datenschutz. Ein Rechtsvergleich unter besonderer Berücksichtigung der Zulässigkeit sogenannter *Cookies* und *Web Bugs* am Beispiel des deutschen und U.S.-amerikanischen Rechts. 2006.

Band 20 Stephanie Reese: Der Funktionsauftrag des öffentlich-rechtlichen Rundfunks vor dem Hintergrund der Digitalisierung. Zur Konkretisierung des Funktionsauftrages in § 11 Rundfunkstaatsvertrag. 2006.

Band 21 Henrike Maaß: Der Dokumentarfilm – Bürgerlichrechtliche und urheberrechtliche Grundlagen der Produktion. 2006.

Band 22 Dorit Bosch: Die „Regulierte Selbstregulierung" im Jugendmedienschutz-Staatsvertrag. Eine Bewertung des neuen Aufsichtsmodells anhand verfassungs- und europarechtlicher Vorgaben. 2007.

Band 23 Johannes Gerhard Reitzel: Arbeitsrechtliche Aspekte der Arbeitnehmerähnlichen im Rundfunk. 2007.

Band 24 Ulf Böge / Jürgen Doetz / Dieter Dörr / Rolf Schwartmann: Wieviel Macht verträgt die Vielfalt? Möglichkeiten und Grenzen von Medienfusionen. 2007.

Band 25 Valérie Schüller: Die Auftragsdefinition für den öffentlich-rechtlichen Rundfunk nach dem 7. und 8. Rundfunkänderungsstaatsvertrag. 2007.

Band 26 Simone Naumann: Die arbeitnehmerähnliche Person in Fernsehunternehmen. 2007.

Band 27 Nathalie Hellmuth: ARTE – Europa auf Sendung. Verfassungsrechtliche Rahmenbedingungen für die Beteiligung von ARD und ZDF an supranationalen Gemeinschaftssendern am Beispiel des Europäischen Kulturkanals ARTE. 2007.

Band 28 Dieter Dörr / Stephanie Schiedermair: Ein kohärentes Konzentrationsrecht für die Medienlandschaft in Deutschland. 2007.

Band 29 Dieter Dörr / Simone Sanftenberg / Rolf Schwartmann (Hrsg.): Medienherausforderungen der Zukunft. Seminar zum nationalen und internationalen Medienrecht. Vom 06.–10. Dezember 2006 in Lech am Arlberg (Österreich). 2008.

Band 30 Nina Nicole Hütt: Zur Frage der Existenz von Hörfunkrechten des Sportveranstalters unter besonderer Berücksichtigung der Fußball-Bundesliga. 2008.

Band 31 Hans-Martin Schmidt: Rundfunkgebührenfinanzierung unter dem GATS. 2008.

Band 32 Julia Niebler: Die Stärkung der Regionalfensterprogramme im Privaten Rundfunk als Mittel zur Sicherung der Meinungsvielfalt durch den Achten Rundfunkänderungsstaatsvertrag. 2008.

Band 33 Jörg Michael Voß: Pluraler Rundfunk in Europa – ein duales System für Europa? Rahmenbedingungen für den öffentlich-rechtlichen Rundfunk in einer europäischen dualen Rundfunkordnung. Unter Berücksichtigung der Anforderungen der europäischen Meinungs- und Medienfreiheit. 2008.

Band 34 Nina Knorre: Die Abwicklung des Arbeitsverhältnisses nach erfolgreicher Statusklage im Rundfunk. 2008.

Band 35 Kai Friedrich Zentara: Medienordnung und Öffentlicher Diskurs. Die Pflicht des Staates zur Gewährleistung der Funktionstüchtigkeit des Öffentlichen Diskurses. 2009

Band 36 Daniel Rudolph: Erhalt von Vielfalt im Pressewesen. Unter besonderer Berücksichtigung des publizistischen Wettbewerbs. 2009.

Band 37 Felix Heimann: Der Pressekodex im Spannungsfeld zwischen Medienrecht und Medienethik. 2009.

www.peterlang.de